全国中文核心期刊
中文社会科学引文索引（CSSCI）来源集

U0501432

冷战国际史研究　No.28

Cold War International History Studies

华东师范大学周边国家研究院
华东师范大学冷战国际史研究中心

世界知识 出版社

图书在版编目（CIP）数据

冷战国际史研究. 第 28 辑／李丹慧主编. --北京：世界知识出版社，2019.12

ISBN 978-7-5012-6141-3

Ⅰ.①冷… Ⅱ.①李… Ⅲ.①冷战—国际关系史—研究 Ⅳ.①D819

中国版本图书馆 CIP 数据核字（2019）第 296550 号

书　　名	冷战国际史研究 No. 28 Lengzhan Guojishi Yanjiu No. 28
责任编辑	刘豫徽
责任出版	王勇刚
责任校对	张　琨
出版发行	世界知识出版社
地址邮编	北京市东城区干面胡同 51 号（100010）
电　　话	010-65265923（发行）　　010-85119023（邮购）
网　　址	www. ishizhi. cn
投稿信箱	lyhbbi@ 163. com
经　　销	新华书店
印　　刷	北京朝阳印刷厂有限责任公司
开本印张	787 毫米×1092 毫米　1/16　21 印张
字　　数	355 千字
版次印次	2019 年 12 月第一版　2019 年 12 月第一次印刷
标准书号	ISBN 978-7-5012-6141-3
定　　价	69.00 元

《冷战国际史研究》编委会

出版说明

　　《冷战国际史研究》No. 28 是由华东师范大学周边国家研究院/冷战国际史研究中心组织编写的。主要内容包括特邀专论、专题研究、青年学者论坛、冷战国际史研讨会笔谈、档案研究信息、口述历史及档案文献等。

　　出版此集刊的目的在于推动中国冷战史研究的深入，并进一步提高学术研究水平。档案文献栏发表的材料，为保留解密档案的原貌，本集刊未作任何删改。本集刊中文章的观点只代表作者本人，仅供读者研究参考。

全国中文核心期刊

中文社会科学引文索引（CSSCI）来源期刊

冷战国际史研究 No.28
Cold War International History Studies
No. 28（Winter 2019）

目 录

Cold War International History Studies

No. 28 (Winter 2019)

Contents

Abstract: During the Korean War, a drastic development in the American-South Korean relationship was that by opposing an armistice and advocating "march to the north and gain unification, " Syngman Rhee endeavored to coerce the United States to start negotiation for a mutual defense treaty. After the Korean Armistice Agreement was concluded, Syngman Rhee continued to ask the Eisenhower Administration to support him to launch offensive against North Korea. At the time neither could the US government pull out the Korean Peninsula nor execute a regime change in South Korea. Thus, Washington had to return to the policy of restraining Rhee. On November 17, 1954, the US government ratified a mutual defense treaty with South Korea and thus completed an alliance between the two states. In return, Rhee promised to cooperate with the United States over the issue of Korean unification and also agreed to keep the Korean military force under the United Nations command. To the United States, the alliance functioned both to contain external enemies and to restrain its South Korean partner. To Rhee, the treaty tied the United States in the Korean Peninsula. The process indicates that the United States was not only an "invited empire" but also a "coerced empire".

Research Articles

Postwar Cooperation and Conflict between Taiwan Authorities and South Korea: A Reflection on Shao Yulin's Diplomatic Memoir about South Korea / You Shujun

Abstract: Having retreated to Taiwan, Chiang Kai-shek was dismayed by Washington's indifferent attitude toward Taiwan's interests and sought actively allies in Asia. Their common goal in opposing communism led Taiwan and South Korea to become "brotherly states" and work together in promoting various anti-communist organizations. Nevertheless, the actual situation of the Taiwanese-South Korean cooperation was by no means as harmonious as the two sides propagated. Different political, diplomatic, and economic interests caused discords between Taiwan and South Korea and eventually resulted in their mutual estrangement. Such a cooperative and yet contesting relationship shows that the Cold War in East Asia was rather complex. Shao Yulin was the Republic of China's first ambassador to South Korea. A favorite diplomat of Chiang Kai-shek's, Shao had extensive connections with the political circles of South Korea and personally witnessed Taiwan's troublesome alliance with Seoul. This essay explores that alliance through analyzing systematically Shao's memoir about his diplomatic mission to South Korea.

Assessing Sino-DPRK's Scientific and Technological Cooperation: The Case of DPRK's Technological Delegation to China / Dong Jie

Abstract: In 1957, China and the DPRK signed a bilateral agreement on scientific and technological cooperation, which significantly advanced institutionalization and standardization of their cooperation. In the early 1960s, the Sino-Soviet split and the ideological struggle within the socialist camp led China to prioritize politics in its scientific and technological cooperation with the DPRK. While stressing political goals in its scientific-technological relationship with the DPRK, China ignored economic value of technological transfer and intellectual property. Under a "no reservation" guideline, the Sino-DPRK cooperation was exposed to many problems. During "the Cultural Revolution", the Sino-DPRK relationship deteriorated, and their scientific and technological cooperation was suspended for a while before 1969. Only after China's reform era began, did its cooperation with the DPRK in the scientific and technological fields begin to depoliticize.

Changing Situation of Northeast Asia and the Dialogue between DPRK and ROK in the 1980s: An Assessment Based on the Negotiations between Olympic Committees of DPRK and ROK in Lausanne / Ru Yawei, Guo Zhen and Liu Bo

Abstract: Ever since the Olympic game started, it has always been impacted by political conditions of the world. During the Cold War, the two superpowers boycotted the games out of political considerations. In 1981, the International Olympic Committee (the IOC) chose Seoul of the ROK as the host city for the 24th Olympic Summer Game. Given the confrontational relationship between the DPRK and the ROK, it was likely that the DPRK would boycott the game. To pave the way for a smooth Olympic game in 1988, the IOC under Juan Antonio Samaranch encouraged the DPRK and the ROK to hold negotiation. Yet, after four rounds of talks in Lausanne, the two sides could not reach an agreement. This sport diplomacy had close connections with the larger political situation of Northeast Asia at the time. Samaranch displayed tremendous wisdom in the entangled maneuvering between the Olympic spirit and political influence, in which big powers of Northeast Asia and international organizations interacted in the late Cold War setting.

Rethinking U. S. Policy toward Nepal under the Kennedy Administration / Xu Xuefei

Abstract: Mainly based on archival information from the JFK Presidential Library, this article analyzes the process of the Kennedy Administration's policy toward Nepal. In the end of 1960, the Nepali-Indian relationship deteriorated sharply due to a regime change in Nepal. Being plagued by internal and external troubles, Nepal asked the United States, the largest donor country to Nepal at the time, for both economic and military assistance. On the one hand, the new Kennedy Administration recognized His Majesty's Government of Nepal with the purpose of containing communism and also tried to assuage the controversy between Nepal and India. On the other, the Kennedy Administration was cautious about providing military aid to Nepal lest the US-Indian relations be disturbed. A preliminary US-Nepali agreement on military aid was not reached until a year after the 1962 Sino-Indian border war.

America's Public Culture Construction in the Ryukyus during the Cold War / Sun Jiashen

Abstract: On April 1, 1945, the U.S. Army landed on Okinawa and consequently a U.S. military government ended Japan's administration of the Ryukyus. Initially, the U.S. military government formulated a cultural policy of "departing from Japan and getting close to the US" and "strengthening the Ryukyus' subjectivity" for the sake of preventing a revival of Japanese militarism. As the Cold War evolved, the US policy reoriented to make the Ryukyus a base against the spread of communism in the Asia-Pacific region. The United States took numerous cultural measures, such as establishing the University of the Ryukyus and several American cultural centers, promoting the English language, and cultivating friendship between American troops and the local residents. These measures had a certain long-term impact on the social culture of the Ryukyus.

Roundtable on the Cold War International History Studies

Why Must We Study the Role of Ideologies behind the Cold War? / Yang Kuisong

Theoretical Significance of the Study of International Relation History / Huang Yuxing

Methodological Dilemma of the Cold War Studies in China / Zhang Minjun

Trend of Convergence between Cold War History and New Social History / He Hui

Studies of Arm Control and Disarmament in China: Retrospect and Prospect / Zhan Xin

Declassification and Publication of the Archives of the US National Security Council / Yao Baihui

Exploring and Using Private Archives of the United States: Restoration of the Cultural and Societal Settings of the Cold War / Zhang Yang

Introduction of the Archives of the Psychologic Strategy Board in the Harry S. Truman Presidential Library / Zhao Jike

Information about Archival Research

Study and Theorizing of Covert Operations of the United States / Shu Jianzhong

Abstract: Covert operations were always part of the American foreign policy during the Cold War, history of which has received continual attention in American scholarly circles. Scholarly study of covert operations began in the United States in the late 1950s and then saw two peak eras in the 1980s and the 1990s. Entering the 21st century, the field has developed further in deepening and broadening investigations concerned, and new studies of various topics and in different directions have emerged. In the process the theoretical aspect of covert operations has been explored and become part of the literature. Historical and theoretical studies are two important branches of the field and have advanced America's study of covert operations in each phase.

Alteration of the Chinese Naming of East European States in the Cold War / Ouyang Xiang

Abstract: After World War Ⅱ, a socialist camp appeared around the Soviet Union. The data from the *People's Daily* shows that during the Cold War, China used "new democratic states", "people's democratic states", and "socialist camp" successively to name those East European states in close association with the Soviet Union. In defining inter-state and especially inter-party relations, terms like "brotherly states" and "revisionist states" were used before the neutral term "East European states" was adopted. A historical analysis of such alteration in characterizing East European states can reveal developments in both Chinese history and history of the international communist movement.

Oral History

Personal Experiences before and after Normalization of the Sino-American Relationship: Interview with the Senior American Diplomat and Former US Ambassador to China J. Stapleton Roy (1) / Liu Lei

A New Mission in the Forests of Sub-Saharan Africa—Interviews with Ma Faxian about His Training of Military Personnel in Africa (15) / Li Danhui and Zhou Na

Archives and Documents

Declassified Russian Archives: Gorbachev's Idea for Reforming the Central Apparatus of the Soviet Communist Party / Translated by Nan Jiang

卷首语

本辑"特邀专论"栏发表华东师范大学历史学系、周边国家研究院梁志教授的文章《"被挟制的"帝国：美韩同盟形成史论》。作者在多年来对东北亚问题，特别是美韩关系问题进行实证性研究的基础上，借助国际关系理论提供的概念和框架，进一步从美国、韩国等多国解密档案文献所呈现的复杂图像中，捕捉美韩同盟形成的本质特征；在朝鲜战争前后美韩关系变化的大背景下，以"抛弃"和"牵连"为观察视角，于还原美韩结盟历史轨迹的同时，重新审视冷战初期美国在亚洲构建同盟体系的旧有课题。美韩同盟是冷战的产物，却并未随着冷战的结束而解体，其生命力延续至后冷战时代的今天。有鉴于此，这篇文章对东北亚问题的新研究具有重要的指导意义。

配合上述文章，本辑"专题研究"栏和"青年学者论坛"栏发表三篇关注东北亚问题的文章：浙江大学历史学系副教授尤淑君的《从邵毓麟〈使韩回忆录〉论战后台湾当局与韩国的合作与冲突》、中共中央党校副教授董洁的《解读中朝科技合作——以朝鲜技术考察团为中心》，以及清华大学博士后茹亚伟等人撰写的《东北亚变局与20世纪80年代朝韩对话——以朝韩奥委会洛桑谈判为视角的解读》。其中尤淑君的文章，通过剖析国民党政权首任驻韩"大使"邵毓麟的回忆、《蒋介石日记》等台湾方面的档案文献史料，以及美、韩、日等国的档案文献资料，勾勒出了第二次世界大战后台湾与韩国结为"兄弟之邦"，合作建立"远东反共联盟""亚洲人民反共联盟""世界反共联盟"等组织的历史过程，揭示了台韩盟友关系既竞争又相互制衡的不稳定特征。其中有关朝鲜战争爆发后美台、美韩、台韩关系的考察评说，从另一个角度为梁志教授"抛弃"和"牵连"视野下被"挟制"的美国的评估，提供了新的佐证。

"青年学者论坛"的另两篇文章为，徐学斐的《肯尼迪政府时期美国对尼泊尔政策再探讨》和孙家珅的《论冷战时期美国对琉球群岛的公共文化建设》。前者着重以美国肯尼迪总统图书馆的档案文件为依据，阐释和分析肯尼迪政府时期美国对尼泊尔的政策。后者则在美日两国档案文献资料的基础上，考量冷战帷幕拉开后作为占领国的美国对琉球群岛战略地位的调整，即，将其从防止日本军国主义复兴的桥头堡转化为防止共产主义在亚太区域蔓延的基地。随着琉球公共文化建设的展开，琉球民众的亲美价值取向逐渐形成。琉球的文化建构以此成为美国"文化冷战"的环节，在东北亚冷战舞台上占据一隅。

2019 年 4 月 21 日，华东师范大学历史学系、周边国家研究院、世界历史研究院、上海纽约大学—华东师范大学全球历史·经济·文化研究中心在上海联合举办了"冷战国际史研究在中国：回望与前瞻"国际学术研讨会。国内外多位冷战国际史研究领域的权威学者和中青年研究人员与会，共同对中国冷战国际史研究状况进行了回顾和展望；就冷战国际史研究的新课题、新史料、新研究方法等问题进行了讨论。本辑特设专栏，发表来自此次研讨会的笔谈文章，计有华东师范大学教授杨奎松的《为什么必须重视"冷战"背后意识形态作用的研究？》、清华大学副教授黄宇兴的《国际关系史研究的理论意义》、东北师范大学副教授张民军的《中国冷战史研究的方法困境》、华南师范大学教授何慧的《冷战史与新社会史结合的趋势》、东北师范大学教授詹欣的《中国军控与裁军史研究：回顾与前瞻》、首都师范大学教授姚百慧的《美国国家安全委员会档案的解密与出版》、浙江大学教授张杨的《美国私档的发掘和利用——还原冷战的社会文化场景》、华东师范大学副教授赵继珂的《杜鲁门总统图书馆馆藏心理战略委员会档案评介》。这组文章在一定程度上反映了中国冷战史研究者的新思考和新发现，其对于中国的冷战国际史研究具有一定的引领和指导意义。

本辑"档案研究信息"栏的论文将评述的目光投向冷战中的两极世界：南京大学副教授舒建中的《美国的隐蔽行动研究及理论建构》、广东省委党校广东党建研究所副研究员欧阳湘的《冷战时期中国对东欧国家称谓的演变》。两篇文章分别评述和考察了冷战格局形成以来美国学术界对作为美国对外政策重要工具的隐蔽行动的研究状况，以及中国对社会主义阵营东欧国家称谓的演变情况。

"口述历史"栏特发表中国海洋大学国际事务与公共管理学院副教授刘

磊2019年5月在美国华盛顿特区威尔逊国际学者中心采访美国前驻华大使芮效俭的记录《建交前后美中关系亲历记》。芮效俭先生1978年上半年出任美国驻中国联络处副主任，协助联络处主任伍德科克（Leonard F. Woodcock）全程参与了美中建交谈判。本次访谈，老人着重回顾了一段美中关系发展的关键历程。作为一名亲历者，其关于美中关系过往史情的观察和认识，对于我们评估目前中美关系发展变化的前景不无裨益。另外，本栏继续发表《非洲丛林中的新使命——马法贤老人访谈录》（十五，赞军第十七步兵团营进攻实兵战术演习训练实施暨见闻，1974年8—10月）。马法贤老人已于2019年2月辞世，但本刊以后将陆续发表老人去世前我们对他的采访记录直至完成，这不仅是为了给冷战史研究提供宝贵的素材，更是为了却老人的心愿，兑现我们的承诺。在这里，本人代表本刊编辑部、代表冷战国际史研究中心，向马法贤老人致敬，祝愿马老一路走好！

"档案文献"栏发表河北经贸大学南江翻译的俄国解密档案：苏共中央政治局会议工作记录：关于苏共机构重组、国家部委功能、干部政策（1988年9月8日）。这份文件反映了苏共中央机构改革设想的提出者为何人、苏共中央机构改革的目标是什么、如何进行机构改革、怎样预期改革的艰难，以及苏共中央推进政治体制改革的决心如何等问题。其对于中国学者的相关研究来说，具有重要的参考价值。

李丹慧

"被挟制的"帝国：
美韩同盟形成史论

梁　志[*]

　　在美国的支持下，1948年8月15日，李承晚于汉城中央厅（原朝鲜总督府）正式宣布成立大韩民国，其本人就职首任总统。图为出席大韩民国建国仪式的李承晚（左）和驻日盟军最高司令麦克阿瑟将军。

---

　* 梁志，华东师范大学历史学系、周边国家研究院教授。

提　要：

朝鲜战争期间，美韩关系发生的最大变化便是李承晚借助反停战运动和
"北进统一"威胁迫使美国同意启动《共同安全防卫条约》的谈判。《朝鲜
停战协定》签订后，李承晚继续试图迫使艾森豪威尔政府支持他发动对北方
的进攻。此时的美国依旧既无法下决心从朝鲜半岛抽身而退，又难以执行推
翻韩国现政权的"换马"计划。于是，对策再次回归到劝说李承晚"保持
克制"。1954 年 11 月 17 日，李承晚通过承诺在朝鲜半岛统一问题上与美国
合作并继续将韩军置于联合国军司令部管辖之下，换取美国同韩国交换《共
同安全防卫条约》批准书，美韩同盟正式形成。对美国而言，该同盟兼具外
部遏制与内部约束两种功能（"双向压制"）。就韩国来说，李承晚则凭借
一纸盟约将美国牢牢拴在朝鲜半岛。美韩同盟的形成过程表明，美国不仅仅
是一个"被邀请的"帝国，在某种情况下还是一个"被挟制的"帝国。对
照格伦·斯奈德（Glenn H. Snyder）的"同盟困境理论"，美韩两国结盟的
前因后果说明了"抛弃"和"牵连"两个核心概念对同盟关系研究的有效
性，却又成为验证该理论框架解释力的反例。

关键词：美韩同盟　李承晚　艾森豪威尔　"抛弃""牵连"

　　美韩同盟关系的形成与演进蕴含着多种悖论：美韩两国决定结盟是因为
双方互不信任，希望以同盟关系约束对方，但结盟后两国间依旧不断陷入信
任危机；二战结束后，美国已成长为超级大国和西方世界的"领袖"，但仍
不得不屈从于韩国的压力被迫与李承晚政府缔结盟约；美韩同盟是东西方冷
战的产物，却又跨越冷战一直延续至今。或许正因为如此，近 20 年来，美
韩同盟的形成过程及其性质成为学者们关注的问题之一。

　　在美韩同盟形成过程方面，学者们探究的焦点是李承晚（Syngman
Rhee）寻求与美国结盟的目的及其在对美外交中所占据的优势，相对忽视
了美国的政策选择及其遭遇的困境，更没有将该问题置于 20 世纪 50 年代

上半期美韩关系这一大背景下进行长时段考察。① 关于美韩同盟的性质，中国学者王传剑提出了"双重遏制"的看法，认为"它直接的矛头对准了朝鲜，而间接的矛头却指向了苏联和中国；前者的目的在于保护韩国免受来自朝鲜的'威胁'，而后者的目标则是尽可能阻止共产主义在东亚的'扩张'。这样，'遏制朝鲜'和'遏制共产主义'一起，成为冷战时期美韩军事同盟的双重功能"②。韩裔美籍学者车维德（Victor D. Cha）则指出，美国既把美韩同盟作为遏制"共产主义威胁"的工具，又将它视作阻遏韩国武力统一愿望的手段。他将这种现象称之为"共同遏制（co-container）"。③而且，相对于外部遏制而言，车维德更强调美国对韩国的"内向高压（powerplay）"。④

　　鉴于美韩同盟形成的历史叙事还留有某种缺憾，在美韩同盟性质的问题上亦存在明显不同的认定，笔者拟利用美国第二国家档案馆馆藏档案、《美国对外关系文件》（FRUS）和《解密文件参考系统》（DDRS)⑤，辅之以韩国延世大学李承晚研究院收藏的《李承晚文件》，在朝鲜战争前后美韩关系变化这一宏观场景下，以"抛弃"和"牵连"为观察视角，力求还原美韩结盟的主要经过，探讨双方的博弈策略以及该同盟的性质，并重新认识20世纪50年代美国在亚洲构建同盟体系这一"老问题"。

　　①　Victor D. Cha, "Informal Empire: The Origins of the U. S. -ROK Alliance and the 1953 Mutual Defense Treaty Negotiations," *Korean Studies*, Vol. 41, No. 1, 2017, pp. 221 – 252; Stephen Jin-Woo Kim, *Master of Manipulation: Syngman Rhee and the Seoul-Washington Alliance, 1953 – 1960* (Seoul: Yonsei University Press, 2001); Yong-Pyo Hong, *State Security and Regime Security: President Syngman Rhee and the Insecurity Dilemma in South Korea, 1953–60* (New York: St. Martin's Press, Inc., 2000)；陈波：《冷战同盟及其困境：李承晚时期美韩同盟关系研究》，上海：上海世纪出版集团 2008 年版，第 151—178 页。

　　②　王传剑：《从"双重遏制"到"双重规制"——战后美韩军事同盟的历史考察》，《美国研究》2002 年第 2 期，第 34—35 页。

　　③　Victor D. Cha, "America and South Korea: The Ambivalent Alliance?" *Current History*, Vol. 102, Iss. 665, September 2003, p. 280.

　　④　Victor D. Cha, "Powerplay: Origins of the U. S. Alliance System in Asia," *International Security*, Vol. 34, No. 3, Winter 2009/10, pp. 158 – 196; "'Rhee-straint': The Origins of the U. S. -ROK Alliance," *International Journal of Korean Studies*, Vol. 15, No. 1, Spring 2011, pp. 1–15.

　　⑤　《解密档案参考系统》已经改版为《美国解密文件在线》(*U. S. Declassified Documents Online*)。笔者曾尝试依据后一个版本对前一个版本的引用信息进行修改，但发现前后两个版本之间的文件号似乎不是完全沿用的，因此本文依旧保留对《解密档案参考系统》的引用。

一、核心概念来源

毋庸置疑，冷战史研究必须采用跨学科视角。其中，与冷战史研究观察对象接近、方法互补的国际关系理论研究便是冷战史研究者可资利用的概念和理论框架来源。① 近年来，随着各国档案文献的不断解密和开放，对于冷战史研究者而言，资料匮乏的局面已大为改观。② 不仅如此，在某些情况下，面对浩如烟海的档案文献，研究者反倒不知所措，乃至于在阅读了大量资料后仍旧难以从中抽取出贯穿始终的线索。此时，国际关系理论提供的概念甚至是理论框架或许在一定程度上有助于冷战史研究者透过原始文献呈现出来的纷繁复杂的"现象"看到事物的"本质"。

1984 年，美国新现实主义同盟理论家斯奈德（Glenn H. Snyder）在《世界政治》上发表了题为《同盟政治中的安全困境》一文，正式提出了"同盟困境理论"。此后 30 余年，该理论受到了国际关系学界的广泛关注，部分冷战史研究者亦将其作为考察冷战时期同盟内部关系演变的概念来源和理论参照系。

"同盟困境理论"的核心观点如下：究竟是结盟还是不结盟，很多国家无所适从。结盟意味着承诺维护他国的利益，行动自由必然因此受到限制。不结盟又害怕被孤立，担心友邦选择与他国结盟；同盟并非一成不变，结盟的国家经常担心遭到盟友的背叛，包括没有依据盟约向己方提供应有的支持、解除盟约甚至与敌国结盟等（"抛弃〈Abandonment〉"）。同时，同盟形成的基础之一是针对某一敌国或敌对集团，于是同盟成员国又害怕因盟友的"不当言行"而被拖入一场与自身利益相悖的冲突（"牵连〈Entrapment〉"）。每个结盟的国家都在"被抛弃"与"受牵连"之间反复权衡。为避免"被抛弃"，就必须以行动取得盟友的信任，而这样做势必增加"受牵连"的危险。为防止"受牵连"，则务必要与盟友保持距离，乃至在盟友与敌国发生冲突时不过深介入，但如此一来又可能要面对"被抛弃"的命运；如果一国为了增强自身安全感而强化同盟，那就可能引起敌国敌意的上升。反过来，

---

① 张曙光：《冷战国际史与国际关系理论的链接——构建中国国际关系研究体系的路径探索》，《世界经济与政治》2007 年第 2 期，第 7—14 页；王立新：《跨学科方法与冷战史研究》，《史学集刊》2010 年第 1 期，第 26—37 页。

② 详见姚百慧主编：《冷战史研究档案资源导论》，北京：世界知识出版社 2015 年版。

假若一国为避免引起敌国加深对它的敌意而选择弱化同盟，又可能事与愿违地纵容敌国的扩张意图；与多极世界相比，在两极世界里，虽然与敌国力量对比的困境依然难以摆脱，但被盟国"抛弃"的风险相对来说要小得多，同盟内部关系的困境明显弱化。①

应该说，"同盟困境理论"具有一定的解释力，但斯奈德的推理论证过程也存在某种不足。归结起来，至少有如下两个方面：一方面，他更多地以欧洲国家之间或美国与欧洲国家之间的同盟关系来验证理论模型的有效性，很少顾及冷战时期美国、苏联、中国与第三世界国家之间缔结的双边或多边同盟；另一方面，他虽或多或少地考虑到实力相差悬殊的两国间结盟的特殊情形，但并未深入挖掘这一类型同盟关系的特质，更没有由此反思既有理论构架的局限性。

不过，有一点却是不可否认的，即"同盟困境理论"中的核心概念"抛弃"和"牵连"对于理解冷战时期同盟关系特别是双边同盟关系大有助益，美韩同盟便是其中一例。现有的档案文献揭示出，特定情况下韩国会害怕成为美国追求与共产党国家缓和关系的"牺牲品"，美国亦担心由于韩国的擅自行动而被卷入一场不必要的战争。于是，"被抛弃"和"受牵连"成为美韩同盟的一种心理状态以及两国决策者和情报部门分析该同盟关系现状与未来趋势的话语。基于如上考虑和判断，本文选择"抛弃"和"牵连"两个概念作为观察美韩结盟问题的视角，反过来再以美韩结盟这一案例检视"同盟困境理论"的解释力。②

---

① Glenn H. Snyder, "The Security Dilemma in Alliance Politics," *World Politics*, Vol. 34, No. 3, July 1984, pp. 461-495.

② 事实上，中国学术界已有学者借助同盟关系理论对东西方冷战的历史现象予以重新解释。例如，汪伟民借鉴车维德的"准联盟理论"与斯奈德的"同盟困境理论"，对日韩邦交正常化谈判中的美国因素和"尼克松冲击"时期以及整个 20 世纪七八十年代的美日韩三边关系进行了再认识。参见汪伟民：《冷战时期的美日韩安全三角——准联盟理论与联盟困境的视角》，《国际政治研究》2005 年第 4 期，第 116—127 页。再如，王帆从联盟理论出发阐释了美国对 50 年代两次台海危机的反应和对策，认为两次台海危机使美台联盟关系陷入了军事合作困境。参见王帆：《从二次台海危机看美台军事合作困境》，《历史教学》2006 年第 10 期，第 17—22 页。又如，张学昆和欧炫汐参照斯奈德的"同盟困境理论"，以美韩军事同盟为例讨论了同盟政治中的"牵连"风险及其规避的问题。参见张学昆、欧炫汐：《同盟政治中的"牵连"风险及规避》，《国际论坛》2018 年第 1 期，第 53—59 页。

二、朝鲜停战谈判的重启与美韩结盟问题的凸显

1950年，通过制订、批准和执行著名的美国国家安全委员会第68号文件（NSC68），杜鲁门政府的国家安全战略实现了从有限遏制向全面遏制的转变。与前者相比，后者的"零和观念"更为突出，军事色彩更加浓厚。正是在这种政策转变逐渐完成的过程中，朝鲜战争爆发了。于是，美国国家安全政策的调整成为华盛顿介入朝鲜战争的动因之一。反过来，朝鲜战争的爆发与演进又使杜鲁门（Harry S. Truman）总统有更加充分的理由将NSC68号文件作为"今后四五年内要执行的政策声明"。① 在朝鲜停战谈判前和谈判过程中，追求"军事凯恩斯主义"的杜鲁门政府均未足够认真地考虑通过谈判结束战争，而更多的是希望借助谈判实现更为宏大的战略目标。或者说，从某种程度上讲，朝鲜战争沦为了该政府争夺全球霸权地位的手段和途径。② 1953年，艾森豪威尔（Dwight D. Eisenhower）总统上台，转而追求兼顾经济安全和国家安全的"新面貌"战略。在新的全球战略的指导下，尽快实现朝鲜停战上升为白宫新主人对朝鲜政策的主要目标。③

反观韩国，当政者李承晚穷其大半生致力于追求国家统一、抵制日本霸权、反对外部大国操控、防范共产主义。④ 朝鲜战争爆发后不久，联合国军司令麦克阿瑟（Douglas MacArthur）将军曾一度坚决支持韩国政府的国家统一计划，指挥美军越过三八线。这让李欣喜不已。然而，中国人民志愿军很快便迫使美军向南撤退。此时，李承晚指责战时内阁没有抵制住美国人打算再次放弃汉城的想法，并命令内阁成员要求美国提供武器，以便对共产党国家进行"最后一击"。但令李氏大失所望的是，面对新的战争形势，杜鲁门

---

① 梁志：《冷战与"民族国家建构"——韩国政治经济发展中的美国因素（1945—1987）》，北京：社会科学文献出版社2011年版，第134—135页。

② 邓峰：《追求霸权：杜鲁门政府对朝鲜停战谈判的政策》，《中共党史研究》2009年第4期，第34—45页。

③ 陈波：《冷战同盟及其困境：李承晚时期美韩同盟关系研究》，上海：上海世纪出版集团2008年版，第151—156页。

④ Henry Chung, "Syngman Rhee: Prophet and Statesman," Henry de Young Documents, Korean American Private Records, Korean American Digital Archive, University of Southern California, pp. 1–8.

政府已经开始考虑同中朝展开谈判了。① 可以想见，接下来美韩双方在朝鲜停战问题上发生矛盾和冲突几乎已成必然。

早在朝鲜战争爆发前，韩国就已委婉地表示希望同美国签订共同安全条约。② 1951 年下半年，朝鲜战争进入边打边谈阶段。据美国驻韩大使穆西奥（John J. Muccio）观察，对于停战谈判，一开始李承晚等韩国领导人就表现出明显的焦虑，他们主要担心的是停战将导致联合国军撤离，韩国会因此失去外部支持，国家安全岌岌可危。③ 事实很快证实了穆西奥的判断。停战谈判开始后不久，韩国就递交给美国一份书面文件，正式阐述了对朝鲜停战的看法。其中，青瓦台反复提到韩国在半岛继续分裂情况下的无助，呼吁争取南北统一。与此同时，韩方还专门解释说，这份文件并不意味着青瓦台反对停战谈判，韩国只是不希望半岛长期分裂下去。为此，建议美国向韩国做出某种形式的安全保证，比如签订正式的共同安全条约。作为回应，美国国务卿和国防部长承诺停战谈判的目的不是撤军。在朝鲜半岛实现总体和平之前，联合国军不会撤离。④ 但华盛顿的保证似乎并没有起到多大作用，很快就发生了韩国代表拒绝参加停战谈判、不愿接受军事分界线的事情。李承晚更是明确指出，反对赋予军事停战线以政治含义，"韩国人认为分界线的继续存在等于是向韩国宣布死刑"。不仅如此，韩国人还不断发起反对停战协

---

① Stephen Jin-Woo Kim, *Master of Manipulation: Syngman Rhee and the Seoul-Washington Alliance, 1953-1960* (New York: St. Martin's Press, Inc. , 2000), pp. 56-60; 刘赵昆：《杜鲁门在朝鲜战争扩大化问题上的决策因素》，《南开学报》（哲学社会科学版）2016 年第 5 期，第 140—141 页。

② "The Ambassador in Korea (Muccio) to the Secretary of State, " July 20, 1951, in *Foreign Relations of the United State*(*FRUS*) , *1951*, Vol. 7, Part 1, Korea, Washington, D. C. : U. S. Government Printing Office, 1983, p. 709.

③ "The Ambassador in Korea (Muccio) to the Secretary of State, " July 10, 1951, in *FRUS*, *1951*, Vol. 7, Part 1, Korea, pp. 644-645; "The Commander in Chief, United Nations Command (Ridgway) to the Joint Chiefs of Staff, " July 10, 1951, in *FRUS*, *1951*, Vol. 7, Part 1, Korea, pp. 649-656.

④ "The Ambassador in Korea (Muccio) to the Secretary of State, " July 20, 1951, in *FRUS*, *1951*, Vol. 7, Part 1, Korea, pp. 707-709; "The Ambassador in Korea (Muccio) to the Secretary of State, " July 20, 1951, in *FRUS*, *1951*, Vol. 7, Part 1, Korea, p. 710; "The Ambassador in Korea (Muccio) to the Secretary of State, " July 24, 1951, in *FRUS*, *1951*, Vol. 7, Part 1, Korea, p. 723.

定的示威游行。① 更为极端的是，李氏竟为支持停战谈判设定了如下条件：（1）中共军队撤出朝鲜半岛；（2）解除北朝鲜军队的武装；（3）通过联合国监督下的选举让北朝鲜人加入韩国国会；（4）联合国军司令部设定一个期限（比如10天），要求共产党国家答应上述条件，否则就终止停战谈判。② 根据这一切，穆西奥认为，李承晚希望破坏停战谈判，为此不断煽动游行示威，但他未来究竟还会采取什么样的手段却让人捉摸不定。③

1952年年初，杜鲁门和穆西奥等人纷纷指责李承晚挑起反停战运动，警告韩国继续这样做将带来最为严重的后果，包括削弱外部世界对韩国的支持。④ 李承晚的反应是继续抨击停战谈判，并再次向美国开出了明确的"价码"：为了应对共产党国家的军力增长，让韩国人民接受停战协定，防止韩国陷入"被抛弃"的境地，美国应与韩国签订共同安全条约，并协助韩国加速扩军。⑤ 美国国务卿艾奇逊（Dean Acheson）建议杜鲁门不要直接回复李承晚的信函。至于说李氏提出的两项要求，艾奇逊认为与韩国签署共同安全条约不符合美国的利益，但可以向李承晚政府承诺美国或联合国不会放弃韩国，并愿意帮助韩国加强军事力量。⑥ 10月，李承晚政府再次向美国提出签

① "The Ambassador in Korea (Muccio) to the Secretary of State," July 27, 1951, in *FRUS, 1951*, Vol. 7, Part 1, Korea, pp. 738–739; "The Ambassador in Korea (Muccio) to the Secretary of State," July 28, 1951, in *FRUS, 1951*, Vol. 7, Part 1, Korea, pp. 745 – 746; "The Ambassador in Korea (Muccio) to the Secretary of State," July 31, 1951, in *FRUS, 1951*, Vol. 7, Part 1, Korea, pp. 764–765; "The Ambassador in Korea (Muccio) to the Secretary of State," August 11, 1951, in *FRUS, 1951*, Vol. 7, Part 1, Korea, pp. 812–814; "The Ambassador in Korea (Muccio) to the Secretary of State," December 22, 1951, in *FRUS, 1951*, Vol. 7, Part 1, Korea, p. 1418.

② "The Ambassador in Korea (Muccio) to the Secretary of State," September 21, 1951, in *FRUS, 1951*, Vol. 7, Part 1, Korea, p. 928.

③ "The Ambassador in Korea (Muccio) to the Secretary of State," September 21, 1951, in *FRUS, 1951*, Vol. 7, Part 1, Korea, pp. 928–929; "The Ambassador in Korea (Muccio) to the Secretary of State," December 22, 1951, in *FRUS, 1951*, Vol. 7, Part 1, Korea, p. 1418.

④ "The Acting Secretary of State to the Embassy in Korea," February 26, 1952, in *FRUS, 1952–1954*, Vol. 15, Korea, Part 1, Washington, D. C. : U. S. Government Printing Office, 1984, pp. 61–62; "Memorandum by the Secretary of State to the President," February 29, 1952, in *FRUS, 1952–1954*, Vol. 15, Korea, Part 1, p. 72; "President Truman to the President of the Republic of Korea (Rhee)," March 4, 1952, in *FRUS, 1952–1954*, Vol. 15, Korea, Part 1, pp. 74–76.

⑤ "The President of the Republic of Korea (Rhee) to President Truman," March 21, 1952, in *FRUS, 1952–1954*, Vol. 15, Korea, Part 1, pp. 114–116.

⑥ "Memorandum by the Secretary of State to the President," April 30, 1952, in *FRUS, 1952–1954*, Vol. 15, Korea, Part 1, pp. 185–186.

署共同安全条约一事，理由是共产党国家和日本的实力日益增强，韩国对自身未来的安全忧心忡忡。杜鲁门政府的回应是，表达保卫韩国的决心不在于一纸条约，而是过去和现在美国在朝鲜半岛为抵制"共产党侵略"所付出的巨大牺牲。① 当月，由于双方在战俘遣返问题上存在严重分歧，朝鲜停战谈判无限期休会。② 可能正因为如此，李承晚的反停战呼声降低了调门。

1953 年 2 月 22 日，联合国军司令克拉克（Mark W. Clark）致函金日成（Kim Il-sung）和彭德怀，建议双方先行交换伤病战俘。3 月 28 日，金日成和彭德怀回信表示接受克拉克的建议，且提议立即恢复停战谈判。③ 4 月 2 日，艾森豪威尔总统指示国务卿杜勒斯（John Foster Dulles）响应中朝的呼吁。④ 26 日，中断了 6 个月零 18 天的板门店谈判得以恢复。战俘问题上的突破极大地加速了朝鲜停战谈判的进程，同时也深深地触动了李承晚那根武力统一的敏感神经。

自 3 月末起，韩国再次掀起大规模的反停战运动，⑤ 主要表现为国会通过反停战决议，出版界和高级将领们纷纷表示支持"北进统一"，李承晚政

① "Memorandum of Conversation, by the Secretary of State," October 17, 1952, in *FRUS, 1952-1954*, Vol. 15, Korea, Part 1, p. 560.

② 赵学功：《美国、中国与朝鲜停战谈判中的战俘遣返问题》，《四川大学学报》（哲学社会科学版）2015 年第 1 期，第 68 页；邓峰：《美国在朝鲜停战谈判中的战俘遣返政策探究》，《上海交通大学学报》（哲学社会科学版）2014 年第 1 期，第 101 页。

③ "The Commander in Chief, United Nations Command (Clark) to the Joint Chiefs of Staff," March 28, 1953, in *FRUS, 1952-1954*, Vol. 15, Korea, Part 1, pp. 818-819.

④ "Memorandum by the President to the Secretary of State," April 2, 1953, in *FRUS, 1952-1954*, Vol. 15, Korea, Part 1, p. 835; "Memorandum by the Secretary of State," April 3, 1953, in *FRUS, 1952-1954*, Vol. 15, Korea, p. 857.

⑤ 比如，4 月 6 日汉城举行数万人参加的集会。参加者提出下列要求：（1）赋予韩国联合国代表权；（2）完全解除北朝鲜的武装；（3）中共军队完全撤出朝鲜半岛；（4）邀请韩国出席讨论朝鲜问题的国际会议；（5）中止某些联合国成员国对北朝鲜的支持。参见 "Research Project 337: Relations between the United States and the Republic of Korea: A Chronology of Major Developments, April 1-June 22, 1953," July 1953, RG 59, General Records of Department of State, Records of the Bureau of Far Eastern Affairs: Office of Northeast Asian Affairs, Briefing Books and Reference Material Relating to Korea, 1947-1956, Box10, National Archive Ⅱ, College Park, MD。

府更是直接向美国发出了单独北上和把韩军撤出联合国军司令部的威胁。① 4月3日，韩国外交部长卞荣泰（Pyun Yung-tai）告知艾森豪威尔政府，要想让青瓦台在停战问题上合作，美国就必须同韩国签订共同安全条约。8日，韩国驻美大使梁裕灿（Yang You Chan）向杜勒斯转达了李承晚的看法，即韩国接受停战的五项条件是：（1）必须统一朝鲜；（2）中共军队必须全部撤离；（3）必须解除北朝鲜军队的武装；（4）必须禁止"任何第三方"向在朝鲜的共产党提供武器；（5）必须明确界定韩国的主权范围，并保证韩国在关于朝鲜半岛未来的国际讨论中拥有发言权。接下来，梁将话题引向共同安全条约问题，指出"该条约将大大缓解总是担心会被美国和联合国抛弃的韩国人的恐惧和忧虑"。在9日给艾森豪威尔的信中，李承晚表示，一旦停战协定允许中共军队继续驻留此地，他将要求所有不想把共产党军队驱逐到鸭绿江边的国家撤出朝鲜。假使美国也想撤离，那么它可以自便。24日，梁裕灿在致美国国务院的一份备忘录中警告说，如果停火协议没有将中国共产党赶出朝鲜，李承晚将把韩军撤出联合国军司令部。期间，李氏的立场偶尔也有软化的时候。14日，在与美国驻韩大使布里格斯（Ellis O. Briggs）会谈的过程中，李承晚表示韩国最需要的是美韩共同安全条约。不过，退而求其次，如果艾森豪威尔能够公开表示无论如何美国都不会忘记韩国，对韩国来说同样也大有裨益。② 17日，李承晚收到了艾森豪威尔的信函。在信中，

---

① 1950年7月15日，李承晚在致麦克阿瑟的信函中表示，"鉴于联合国在韩国的联合军事行动，其在韩国及附近的陆海空战斗部队均已由您调遣，同时您被任命为联合国军的最高司令官，我很高兴授权您在当前敌对状态持续期间，承担对韩国陆海空军的指挥权；这一权力可以由您或者您委任的在韩国及附近的司令官行使。"18日，麦克阿瑟接受了这一请求。参见陈波：《冷战同盟及其困境：李承晚时期美韩同盟关系研究》，上海：上海世纪出版集团2008年版，第110页。

② "Memorandum of Conversation, by the Director of the Office of Northeast Asian Affairs（Young），" April 8, 1953, in *FRUS, 1952-1954*, Vol. 15, Korea, Part 1, pp. 897-900; "The President of the Republic of Korea（Rhee）to President Eisenhower," April 9, 1953, in *FRUS, 1952-1954*, Vol. 15, Korea, Part 1, pp. 902-903; "The Ambassador in Korean（Briggs）to the Department of State," April 14, 1953, in *FRUS, 1952-1954*, Vol. 15, Korea, Part 1, pp. 906-907; "The Ambassador in Korean（Briggs）to the Department of State," April 15, 1953, in *FRUS, 1952-1954*, Vol. 15, Korea, Part 1, pp. 910-912; "President of the Republic the Korea Syngman Rhee Informs Eisenhower that with or without the Help of Friendly Nations His Country Intends to Continue Theirs Efforts to Drive the Chinese Communists out of Korean Territory," April 9, 1953, in *Declassified Documents Reference Service（DDRS）*（Detroit, Mich.: The Gale Group, Inc., 2007），CK3100280018 - CK3100280019; Yong-Pyo Hong, *State Security and Regime Security: President Syngman Rhee and the Insecurity Dilemma in South Korea, 1953-60*, pp. 42-43; Stephen Jin-Woo Kim, *Master of Manipulation: Syngman Rhee and the Seoul-Washington Alliance, 1953-1960*, pp. 80-82.

艾森豪威尔表示："您可以确信亦可以告诉韩国人民，我认为在追求美韩共同事业的过程中，韩国人民承受了巨大的痛苦，做出了巨大的牺牲，所以美国不会忘记韩国或对韩国的福祉和安全漠不关心。"李对此表示满意，声称艾森豪威尔总统的保证将让韩国人民倍感欣慰。① 但值得注意的是，21 日韩国国会还是通过决议，反对和平谈判，呼吁组织群众运动抵制停战，要求武力统一。②

面对韩国的诱迫，美国官员的反应是矛盾的，既不以为然又不敢完全掉以轻心。在布里格斯看来，韩国反停战言词背后隐藏的是不安全感和追求国家统一的强烈愿望。虽然李承晚宣布将单独战斗，但他是政治现实主义者，定会意识到此类行动将使韩国失去美国和联合国的支持。美国远东事务副助理国务卿约翰逊（U. Alexis Johnson）也持类似看法，认为李承晚可能已完全意识到无法阻止美国走向停战，目前他只是希望通过反停战迫使美国同韩国签订双边防务条约，以实现其个人的政治目的并防止美国抛弃韩国。但不管怎样，美国对李承晚的威吓却难以视而不见。布里格斯判断说，李承晚可能不会再像以往那样支持联合国军司令部了，或许他会撤出停战委员会中的韩国代表甚至收回韩军指挥权。当前，危险主要在于李氏通常所具有的"不可预计性"及其偶尔在不预先充分考虑后果的情况下便采取行动的倾向。克拉克也认为韩国可能试图收回联合国军司令部对韩军的管辖权。③

关于如何应对李承晚的问题，各方莫衷一是。布里格斯倾向于考虑韩国对共同安全条约的要求，但国防部以全面战争计划不包括防卫韩国为由强烈反对签订此类条约，克拉克也认为此时不能在共同防卫条约问题上向韩国政

① "Research Project 337: Relations between the United States and the Republic of Korea: A Chronology of Major Developments, April 1–June 22, 1953," July 1953, RG 59, General Records of Department of State, Records of the Bureau of Far Eastern Affairs: Office of Northeast Asian Affairs, Briefing Books and Reference Material Relating to Korea, 1947–1956, Box10, National Archive Ⅱ, College Park, MD.

② "Research Project 337: Relations between the United States and the Republic of Korea: A Chronology of Major Developments, April 1–June 22, 1953," July 1953, RG 59, General Records of Department of State, Records of the Bureau of Far Eastern Affairs: Office of Northeast Asian Affairs, Briefing Books and Reference Material Relating to Korea, 1947–1956, Box10, National Archive Ⅱ, College Park, MD.

③ "Memorandum by the Deputy Assistant Secretary of State for Far Eastern Affairs (Johnson) to the Secretary of State," April 8, 1953, in *FRUS*, *1952 - 1954*, Vol. 15, Korea, Part 1, pp. 896 - 897; "The Ambassador in Korean (Briggs) to the Department of State," April 14, 1953, in *FRUS*, *1952–1954*, Vol. 15, Korea, Part 1, pp. 906 - 907; "The Ambassador in Korean (Briggs) to the Department of State," April 23, 1953, in *FRUS*, *1952–1954*, Vol. 15, Korea, Part 1, p. 932.

府做出任何保证。艾森豪威尔和杜勒斯等人同样不愿这样做，理由如下：该条约将"削弱联合国授权的多边性质"，并意味着在法律上承认共产党对北朝鲜的控制；担心韩国误以为条约的适用范围为整个朝鲜半岛；最近韩国的反停战运动使美国国会和人民难以接受美韩防务条约；更重要的是，美国不想因此承担起保卫亚洲大陆的义务。①

最终，后一种意见占了上风。在4月23日给李承晚的回信中，艾森豪威尔只是再次保证美国不会忘记韩国，不会不关心韩国的福祉和安全。同时，他明确指出联合国"抵制侵略"的任务已然完成，不打算进一步以武力统一朝鲜半岛。如果韩国一意孤行地单独采取军事行动，结果只会给自己带来灾难，美国人民以牺牲换来的胜利果实亦将随之化为乌有。② 可是，美国不会弃韩国于不顾的承诺根本满足不了李承晚的胃口，艾森豪威尔的警告更是毫无效力，韩国的反停战运动依然如故。③

24日，梁裕灿交给美方一份备忘录。在备忘录中，韩方表示，如果停战安排允许中共军队继续留在鸭绿江以南，李承晚政府准备将韩军撤出联合国军司令部，并做好最终单独应对共产党国家的准备。反过来，华盛顿要求汉城配合美国验证共产党国家的真正意图，避免美韩分裂，并明确表示前一天韩国人在釜山举行的反美示威让华盛顿深受困扰。对于艾森豪威尔政府提出的要求，李承晚政府表现得无动于衷。一个突出的例证便是，两天以后李承晚公开发表声明，表示，"除非实现国家统一，否则不接受任何形式的停战。"只要中共军队继续留在朝鲜，韩国政府、人民和军人就决心依靠自己的力量争取统一。同一天，汉城举行大规模反对停战、要求统一的示威游行。布里格斯和克拉克分别向韩国政府发出了抗议和警告。然而，韩国各地

① "Memorandum by the Deputy Assistant Secretary of State for Far Eastern Affairs (Johnson) to the Secretary of State, " April 8, 1953, in *FRUS, 1952 - 1954*, Vol. 15, Korea, Part 1, pp. 896 - 897; "The Ambassador in Korean (Briggs) to the Department of State, " April 14, 1953, in *FRUS, 1952-1954*, Vol. 15, Korea, Part 1, p. 907; Yong-Pyo Hong, *State Security and Regime Security: President Syngman Rhee and the Insecurity Dilemma in South Korea, 1953-60*, p. 45; Stephen Jin-Woo Kim, *Master of Manipulation: Syngman Rhee and the Seoul-Washington Alliance, 1953-1960*, p. 87.

② "President Eisenhower to the President of the Republic of Korea (Rhee) , " April 23, 1953, in *FRUS, 1952-1954*, Vol. 15, Korea, Part 1, pp. 929-930; "U. S. Urges South Korea to Accept Armistice, " April 23, 1953, in *DDRS*, CK3100449747-CK3100449749.

③ "The Ambassador in Korean (Briggs) to the Department of State, " April 26, 1953, in *FRUS, 1952-1954*, Vol. 15, Korea, Part 1, pp. 938-940.

的游行示威活动照旧此起彼伏。30 日，李承晚更是在致克拉克的信函中指出，在下列条件下韩国可以接受中国和联合国军同时撤出朝鲜半岛：（1）美军撤出前缔结美韩共同安全防卫条约；（2）在远东永久和平实现以前，由联合国监管朝鲜北方领土；（3）北朝鲜人和中国人不得跨越朝鲜边界；（4）美苏之间不得达成裁军协定；（5）如果苏军进攻韩国，美军将在不同其他国家协商的情况下立即重返朝鲜半岛；（6）日军不得进入朝鲜领土；（7）在远东和平得以巩固之前，保证朝鲜半岛的海防和空防；（8）美国继续帮助韩国加强军事力量。5 月，李承晚和卞荣泰等韩国高级官员继续或公开或私下进行反停战宣传，指责中朝两国的战俘遣返政策，并不断发出单独"北进统一"的威胁。美方的回应是愿意考虑同韩国签署共同安全防卫条约一事，但绝不希望被李承晚政府进一步拖入朝鲜半岛这个泥潭。①

就在美韩双方为朝鲜停战问题争论得不可开交的时候，朝鲜停战谈判也在紧锣密鼓地进行着，并很快出现了明显的进展。中朝方面首先提出解决战俘问题的六点建议，主张在停战以后两个月内将坚持遣返的战俘全部遣返，其余战俘移交中立国看管，并由战俘所属国向战俘进行为期六个月的解释。此后，要求遣返的战俘应立即予以遣返，其余战俘的去留问题交由停战协定所规定的政治会议协商解决。5 月 7 日，中方对方案进行了修正，提出八点建议，将解释期缩短为四个月，并建议由波兰、捷克斯洛伐克、瑞士、瑞典和印度组成战俘遣返委员会。13 日，美方提出对案，主张不直接遣返的朝鲜籍战俘在停战协定生效时就地释放。② 25 日，美国决定做出让步，以中朝方

① "Letter, General Duk Shin Choi to General William K. Harrison, Jr. on Civilian Internees," May 4, 1953, B-379-017, Papers Related to the Korean American Mutual Defense Treaty, Papers Related to Treaty-Making and International Conferences, Syngman Rhee Institute, Yonsei University, History and Public Policy Program Digital Archive, Woodrow Wilson International Center for Scholars, document number: 119374; "Research Project 337: Relations between the United States and the Republic of Korea: A Chronology of Major Developments, April 1–June 22, 1953," July 1953, RG 59, General Records of Department of State, Records of the Bureau of Far Eastern Affairs: Office of Northeast Asian Affairs, Briefing Books and Reference Material Relating to Korea, 1947–1956, Box10, National Archive Ⅱ, College Park, MD.

② "Editorial Note," in FRUS, 1952–1954, Vol. 15, Korea, Part 1, p. 1020; 陶文钊：《中美关系史 (1949—1972)》，上海：上海人民出版社 1999 年版，第 74 页。

案为基础提出对案，战俘问题的解决指日可待。①

随着停战谈判接近尾声，美韩关于停战合作的讨价还价也进入到实质性阶段。5 月 25 日，也就是美国提出新的战俘遣返方案的当天，布里格斯大使和克拉克将军约见李承晚，试图敦促韩国接受停战并继续承诺赋予联合国军司令部韩军管辖权。二者指出，美国完全了解韩国在自身未来处境和防务状况方面的不安全感，愿意全力采取措施增强韩国的安全信心。为了劝说韩方支持停战谈判，美方开出的筹码和做出的解释如下：发表十六国"扩大制裁宣言"②，这对保证韩国安全具有明显的作用。相反，如果韩国持续抵制停战协定，结果很可能是参与发表"扩大制裁宣言"的国家改变既有立场；支持韩国政治经济发展并协助其提高国际地位；努力通过未来的政治会议实现朝鲜半岛统一并促使中共军队撤离朝鲜，并愿意就相关事宜与韩国进行充分协商；支持韩国将地面部队扩充至约 20 个师。相应地，美国要求韩国承诺不再采取反对朝鲜停战谈判的措施、认真遵守朝鲜停战协定并继续将韩国军队置于联合国军司令部控制之下。若非如此，一旦韩国实施单方面行动，美国将为确保美国和其他国家军队的安全而采取一切必要举措。美国暂时还不能启动与韩国的双边安全条约谈判，理由是：这样做会削弱针对韩国安全的集体安排，难以处理条约适用的领土范围问题，在韩国继续反停战的情况下亦无法给予美国国会和公众一个合理的解释。应该说，此时的美国立场中更多的是妥协和许诺，意在借此换取韩国的让步。但李氏却丝毫不为之所动，认为"扩大制裁宣言"与美韩防务条约相比意义不大。他的反建议是：立即停火；中共军队和联合国军同时撤离；朝鲜非遣返战俘由韩国释放，中国战俘

① "The Commander in Chief, United Nations Command (Clark) to the Joint Chiefs of Staff," May 23, 1953, in *FRUS, 1952-1954*, Vol. 15, Korea, Part 1, pp. 1090-1095; "The Ambassador in the Soviet Union (Bohlen) to the Department of State," May 24, 1953, in *FRUS, 1952-1954*, Vol. 15, Korea, Part 1, pp. 1095-1096; "Editorial Note," in *FRUS, 1952-1954*, Vol. 15, Korea, Part 1, pp. 1096-1097; "Editorial Note," in *FRUS, 1952-1954*, Vol. 15, Korea, Part 1, p. 1151.

② 具体内容为：参与朝鲜行动的联合国军成员国坚决反对违反停战协定的侵略行为，那时军事冲突将可能不再局限于朝鲜境内。

由联合国军司令部处理。① 韩国的反应引起了美国官员的高度警觉。克拉克认为，由于目前关押朝鲜非遣返战俘的9个陆上战俘营均由韩军充当卫兵主力，因此李承晚有可能、也完全有能力单方面释放这些战俘。鉴于卞荣泰几乎已经暗示正在考虑采取该行动，布里格斯警告国务院此种可能性确实存在。② 总之，5月下旬美韩关系陷入僵局。主要表现之一便是，26日美国代理国务卿史密斯（Walter B. Smith）告诉梁裕灿，美国不会与韩国签署双边安全条约，因为这样做不符合联合国援助韩国行动所遵循的原则。28日，卞荣泰私下当面批评美国人对共产党国家推行"绥靖政策"，却在韩国施行"马基雅维利主义"，并在国会公开表示对艾森豪威尔政府失去信心。③

29日，美国国务院和参谋长联席会议一同讨论了对策，提出三种选择：（1）实施1952年7月5日由克拉克制订的代号为"时刻准备着（Plan Everready）"的计划，关押李承晚及其追随者，建立军政府；（2）如果李承晚拒绝支持停战协定，联合国军司令部就撤离朝鲜；（3）以共同安全条约换取李承晚对停战协定的认可。实际上，与会者无一真正支持"时刻准备着"计划，也难以下定放弃韩国的决心，因此似乎只能答应与韩国协商签订共同安全条约的问题了。④ 翌日，艾森豪威尔授权布里格斯和克拉克通知李

① "Meeting between Secretary Dulles and President Rhee, Seoul," August 1953, RG 59, General Records of Department of State, Records of the Bureau of Far Eastern Affairs: Office of Northeast Asian Affairs, Briefing Books and Reference Material Relating to Korea, 1947–1956, Box10, National Archive Ⅱ, College Park, MD; "The Acting Secretary of State to the Embassy in Korea," May 22, 1953, in *FRUS, 1952–1954*, Vol. 15, Korea, Part 1, pp. 1086–1090; "The Ambassador in Korean (Briggs) to the Department of State," May 25, 1953, in *FRUS, 1952–1954*, Vol. 15, Korea, Part 1, pp. 1097–1098; "The Ambassador in Korean (Briggs) to the Department of State," May 25, 1953, in *FRUS, 1952–1954*, Vol. 15, Korea, Part 1, pp. 1100–1102.

② "The Commander in Chief, United Nations Command (Clark) to the Joint Chiefs of Staff," May 25, 1953, in *FRUS, 1952–1954*, Vol. 15, Korea, Part 1, pp. 1098–1100; "The Ambassador in Korean (Briggs) to the Department of State," May 26, 1953, in *FRUS, 1952–1954*, Vol. 15, Korea, Part 1, pp. 1102–1103.

③ "Research Project 337: Relations between the United States and the Republic of Korea: A Chronology of Major Developments, April 1–June 22, 1953," July 1953, RG 59, General Records of Department of State, Records of the Bureau of Far Eastern Affairs: Office of Northeast Asian Affairs, Briefing Books and Reference Material Relating to Korea, 1947–1956, Box10, National Archive Ⅱ, College Park, MD.

④ "Memorandum of the Substance of Discussion at a Department of State-Joint Chiefs of Staff Meeting," May 29, 1953, in *FRUS, 1952–1954*, Vol. 15, Korea, Part 1, pp. 1114–1119; "Rhee-Clark Conversation," May 29, 1953, in *DDRS*, CK3100350033–CK3100350039; Yong-Pyo Hong, *State Security and Regime Security: President Syngman Rhee and the Insecurity Dilemma in South Korea, 1953–60*, pp. 45–46; Stephen Jin-Woo Kim, *Master of Manipulation: Syngman Rhee and the Seoul-Washington Alliance, 1953–1960*, pp. 89–91.

承晚：只要韩国在实施停战协定方面予以合作且继续赋予联合国军司令部韩军管辖权，美国就准备立即遵照美菲和美澳新条约的模式与韩国进行共同安全条约的谈判，条约的适用范围为韩国现在或以后拥有行政管辖权的地区。但按照美国宪法，此条约需经参议院批准。①

美国并未立即告知李承晚以上决定，它要依据板门店谈判的进程寻找最有利的时机抛出"诱饵"。6月4日，中朝一方就战俘问题提出反建议，大体同意美方5月25日的方案。6日，美国接受了中朝的建议并准备在18日签订朝鲜停战协定。② 当天，艾森豪威尔致函李承晚，劝说韩国接受即将签署的停战协定，再次阐述和平统一朝鲜半岛的政策主张，告知对方准备仿效美菲和美澳新条约与韩国讨论共同安全条约问题，并承诺在停战后继续向韩国提供经济援助。次日，克拉克和布里格斯向李承晚呈递了艾森豪威尔的信函，通知后者战俘问题即将解决，并表示愿意与韩国协商共同安全条约问题。当时，李氏的情绪异常低落，所做的回应更是完全出乎美方的预料：美国关于共同安全条约的承诺太迟了，只要中共军队驻留朝鲜，韩国就无法生存；美国的绥靖政策大错特错，韩国不会接受当前的停战协定；今后，韩国可以自由行动了，它将继续战斗下去，即便最终走向灭亡也在所不惜。相应地，李承晚和卞荣泰亦接连对媒体发表反停战言论，并发出不顾一切代价单独北上以实现武力统一的威胁。韩国国会更是一致通过一项抵制停战、反对外国军队（例如印度军队）不经汉城允许便进入韩国、要求释放朝鲜非遣返

① "The Chief of Staff, United States Army (Collins) to the Commander in Chief, Far East (Clark) , " May 30, 1953, in *FRUS, 1952 – 1954*, Vol. 15, Korea, Part 1, pp. 1122 – 1123; "Telegram from CSUSA to Clark, " May 30, 1953, RG 59, General Records of Department of State, Records of the Bureau of Far Eastern Affairs, Miscellaneous Subject Files for the Year 1953, Box1, National Archive Ⅱ, College Park, MD

② "Editorial Note, " in *FRUS, 1952 – 1954*, Vol. 15, Korea, Part 1, p. 1137; Stephen Jin-Woo Kim, *Master of Manipulation: Syngman Rhee and the Seoul-Washington Alliance, 1953–1960*, p. 92.

战俘、呼吁准备北进的决议。① 9 日，李承晚会见美国第八军司令泰勒（Maxwell D. Taylor），又一次提出了韩国接受停战协定的条件，包括政治会议的合理会期约为 60 天，美韩签订共同安全条约，将韩国陆军扩建至 20 个师并辅以相应的海空军等内容。② 对于上述情况，克拉克的判断是，李承晚完全意识到了朝鲜停战不可避免，也认可艾森豪威尔 6 日信函提出的政策主张。也许随着停战协定签署日期临近，李氏会慢慢放弃恐吓，渐渐表露自己的真实意图。③ 应该说，后来的事实证明克拉克对李承晚策略的认识大抵准确。

10 日，杜勒斯致电美国驻韩国大使馆，要求布里格斯大使邀请李承晚访问华盛顿协商朝鲜停战等相关事宜。布里格斯不赞成此时向李承晚发出邀请。理由如下：李承晚应该是基于"非理性的爱国主义情感"真心反对停

---

① "Meeting between Secretary Dulles and President Rhee, Seoul," August 1953, RG 59, General Records of Department of State, Records of the Bureau of Far Eastern Affairs: Office of Northeast Asian Affairs, Briefing Books and Reference Material Relating to Korea, 1947–1956, Box10, National Archive Ⅱ, College Park, MD; "Research Project 337: Relations between the United States and the Republic of Korea: A Chronology of Major Developments, April 1–June 22, 1953," July 1953, RG 59, General Records of Department of State, Records of the Bureau of Far Eastern Affairs: Office of Northeast Asian Affairs, Briefing Books and Reference Material Relating to Korea, 1947–1956, Box10, National Archive Ⅱ, College Park, MD; "Telegram from Clark to JCS," June 7, 1953, RG 59, General Records of Department of State, Records of the Bureau of Far Eastern Affairs, Miscellaneous Subject Files for the Year 1953, Box1, National Archive Ⅱ, College Park, MD; "Telegram from Briggs to Dulles," June 7, 1953, RG 59, General Records of Department of State, Records of the Bureau of Far Eastern Affairs, Miscellaneous Subject Files for the Year 1953, Box1, National Archive Ⅱ, College Park, MD; "Recent ROK Statements in Korea on Armistice," June 10, 1953, RG 59, General Records of Department of State, Records of the Bureau of Far Eastern Affairs, Miscellaneous Subject Files for the Year 1953, Box1, National Archive Ⅱ, College Park, MD; "The Commander in Chief, United Nations Command (Clark) to the Joint Chiefs of Staff," June 4, 1953, in *FRUS, 1952–1954*, Vol. 15, Korea, Part 1, pp. 1149–1151; "Statement by President Syngman Rhee," June 6, 1953, B–379–014, Papers Related to the Korean American Mutual Defense Treaty, Papers Related to Treaty-Making and International Conferences, Syngman Rhee Institute, Yonsei University, History and Public Policy Program Digital Archive, Woodrow Wilson International Center for Scholars, document number: 119372.

② "The Commanding General, United States Eighth Army, (Taylor) to the Commander in Chief, Far East (Clark)," June 9, 1953, in *FRUS, 1952–1954*, Vol. 15, Korea, Part 2, pp. 1159–1160; "Telegram from Taylor to Clark," June 9, 1953, RG 59, General Records of Department of State, Records of the Bureau of Far Eastern Affairs, Miscellaneous Subject Files for the Year 1953, Box1, National Archive Ⅱ, College Park, MD.

③ "Telegram from Clark to JCS," June 10, 1953, RG 59, General Records of Department of State, Records of the Bureau of Far Eastern Affairs, Miscellaneous Subject Files for the Year 1953, Box1, National Archive Ⅱ, College Park, MD.

战。如果是这样，他很可能会拒绝接受邀请。而且，李承晚还可能根据此次邀请认定能够迫使华盛顿做出更多的让步。但国务院并未听从布里格斯的建议。第二天，杜勒斯致函李承晚，邀请他到华盛顿秘密交换关于停战协定的看法。李承晚以无法脱身为由婉言谢绝了美国的邀请，并回请杜勒斯访韩。同时，他重申韩军采取单方面行动前定会通知克拉克，且最近韩国不会采取这样的行动。16日，杜勒斯又一次致函李承晚，建议派远东事务助理国务卿罗伯逊（Walter S. Robertson）代表自己立即赶赴韩国协商停战合作事宜。李承晚欣然接受了这一建议。①

正当美国想要签订朝鲜停战协定并热切盼望着罗伯逊的韩国之行能使李承晚接受停战的时候，韩国军队于18日凌晨在论山、马山、釜山和尚武台四个战俘营强行打开由美军看守的大门，释放了约2.7万朝鲜非遣返战俘。② 而且，随后李承晚公开承认这是他个人的命令，此事并未与联合国军司令部和其他相关方面充分协商。非但如此，韩国军方还再次发出"北进

---

① "The Secretary of State to the Embassy in Korea," June 10, 1953, in *FRUS, 1952-1954*, Vol. 15, Korea, Part 2, p. 1164; "The Ambassador in Korea (Briggs) to the Department of State," June 11, 1953, in *FRUS, 1952-1954*, Vol. 15, Korea, Part 2, pp. 1164-1165; "The Secretary of State to the President of the Republic of Korea (Rhee)," June 11, 1953, in *FRUS, 1952-1954*, Vol. 15, Korea, Part 2, pp. 1165-1166; "The Ambassador in Korea (Briggs) to the Department of State," June 12, 1953, in *FRUS, 1952-1954*, Vol. 15, Korea, Part 2, pp. 1166-1167; "The President of the Republic of Korea (Rhee) to the Secretary of State," June 14, 1953, in *FRUS, 1952-1954*, Vol. 15, Korea, Part 2, p. 1168; "The Secretary of State to the President of the Republic of Korea (Rhee)," June 16, 1953, in *FRUS, 1952-1954*, Vol. 15, Korea, Part 2, p. 1188; "Text of Outgoing Telegram, Unnumbered, to Am Emb Pusan," June 12, 1953, in *DDRS*, CK3100357927-CK3100357929.

② 赵学功：《巨大的转变：战后美国对东亚的政策》，天津：天津人民出版社2002年版，第87页；陶文钊：《中美关系史（1949—1972）》，上海：上海人民出版社1999年版，第75—76页；"Telegram from CINCFE Tokyo to JCS," June 17, 1953, RG 59, General Records of Department of State, Records of the Bureau of Far Eastern Affairs, Miscellaneous Subject Files for the Year 1953, Box1, National Archive Ⅱ, College Park, MD. 实际上，早在5月12日与克拉克举行会谈时，李承晚就试探性地询问对方，韩国军队是否可以自行决定释放朝鲜非遣返战俘。克拉克郑重地提醒李氏，韩军归他指挥。参见 "Research Project 337: Relations between the United States and the Republic of Korea: A Chronology of Major Developments, April 1-June 22, 1953," July 1953, RG 59, General Records of Department of State, Records of the Bureau of Far Eastern Affairs: Office of Northeast Asian Affairs, Briefing Books and Reference Material Relating to Korea, 1947-1956, Box10, National Archive Ⅱ, College Park, MD。

统一"的威胁。①

这一切令美国感到十分震惊。国务院政策规划办公室做出了相应地分析。它认为，共产党国家关心的是中国战俘而非朝鲜战俘，所以它们在确信释放朝鲜非遣返战俘与美国无关且进行必要的抗议后仍可能同意签署停战协定。通过释放朝鲜非遣返战俘，李承晚保存了自己的颜面，解决了停战协定中涉及韩国声望的这个关键性问题。所以，李很可能视此次行动为不再强硬反对朝鲜停战的手段。考虑到上述因素，为了促使共产党国家相信李承晚是自行其是，同时也是为了迫使李承晚确信必须接受停战协定，美国应公开向韩国表达极度的不满，并施加各种压力。②

作为对韩国单方面行动的回应，克拉克和艾森豪威尔严厉斥责李承晚背信弃义，甚至威胁说要"另做安排"，并要求韩国"立即想办法扭转当前的局面"。③ 同样，在给李承晚的信中，杜勒斯质问道：

> ……你已经无视联合国军司令部的权威采取了单边行动，而且据报告说你甚至试图将韩军撤出联合国军司令部。
>
> 你有权利这样做吗？是你援引团结一致的原则要求我们付出代价的。为此，我们流血受难。在需要帮助的时候，你要求我们付出如此高昂的代价，现在你又怎能理直气壮地抛弃该原则呢？

---

① "Telegram from CINCFE Tokyo to JCS," June 18, 1953, RG 59, General Records of Department of State, Records of the Bureau of Far Eastern Affairs, Miscellaneous Subject Files for the Year 1953, Box1, National Archive Ⅱ, College Park, MD; "Research Project 337: Relations between the United States and the Republic of Korea: A Chronology of Major Developments, April 1–June 22, 1953," July 1953, RG 59, General Records of Department of State, Records of the Bureau of Far Eastern Affairs: Office of Northeast Asian Affairs, Briefing Books and Reference Material Relating to Korea, 1947–1956, Box10, National Archive Ⅱ, College Park, MD.

② "Memorandum from Stelle to Bowie," June 18, 1953, RG 59, General Records of Department of State, Records of the Bureau of Far Eastern Affairs, Miscellaneous Subject Files for the Year 1953, Box1, National Archive Ⅱ, College Park, MD.

③ "Editorial Note," in *FRUS, 1952–1954*, Vol. 15, Korea, Part 2, pp. 1199–1200; "Pres. Eisenhower is 'Gravely Concerned' that Pres. Rhee has Ordered the Release of North Korean Prisoners Held by the UN Command," June 18, 1953, in *DDRS*, CK3100446593–CK3100446595; "Research Project 337: Relations between the United States and the Republic of Korea: A Chronology of Major Developments, April 1–June 22, 1953," July 1953, RG 59, General Records of Department of State, Records of the Bureau of Far Eastern Affairs: Office of Northeast Asian Affairs, Briefing Books and Reference Material Relating to Korea, 1947–1956, Box10, National Archive Ⅱ, College Park, MD.

……　……

　　……应你的请求，我们付出高昂的代价挽救了你的国家，在道义上你有权利将这一胜利成果付之一炬吗？现在当我们（下划线是信函原有的——笔者注）要求保持团结时，你（下划线是信函原有的——笔者注）能装聋作哑吗？①

　　不过，值得注意的是，在公开发表的声明中，杜勒斯只是指责韩国的单方面行动侵犯了联合国军司令部的韩军管辖权，而且没有采用过于激烈的表述。②

　　19 日，布里格斯向李承晚呈交了艾森豪威尔和杜勒斯的信函。李辩解道，他过去承诺会与克拉克提前充分协商仅仅指将韩军撤出联合国军司令部，而非其他。与此同时，李氏再次论述了他过去所持的观点：韩国绝不接受允许中共军队继续留在朝鲜的停战协定，"那等于是将韩国逼上绝路"。倘若如此，汉城将收回联合国军司令部的韩军管辖权。但李承晚最终还是表示随时欢迎罗伯逊前来协商相关事宜。③

---

　　①　"The Secretary of State to the President of the Republic of Korea (Rhee) , " June 22, 1953, in *FRUS*, *1952-1954*, Vol. 15, Korea, Part 2, pp. 1238 - 1240; "Letter, John Foster Dulles, Secy of State, to Syngman Rhee, Pres. , Republic of Korea, " June 22, 1953, in *DDRS*, CK3100357936 - CK3100357938; "Research Project 337: Relations between the United States and the Republic of Korea: A Chronology of Major Developments, April 1-June 22, 1953, " July 1953, RG 59, General Records of Department of State, Records of the Bureau of Far Eastern Affairs: Office of Northeast Asian Affairs, Briefing Books and Reference Material Relating to Korea, 1947-1956, Box10, National Archive Ⅱ, College Park, MD.

　　②　"Research Project 339: The Rhee-Robertson Conversations and Their Aftermath: A Chronology of Principle Developments in Korean-American Relations, June 22-July 26, 1953, " July 1953, RG 59, General Records of Department of State, Records of the Bureau of Far Eastern Affairs: Office of Northeast Asian Affairs, Briefing Books and Reference Material Relating to Korea, 1947 - 1956, Box10, National Archive Ⅱ, College Park, MD.

　　③　"Research Project 339: The Rhee-Robertson Conversations and Their Aftermath: A Chronology of Principle Developments in Korean-American Relations, June 22-July 26, 1953, " July 1953, RG 59, General Records of Department of State, Records of the Bureau of Far Eastern Affairs: Office of Northeast Asian Affairs, Briefing Books and Reference Material Relating to Korea, 1947 - 1956, Box10, National Archive Ⅱ, College Park, MD. 第二天，在致联合国军司令部的电报中，布里格斯提出了一旦李承晚拒不配合，美国则实施"时刻准备着"计划的可能性，认为不到万不得已不建议联合国军司令部推翻李承晚政权、建立军政府。参见 "Telegram from Briggs to CINCUNC, " June 20, 1953, RG 59, General Records of Department of State, Records of the Bureau of Far Eastern Affairs, Miscellaneous Subject Files for the Year 1953, Box1, National Archive Ⅱ, College Park, MD。

22 日，克拉克与李承晚举行会谈。在此次会谈中，克拉克表现得很强硬，而李承晚则显得非常紧张，态度也异常友好。李承晚请求克拉克转告美国总统，说他正在全力配合艾森豪威尔。反过来，克拉克敦促李承晚必须接受美国以下的两项安排：艾森豪威尔政府决心确保朝鲜停战协定的各项规定得以全面落实；美国不准备通过军事手段或停战协定驱逐中共军队，而是希望借助政治会议解决该问题。尤为值得注意的是，克拉克特意表明他非常担心美韩两国军队在韩国非遣返战俘营发生冲突。显然，这一表述的背后是警告和威胁。李承晚当然不会不明白克拉克想要表达的深意。作为回应，李表示自己也有类似的担心，同意将为此尽可能采取防范行动，并承诺要求韩军在看管战俘问题上与美军通力合作。但另一方面，李氏依旧坚持认为政治会议失败之时便是停战协定终止之际。一旦如此，美国应考虑或者与韩国一道采取适当的行动，或者将军队撤出朝鲜半岛。与此同时，李承晚要求美国帮助韩国发展陆海空三军，并与韩国签署共同安全防卫条约。相应地，克拉克承诺美国将给予韩国军事和经济援助，答应同韩国协商签订安全条约事宜，敦促李承晚继续将韩军置于联合国军司令部管辖之下。①

第二天，李承晚交给克拉克一份备忘录，清晰地表达了韩国的立场。韩国可以考虑不单方面将军队撤出联合国军司令部。虽然汉城并不接受停战协定，但韩国军队会执行联合国军司令部有关停战协定的命令，理由是联合国军司令部拥有对韩军的管辖权。韩国做出上述让步的前提是：政治会议时限为 90 天。如果在此期间政治会议没有达成任何协议，停战协定则自动失效，韩国将在美国海空军的支持下北进；在签署停战协定之前，美韩两国应缔结共同安全防卫条约；美国将帮助韩国发展海陆空三军并实现经济自立；任何外国军队或共产党宣传人员都不得进入韩国参与看管战俘的工作。与此同时，李承晚还在所谓的"其他建议"中指出，韩国三军力量应发展到日本的水平。而且，一旦韩国遇袭，美国应自动提供安全援助，即便冒世界大战的风险也绝不退缩。当天，布里格斯与李承晚举行会谈，双方再次确认了罗伯

① "Telegram from Clark to JCS," June 22, 1953, RG 59, General Records of Department of State, Records of the Bureau of Far Eastern Affairs, Miscellaneous Subject Files for the Year 1953, Box1, National Archive Ⅱ, College Park, MD; "Research Project 339: The Rhee-Robertson Conversations and Their Aftermath: A Chronology of Principle Developments in Korean-American Relations, June 22–July 26, 1953," July 1953, RG 59, General Records of Department of State, Records of the Bureau of Far Eastern Affairs: Office of Northeast Asian Affairs, Briefing Books and Reference Material Relating to Korea, 1947–1956, Box10, National Archive Ⅱ, College Park, MD.

逊访韩事宜。① 至此，美韩之间在停战协定等相关问题上的分歧和矛盾能否得到化解就主要看罗伯逊与李承晚会谈的结果如何了。

三、罗伯逊—李承晚会谈与美韩《共同安全防卫条约》出台

1953 年 6 月 22 日，罗伯逊公开表示，他将作为美国总统和国务卿的代表飞往韩国，同李承晚以及其他韩国领导人商讨朝鲜局势，增进彼此之间的理解。② 当天，杜勒斯向罗伯逊发出如下指示：（1）按照美菲条约或者美澳新条约模式而非北约模式与韩国协商共同安全防卫条约事宜，且必须言明未来条约覆盖范围的改变仅仅是指韩国通过和平手段获得的新的领土；（2）如果与李承晚的谈判进展顺利，可以告知韩国美国在停战后愿意向其提供经济援助；（3）表明美国反对朝鲜半岛永久分裂，承诺同韩国一道通过和平手段推动南北统一。为此，美国将会在一段时间内保持在朝鲜半岛的军事存在。③

25 日，即罗伯逊到达汉城的当天，李承晚在演说中竭力煽动公众的反停战情绪，声称"决不能接受"停战协定，因为该协定允许中共军队继续驻留朝鲜半岛并批准印度武装力量进入韩国监管战俘。由于联合国有意接受共产党草拟的停战协定，所以目前韩国的处境比三年前更危险。他建议联合国军和中共军队同时撤离，政治会议限期三个月，会议失败后继续战斗。在接受美国国家广播公司的采访时，李承晚再次表示不会从原来的立场上后退，希望罗伯逊能做出一些让步。他声称，在这一点上，韩国人民完全支持他并将

---

① "Research Project 339: The Rhee-Robertson Conversations and Their Aftermath: A Chronology of Principle Developments in Korean-American Relations, June 22-July 26, 1953, " July 1953, RG 59, General Records of Department of State, Records of the Bureau of Far Eastern Affairs: Office of Northeast Asian Affairs, Briefing Books and Reference Material Relating to Korea, 1947-1956, Box10, National Archive Ⅱ, College Park, MD.

② "Research Project 339: The Rhee-Robertson Conversations and Their Aftermath: A Chronology of Principle Developments in Korean-American Relations, June 22-July 26, 1953, " July 1953, RG 59, General Records of Department of State, Records of the Bureau of Far Eastern Affairs: Office of Northeast Asian Affairs, Briefing Books and Reference Material Relating to Korea, 1947-1956, Box10, National Archive Ⅱ, College Park, MD.

③ "Instructions from Secretary Dulles, " June 22, 1953, RG 59, General Records of Department of State, Records of the Bureau of Far Eastern Affairs, Miscellaneous Subject Files for the Year 1953, Box1, National Archive Ⅱ, College Park, MD.

和他一起继续作战。不仅如此，在一个约有 5 万人参加的群众集会上，韩国国防部副部长宣称已经制订了北进计划。有趣的是，私下里李承晚却对罗伯逊说：“您就像伸向溺水之人的援手。请引领我们走出困境。”相比之下，美国公开的宣传攻势则显得有气无力。当日，罗伯逊本人在汉城的演讲则更多的是在强调美韩目标的一致性。美国共和党参议员史密斯（Alexander H. Smith）在国会发表演说时指出，僵持的停战总比僵持的战争要好，李承晚及韩国人民应支持停战政策。①

26 日，罗伯逊与李承晚举行第一次正式会谈。李承晚提出，韩国接受停战的条件是：（1）将剩下的 8600 名朝鲜非遣返战俘转移至非军事区，由中立国遣返委员会看管，中国战俘继续留在济州岛；（2）政治会议的会期为 90 天；（3）美国向韩国提供经援并支持韩国将陆军增加到约 20 个师；（4）立即签订美韩共同安全条约。美国的答复是：答应第一点和第三点要求；如果政治会议召开 90 天后仍无成果且为共产党所利用，则美韩协商联合退出；准备参照美菲条约立即与韩国就共同安全条约问题进行协商；作为回报，韩国应承认联合国军司令部处理战争事务的权威、支持停战协定并继续赋予联合国军司令部韩军管辖权。② 随后，李承晚向罗伯逊递交了一份备忘录，详细罗列了停战合作条件：在停战协定签订前缔结共同安全条约；协助韩国建设足以支持陆军的海空军，必要时进一步扩军；向韩国提供经济援助；一旦政治会议 90 天内仍未取得成果，美国应在不和其他国家或组织协商的情况下与韩国一同北上，武力统一朝鲜半岛。③

27 日，艾森豪威尔政府对李承晚备忘录做出了正式的书面答复，主要承

---

① "The Rhee-Robertson Conversation and Their Aftermath: A Chronology of Principle Developments in Korean-American Relations, June 22–July 26, 1953," July 1953, in *DDRS*, CK3100349049–CK3100349051; "Research Project 339: The Rhee-Robertson Conversations and Their Aftermath: A Chronology of Principle Developments in Korean-American Relations, June 22–July 26, 1953," July 1953, RG 59, General Records of Department of State, Records of the Bureau of Far Eastern Affairs: Office of Northeast Asian Affairs, Briefing Books and Reference Material Relating to Korea, 1947–1956, Box10, National Archive Ⅱ, College Park, MD.

② "The Assistant Secretary of State for Far Eastern Affairs (Robertson) to the Department of State," June 26, 1953, in *FRUS, 1952–1954*, Vol. 15, Korea, Part 2, pp. 1276–1277; "The Assistant Secretary of State for Far Eastern Affairs (Robertson) to the Department of State," June 27, 1953, in *FRUS, 1952–1954*, Vol. 15, Korea, Part 2, pp. 1279–1280.

③ "Aide-Memoire From the President of the Republic of Korea (Rhee) to the Assistant Secretary of State for Far Eastern Affairs (Robertson)," June 28, 1953, in *FRUS, 1952–1954*, Vol. 15, Korea, Part 2, pp. 1282–1284.

诺包括：美国不能对参加政治会议的其他国家政府施加时间限制。但如果政治会议召开90天后依旧毫无进展且为共产党国家所利用，美国将考虑与韩国一道退出；美国准备向韩国提供经济援助，并帮助韩国发展20个师左右的军事力量；美国同意立即按照美菲条约的模式与韩国商讨签署共同安全防卫条约事宜。上述承诺的前提条件是韩国接受联合国军司令部处理朝鲜战争的权威地位、支持停战协定、继续授权联合国军司令部管辖韩军。①

28日，李承晚向罗伯逊提交了一份备忘录，以此作为对美国上述立场的回应。大致包括如下要点：如果政治会议在90天内尚未取得成果，美国应在不和其他政府协商的情况下同韩国一起重新恢复军事行动；只要联合国军司令部支持韩国谋求获取战争的胜利，韩国就会继续将韩军置于该司令部管辖之下；要求美国就政治会议召开的时间、与会国等问题给予进一步澄清。②

罗伯逊和克拉克就此分析道，美国已经用尽浑身解数促使李承晚在朝鲜停战问题上予以配合。显然，李氏确信美国不会从朝鲜半岛抽身而退。因为华盛顿并不准备真的离开朝鲜半岛，所以接下来只能想办法让李相信美国已经做出了最大限度的让步。③ 获知罗伯逊和克拉克的分析后，国务院和国防部提出下列看法：美国对朝鲜半岛政策仍旧主要是为了对付共产党威胁；确保美国军队的安全是华盛顿关心的另外一个重要事项；美国无意撤离朝鲜半岛；只要李承晚认为还可以让美国做出更多让步或迫使美国改变立场，他就可以继续虚张声势或拒绝妥协；目前最为可行的行动路线就是促使李承晚及

---

① "Research Project 339: The Rhee-Robertson Conversations and Their Aftermath: A Chronology of Principle Developments in Korean-American Relations, June 22 – July 26, 1953, " July 1953, RG 59, General Records of Department of State, Records of the Bureau of Far Eastern Affairs: Office of Northeast Asian Affairs, Briefing Books and Reference Material Relating to Korea, 1947 – 1956, Box10, National Archive Ⅱ, College Park, MD.

② "Research Project 339: The Rhee-Robertson Conversations and Their Aftermath: A Chronology of Principle Developments in Korean-American Relations, June 22 – July 26, 1953, " July 1953, RG 59, General Records of Department of State, Records of the Bureau of Far Eastern Affairs: Office of Northeast Asian Affairs, Briefing Books and Reference Material Relating to Korea, 1947 – 1956, Box10, National Archive Ⅱ, College Park, MD.

③ "Telegram from Robertson and Clark to JCS, " June 28, 1953, RG 59, General Records of Department of State, Records of the Bureau of Far Eastern Affairs, Miscellaneous Subject Files for the Year 1953, Box1, National Archive Ⅱ, College Park, MD. 同时，作为联合国军司令的克拉克非常担心李承晚再次在朝鲜非遣返战俘问题上做文章，并为此制订了应急计划。参见 "Telegram from Clark to JCS," June 30, 1953, RG 59, General Records of Department of State, Records of the Bureau of Far Eastern Affairs, Miscellaneous Subject Files for the Year 1953, Box1, National Archive Ⅱ, College Park, MD。

其下属相信，只要韩国破坏停战协定，美国就将从朝鲜半岛抽身。假如李承晚顽固不化，美国还可以转而寄希望于韩军领导人，使之配合美国落实停战协定。为此，授权联合国军司令部在必要时采取一些措施暗示李承晚和其他韩国领导人联合国军准备撤离。[①]

作为回应，面对李承晚的固执己见，美国的态度逐渐变得强硬起来。26日，美国参议院两党领袖向新闻界透露说，美国最后一次呼吁韩国支持停战协定。如果韩国拒不接受华盛顿的想法，美国和联合国军也将按照原计划签署该协定。29日，罗伯逊明确拒绝了前一天韩国的备忘录。此次，李承晚的反应是温和的，答应亲自修改备忘录。不过，30日韩国外长卞荣泰发表声明指责美国，声称华盛顿自己在朝鲜打的是"有限战争"，却要求汉城进行一场"全面战争"。一旦韩国陷落于共产党之手，其他小国怎么会再愿意充当"炮灰"。"一些人认为美国后悔了，觉得华盛顿当初不应该介入朝鲜战争。倘若如此，如果美国想要抽身而退，它应该明说，而不是找各种借口来遮遮掩掩。""我们韩国人的态度是明确的。假如美国和联合国希望离开，它们尽可以自便。同样，二者还可以签订停战协定。我们唯一的希望是它们能够了解我们对美国和联合国过去所做的一切心存感激，作为友邦我们有权利按照自己认为正确的方式行事。"至于说美国试图促使韩国接受停战协定，"那是在错误的时间和地点、对错误的人施压。"[②] 或许正因为如此，7月1日美国前驻苏联和法国大使蒲立德（William C. Bullitt）、参议员诺兰（William Knowland）、史密斯和众议员周以德（Walter H. Judd）等人纷纷以签署美韩共同安全防卫条约为条件敦促李承晚与美国合作，并警告汉城防止因为自身的顽固不化而陷入"孤家寡人"的境地。更重要的是，6月底、7月初杜勒

---

① "Joint State-Defense Message for CINCUNC," June 30, 1953, RG 59, General Records of Department of State, Records of the Bureau of Far Eastern Affairs, Miscellaneous Subject Files for the Year 1953, Box1, National Archive Ⅱ, College Park, MD.

② "Research Project 339: The Rhee-Robertson Conversations and Their Aftermath: A Chronology of Principle Developments in Korean-American Relations, June 22－July 26, 1953," July 1953, RG 59, General Records of Department of State, Records of the Bureau of Far Eastern Affairs: Office of Northeast Asian Affairs, Briefing Books and Reference Material Relating to Korea, 1947－1956, Box10, National Archive Ⅱ, College Park, MD; "Telegram from Robertson and Clark to JCS and State," June 29, 1953, RG 59, General Records of Department of State, Records of the Bureau of Far Eastern Affairs, Miscellaneous Subject Files for the Year 1953, Box1, National Archive Ⅱ, College Park, MD; "Korean Briefing," June 30, 1953, RG 59, General Records of Department of State, Records of the Bureau of Far Eastern Affairs, Miscellaneous Subject Files for the Year 1953, Box1, National Archive Ⅱ, College Park, MD.

斯和艾森豪威尔先后发声,坦承美韩两国在朝鲜停战和政治会议等问题上存在严重分歧,责备李承晚政府过分夸大本国所面对的安全处境,并表示美国不打算改变既定的政策框架。①

可能是因为感觉到了美国的坚决态度,7月1日李承晚致函罗伯逊,表示不再要求中共军队在停战协定签订前撤离并同意将所有战俘转移至非军事区,但仍坚持政治会议失败后美国应继续以武力统一朝鲜半岛。如果美国不愿如此,至少也应该为韩国单独北上提供海空军支持。②3日,美国向李承晚递交了一份签署日期为7月2日的回复性备忘录,唯一的让步是承诺政治会议失败后立即与韩国讨论如何通过"适当和理性的"方式争取实现朝鲜统一的问题。至于说韩国要求美国承诺政治会议失败后再次谋求武力统一,罗伯逊则一口拒绝,理由是:美国是以联合国一员的身份在朝鲜半岛作战,无法代替联合国做决定;即便艾森豪威尔希望继续谋求武力统一,美国总统也没有这样的权力,宣战权掌握在国会手中。这时,韩国的公开表态也开始软化。当天,卞荣泰在接受记者采访时指出,美韩双方"仍在寻求达成一致意见",没有必要对协商结果过分悲观。4日,罗伯逊明确告知李承晚7月2日备忘录代表美国的最终立场,并将一份美方拟定的美韩共同安全条约草案送交韩方。面对美国的最后通牒,李承晚在继续要求对方承诺政治会议失败后支持韩国统一战争的同时,将反建议的重点调整至希望艾森豪威尔政府保证国会一定能够批准共同安全条约。可能是为了在退让的同时继续对美国施压,当天韩国陆军参谋长白善烨(Paek Sun-yup)表示,他将支持李承晚的"北进统一"决定。值得深思的是,第二天,泰勒将军在一次演说中将美国第八军比喻成一辆结构复杂的汽车。他说,这辆汽车只有在完好无损的情况

① "The Commander in Chief, Far East (Clark) to the Department of State," June 29, 1953, in *FRUS, 1952-1954*, Vol. 15, Korea, Part 2, pp. 1285-1286; "Editorial Note," in *FRUS, 1952-1954*, Vol. 15, Korea, Part 2, p. 1292; "The Rhee-Robertson Conversation and Their Aftermath: A Chronology of Principle Developments in Korean-American Relations, June 22-July 26, 1953," July 1953, in *DDRS*, CK3100349060-CK3100349068; "Research Project 339: The Rhee-Robertson Conversations and Their Aftermath: A Chronology of Principle Developments in Korean-American Relations, June 22-July 26, 1953," July 1953, RG 59, General Records of Department of State, Records of the Bureau of Far Eastern Affairs: Office of Northeast Asian Affairs, Briefing Books and Reference Material Relating to Korea, 1947-1956, Box10, National Archive Ⅱ, College Park, MD.

② "The President of the Republic of Korea (Rhee) to the Assistant Secretary of State for Far Eastern Affairs (Robertson)," July 1, 1953, in *FRUS, 1952-1954*, Vol. 15, Korea, Part 2, pp. 1292-1295.

下才能启动。如果韩国执意单独北进，那么美国必须要利用剩余的零件制造一辆全新的汽车。两相对比，美韩彼此威胁的状态不言自明。①

7日，李承晚交给罗伯逊一份备忘录，实质性内容主要有两项：要求仿效美日安全条约拟定美韩安全条约，甚至说只需要将"日本"替换为"韩国"即可，以便本次美国国会会议便可以审议通过该条约；要求美国在政治会议失败后为韩国的武力统一行动提供道义和军事物资支持。当天，美国参议院两党领袖表示只要李承晚支持停战协定并在政治会议上采取合作态度，他们就愿意批准美韩共同安全条约。与此同时，共和党参议员威利（Alexander Wiley）发表声明，指责李承晚正在走向极端主义、顽固不化和专横武断，其不顾后果的鲁莽行为使韩国及其盟国乃至整个世界的和平事业蒙受了无法估量的损失。他的观点与大多数共和党议员的看法形成了鲜明对比。② 不管美国是否经过谋划做出如此安排，这种"一打一拉"的做法客观上确实有利于促使李承晚接受艾森豪威尔政府提出的条件。

8日和9日两天，在中朝同意重启停战谈判的情况下，罗伯逊与李承晚连续举行会谈。期间，前者通知后者美国参议院已经承诺支持共同安全条约，克拉克也打算将反共的中朝战俘转移到非军事区，这样印度军队、中立国遣返委员会或共产党宣传人员就不会进入韩国领土了。根据以上情况，罗伯逊明确说打算10日回国。李承晚表示从未想过将韩国军队撤出联合国军司令部，那样做是"幼稚的"。与此同时，他接受了艾森豪威尔政府关于国会将批准共同安全条约的保证，并且对罗伯逊的归国计划表示不解甚至抗议，声称二者的观点已经接近，完全可以达成一致。相应地，在致罗伯逊的

① "Memorandum of Conversation, by the Assistant Secretary of State for Far Eastern Affairs (Robertson)," July 4, 1953, in *FRUS, 1952-1954*, Vol. 15, Korea, Part 2, pp. 1326-1329; "The Rhee-Robertson Conversation and Their Aftermath: A Chronology of Principle Developments in Korean-American Relations, June 22-July 26, 1953," July 1953, in *DDRS*, CK3100349068-CK3100349081; "Meeting between Secretary Dulles and President Rhee, Seoul," August 1953, RG 59, General Records of Department of State, Records of the Bureau of Far Eastern Affairs: Office of Northeast Asian Affairs, Briefing Books and Reference Material Relating to Korea, 1947-1956, Box10, National Archive Ⅱ, College Park, MD; "Research Project 339: The Rhee-Robertson Conversations and Their Aftermath: A Chronology of Principle Developments in Korean-American Relations, June 22-July 26, 1953," July 1953, RG 59, General Records of Department of State, Records of the Bureau of Far Eastern Affairs: Office of Northeast Asian Affairs, Briefing Books and Reference Material Relating to Korea, 1947-1956, Box10, National Archive Ⅱ, College Park, MD.

② "The Rhee-Robertson Conversation and Their Aftermath: A Chronology of Principle Developments in Korean-American Relations, June 22-July 26, 1953," July 1953, in *DDRS*, CK3100349082.

信中，李承晚一一列举了韩国过去向美国做出的诸多"让步"，并正式保证道："除非停战协定所包含的措施或行动有损韩国国家安全，否则韩国就不会破坏该协定。"与此同时，他再次提出如下要求：一旦政治会议失败，韩国将采取军事行动驱逐侵略者，希望美国为此提供声援和军事物资援助。①11日，李承晚分别向艾森豪威尔和杜勒斯保证韩国将遵守停战协定。② 第二天，美韩双方发表了"罗伯逊—李承晚共同声明"，宣称两国已准备签署共同安全条约，且在政治、经济和防务合作方面达成了广泛的共识。至此，罗

---

① "The Assistant Secretary of State for Far Eastern Affairs (Robertson) to the Department of State, " July 8, 1953, in *FRUS, 1952−1954*, Vol. 15, Korea, Part 2, pp. 1352−1354; "The President of the Republic of Korea (Rhee) to the Assistant Secretary of State for Far Eastern Affairs (Robertson) , " July 9, 1953, in *FRUS, 1952−1954*, Vol. 15, Korea, Part 2, pp. 1357−1359; "The Rhee-Robertson Conversation and Their Aftermath: A Chronology of Principle Developments in Korean-American Relations, June 22−July 26, 1953, " July 1953, in *DDRS*, CK3100349084−CK3100349085; "Research Project 339: The Rhee-Robertson Conversations and Their Aftermath: A Chronology of Principle Developments in Korean-American Relations, June 22−July 26, 1953, " July 1953, RG 59, General Records of Department of State, Records of the Bureau of Far Eastern Affairs: Office of Northeast Asian Affairs, Briefing Books and Reference Material Relating to Korea, 1947−1956, Box10, National Archive Ⅱ, College Park, MD; "Meeting between Secretary Dulles and President Rhee, Seoul, " August 1953, RG 59, General Records of Department of State, Records of the Bureau of Far Eastern Affairs: Office of Northeast Asian Affairs, Briefing Books and Reference Material Relating to Korea, 1947−1956, Box10, National Archive Ⅱ, College Park, MD.

② "The President of the Republic of Korea (Rhee) to President Eisenhower, " July 11, 1953, in *FRUS, 1952−1954*, Vol. 15, Korea, Part 2, pp. 1368−1369; "The President of the Republic of Korea (Rhee) to the Secretary of State, " July 11, 1953, in *FRUS, 1952−1954*, Vol. 15, Korea, Part 2, pp. 1370−1373; "The Rhee-Robertson Conversation and Their Aftermath: A Chronology of Principle Developments in Korean-American Relations, June 22 − July 26, 1953, " July 1953, in *DDRS*, CK3100349098; "Syngman Rhee Suggests to Eisenhower that in the Formulations of American Policies in the Pacific Area, Korea should be Accorded Consideration as a Strategic Power Center and as a Loyal and Effective Ally, " July 11, 1953, in *DDRS*, CK3100279974−CK3100279975; "Meeting between Secretary Dulles and President Rhee, Seoul, " August 1953, RG 59, General Records of Department of State, Records of the Bureau of Far Eastern Affairs: Office of Northeast Asian Affairs, Briefing Books and Reference Material Relating to Korea, 1947−1956, Box10, National Archive Ⅱ, College Park, MD.

伯逊认为美韩停战合作问题已基本解决。①

　　然而，李承晚依旧继续发出战争威胁，并屡次曲解美韩共同声明。11日，他在接受美国一家媒体采访时声称，韩国只承诺三个月内不破坏停战协定，因为美国确信此间能够使中共撤军并统一朝鲜半岛。同一天，卞荣泰在声明中指出："从原则上来讲，韩国无法接受停战协定，因为它对韩国来说极其危险。"15 日，梁裕灿警告西方国家不要"与邪恶妥协"。两天后，李承晚向克拉克抱怨联合国军司令部没有像过去设想的那样对北朝鲜军队发动全面进攻。罗伯逊严厉斥责了韩国的说法，认为这只会危害美韩共同事业，使共产党从中渔利。②

　　由于李承晚单方面释放战俘以后中朝屡次要求美国保证遵守停战协定，联合国军司令部美方代表哈里森（William Harrison）不得不在 19 日的板门店会议上郑重声明：即使韩国违反停战协定，联合国军司令部仍会信守承诺。李承晚政府对此提出强烈抗议，再次要求美国在政治会议失败后支持韩国武力统一朝鲜半岛，甚至威胁说要重新考虑关于停战问题的立场。③ 艾森豪威尔政府急忙向韩国做出解释（19 日美方代表的声明指的是联合国军司

　　① "Memorandum of Conversation, by the Assistant Secretary of State for Far Eastern Affairs (Robertson) ," July 11, 1953, in *FRUS*, *1952–1954*, Vol. 15, Korea, Part 2, pp. 1373–1374; "Memorandum of Conversation, " July 11, 1953, RG 59, General Records of Department of State, Records of the Bureau of Far Eastern Affairs, Miscellaneous Subject Files for the Year 1953, Box2, National Archive Ⅱ, College Park, MD; "Department of State Press Release No. 369: Robertson-Rhee Statement, " July 11, 1953, RG 59, General Records of Department of State, Records of the Bureau of Far Eastern Affairs, Miscellaneous Subject Files for the Year 1953, Box2, National Archive Ⅱ, College Park, MD; "The Rhee-Robertson Conversation and Their Aftermath: A Chronology of Principle Developments in Korean-American Relations, June 22–July 26, 1953, " July 1953, in *DDRS*, CK3100349101–CK3100349102.

　　② "The Assistant Secretary of State for Far Eastern Affairs (Robertson) to the President of the Republic of Korea (Rhee) , " July 1, 1953, in *FRUS*, *1952–1954*, Vol. 15, Korea, Part 2, pp. 1411–1412; "The Rhee-Robertson Conversation and Their Aftermath: A Chronology of Principle Developments in Korean-American Relations, June 22–July 26, 1953, " July 1953, in *DDRS*, CK3100349099–CK3100349100, CK3100349108–CK3100349109; The Rhee-Robertson Conversations and Their Aftermath: A Chronology of Principle Developments in Korean-American Relations, June 22–July 26, 1953, " July 1953, RG 59, General Records of Department of State, Records of the Bureau of Far Eastern Affairs: Office of Northeast Asian Affairs, Briefing Books and Reference Material Relating to Korea, 1947–1956, Box10, National Archive Ⅱ, College Park, MD.

　　③ "The Ambassador in Korea (Briggs) to the Department of State, " July 21, 1953, in *FRUS*, *1952–1954*, Vol. 15, Korea, Part 2, pp. 1404–1406; "The Rhee-Robertson Conversation and Their Aftermath: A Chronology of Principle Developments in Korean-American Relations, June 22–July 26, 1953, " July 1953, in *DDRS*, CK3100349114.

令部的政策，不会对美国政府构成无限期的约束），并承诺支持韩国反对任何外部侵略。韩国并没有立即接受美国的解释，而是继续公开表达对美方说法的"吃惊和失望"，并威胁说如果得不到令人满意的答复则收回不破坏停战协定的承诺。值得特别注意的是，在22—24日期间，李承晚多次公开或私下向美国提出以下两项要求，甚至情绪激动地暗示将美国答应第二项要求作为履行韩国此前承诺的前提：希望美国承诺在共同安全条约中写明，一旦韩国遭到攻击，美国将立即、自动给予军事援助；一旦政治会议失败，韩国将采取军事行动驱逐侵略者，希望美国为此提供声援和军事物资援助。在给李承晚的回信中，杜勒斯代表艾森豪威尔对前者做出了承诺，[①]对后者则不置可否。接到美国的答复后，李承晚的情绪开始变得平复下来，并于25日和26日两次在信中向杜勒斯保证不会破坏停战协定。[②]7月27日，《朝鲜停战协定》签订。

早在6月26日，美国就设想在《朝鲜停战协定》签订后、政治会议召开前与李承晚或他的代表举行一次高级别会谈，共商双方共同关心的政治会议等问题。经过一番讨论，美国决定由国务卿杜勒斯代表美国与李承晚商谈相关事宜。[③]7月28日，也就是《朝鲜停战协定》签署的第二天，美国官员告诉韩国驻华盛顿大使馆，杜勒斯拟于8月初访问韩国，与李承晚讨论双方

---

① 在笔者阅读的美国档案文献范围内，找不到杜勒斯做出此项承诺的法律依据或背后考虑，只得暂时将其理解为艾森豪威尔政府的缓兵之计，即暂时借此促使李承晚避免破坏停战协定，但并不打算真的在美韩共同安全防卫条约中保证"一旦韩国遭到攻击，美国将立即、自动给予军事援助"。

② "The Secretary of State to the Embassy in Korea," July 21, 1953, in *FRUS, 1952–1954*, Vol. 15, Korea, Part 2, pp. 1407–1408; "The President of the Republic of Korea (Rhee) to the Secretary of State," July 25, 1953, in *FRUS, 1952–1954*, Vol. 15, Korea, Part 2, pp. 1436–1438; "The Commander in Chief, United Nations Command (Clark) to the Joint Chiefs of Staff," July 25, 1953, in *FRUS, 1952–1954*, Vol. 15, Korea, Part 2, pp. 1438–1439; "The President of the Republic of Korea (Rhee) to the Secretary of State," July 26, 1953, in *FRUS, 1952–1954*, Vol. 15, Korea, Part 2, pp. 1439–1441; "Meeting between Secretary Dulles and President Rhee, Seoul," August 1953, RG 59, General Records of Department of State, Records of the Bureau of Far Eastern Affairs: Office of Northeast Asian Affairs, Briefing Books and Reference Material Relating to Korea, 1947–1956, Box10, National Archive Ⅱ, College Park, MD.

③ "Research Project 339: The Rhee-Robertson Conversations and Their Aftermath: A Chronology of Principle Developments in Korean-American Relations, June 22–July 26, 1953," July 1953, RG 59, General Records of Department of State, Records of the Bureau of Far Eastern Affairs: Office of Northeast Asian Affairs, Briefing Books and Reference Material Relating to Korea, 1947–1956, Box10, National Archive Ⅱ, College Park, MD.

共同关心的问题。①

与此同时，美国有关部门着手为杜勒斯访韩做准备。杜勒斯此次韩国之行的主要目的之一便是与韩国草签《共同安全防卫条约》。华盛顿的总体设想是，在与李承晚会谈过程中，杜勒斯要促使韩国相信，长远来看，在与共产主义世界的实力对比方面，"自由世界"将日益占据优势。在这种情况下，美国应致力于通过政治和经济手段削弱中苏集团。相应地，在朝鲜半岛问题上"自由世界"应对共产党国家发起政治、经济和心理攻势，借此争取实现南北统一。美韩应在政治会议上通过外交手段推动朝鲜半岛和平统一，并致力于将韩国打造成一个远比北朝鲜有吸引力的国家。同时，美国也将明确拒绝承诺政治会议失败后重新对共产党国家发起军事进攻，更不会答应李承晚为他的"北进统一"计划提供道义和战争物资支持。②

具体到《共同安全防卫条约》草案的主要内容，美国认为韩国所持的若干立场是华盛顿所无法接受的，比如将韩国的领土范围扩展到鸭绿江边、使用北约的语言要求一旦韩国遭受攻击美国则立即采取援助行动、不包含终止条约的相关条款。关于条约适用的韩国领土范围，美方认为只能是目前韩国有效管理的朝鲜半岛南部地区和未来通过和平手段获取的北部地区。为了获得参议院批准，条约必须包含终止条款。至于说在朝鲜半岛驻军，只能被界定为美国的权利而非义务。而且，考虑到李承晚经常公开曲解美国的立场并希望在政治会议失败后重启战端，此次不宜与韩国最终敲定条约文本，否则华盛顿将失去在未来几个月与韩国讨价还价的能力。不仅如此，在这次访问过程中，如果气氛合适，美方应该开诚布公地表达对过去一段时间美韩关系的不满，即不能仅仅是美国单方面配合韩国，而韩国却不断要求美国做出最大限度的让步，并时常公开两国之间的分歧。美韩两国应该相互尊重、平等相待。③

① "Memorandum of Conversation," July 28, 1953, RG 59, General Records of Department of State, Records of the Bureau of Far Eastern Affairs, Miscellaneous Subject Files for the Year 1953, Box2, National Archive Ⅱ, College Park, MD.

② "Briefing Papers for Dulles-Rhee Talks, Seoul," August 1, 1953, RG 59, General Records of Department of State, Records of the Bureau of Far Eastern Affairs: Office of Northeast Asian Affairs, Briefing Books and Reference Material Relating to Korea, 1947–1956, Box10, National Archive Ⅱ, College Park, MD.

③ "Briefing Papers for Dulles-Rhee Talks, Seoul," August 1, 1953, RG 59, General Records of Department of State, Records of the Bureau of Far Eastern Affairs: Office of Northeast Asian Affairs, Briefing Books and Reference Material Relating to Korea, 1947–1956, Box10, National Archive Ⅱ, College Park, MD.

反观韩国，《朝鲜停战协定》签订后，李承晚继续渲染武力统一的气氛。他或公开或私下，或直接或间接地指出，虽然美国没有做出明确承诺，但如果政治会议无果而终，华盛顿别无选择，只能与韩国一道谋求借助军事手段统一朝鲜半岛。即便无法获得美国的支持，与其让国家无限期分裂下去，还不如北进。这可能是一次自杀性行动，但"自由世界"总归还是会为此壮举而恢复朝鲜的统一和自由。①

8月2日，杜勒斯在罗伯逊等人的陪同下赶赴汉城。5日，他与李承晚举行了第一次会议。在大范围会谈期间，二者商定组建一个双边共同安全条约起草小组。谈及条约的属性，李承晚强调条约不仅仅针对苏联还针对日本，应采用尽可能强硬的措辞，而杜勒斯却说最重要的是美韩双方秉持通力合作的精神，美菲和美澳新条约中的表述已经足够，为了维护西太平洋地区的安全韩日应携手并进。李承晚回应道，韩国愿意与美国合作，但合作不一定意味着服从，希望美国向韩国做出坚定的承诺。② 私下会谈时，杜勒斯向李承晚表示，虽然美国可能也包括韩国并不愿意重新开战，但只要美韩团结一致，从法律上讲韩国是可以在美国的道义支持下对北方发动进攻的。③ 杜勒斯的这一私下表述十分值得注意，因为从本质上讲，该说法并不符合美国的既定政策。或许我们可以将此理解为美国给韩国开的"空头支票"，以诱使李承晚在维护《朝鲜停战协定》和参加政治会议等问题上配合艾森豪威尔政府。

7日上午，双方举行第三次会晤，李承晚再次提出中共军队应离开朝鲜半岛的问题，并试图迫使杜勒斯做出以下承诺：假如政治会议召开90天后仍未达成协议，美韩两国则重新发动进攻，或者美国为韩国"北进统一"行

① "Telegram from CINCFE Tokyo to JCS，" August 1, 1953, RG 59, General Records of Department of State, Records of the Bureau of Far Eastern Affairs, Miscellaneous Subject Files for the Year 1953, Box2, National Archive Ⅱ, College Park, MD.

② "Summary Record of the Conference held between President Rhee and Secretary Dulles (First Session)，" August 5, 1953, B－380－006, Papers Related to the Korean American Mutual Defense Treaty, Papers Related to Treaty-Making and International Conferences, Syngman Rhee Institute, Yonsei University, History and Public Policy Program Digital Archive, Woodrow Wilson International Center for Scholars, document number: 119395; "Memorandum of Conversation, by the Director of the Office of Northeast Asian Affairs (Young)，" August 5, 1953, in *FRUS, 1952-1954*, Vol. 15, Korea, Part 2, pp. 1466-1473.

③ "Draft Memorandum of Conversation, by the Secretary of State，" undated, in *FRUS, 1952-1954*, Vol. 15, Korea, Part 2, pp. 1474-1475.

动提供道义和军事物资支持。杜勒斯以美国总统和国务卿没有这样的权力为由一口拒绝。① 下午，杜勒斯与李承晚举行第四次会谈。韩国外长卞荣泰试图在美韩即将发表的联合声明中加入如下表述：韩国可以全权处理内部事务，包括将"中共侵略者"赶出自己的领土。杜勒斯对此表示反对，理由是这与1950年美国敦促联合国采取行动时的说法不符，华盛顿认为韩国遭到入侵并非内战，而是威胁世界和平的"共产党侵略"。与此相反，苏联集团认为朝鲜战争是内战，联合国无权干涉。最后，韩方放弃了自己的想法。②

早在6日，杜勒斯便建议艾森豪威尔在不给美国增加新的义务的情况下同意与韩国草签共同安全防卫条约。艾森豪威尔予以批准。③ 经过对条约草案的密集讨论，双方很快就文本达成一致意见。8日，美韩两国草签了《共同安全防卫条约》。从内容上看，可以说杜勒斯确实没有向李承晚做出新的让步，主要表现为条约适用范围的改变是指一方承认的另一方通过合法手段获取的新的领土，一方应根据本国的"宪法程序"援助另一方抵制外部侵略。④ 9月30日，卞荣泰访问美国。10月1日，他代表韩国与美国正式签署了美韩《共同安全防卫条约》。⑤

① "Summary Record of the Conference held between President Rhee and Secretary Dulles (Third Session) , " August 7, 1953, B‐380‐003, Papers Related to the Korean American Mutual Defense Treaty, Papers Related to Treaty-Making and International Conferences, Syngman Rhee Institute, Yonsei University, History and Public Policy Program Digital Archive, Woodrow Wilson International Center for Scholars, document number: 119430; "Memorandum of Conversation, by the Director of the Office of Northeast Asian Affairs (Young) , " August 7, 1953, in *FRUS, 1952-1954*, Vol. 15, Korea, Part 2, pp. 1483-1487.

② "Memorandum of Conversation, by the Assistant Secretary of State for Far Eastern Affairs (Robertson) , " August 7, 1953, in *FRUS, 1952-1954*, Vol. 15, Korea, Part 2, pp. 1488-1489. 8月8日杜勒斯与李承晚发表的联合声明的文本，参见 "Text of Joint Statement by the Secretary of State and President Rhee, " undated, RG 59, General Records of Department of State, Records of the Bureau of Far Eastern Affairs, Miscellaneous Subject Files for the Year 1953, Box2, National Archive Ⅱ, College Park, MD。

③ "The Secretary of State to the Department of State, " August 6, 1953, in *FRUS, 1952-1954*, Vol. 15, Korea, Part 2, p. 1475.

④ "Memorandum of Conversation, by the Director of the Office of Northeast Asian Affairs (Young) , " August 8, 1953, in *FRUS, 1952-1954*, Vol. 15, Korea, Part 2, pp. 1489-1490; "Draft of Republic of Korea-United State Mutual Defense Treaty, " undated, RG 59, General Records of Department of State, Records of the Bureau of Far Eastern Affairs, Miscellaneous Subject Files for the Year 1953, Box2, National Archive Ⅱ, College Park, MD.

⑤ "Memorandum of Conversation, by the Assistant Secretary of State for Far Eastern Affairs (Robertson) , " October 2, 1953, in *FRUS, 1952-1954*, Vol. 15, Korea, Part 2, p. 1515.

四、李承晚"妥协退让"与美韩同盟正式形成

杜勒斯对 8 月上旬汉城之行的结果是满意的。但他并没有对未来的美韩关系持盲目乐观的态度。在他看来，如果李承晚认为接下来美国人会将韩国人抛在脑后，而一心谋求与英国、法国和印度等国家合作，那么美韩关系将再次恶化。反过来，假使韩国抵制政治会议，那么该会议便注定走向失败。而且，韩国一向认为自己过去总是成为大国利益博弈的牺牲品，因此不会参加政治会议。更重要的是，美国人也不相信此种类型的会议真的会带来朝鲜半岛统一。总之，华盛顿根本无法将政治会议"兜售"给汉城。① 事实证明，杜勒斯的担心绝非杞人忧天。

9 月底、10 月初卞荣泰访问华盛顿期间，美韩双方再次讨论了韩国遵守停战协定的问题。卞荣泰表示，如果政治会议不能如期召开，李承晚将被迫采取某种行动，暗示将"北进统一"。美方明确指出，韩国单方面北进将给自己带来灾难。卞对美国的警告似乎不以为然，又表示要再次强行释放战俘。美方只得继续劝说韩国保持冷静，以免失去美国和其他联合国成员国的支持。② 但韩国官员依旧呼吁本国人民"拿起武器"对抗印度战俘遣返部队。③ 李承晚更是公开批评美国人希望同中国人讨论和平问题是"错误的"，"通过政治会议谋求统一是愚蠢的。"与此同时，他宣称绝不能接受朝鲜半岛继续分裂下去，将对占领北朝鲜的中共军队开战。即便得不到美国的支持，必要时韩国也会选择单独北上。④ 面对这一切，杜勒斯只得致函李承晚，略带威胁地表明联合国军司令部决心履行维护战俘营秩序和确保战俘营安全的义务。李承晚则反过来声称杜勒斯的来信"让人感到失望"，并继续指责印

① "Memorandum by the Secretary of State to the Under Secretary of State (Smith)," August 14, 1953, in *FRUS*, *1952-1954*, Vol. 15, Korea, Part 2, pp. 1495-1496.

② "Memorandum by the Representative for the Korean Political Conference (Dean) to the Secretary of State," October 2, 1953, in *FRUS*, *1952-1954*, Vol. 15, Korea, Part 2, pp. 1519-521.

③ "Memorandum of Conversation, by the Secretary of State," October 5, 1953, in *FRUS*, *1952-1954*, Vol. 15, Korea, Part 2, p. 1521.

④ "Associated Press Report, Syngman Rhee Statement on Chinese Occupying North Korea," October 2, 1953, B - 016 - 043, Official Correspondences, President Rhee's Correspondences, Syngman Rhee Institute, Yonsei University, History and Public Policy Program Digital Archive, Woodrow Wilson International Center for Scholars, document number: 123011.

度人为"站在共产党一边的中立者"，继续发表政治会议失败后命令韩军北进的言论。不过，与此同时，他也解释说，自己并无意鼓励韩国人民攻击印度战俘遣返部队。不管怎样，经过此次会谈，美国似乎暂时放心了。布里格斯认为，至少目前韩国还没有考虑对印度战俘遣返部队采取单方面行动。①

此后，韩国采取单方面行动破坏停战协定的问题依然长时间困扰着美国。10月中旬，美国国务院、三军和参谋长联席会议的情报机构一致认为，李承晚有能力不顾联合国军司令部的反对采取可能挑起大规模冲突的军事行动。而且，他随时可能对共产党军队发起军事进攻。② 几天后，美国国家安全委员会正式启动了针对韩国单方面军事行动的对策研究，共提出四种方案：第一，任由共产党国家回击韩军，拒绝向韩军提供后勤或其他支持；第二，将美军撤出韩国；第三，（未解密）；③ 第四，加入李承晚对共产党国家的军事行动。但经过研究，国家安全委员会得出的结论是，除非在绝对必要的情况下，否则以上四种方案所带来的政治或军事代价和危害均是美国无法接受的。所以，当前美国还是应该尽全力规劝韩国避免采取单方面军事行动。④ 具体而言，华盛顿决定通过联合国军司令赫尔（John E. Hull）和副总统尼克松（Richard M. Nixon）（携带艾森豪威尔总统致李承晚信函访韩）警告李承晚，美国坚决反对他单方面挑起军事冲突或不断发出"北进统一"的威胁，韩国将为此失去美国的经济援助，美国参议院也必然据此拒绝批准美韩《共同安全防卫条约》，联合国军司令部亦会相应地采取一切必要的措施

---

① "The Secretary of State to the President of the Republic of Korea (Rhee), " October 10, 1953, in *FRUS, 1952－1954*, Vol. 15, Korea, Part 2, pp. 1528－1529; "The Ambassador in Korea (Briggs) to the Department of State, " October 12, 1953, in *FRUS, 1952－1954*, Vol. 15, Korea, Part 2, pp. 1529－1531.

② "Special Estimate, " October 16, 1953, in *FRUS, 1952－1954*, Vol. 15, Korea, Part 2, pp. 1534－1535.

③ 从在此前后美国对韩国的政策来看，不排除此处的内容是"时刻准备着"计划。

④ "Report by the Planning Board to the National Security Council, " October 22, 1953, in *FRUS, 1952－1954*, Vol. 15, Korea, Part 2, pp. 1546－1557. 10月28日，刚刚走马上任的联合国军司令赫尔（John E. Hull) 便批准了"时刻准备着"计划的修改版，主要内容是一旦联合国军司令部对韩军的管辖权被严重削弱甚至失去韩军控制权，美国将采取从命令韩国陆军参谋长执行联合国军司令部反制措施、削减对韩国军事和经济援助到开展倒李运动、颁布军管法等力度逐渐升级的对策。而且，在第二天召开的第168次国家安全委员会会议上，杜勒斯明确指出如果青瓦台执意重启战端，则考虑推翻李承晚政权。这一切表明，"换马"行动暂时还在华盛顿考虑采取的行动范围内。参见 "Memorandum by the Director of the Executive Secretariat (Scott) to the Secretary of State, " October 28, 1953, in *FRUS, 1952－1954*, Vol. 15, Korea, Part 2, pp. 1569－1570; "Memorandum of Discussion at the 168th Meeting of the National Security Council, " October 29, 1953, in *FRUS, 1952－1954*, Vol. 15, Korea, Part 2, pp. 1570－1576.

防止被卷入其中，并保证自身安全，甚至暗示不排除将联合国军撤出韩国的可能性，以此迫使李氏书面承诺避免独自采取军事行动。① 最终，在11月尼克松访问汉城期间，李承晚被迫书面承诺在不提前告知艾森豪威尔总统的情况下不会单方面行事。②

虽然如此，在接下来讨论政治会议相关事宜时，李承晚和其他韩国领导人继续尝试迫使美国承诺在政治会议失败后同韩国一道对共产党国家发动军事进攻。该要求遭到美国坚决拒绝后，青瓦台则反过来攻击美国错误地扶持日本、忽视韩国并推行对苏联"绥靖"的政策，并不惜以拒绝让美军继续驻留韩国相威胁。与此同时，韩国政府再次提出要派出武装警察进入朝鲜非军事区来制止印度战俘遣返部队的非法行为。美国只得相应地警告李承晚不要单独行动，否则"将削弱甚至可能破坏您和您的政府在国际社会中的地位"③。

1954年1月26日，美国参议院以81票赞成、6票反对通过了美韩《共

<hr>

① "The Joint Chiefs of Staff to the Commander in Chief, Far East (Hull) , " October 31, 1953, in *FRUS, 1952–1954*, Vol. 15, Korea, Part 2, pp. 1576–1577; "The Secretary of State to the Vice President," November 4, 1953, in *FRUS, 1952 – 1954*, Vol. 15, Korea, Part 2, pp. 1590 – 1593; "Report by the Executive Secretary (Lay) to the National Security Council," November 6, 1953, in *FRUS, 1952 – 1954*, Vol. 15, Korea, Part 2, pp. 1598–1599.

② "The Vice President to the Secretary of State," November 19, 1953, in *FRUS, 1952 – 1954*, Vol. 15, Korea, Part 2, pp. 1615 – 1616; "Memorandum of Discussion at the 175th Meeting of the National Security Council," December 15, 1953, in *FRUS, 1952–1954*, Vol. 15, Korea, Part 2, pp. 1660–1662.

③ "The Representative for the Korean Political Conference (Dean) to the Department of State," December 7, 1953, in *FRUS, 1952–1954*, Vol. 15, Korea, Part 2, pp. 1649–1651; "The Ambassador in Korea (Briggs) to the Department of State," January 5, 1954, in *FRUS, 1952–1954*, Vol. 15, Korea, Part 2, pp. 1692–1694; "The Ambassador in Korea (Briggs) to the Department of State," January 5, 1954, in *FRUS, 1952–1954*, Vol. 15, Korea, Part 2, pp. 1694–1695; "The Ambassador in Korea (Briggs) to the Department of State," January 6, 1954, in *FRUS, 1952–1954*, Vol. 15, Korea, Part 2, pp. 1696–1698; "Letter, Syngman Rhee to John W. Staggers," November 26, 1953, B–014–044, Official Correspondences, President Rhee's Correspondences, Syngman Rhee Institute, Yonsei University, History and Public Policy Program Digital Archive, Woodrow Wilson International Center for Scholars, document number: 122775; "Letter, John W. Staggers to Syngman Rhee," December 3, 1953, B–014–042, Official Correspondences, President Rhee's Correspondences, Syngman Rhee Institute, Yonsei University, History and Public Policy Program Digital Archive, Woodrow Wilson International Center for Scholars, document number: 122771; "Letter, John W. Staggers to Syngman Rhee," January 13, 1954, B–014–038, Official Correspondences, President Rhee's Correspondences, Syngman Rhee Institute, Yonsei University, History and Public Policy Program Digital Archive, Woodrow Wilson International Center for Scholars, document number: 122762.

同安全防卫条约》。接下来，只需要美韩交换批准书条约便可以生效了。但美国决定暂时拖延一段时间，以获得韩国谋求与美国长期合作的进一步保证。①

3月底，美国国家安全委员会行动协调委员会认为，目前韩国采取单方面军事行动的可能性已然明显减小。② 然而，由于李承晚在3月11日致艾森豪威尔的信函中表示韩国可能采取单方面行动统一朝鲜，并为韩国参加政治会议设定了美国所无法接受的前提条件（同意帮助韩国武力统一朝鲜或帮助韩国建设35—40个师的陆军以及相应的海空军)③，杜勒斯决定取消原定于3月18日举行的美韩《共同安全防卫条约》批准书交换仪式，并不对韩国做出任何解释。④ 不过，最终美国还是通过承诺帮助韩国发展具有相当战斗力的陆军并实现海空军现代化换取李承晚同意参加4月26日在日内瓦召开的解决朝鲜半岛问题的政治会议。⑤

① "Progress Report by the Operations Coordinating Board to the National Security Council," March 26, 1954, in *FRUS*, *1952–1954*, Vol. 15, Korea, Part 2, p. 1767.

② "Progress Report by the Operations Coordinating Board to the National Security Council," March 26, 1954, in *FRUS*, *1952–1954*, Vol. 15, Korea, Part 2, p. 1769. 该判断并非毫无根据。例如，3月4日李承晚在致万佛里特（Van Fleet）将军的信函中表示，假如美国愿意帮助韩国额外建设15—20个师的陆军以及相应的海空军，韩国就保证不会在日内瓦会议结束前采取单方面行动。参见 "Letter, President Syngman Rhee to General Van Fleet," March 4, 1954, B-012-021, Official Correspondences, President Rhee's Correspondences, Syngman Rhee Institute, Yonsei University, History and Public Policy Program Digital Archive, Woodrow Wilson International Center for Scholars, document number: 118281。

③ 有趣的是，一周以后李承晚致函万佛里特将军，透露说他认为艾森豪威尔不会答应他的第一项要求（即武力统一朝鲜半岛），相对来说更可能接受第二项要求（即进一步扩充军备），因为这样做可以让联合国军进一步撤离，还会使艾森豪威尔本人更受选民的欢迎。此外，李承晚还表示，他知道杜勒斯国务卿盼望韩国能够派代表团参加日内瓦会议。只要美国立即帮助韩国加强军备，韩国就同意参会。参见 "Letter, Syngman Rhee to General James A. Van Fleet," March 18, 1954, B-012-018, Official Correspondences, President Rhee's Correspondences, Syngman Rhee Institute, Yonsei University, History and Public Policy Program Digital Archive, Woodrow Wilson International Center for Scholars, document number: 117843。

④ "Progress Report by the Operations Coordinating Board to the National Security Council," March 26, 1954, in *FRUS*, *1952–1954*, Vol. 15, Korea, Part 2, p. 1775; "Editorial Note," in *FRUS*, *1952–1954*, Vol. 16, The Geneva Conference, Washington, D. C.: U. S. Government Printing Office, 1981, pp. 35–36; "The Ambassador in Korea (Briggs) to the Department of State," March 16, 1954, in *FRUS*, *1952–1954*, Vol. 16, The Geneva Conference, pp. 36–37.

⑤ "The Acting Secretary of State to the Embassy in Korea," April 16, 1954, in *FRUS*, *1952–1954*, Vol. 16, The Geneva Conference, pp. 103–105.

日内瓦会议召开期间，李承晚继续要求美国同韩国签署秘密协定，支持他的武力统一计划。美国则再次拒绝接受李氏的要求。① 与此同时，李承晚再次在美韩《共同安全防卫条约》问题上做文章。5 月 19 日，他向朝鲜半岛问题政治会议美方代表迪恩（Arthur H. Dean）提出想要修改条约文本，方案如下：第一，按照美日条约确定新的"终止条款"，否则对韩国来说就等于受到了歧视；第二，在"侵略者条款"中加入美国援助韩国将"共产党侵略者"赶出北方这样的内容。经过迪恩的说明和劝告，李氏放弃了后一项要求，但继续坚持前一项要求。最终，美国国务院给予李承晚的解释是，在美日条约中美国没有承担任何义务，日本也并未因此拥有任何权利。终止该条约的前提是双方一致认为已经有了令人满意的替代性安排。根据美日条约确定美韩条约的"终止条款"将意味着没有韩国的同意美国无法终止它在条约中承担的义务。这是美国总统和参议院无法接受的。② 了解了美国的态度后，李承晚没有再进一步纠缠下去。③ 相应地，杜勒斯私下告诉美国驻韩国大使馆，华盛顿随时准备与韩国交换美韩条约批准书。④

6 月中旬，日内瓦会议有关朝鲜事宜的讨论无果而终，半岛统一问题继续困扰着接下来的美韩关系。⑤ 日内瓦会议结束了对朝鲜问题的讨论后，李承晚的第一反应是对韩国而言《朝鲜停战协定》已然失效，因此再次正式向美国提出二选一的后续方案：实施一项不会引发全面战争且又将军队推进到鸭绿江边的北进计划；额外帮助韩国建设 20 个师的陆军及相应的海空军力量。更让艾森豪威尔气恼的是，李将美国在上述两个方案中选择其一作为他

① 陈波：《美韩同盟与 1954 年日内瓦会议》，《史学集刊》2010 年第 4 期，第 107—110 页。

② "The Secretary of State to the Embassy in Korea," May 27, 1954, in *FRUS, 1952 - 1954*, Vol. 15, Korea, Part 2, pp. 1799–1800. 美韩条约"终止条款"的内容是："本条约没有有效期。一方在提前一年通知对方的情况下可以终止条约。" 参见 "Draft of Republic of Korea-United State Mutual Defense Treaty," undated, RG 59, General Records of Department of State, Records of the Bureau of Far Eastern Affairs, Miscellaneous Subject Files for the Year 1953, Box2, National Archive Ⅱ, College Park, MD.

③ "The Ambassador in Korea (Briggs) to the Department of State," June 4, 1954, in *FRUS, 1952 - 1954*, Vol. 15, Korea, Part 2, pp. 1802–1803.

④ "The Secretary of State to the Embassy in Korea," June 4, 1954, in *FRUS, 1952 - 1954*, Vol. 15, Korea, Part 2, p. 1804.

⑤ 陈波：《美韩同盟与 1954 年日内瓦会议》，《史学集刊》2010 年第 4 期，第 107—110 页。

访问华盛顿的前提条件。① 可能是为了让美国同意进一步加强韩国军事力量，几天后韩国驻美国大使梁裕灿向杜勒斯保证："你们无须担心。除非你们点头，否则我们不会采取单方面行动。"② 而且，李承晚很快同意接受美国的访问邀请。③

7月底，李承晚访问华盛顿，并与艾森豪威尔和杜勒斯等美国领导人举行了会谈。一开始，李便提出了朝鲜统一的问题，并表示他已经制订了一项既能够防止全面战争爆发又能够实现南北统一的军事计划。但艾森豪威尔和杜勒斯不厌其烦地多次表示美国无意在朝鲜半岛再次发动战争。最终，李承晚同意在两国总统的共同声明中表达将朝鲜问题交给联合国来解决的想法。另一方面，梁裕灿还再次要求美国仿效美日条约确定美韩条约的条款。杜勒斯解释说，在美日条约中，美国没有承担保卫日本安全的义务，却享有在日本长期驻军的权利。美日条约是美国与一个战败了的敌国达成的协议。如果韩国希望签订类似的条约，美国可以这样做，但这对韩国是极为不利的。梁裕灿表示会继续研究该问题。④

不过，李承晚美国之行结束后，韩国准备采取意在将美军卷入其中的单方面军事行动、韩国政府高级官员纷纷发表曲解华盛顿政策的声明、韩国民众掀起的反美示威等依然令美国感到头疼。例如，8月20日李承晚致函美国驻韩联合国军地面部队司令万佛里特（James Alward Van Fleet）将军，抱怨

---

① "The Ambassador in Korea (Briggs) to the Department of State," June 21, 1954, in *FRUS, 1952–1954*, Vol. 15, Korea, Part 2, pp. 1811–1813; "The President of the Republic of Korea (Rhee) to the Secretary of State," July 2, 1954, in *FRUS, 1952–1954*, Vol. 15, Korea, Part 2, pp. 1818–1819; "Memorandum of Conversation, by the Secretary of State," July 7, 1954, in *FRUS, 1952–1954*, Vol. 15, Korea, Part 2, pp. 1828–1829.

② "Memorandum of Conversation, by the Acting Director of the Office of Northeast Asian Affairs (McClurkin)," July 7, 1954, in *FRUS, 1952–1954*, Vol. 15, Korea, Part 2, pp. 1829–1830.

③ "The Ambassador in Korea (Briggs) to the Department of State," July 10, 1954, in *FRUS, 1952–1954*, Vol. 15, Korea, Part 2, pp. 1830–1831; "Editorial Note," in *FRUS, 1952–1954*, Vol. 15, Korea, Part 2, p. 1837.

④ "Hagerty Diary, July 27, 1954," undated, in *FRUS, 1952–1954*, Vol. 15, Korea, Part 2, pp. 1839–1847; "United States Summary Minutes of the Third Meeting of United States-Republic of Korea Talks, July 29, 1954," August 2, 1954, in *FRUS, 1952–1954*, Vol. 15, Korea, Part 2, pp. 1849–1850; "United States Summary Minutes of the Fourth Meeting of United States-Republic of Korea Talks, July 30, 1954," undated, in *FRUS, 1952–1954*, Vol. 15, Korea, Part 2, pp. 1858–1859; "Hagerty Diary, July 30, 1954," undated, in *FRUS, 1952–1954*, Vol. 15, Korea, Part 2, pp. 1861–1862.

访问华盛顿期间没有人对他的武力统一计划感兴趣，并指责美国不愿反共。不仅如此，青瓦台还继续要求白宫承诺一旦韩国遇袭则"立即采取行动"，而非"依据美国宪法程序"做出反应。于是，美国起草了一份美韩共同谅解备忘录，要求韩国承诺在朝鲜半岛统一问题上与美国合作，并继续将韩军置于联合国军司令部管辖之下。在与韩国讨论该备忘录的过程中，美国或明示或暗示签署这份文件是美国向韩国提供政治、经济和军事支持甚至是交换《共同安全防卫条约》批准书的前提。① 经过直到最后一刻还在进行的激烈的讨价还价，11 月 17 日美韩双方签署了共同谅解备忘录。由此，李承晚政府以书面形式同意"在朝鲜统一问题上与美国合作"。而且，除非两国一致同意在最大限度地维护双方利益的情况下做出相关调整，否则"在联合国军司令部负责保卫韩国安全期间，韩军将继续接受该司令部管辖"。相应地，当天艾森豪威尔政府与李承晚政府交换了《共同安全防卫条约》批准书，美韩同盟正式形成。②

①　"Letter, Syngman Rhee to General James A. Van Fleet," August 20, 1954, B-012-004, Official Correspondences, President Rhee's Correspondences, Syngman Rhee Institute, Yonsei University, History and Public Policy Program Digital Archive, Woodrow Wilson International Center for Scholars, document number: 117671; "Memorandum by the Commander in Chief, Far East (Hull) to the Secretary of State," September 10, 1954, in *FRUS, 1952-1954*, Vol. 15, Korea, Part 2, p. 1874; "The Department of the Army to the Commander in Chief, United Nations Command (Hull)," September 15, 1954, in *FRUS, 1952-1954*, Vol. 15, Korea, Part 2, pp. 1875-1882; "The Acting Secretary of State to the Embassy in Korea," September 18, 1954, in *FRUS, 1952-1954*, Vol. 15, Korea, Part 2, pp. 1882-1884; "The Ambassador in Korea (Briggs) to the Department of State," September 20, 1954, in *FRUS, 1952-1954*, Vol. 15, Korea, Part 2, pp. 1885-1886; "The Ambassador in Korea (Briggs) to the Department of State," September 27, 1954, in *FRUS, 1952-1954*, Vol. 15, Korea, Part 2, pp. 1888-1889; "The Ambassador in Korea (Briggs) to the Department of State," September 29, 1954, in *FRUS, 1952-1954*, Vol. 15, Korea, Part 2, pp. 1890-1891; "The Ambassador in Korea (Briggs) to the Department of State," October 19, 1954, in *FRUS, 1952-1954*, Vol. 15, Korea, Part 2, pp. 1897-1898; "Summary Minutes of United States-Republic of Korea Talks," September 8, 1954, RG 59, General Records of Department of State, Records of the Bureau of Far Eastern Affairs: Office of Northeast Asian Affairs, Briefing Books and Reference Material Relating to Korea, 1947-1956, Box12, National Archive Ⅱ, College Park, MD.

②　"The Ambassador in Korea (Briggs) to the Department of State," November 17, 1954, in *FRUS, 1952-1954*, Vol. 15, Korea, Part 2, pp. 1921-1923; "Memorandum by the Executive Officer of the Operations Coordinating Board (Staats) to the Executive Secretary of the National Security Council (Lay)," December 30, 1954, in *FRUS, 1952-1954*, Vol. 15, Korea, Part 2, pp. 1944, 1948.

五、"抛弃"与"牵连"视野下的美韩同盟

美韩结盟的历史过程清晰地表明,"抛弃"和"牵连"或与之相类似的字眼和表述不断出现在两国官员对双方关系的认知当中,完全可以用以概括华盛顿与汉城当时的主要心理状态。由此可见,斯奈德在"同盟困境理论"中应用的"抛弃"和"牵连"两个概念适用于对美韩结盟问题的研究。不过,斯奈德是在讨论同盟形成后所面临的内部困境时引入"抛弃"和"牵连"这两个概念的。事实上,就美韩同盟而言,"被抛弃"和"受牵连"的恐惧早在同盟形成以前就已经存在了,并成为二者结盟的主要动因之一。①

从美国的角度讲,同韩国结盟的目的主要有两个:一个是阻止朝鲜、中国和苏联"侵略"韩国,进而保卫日本以及亚太地区其他"自由国家"的安全;另一个是获得李承晚对《朝鲜停战协定》的支持,继续保有韩军管辖权,限制韩军的后勤供应,② 以防由于韩国单独北上而使美国受到"牵连",再次被卷入朝鲜半岛的冲突。③ 换言之,在美国看来,美韩同盟兼具外部遏制和内部约束两种功能,姑且称之为"双向压制"。如果一定是要在两种功能之间分出主次,显然是外部遏制为主,内部约束为辅,甚至在一定程度上可以将后者视为前者的衍生物。就韩国而言,与美国结盟最主要的目的是以法

①　另一方面,根据"同盟困境理论",同盟国之间的担忧是双向的,即既担心被对方"抛弃",又担心受到对方"牵连"。然而,在美韩同盟形成前后,双方之间的担忧却是单向的。具体而言,现有文献基本没有体现出美国担心被韩国"抛弃",也并未反映出韩国担心受到美国"牵连"。不仅如此,李承晚政府还多次主动要求派兵援助美国打印度支那战争。参见 "Letter, President Syngman Rhee to General Van Fleet," March 4, 1954, B - 012 - 021, Official Correspondences, President Rhee's Correspondences, Syngman Rhee Institute, Yonsei University, History and Public Policy Program Digital Archive, Woodrow Wilson International Center for Scholars, document number: 118281; "The Ambassador in Korea (Briggs) to the Department of State," July 12, 1954, in *FRUS*, *1952 - 1954*, Vol. 15, Korea, Part 2, pp. 1835-1836。

②　例如,1954 年年中联合国军将韩军的后勤供应量限制在 6—7 天内。在此种情形下,韩军根本无力单独北上。参见 "Memorandum for the Record, by Walter Treumann of the Office of Northeast Asian Affairs," June 9, 1954, in *FRUS*, *1952-1954*, Vol. 15, Korea, Part 2, p. 1805。

③　1953 年 11 月 20 日的 NSC170/1 号文件和 1955 年 2 月 25 日的 NSC5514 号文件均将"阻止或抵制韩国重启战端"和"抵制共产党重启战端"作为美国在朝鲜半岛的行动方针。参见 NSC170/1, "U. S. Objectives and Courses of Action in Korea," in *FRUS*, *1952-1954*, Vol. 15, Korea, Part 2, pp. 1620-1624; NSC5514, "U. S. Objectives and Courses of Action in Korea," in *FRUS*, *1955-1957*, Vol. 23, Korea, Washington, D. C.: U. S. Government Printing Office, 1993, pp. 42-48。

律的形式使美国承担起长期保卫韩国安全的责任，防止美国"抛弃"韩国。

美韩结盟的历史过程还昭示出，很大程度上美国是在迫不得已的情况下才选择与韩国结成同盟关系的，而这样的结果又与李承晚的对美施压策略和美国对韩国政策的"天然"困境密不可分。

韩国建立以后，李承晚始终坚持武力统一的主张，甚至将其作为基本国策。这在多大程度上是李的真实愿望让人很难做出准确的判断。但有一点是肯定的，除了 1950 年秋天短暂的几个月以外，韩国军事统一的设想与美国的亚洲战略特别是朝鲜半岛政策是相悖的。也正因为如此，李氏的"北进统一"计划成为他与美国交涉时提出的最高要价。从军事实力上讲，韩国无力单独北上。但这并没有明显削弱李氏凭借武力统一主张与美国讨价还价的能力，原因是他通过不断提出极端想法并偶尔付诸实施（如释俘事件）成功地在美国官员心目中树立起了一个不可预测的"非理性"形象。于是，执着反对朝鲜停战并将单独北上作为对美施压利器的李承晚总体上沿着威胁为主、让步为辅的路线，时进时退，最终迫使艾森豪威尔政府不得不答应与韩国签署《共同安全防卫条约》。

反过来，面对李承晚的"顽固不化"与"不可理喻"，作为超级大国的美国却显得束手无策。朝鲜半岛处于东西方冷战的前沿地带，这在某种意义上决定了致力于推行遏制政策的美国难以弃韩国于不顾，彻底离开朝鲜半岛。此外，由于李承晚持有强烈的反共立场且在韩国人民当中拥有极高的个人威望，美国决策者认为他作为韩国最高领导人在很大程度上具有"不可替代性"。[1] 在这种情况下，"换马"行动在艾森豪威尔政府的政策选项中只能居于末端。于是，既不能抽身而退又无法推翻韩国现政权的美国只能选择以签署美韩《共同安全防卫条约》来换取李承晚政府承诺不破坏停战协定并继续赋予联合国军司令部韩军管辖权。从这个意义上讲，单单就美韩结盟而言，我们不仅仅可以称美国为"被邀请的"帝国，[2] 还可以称其为"被挟制的"帝国。抑或说，美韩结盟是"尾巴摇动狗"的典型案例之一。

当然，李承晚通过塑造"非理性"形象等手段逼迫美国同韩国结盟的做法不可能有百利而无一害。如果我们将国家安全与政权安全作为两个概念分

---

① 梁志：《韩国 1952 年宪政危机与美国的反应和对策》，《历史教学》2007 年第 10 期（下半月），第 46、48 页。

② Geir Lundestad, "Empire by Invitation? The United States and Western Europe, 1945 - 1952," *Journal of Peace Research*, Vol. 23, Iss. 3, September 1986, pp. 263-277.

开讨论，李氏的上述行为明显有助于保证韩国的国家安全，与此同时却又在某种程度上损害了自身的政权安全。在讨论促使韩国停止反停战运动的对策的过程中，艾森豪威尔政府重新启动并修订了旨在推翻李承晚政权的"时刻准备着"计划。虽然美国最终没有实施该计划，但为了防止李氏真的冒险北进，至少从1953年年底起华盛顿开始私下加强对韩国军方的影响力，[1] 以求促使韩国军方拒绝接受李承晚武力统一的命令，并在必要时支持至少是默许韩军发动推翻李承晚的军事政变。[2] 看起来，美国的这一努力很快见效，以至于1954年年中美国第八集团军司令泰勒（Maxwell Taylor）做出了这样的判断："韩国的将军们对第八军是忠诚的。"[3] 1955年1月，美国国防部、国务院和中央情报局一致同意在韩国秘密挑选和扶植愿意在遵守停战协定方面与美国合作的新领导人，以便在李承晚擅自行事或将要采取单独行动时暗中推动继任者登台。很快，艾森豪威尔总统批准了这一建议。[4] 这也从另一个侧面反映出，李承晚的"自行其是"反过来令自己的统治能力受到了损害。

反观美国选择与韩国结盟的利弊，仔细探究，似乎很难将李承晚政权对华盛顿而言的"价值"（反共、亲美、个人国内威望）和"负担"（对外追求武力统一、对内追求独裁统治）完全分开，主要原因在于：反共经常成为李承晚奉行"北进统一"政策和加强政治独裁的"理由"；李氏在亲美的同时还执着于反对美国"干涉"，乃至于为此煽动本国公众的反美情绪；个人

---

① 这样的对策可能是基于以下判断：1953年7月10日，美国国务卿情报事务特别助理小阿姆斯特朗（W. Park Armstrong, Jr.）向杜勒斯指出，李承晚在韩国的统治是稳固的。对于李氏政权来说，短期内唯一的变量是军方实施倒李行动。如果李承晚发出将韩国拖入全国性灾难的自杀性命令（如对共产党军队发起全面军事进攻、攻击美军或其他联合国军司令部军队、破坏停战协定、拒绝将韩军撤出军事接触线），韩国军事领导人可能通过发动军事政变等形式推翻现政权。言外之意是，一旦如此，美国至少持默许的态度，以维护自身在朝鲜半岛的核心利益。参见 "Memorandum from Armstrong to the Secretary of State," July 10, 1953, RG 59, General Records of Department of State, Records of the Bureau of Far Eastern Affairs, Miscellaneous Subject Files for the Year 1953, Box2, National Archive Ⅱ, College Park, MD。

② "Memorandum of Discussion at the 175th Meeting of the National Security Council," December 15, 1953, in *FRUS*, *1952-1954*, Vol. 15, Korea, Part 2, pp. 1659-1660.

③ "Memorandum for the Record, by Walter Treumann of the Office of Northeast Asian Affairs," June 9, 1954, in *FRUS*, *1952-1954*, Vol. 15, Korea, Part 2, p. 1805.

④ "Memorandum From the Assistant Secretary of State for Far Eastern Affairs（Robertson）to the Secretary of State," January 12, 1955, in *FRUS*, *1955-1957*, Vol. 23, Korea, pp. 5-6; "Memorandum From the Acting Executive Secretary of the National Security Council（Gleason）to the Secretary of State," February 18, 1955, in *FRUS*, *1955-1957*, Vol. 23, Korea, pp. 37-38.

国内威望既是李"反共"的资本，也是他对抗华盛顿的"利器"。换言之，对美国来说，李承晚政权不存在纯粹意义上的"价值"，却是一个难以长期承受的"负担"。然而，由于朝鲜半岛处于冷战前沿地带、李承晚坚决反共且在艾森豪威尔政府眼中具有"不可替代性"，美国最终还是决定正式与他"走到一起"。从美国的政策逻辑来看，这一决定并非不可理解。但无论如何，对美国来说，李承晚只是一个"无奈的选择"，而绝非"最佳人选"。几年以后，随着李承晚本人继续推行在美国人看来是"不可理喻的"对内对外政策，个人国内威望逐渐下降，韩国政局日益不稳，他的"反共能力"已然大大下降，于是艾森豪威尔政府不得不放弃该政权。①

美韩结盟以后，美国确实没有因韩国的单独军事行动而受到"牵连"，而韩国也没有因中美关系缓和等国际局势的变化而遭到美国的"抛弃"。就这一点而言，美韩同盟机制很好地完成了它的使命。不过，这并不意味着结盟使双方彻底摆脱了"受牵连"和"被抛弃"的忧虑。例如，李承晚政府不断抱怨负责监督停战协定执行情况的中立国监察委员会（NNSC）中的波兰和捷克成员在韩国从事"间谍活动"，并指责朝鲜"违反停战协定"，继续加强军事力量。为此，韩国屡次以单独行动相威胁，要求废除该委员会，甚至撕毁停战协定。出于防止韩国单独采取军事行动的考虑，1956年6月9日联合国军司令部把在韩国的中立国监察委员会成员驱逐到板门店，1957年6月21日又在板门店军事停战委员会会议上以共产党"违反"停战协定13（d）款（主要内容为禁止向朝鲜半岛引进加强军事力量的武器装备）为由宣布不再接受该条款的限制。②再如，1955年奥地利和约的签订、日内瓦四国首脑会议的召开以及中美大使级会谈的举行不断加深李承晚"被抛弃"的

---

① 梁志：《韩国政治发展中的美国（1945—1961年）》，《冷战国际史研究》第5辑，2007年秋季号，第219—228页。

② Stephen Jin-Woo Kim, *Master of Manipulation: Syngman Rhee and the Seoul-Washington Alliance, 1953–1960*, pp. 201–202, 225; "Memorandum of a Conversation Between the Secretary of State and the Korean Ambassador (Yang)," January 7, 1955, in *FRUS, 1955–1957*, Vol. 23, Korea, pp. 2–3; "Letter From the Acting Secretary of Defense (Anderson) to the Secretary of State," January 13, 1955, in *FRUS, 1955–1957*, Vol. 23, Korea, pp. 7–8; "Telegram From the Embassy in Korea to the Department of State," March 8, 1955, in *FRUS, 1955–1957*, Vol. 23, Korea, pp. 50–52; "Circular Telegram From the Department of State to Certain Diplomatic Missions," June 8, 1956, in *FRUS, 1955–1957*, Vol. 23, Korea, p. 280; "Editorial Note," in *FRUS, 1955–1957*, Vol. 23, Korea, pp. 460–461; 梁志：《朝鲜战争后遗症？——李承晚与美韩中立国监察委员会之争》，《历史教学问题》2017年第3期，第91—98页。

恐惧。于是，他故技重施，高喊"北进统一"的口号。①

那么，缘何结盟仍无法消除美韩双方的心理阴影呢？原因是盟约虽然在一定程度上增加了两国的安全感，但并没有改变二者对国际事务的认知方式。作为冷战主角的美国往往把朝鲜半岛问题置于亚洲乃至全球的范围内来考虑，既力求防止共产党在朝鲜半岛"得分"，又希望避免同中苏发生不必要的军事冲突。正因为这样，艾森豪威尔政府才既不能放弃韩国，又时刻担心受到李承晚武力统一政策的"牵连"。相反，位于冷战前沿地带的韩国则总是从自身安全的角度看待美国的全球和亚洲政策，美国对共产党国家遏制政策的任何松动都可能被它视作忽视甚至"抛弃"韩国的先兆。每当此时，李承晚便会以叫嚣"北上"来吸引美国和国际社会的注意力。用他自己的话说，"现在该是（我们）吵闹的时候了。"②

随着美国与菲律宾、日本、韩国、台湾等国家或地区确定同盟关系，中国国家领导人和中央军委切实感到了国家安全受到极大威胁，将美国构建军事同盟体系的行为称之为"想造成一个锁链"（或者说"新月形包围圈"），包围苏联、中国等社会主义国家。③ 相应地，20 世纪 50 年代美国建造针对中国等社会主义国家"新月形包围圈"的说法也被学界沿用下来。④ 应该说，从结果的角度讲，这种表述是完全没有问题的。但如果从意图的方面来观察，包含美国"精心设计"意味的上述说法就未必完全准确了，因为美国决定与韩国和台湾当局签订《共同安全防卫条约》⑤ 在很大程度上是无奈之举。或许我们可以这样说：50 年代美国或主动或被动地同一些亚洲国家或地区结盟，借此有意无意地构建起了针对社会主义阵营的包围圈。

---

① Stephen Jin-Woo Kim, *Master of Manipulation: Syngman Rhee and the Seoul-Washington Alliance, 1953–1960*, pp. 216–226.

② Stephen Jin-Woo Kim, *Master of Manipulation: Syngman Rhee and the Seoul-Washington Alliance, 1953–1960*, p. 82.

③ 参见廖心文：《二十世纪五十年代毛泽东等打破西方封锁和包围的决策历程》，《党的文献》2008 年第 4 期，第 12 页；牛军：《中美关系与亚太安全秩序的演变》，《当代美国评论》2018 年第 1 期，第 6—7 页；张忠良、贺宏礼：《新中国成立以来海防使命任务的演变》，《军事历史》2014 年第 1 期，第 27—28 页。

④ 如李孔兰：《美国与东亚安全》，《东南亚研究》1997 年第 1 期，第 39 页；郭震远：《中美关系中的台湾问题：变化与影响》《国际问题研究》2007 年第 2 期，第 21 页。

⑤ 关于美台《共同安全防卫条约》的签订过程，参见詹奕嘉：《长期措施还是权宜之计？——试析第一次台海危机中美国对台政策的调整》，《冷战国际史研究》第 2 辑，2006 年春季号，第 175—188 页。

从邵毓麟《使韩回忆录》论战后台湾当局与韩国的合作与冲突[*]

尤淑君[**]

蒋介石与大韩民国总统李承晚（左）。

---

* 本文得到浙江省社科规划之江青年课题"朝鲜华夷观与清代中朝宗藩关系研究"（项目编号：16ZJQN031YB）、浙江大学文科教师教学科研发展专项项目"19世纪晚期朝鲜开国通商与中朝宗藩关系的变化"、国家社科基金重大项目"蒋介石资料数据库建设"（项目编号：15ZDB048）的资助。

** 尤淑君，浙江大学历史系副教授、博士生导师。

提　要：

国民党败退台湾后，美国不惜牺牲台湾的态度与做法让蒋介石积极寻求盟友，共同的反共目标使台湾与韩国结为"兄弟之邦"，合作推动建立"远东反共联盟""亚洲人民反共联盟""世界反共联盟"等组织。然而，台韩的合作并不像双方宣传的那样和谐，因政治、外交、经济利益冲突，台韩时有龃龉，并渐行渐远。台湾与韩国这种既竞争又互相制衡的不稳定盟友关系呈现出东亚冷战的多元面貌。邵毓麟是国民党政权首任驻韩"大使"，深受蒋介石赏识，并与韩国政界人士交往甚深，是战后台湾与韩国不稳定盟友关系的亲历者和见证人。本文通过系统分析邵毓麟的《使韩回忆录》，探讨台湾与韩国的合作与冲突。

关键词：冷战　蒋介石　李承晚　朝鲜战争　反共联盟

1949 年国民党军队在内战中节节败退之际，蒋介石试图联合韩国与菲律宾，结成远东反共联盟，于是以国民党总裁之身份，先后出访菲律宾与韩国，讨论建立中菲韩三国军事联盟的可能性，希望联合太平洋诸国一同反共，借以扭转美国的远东政策。吕芳上将其称为"首脑外交"，[①] 并指出蒋介石面对国内军事失利、美国袖手旁观的困境时，仍未放弃作为国民党领袖的使命感，积极开展外交攻势，仿造北大西洋公约组织，与菲律宾与韩国共同建构远东反共联盟，有意将美国拉入其中，但因美国不愿支持，菲律宾中途变卦，韩国自身难保，远东反共联盟未能成功，却奠定了蒋介石与李承晚（Syngman Rhee）携手合作的信任基础。1949 年蒋介石败退台湾后，急于在台湾站稳脚跟，积极向美国表现反共决心，争取美国援助，并提出愿派军队协助韩国，希望能借由台韩协防的合作，为国民党军队反攻大陆找到一条捷径。对此，大陆学者多不以为然，认为蒋介石争取美援或在联合国抵制中华人民共和国只是"末路外交"，[②] 很少肯定台湾当局利用冷战格局夹缝求生的努力。台湾学者张淑雅在《韩战救台湾？解读美国对台政策》中指出，美

---

① 吕芳上：《总裁的首脑外交：1949 年蒋中正出访菲韩》，载陈立文主编：《蒋中正与民国外交》Ⅱ，台北：中正纪念堂管理处，2013 年，第 1—37 页。

② 中国社科院近代史所编：《中华民国史》第 12 卷，北京：中华书局 2011 年版，第 568—569 页。

国是实利主义者，不会因台湾当局反共而出手保护，并厘清美国因朝鲜半岛战局的变化，多次评估苏联介入朝战的可能性，也多次拒绝蒋介石派军援韩的请求，避免刺激中国共产党进攻台湾或介入朝鲜战争。中国人民志愿军入朝参战后，美国虽军事失利，但仍存有与中共和谈的念头，不惜将台湾当作和谈的筹码。中国拒绝和谈后，美国才重新省视杜鲁门政府的对华政策，随之调整美国对台政策，有限度地援助台湾当局。①

　　美国不惜牺牲台湾的态度使蒋介石积极寻求反共联盟，并与韩国以反共为基础，结为盟友，互为犄角，彼此称呼双方关系为"兄弟之邦"，不断对内外宣传双方的反共同盟关系。② 然而，从国民党政权首任驻韩"大使"邵毓麟③的《使韩回忆录》与台湾"外交部"档案可知，台韩双方的反共同盟关系并没有像表面上那样和谐，反而因美国的暧昧态度，台韩双方若即若离，不敢建立军事同盟，就连象征友好关系的"中韩友好条约"也反复交涉，韩国一直拖到 1964 年才同意签约。韩国学者孙俊植（Sohn Joon-sik）也指出，台湾当局与韩国虽为"兄弟之邦"的反共盟友，却因政治、外交、经济利益冲突，渐行渐远，并因韩国欲与共产党国家建交的"北方政策"，让台湾当局产生强烈的背叛感，引发巨大的反韩风潮。④

　　透过太平洋反共同盟构想的形成过程可知，蒋介石的反共联盟策略虽因美国的反对而功败垂成，但蒋介石政权以"自由中国"反共斗士的形象获得

---

　　① 张淑雅：《韩战救台湾？解读美国对台政策》，新北市：卫城出版社 2011 年版，第 33—38 页。

　　② 刘维开：《蒋中正对韩战的认知与因应》，载陈立文主编：《蒋中正与民国外交》Ⅱ，台北：中正纪念堂管理处，2013 年，第 39—74 页。

　　③ 邵毓麟（1909—1984），号文波，浙江鄞县人。早年习商业，游学日本，入学庆应大学学习经济，因成绩优异获公费，转入九州帝国大学（今九州大学），研习政治经济，并在毕业后继续在东京帝国大学大学院（今东京大学）深造。1934 年，受四川大学延聘，聘任教授，并学而优则仕，被引入国民政府转任政府公职，曾担任国民政府外交部情报司日俄科科长（1935 年）、驻日本横滨总领事（1937 年）、国民政府军事委员会国际问题研究所组长、侍从室秘书（1938 年）、外交部情报司司长（1941 年）、中华民国赴联合国创会代表团团员（1945 年）、军事委员会国际问题研究所代理主任（1946 年）、军事委员会委员长驻韩国代表（1946 年）、国民党政权驻韩国特命全权"大使"（1949—1951）、台湾当局领导人"国策"顾问兼政策研究室主任（1951）、国民党政权驻土耳其"大使"（1957—1964）、"外交部"顾问、台湾当局领导人"国策"顾问等职。邵毓麟著作甚多，著有《胜利前后》《使韩回忆录：近代中韩关系史话》等自传式著作，并留存了 1953—1957、1966、1971—1975《邵毓麟日记》10 册，目前藏于中国社会科学院近代史研究所。

　　④ ［韩］손준식，「'兄弟之邦'에서 '兇地之邦'으로 —대한민국과 중화민국의 외교관계（1948-1992）—」，『중국근현대사연구』，2013.06，pp.27-53

国际舆论的支持，更让美国不得不将台湾纳入其东亚防御体系，让国民党政权在台湾得以存续发展。此外，"远东反共联盟"、台韩协防、"亚洲人民反共联盟"等问题的讨论展示出，台湾与韩国虽为反共盟友，但隐含着利益冲突，尤其是在与日本建交及争取美国资源问题上，可知台湾与韩国是既竞争又互相制衡的不稳定盟友，呈现出东亚冷战格局的多元面貌。根据上述研究成果，可知邵毓麟对台韩关系的重要性，因此本文通过系统分析邵毓麟的《使韩回忆录》，探讨台湾与韩国的合作与冲突。

一、邵毓麟与韩国独立运动的渊源

1910 年，日本强行宣布日韩合并后，维持 500 多年国祚的朝鲜王朝就此走下历史舞台。为了朝鲜民族的救亡图存，以孙秉熙（Son Byong-hi）及李承晚为主的许多朝鲜爱国志士推动韩国独立运动，遭到朝鲜总督府追缉，或潜伏国内伺机而动，或出逃流亡中国与海参崴（符拉迪沃斯托克），继续从事抗日独立运动。其中流亡海参崴的志士成立大韩民国议会政府，留在韩国的民运人士成立朝鲜民国临时政府，流亡至上海的朝鲜爱国志士先成立临时议政院，并制定《大韩民国临时宪章》，后经李光洙（Lee Kwang-soo）等人提议，在上海法租界正式成立大韩民国临时政府（1919 年 4 月 13 日）。大韩民国临时政府号召全体国民为开创"子孙万代自由幸福之路"和"恢复国权"而奋斗，强调临时政府是"主张祖国绝对独立"的合法政府，却未能得到国际社会的承认，也未能主动对外扩展局面。① 大韩民国临时政府首任国务总理李承晚个性偏强，与同志难以相处，不孚众望，无法收拾内部派系斗争问题，被迫赴美活动，从事九国会议的会外活动，② 却在美国积累了丰富的人脉，并标榜外交独立路线，企图通过外交活动摆脱日本的殖民统治。李承晚离华赴美后，流亡中国的朝鲜志士逐渐分为左右两派，一派是金元凤（Kim Won-bong，又名金若山），另一派是金九（Kim Koo）。随着世界局势的变化，临时政府内部的党派逐渐演变成为亲共的朝鲜民族革命党与反共的

① 胡春惠：《韩国独立运动在中国》，台北："中华民国"史料研究中心 1976 年版，第 17—29 页。

② ［日］木村幹『李承晚と韓国ナショナリズム：大韓民国を考える』、『セミナーだより海』、広島朝鮮史セミナー事務局、2001 年 5 月、http://www.lib.kobe-u.ac.jp/repository/90000375.pdf。(2018 年 10 月 31 日登录)

韩国独立党。①

1927 年南京国民政府成立后，国民政府与中国国民党秉持三民主义原则援助韩国独立运动，不但暗中给予临时政府许多实质援助，并代为训练干部与军队骨干，援助其情报人员返国侦察等事务，务使之达成独立建国目标。②但国民政府上下立场不一致，先扶持金元凤率领朝鲜义烈团，又扶持金九为临时政府的领袖，使大韩民国临时政府内部斗争更加激烈，发生混乱。国民政府虽希望整合朝鲜流亡志士，但韩国独立运动内部派系各有主张，为争夺韩国独立运动的正统性与海外资源的支持互相倾轧，内斗严重，只好由时任国民党中央组织部部长的朱家骅协助调处。抗日战争期间，国民政府虽陷入困境，物资匮乏，但仍派人掩护大韩民国临时政府撤退至重庆办公，并继续拨款资助韩国独立运动，又专门成立干训班，协助朝鲜志士，甚至由中国军方与情报局指挥朝鲜籍青年潜入敌伪区，搜集日军情报，积极参与中国抗战工作。③

邵毓麟有留日背景，熟悉日本国情，又曾任职国民政府外交部情报司司长，与大韩民国临时政府驻华代表团团长濮纯（本名朴赞翊，Bag Chan-ni）、副团长闵石麟（Yan Seu-lin）常有往来，知晓韩国独立运动之不易，并长期担任军事委员长侍从室机要秘书，参与密务，自然被大韩民国临时政府主席金九等人看重，于是聘邵毓麟为大韩民国临时政府顾问。邵毓麟也成为韩国临时政府与国民政府沟通的管道之一，并正式出面协调韩国在华的党派人士，参与韩国独立运动的内部工作。④ 根据邵毓麟《使韩回忆录》对韩国临时政府的记事，可知韩国独立运动阵营里的派系斗争激烈，而邵毓麟认为国民政府不承认韩国临时政府的主要原因有二：一是韩国独立运动势力分裂，国民政府不愿卷入朝鲜志士的内斗。二是国民政府仰赖盟军的军事援助，必

① 杨天石：《蒋介石与韩国独立运动》，中国社会科学院近代史研究所编：《近代中国与世界》（第 3 卷），北京：社会科学文献出版社 2005 年版，第 287—288 页；邵毓麟：《使韩回忆录：近代中韩关系史话》，台北：传记文学出版社 1980 年版，第 16—17 页。

② ［韩］秋憲樹，『大韓民國臨時政府와 中國과의 關係』，pp. 293-294，http://db.history.go.kr/download. do?levelId=hn_010_0090&fileName=hn_010_0090. pdf.（2018 年 10 月 31 日登录）

③ 胡春惠：《韩国独立运动在中国》，台北："中华民国"史料研究中心 1976 年版，第 54—56 页。

④ 김정현，『중국 國民政府의 한국독립 지원과 邵毓麟의 활동——邵毓麟의「使韓回憶錄」과『勝利前後』를 중심으로김정현』，『중국근현대사연구』，2018.03，pp. 227-254

须先考虑美国的远东政策，避免得罪美国，所以未能承认韩国临时政府。①
对此，邵毓麟强调国民政府应该以中国国民党的名义，统一支付韩国在华各
革命团体的经费；韩国光复军暂隶军事委员会指挥，统一对日作战，并与韩
国临时政府加强合作，依循 1943 年 12 月拟定的《扶助朝鲜复国运动指导方
案》，在适当时期率先承认韩国临时政府，帮助临时政府寻求国际社会的支
持，获得独立地位。② 不过，邵毓麟也承认国民政府支援韩国独立运动的摇
摆不定，各机构执行政策时也缺乏联系，步调不一，加剧了韩国独立运动势
力的分裂。③ 尤其是国民政府主导了朝鲜义勇军与韩国光复军的合并事宜，
改隶军事委员会指挥，④ 金元凤只能屈居朝鲜民族革命军副总司令的地位，
丧失了独立指挥的实权，而国民政府扶持的金九却因三党合并为韩国独立
党，一举掌握了韩国临时政府与韩国独立党的党政大权，使金元凤更悻悻不
平，种下战后金元凤投奔北韩的种子。⑤ 除此之外，邵毓麟奉派代表中国参
加太平洋学会时，以韩国临时政府顾问的身份，协调韩国旅美侨民的纠
纷，并将李承晚的"韩国驻美公署"与韩始大等人的"韩国联合委员会"
合并为韩人驻美代表委员会，使其支持在重庆的韩国临时政府，进而推动
美国承认韩国临时政府的独立运动。但因这些旅美韩籍领袖不愿合作，多
有纷争，使邵毓麟相当失望，⑥ 也让美国无视韩国临时政府参与旧金山会议
之事。

二战期间，国民政府资助韩国临时政府，训练韩国建国的军队骨干，并
培植韩国流亡分子抗日的武装力量，不但振奋了韩人追求韩国独立自主的热

---

① 邵毓麟：《使韩回忆录：近代中韩关系史话》，台北：传记文学出版社 1980 年版，第 36—
38 页。

② 邵毓麟：《使韩回忆录：近代中韩关系史话》，台北：传记文学出版社 1980 年版，第 31—
32 页 。

③ 胡春惠：《韩国独立运动在中国》，台北："中华民国"史料研究中心 1976 年版，第 358 页。

④ ［韩］李炫熙，『大韩民国 临时政府와 光复军의 作战』，『군사지』제 5 호，1982.12，
pp. 79-96

⑤ 邵毓麟：《使韩回忆录：近代中韩关系史话》，台北：传记文学出版社 1980 年版，第 21—
33 页。

⑥ 邵毓麟：《使韩回忆录：近代中韩关系史话》，台北：传记文学出版社 1980 年版，第 63—68
页；"Memorandum of Conversation, by the Director of the Office of Far Eastern Affairs (Ballantine)，" *Foreign
Relations of the United States (FRUS)，Diplomatic Papers，1945，the British Commonwealth，the Far East*，Vol. Ⅵ，
895. 01 / 2 - 545，Document 756，Washington，February 5，1945，https: //history. state. gov/historicaldocuments/
frus1945v06/d756。（2019 年 11 月 25 日登录）

情，也有助国民政府搜集日本情报，争取日军占领区韩侨与朝鲜军的策反工作。① 1943 年，中国外交部情报司司长邵毓麟在《大公报》撰文表示，"韩国独立早成为定论，为中日战争的必然结果，亦为联合国作战的目标之一"，② 这可视为中国政府的官方立场。为了回应中国国内外对韩国独立运动的呼吁，促成同盟国对韩国独立地位的认可，1943 年 11 月开罗会议期间，中国军事委员会委员长蒋介石向美国总统罗斯福（Franklin D. Roosevelt）提出战后应予韩国独立的主张，并设法获得美、英等同盟国的赞同，确立同盟国认可战后韩国将独立自主的基本立场。③ 英国首相丘吉尔（Winston L. S. Churchill）反对蒋介石的提议，但在蒋介石的坚持下，只好提议加上"in due course（在适当时机）"三字，以"我三大同盟国，稔知朝鲜人民所受之奴隶待遇，决定在适当时机使朝鲜自由与独立"之形式，列入《开罗宣言》之中。④ 但 1945 年 2 月雅尔塔会议时，美国将交涉重心转向苏联，同意苏联出兵东北，而苏联与英国秘密协议，由同盟国托管朝鲜半岛，造成后来半岛南北分立的局面，也是间接促成朝鲜战争的起因。⑤ 1945 年 5 月 22 日，中国外交部长宋子文邀请旅美韩国领袖餐叙，企图说服他们合作，但李承晚因个人利害而拒绝出席，使韩国在旧金山活动参与联合国大会的代表团变成两个对立的总部。⑥ 韩国旅美团体的内部倾轧对韩国要求参加旧金山会议自

① 胡春惠：《韩国独立运动在中国》，台北："中华民国"史料研究中心 1976 年版，第 38—220 页。

② 邵毓麟：《如何解决日本》，《大公报》（重庆）1943 年 1 月 3 日。邵毓麟在自撰的《胜利前后》中写到，这篇论文引起国际关注，招致当时"外交部次长"吴国桢的猜忌，碰上了"外交部长"宋子文的钉子。这段话表面上抱怨"外交部"长官，却能一窥邵毓麟对这篇论文的自豪感。邵毓麟：《胜利前后》，台北：传记文学出版社 1967 年版，第 6—7 页。

③ ［韩］秋宪树：《韩国独立运动》第 1 册，首尔：延世大学出版社 1971 年版，第 540—545 页；梁敬錞：《开罗会议与中国》，香港：亚洲出版社 1962 年版，第 5—6 页。

④ 邵毓麟：《胜利前后》，台北：传记文学出版社 1967 年版，第 7 页；Department of State, *FRUS, The Conferences at Cairo and Tehran, 1943*, Washington, D. C.：U. S. Government Printing Office, 1943, p. 404。

⑤ 沈志华：《冷战的起源》，北京：九州出版社 2012 年版，第 144—147 页；胡春惠：《韩国独立运动在中国》，台北："中华民国"史料研究中心 1976 年版，第 320—322 页。

⑥ ［美］罗拔·奥利华：《李承晚传》（李健、叶天生译），香港：展望出版社 1955 年版，第 185 页。

然不利，也令美国轻视韩国临时政府的影响力。①

日本宣布无条件投降后，同盟国要求驻朝鲜的日军以北纬 38°线为界，分别向美军与苏联投降，这使朝鲜半岛分为美、苏两个势力范围，种下了后来南北分立的恶果。旅居美国的李承晚与旅居重庆的大韩民国临时政府主席金九虽先后向杜鲁门总统（Harry S. Truman）表示，韩国临时政府愿与盟军合作，接收朝鲜半岛，但美国不同意其请求。② 李承晚先致电蒋介石，请求蒋介石劝说杜鲁门总统停止美苏分割朝鲜半岛计划，金九也多次请求中国国民政府为其出声，向同盟各国建议承认韩国临时政府，以便迅速回国维持秩序。③ 蒋介石欣然同意，示意外交部进行交涉。④ 美国驻华大使馆却不承认韩国临时政府，并照会中华民国外交部，"美国政府对于韩国国外任何政治团体皆不拟绝对协助；惟按韩国现状，凡有建设能力之份子，愿在军政府范围内工作者，奖励其进入韩境"。⑤ 美国虽希望在朝鲜半岛取得优势地位，但苦于无法排除苏联对朝鲜半岛北部的控制，也担心苏联派军赴日，干预美国对日本的单独占领。⑥ 两害相权，美国只能接受苏联的提议，同意四国托管

① "The Acting Secretary of State to the Chairman of the Korean Commission in the United States (Rhee) ," *FRUS, Diplomatic Papers, 1945, the British Commonwealth, the Far East*, Vol. Ⅵ, 500. CC/5‐1545, Document 766, Washington, June 5, 1945, https: //history. state. gov/historicaldocuments/frus1945v06/d766. （2019 年 11 月 25 日登录）

② "The Chairman (Kim) and the Foreign Mmister (Tjo) of the Provisional Government of the Republic of Korea to the Chairman of the Korean Commission in the United States (Rhee) ," *FRUS, Diplomatic Papers, 1945, the British Commonwealth, the Far East*, Vol. Ⅵ, 895. 01/8‐1845, Document 770, Chungking, August 17, 1945 , https: //history. state. gov/historicaldocuments/frus1945v06/d770. （2019 年 11 月 25 日登录）

③ 台湾"国史"馆：《近代中韩关系史资料汇编》第 12 册，台北："国史"馆 1987 年版，第 401 页。

④ "The Chargé in China (Robertson) to the Secretary of State, " *FRUS, Diplomatic Papers, 1945, the British Commonwealth, the Far East*, Vol. Ⅵ, 895. 01/9‐2545, Document 784, Chungking, September 25, 1945, https: //history. state. gov/historicaldocuments/frus1945v06/d784. （2019 年 11 月 25 日登录）

⑤ 张群、黄少谷：《蒋总统为自由正义与和平而奋斗述略》，台北："中央"文物供应社 1968 年版，第 290 页。另可参见 "Memorandum of Conversation, by the Director of the Office of Far Eastern Affairs (Vincent) ," *FRUS, Diplomatic Papers, 1945, the British Commonwealth, the Far East*, Vol. Ⅵ, 895. 01/9‐2645, Document 785, Washington, September 26, 1945, https: //history. state. gov/historicaldocuments/frus1945v06/d785. （2019 年 11 月 25 日登录）

⑥ "The Political Adviser in Korea (Benninghoff) to the Secretary of State, " *FRUS, Diplomatic Papers, 1945, the British Commonwealth, the Far East*, Vol. Ⅵ, 740. 00119 Control (Japan) /9‐1545, Document 781, Seoul, 15 September, 1945, https: //history. state. gov/historicaldocuments/frus1945v06/d781. （2019 年 11 月 25 日登录）

朝鲜半岛，并在四国托管的方案下，将苏联影响力份额减到四分之一。① 因此，美、英、苏在莫斯科举行的三国外长会议同意苏联提出的方案：由美苏两国占领军司令部的代表组成共同委员会并将朝鲜半岛交由美国、英国、苏联、中国四国托管五年，不再延长。② 位列四强的中国虽决定比其他国家先承认韩国，但因自身力量不够强大，无法参与决策，只能被英、美与苏联摆布，并协助韩国临时政府人员尽速回国，为其寻找出路，加入美国军政府参与接收朝鲜的工作。③

战后同盟国的军事接收，不只是苏联、欧美列强企图重划亚洲势力范围，也是美苏冷战格局的初步形成，自然不会尊重朝鲜人民亟欲独立建国的夙愿，也不会同意成立以韩国临时政府与光复军为中心的亲华政府，更不惜让韩国临时政府金九等人的所有努力化为泡影，只能以个人身份返回朝鲜半岛。1945 年 9 月到 1948 年 8 月的三年时间里，朝鲜半岛南部是交给美国的"驻朝鲜美国陆军司令部军政厅"托管。国民政府虽未能协助金九等人进入美国军政府担任行政工作，但仍向他们提供经济资助，使其展开政治活动，迅速组织韩国民众，并提议派出中国驻韩国军事代表团，由邵毓麟以陆军中将身份担任"军事委员会委员长驻韩代表"，陪同金九等人一同前往韩国，处置战后中国华侨在朝鲜的财产权益与旅居中国的韩侨回国问题，以确保中国对美国军政府与大韩民国临时政府的影响力，维持中国在韩国事务上的主导地位。④ 但中国的要求却遭到美国国务院主管远东事务的希斯（Alger Hiss）、范宣德（John C. Vincent）、戴维斯（John P. Davies Jr.）、赛维斯（John S. Service）、拉铁摩尔（Owen Lattimore）等人的反对。中国驻美大使馆电称，美方不希望国民政府派遣具有军事头衔的人员，而邵毓麟具有国民

---

① 金光熙：《大韩民国史》，北京：社会科学文献出版社 2014 年版，第 8—9 页。

② 《国际条约集（1945—1947）》，北京：世界知识出版社 1961 年版，第 125 页；［韩］高丽大学韩国史研究室著：《新编韩国史》（孙科志译），济南：山东大学出版社 2010 年版，第 267—268 页。

③ 胡春惠：《韩国独立运动在中国》，台北："中华民国"史料研究中心出版，1976 年，第 322—324 页；Max Beloff, *Soviet Policy in the Far East（1944 - 1951）*（London : Oxford University Press, 1953）, p.156。

④ 胡春惠：《韩国独立运动在中国》，台北："中华民国"史料研究中心出版 1976 年版，第 324—325 页。

党陆军中将头衔，不适合担任外交部驻韩代表，邵毓麟出使韩国之事遂无疾而终。①

　　长期在美国活动的李承晚得到美国驻太平洋陆军总司令麦克阿瑟（Douglas MacArthur）的支持，遂能搭乘美军专机返国活动。但因三国外长会议决议五年托管朝鲜半岛，李承晚多次顶撞美国驻南韩军队最高司令霍奇（John Hodge）中将，双方关系势如水火；而金九等人也不能接受三国外长会议的方案，发动全国罢工的抗议活动，韩国社会动荡不安，金九等人与美国军政府相处困难。② 1946年12月4日，李承晚迳赴华盛顿，向美国政府告状，还试图利用公开舆论向美国政府施压，霍奇中将大怒，禁止李承晚再搭乘军机。③ 然而，当时前往韩国只能搭乘军机，尚无民航飞机，这样等于断了李承晚的归路。④ 李承晚只好向中国驻美大使馆请求访问中国，向蒋介石求援。蒋介石与李承晚虽无渊源，也未曾谋面，但蒋介石清楚美国政府属意的韩国未来的领导人不会是被贴上亲华派标签的金九，比较可能是长期在美国活动的李承晚，中国应该做两手准备、双边押宝，⑤ 再加上邵毓麟建议蒋介石接见李承晚，再送李承晚返回韩国开展政治活动，所以蒋介石乐于雪中送炭，援助李承晚返国。⑥ 经邵毓麟代为安排，李承晚于1947年4月9日从

　　① 邵毓麟：《使韩回忆录：近代中韩关系史话》，台北：传记文学出版社1980年版，第81—83页。

　　② "The Political Adviser in Korea（Benninghoff）to the Secretary of State,"*FRUS, Diplomatic Papers, 1945, the British Commonwealth, the Far East*, Vol. Ⅵ, 740.00119 Control（Japan）/9-1545, Document 781, Seoul, 15 September, 1945, https://history. state. gov/historicaldocuments/frus1945v06/d781（2019年11月25日登录）; "The Political Adviser in Korea（Benninghoff）to the Secretary of State,"*FRUS, 1946, the Far East*, Vol. Ⅷ, 740.00119 Control（Korea）/1-2346, Document 464, Seoul, January 23, 1946, https://history. state. gov/historicaldocuments/frus1946v08/d464.（2019年11月25日登录）

　　③ "The Political Adviser in Korea（Langdon）to the Secretary of State,"*FRUS, 1946, The Far East*, Vol. Ⅷ, 740.00119 Control（Korea）/12-2746, Document 577, Seoul, December 27, 1946, https://history. state. gov/historicaldocuments/frus1946v08/d577.（2019年11月25日登录）

　　④ 邵毓麟：《使韩回忆录：近代中韩关系史话》，台北：传记文学出版社1980年版，第59、85—86、89—90页。

　　⑤ "The Political Adviser in Korea（Langdon）to the Secretary of State,"*FRUS, 1946, The Far East*, Vol. Ⅷ, 740.00119 Control（Korea）/7-346, Document 526, Seoul, 3 July 1946, https://history. state. gov/historicaldocuments/frus1946v08/d526.（2019年11月25日登录）

　　⑥ 《前驻韩代表邵毓麟呈国民政府主席蒋中正为报告李承晚之经历访华意义及在美活动情形及返韩后之政治活动等》，《国民政府——李承晚访华及我国资助南韩》，数位典藏号：001-062212-00001-007，1947年4月5日，台湾"国史"馆藏。

东京飞往上海，11 日抵达南京，由邵毓麟陪同参观南京中山陵致敬，13 日在上海会见蒋介石。蒋介石对李承晚的印象颇佳，曾在日记中写道：五时接见韩国代表李承晚氏，其年虽老，但精神姿态甚佳，非韩国各领袖所能及也。余勉以自强自立，中韩合作共同努力，以期贯彻本党宗旨者，并告其余对韩国独立必自动负责到底也。① 4 月 21 日，李承晚乘坐蒋介石指派的"自强号"专机，与李青天（本名池大亨，Ji Cheong-cheon）、白乐濬（Bai Le-ki）等人一同由上海飞返汉城，并在行前发表讲话《韩国问题解决办法》，主张南韩先选一临时政府，美军亦暂不必撤出南韩，欲暗挟美国之势，争取中国支持，成功为自己宣传造势，在内政外交上收获甚大，得以延续其政治生命，才能在 1948 年韩国大选时赢得选举，成为大韩民国首任总统。②

二、"远东反共联盟"昙花一现

在 1945 年 12 月《莫斯科协议》的框架下，确立由苏联和美国共管朝鲜半岛五年，但美苏两国无法在朝鲜统一问题上达成共识，双方谈了两年却徒劳无功。朝鲜半岛全体民众一致反对国际托管，屡屡罢工抗议。负责陆军作战计划的魏德迈（Albert C. Wedemeyer）考察亚洲的军事情势后向杜鲁门总统汇报：为了保持美国的国际声誉，朝鲜问题应交给联合国大会处理，美军也应尽快撤退，由韩国人自己组建政府管理朝鲜半岛南部，除非苏联继续占领朝鲜半岛北部，否则美军驻扎在朝鲜半岛南部没有什么价值，建议杜鲁门总统应与苏联达成协议，双方同时撤军，美军只需留下顾问，向韩国政府提供咨询。③ 因此，美国将朝鲜半岛问题提交联合国大会审议，让朝鲜半岛南北全境在联合国监督下举行选举，以便成立新的独立政府。尽管苏联质疑联合国大会干预朝鲜问题的合法性，但联合国大会仍通过两项决议，成立"联合国韩国统一复兴委员会"，处理朝鲜半岛首次选举的相关事宜。④

---

① 《蒋介石日记》，1947 年 4 月 14 日，美国斯坦福大学胡佛研究所藏。

② 邵毓麟：《使韩回忆录：近代中韩关系史话》，台北：传记文学出版社 1980 年版，第 89—90 页。

③ "Report to the President on China-Korea, September 1947, Submitted by Lieutenant General A. C. Wedemeyer," *FRUS, 1947, The Far East*, Vol. Ⅵ, 120. 293/4 – 1050, Document 612, September 1947, https://history. state. gov/historicaldocuments/frus1947v06/d612.（2019 年 11 月 25 日登录）

④ ［日］木村幹『朝鮮/韓国ナショナリズムと「小国」意識：朝貢国から国民国家へ』、ミネルヴァ書房、2000 年、335–339 頁。

1948 年 2 月 26 日，联合国韩国统一复兴委员会决定在朝鲜半岛南部举行选举，5 月 10 日进行大选。① 北朝鲜拒绝承认联合国的决议，也拒绝参与大选，使朝鲜半岛统一建国的可能性变得很低，而南韩民众不想再浪费时间与北朝鲜谈判，于是南韩独立建国的声音越来越大。原本声势甚高的金九误判情势，公开反对南韩单独举行选举，主张南北半岛人民政党代表先举行政治协商会议，并亲自前往平壤与金日成（Kim Il-sung）谈判，却铩羽而归、一无所获，极大地损伤了自己的政治行情。② 与国民政府相交数十年的金九遭此挫折，又在 1949 年 6 月 26 日被南韩右派人士刺杀身亡，瞬间失去了双方交流的桥梁，实为中国国民政府之不幸。在联合国的监管下，南韩举行大选，成立大韩民国制宪国会。在美国驻朝鲜陆军司令部军政厅的支持下，李承晚当选总统，于 1948 年 8 月 15 日宣布大韩民国政府成立，取代运作三年的军政府。联合国大会承认大韩民国政府的合法性，国民政府外交部长王世杰即发表声明，祝贺韩国政府的成立。③

新生的韩国政府很快就面临朝鲜共产党的挑战，社会秩序日趋不稳。苏联一意扶持朝鲜共产党，反对韩国加入联合国。朝鲜民主主义人民共和国在苏联的支持下，于 1948 年 9 月 9 日成立。朝鲜半岛正式分裂为两个国家，形成南北对立之局。1948 年 8 月美韩两国签订《过渡期暂定军事安全行政协定细则》后，美国军政府渐渐撤出驻韩美军，但为了防范朝鲜的袭击，美军留下了外交顾问和军事顾问团，帮助韩国建立一支军队。④ 朝鲜半岛形成南北对立之时正是国民政府内战失利之际，即使如此，韩国总统李承晚仍派遣特使赵炳玉（Chough Pyung-ok）于 1948 年 9 月 12 日访问中国，谒见蒋介石，希望中国继续帮助韩国。然而，国民政府已是泥菩萨过河，很难再关注

---

① ［韩］高丽大学韩国史研究室著：《新编韩国史》（孙科志译），济南：山东大学出版社 2010 年版，第 269 页。

② 邵毓麟：《使韩回忆录：近代中韩关系史话》，台北：传记文学出版社 1980 年版，第 86—87 页。

③ "The Ambassador in China (Stuart) to the Secretary of State," *FRUS, 1948, The Far East and Australasia*, Vol. Ⅵ, 895.01/8–1348, Document 867, Nanking, August 13, 1948, https://history.state.gov/historicaldocuments/frus1948v06/d867.（2019 年 11 月 25 日登录）

④ 赵杨等著：《韩国军队发展史》，北京：世界知识出版社 2015 年版，第 185 页；"The Political Adviser in Korea (Jacobs) to the Secretary of State," *FRUS, 1948, the Far East and Australasia*, Vol. Ⅵ, 895.01/8–1848, Document 874, Seoul, August 18, 1948, https://history.state.gov/historicaldocuments/frus1948v06/d874.（2019 年 11 月 25 日登录）

韩国的发展了。① 直到 1949 年 1 月 2 日，国民政府才正式承认大韩民国，宣布建立外交关系，并由战后迟迟未能赴韩履任的邵毓麟出任首任中华民国特命全权驻韩大使。② 邵毓麟虽准备赴韩就任，但因联合国韩国统一复兴委员会代表刘驭万欲获大使之位、暗中阻碍邵毓麟，中国国内又接连发生蒋介石宣布下野、解放军渡过长江、国民政府迁往广州、解放军进入南京等事，故邵毓麟迟迟未得到韩国政府的回复，拖了六个多月才得到韩国同意邵毓麟出使的复电，可见外交部人事之混乱，也可知韩国政府始终观望中国国内局势，有意拖延，欲作骑墙之势。

　　蒋介石下野后，由副总统李宗仁代替总统职务，但蒋介石仍以国民党总裁的身份，试图在幕后掌控党、政、军的指挥权，大批党政要员仍前往溪口拜访蒋介石，商讨国事。自马歇尔（George C. Marshall）调停失败后，美国停止援助国民党，使内战失利的国民党雪上加霜，陷入和战两难的困局。③ 这时，蒋介石眼见北大西洋公约组织即将成立，开始酝酿"太平洋反共联盟"之构想，试图仿照北大西洋公约组织，联合中国周边国家一同成立太平洋反共同盟阵营。④ 由于国民党军队节节败退，外交手段也缓不济急，蒋介石必须考虑重建"大后方"的可能性，准备撤退国民党党部与精锐军队。⑤ 因此，蒋介石下野前，先将黄金与军事物资运往台湾、厦门，故宫国宝与各部门档案也搬运到台湾，并先后任命陈诚担任台湾省主席、朱绍良为福建省主席、周岩取代陈仪为浙江省主席、丁治磐充任江苏省主席，并由汤恩伯担任京沪杭警备总司令，统辖长江三角洲的各地战事。⑥ 为了坚守台湾，蒋介石先召开国民党中常会，在国民党内成立了"中央非常委员会"，作为国民党存亡之时的最高权力中枢，并重视东南沿海的布防，保护台湾的安全，寻求美国在东亚也能发起像北大西洋公约组织的反共联盟，国民党政权便能以

　　① 刘维开：《蒋中正的一九四九——从下野到复行视事》，台北：时英出版社 2009 年版，第 13—72 页。

　　② 邵毓麟：《使韩回忆录：近代中韩关系史话》，台北：传记文学出版社 1980 年版，第 93 页。

　　③ Tang Tsou, *America's Failure in China, 1941－1950* (Chicago: The University of Chicago Press, 1963), pp. 443-495.

　　④ 《蒋介石日记》，1949 年 3 月 31 日，美国斯坦福大学胡佛研究所藏。

　　⑤ 1949 年 5 月 26 日条，台湾"国史"馆：《蒋中正总统档案：事略稿本》第 80 册，台北："国史"馆 2003 年版，第 195—196 页。

　　⑥ 林桶法：《从溪口到台北：第三次下野期间蒋介石的抉择》，《国史馆学术集刊》第 13 期，第 106—107 页。

美国反共盟友的身份，重新争取美国援助。

为了组织反共联盟，蒋介石鼓动菲律宾总统季里诺（Elpidio Quirino）出面领导太平洋反共联盟，并以国民党总裁身份先后访问菲律宾与韩国，其目的正是由亚洲反共国家筹组联盟，台湾再加入反共联盟，间接取得美国援助。[1] 1949 年 7 月 2 日，蒋介石接到菲律宾总统季里诺的邀请，欲与蒋介石"面商远东大局"。[2] 鉴于菲律宾华侨甚多、菲律宾国内同样有共产党活动、菲律宾经济困难、中国向菲律宾商洽军火采购等原因，季里诺积极邀请蒋介石访问菲律宾，以求中菲两国互助互惠。对此，通过中华民国驻菲大使陈质平居中安排，蒋介石将这场访问定位为私人访问，于是将会见地点定在季里诺在碧瑶的私人别墅，不赴其首都马尼拉。[3] 蒋介石虽以私人身份访菲，但总裁办公室的精英幕僚几乎倾巢而出，可见蒋介石非常重视这次访问。[4] 此外，蒋介石也在 7 月 6 日致函韩国总统李承晚，希望韩国与中国保持联系，使亚洲民主各国声气相通、一致反共行动。[5]

1949 年 7 月 10 日，蒋介石一行自台北松山机场搭乘"中美号"专机飞往菲律宾白沙机场，再以小型飞机飞抵碧瑶老干机场，最后乘车前往菲律宾总统官邸万松楼。蒋介石虽多次强调这是以国民党总裁身份的私人出访，但菲律宾仍以迎接外国元首的最高外交礼仪接待蒋介石。中菲双方共会谈两次，由蒋介石与季里诺直接对谈，沈昌焕负责翻译。第一次在万松楼的会谈长达三个小时，蒋介石与季里诺总统广泛交换意见，主要讨论中菲两国关系、远东诸国联合反共及两国国家生存等问题。7 月 11 日第二次会谈时，中菲双方继续讨论如何组织远东国家反共联盟的具体措施。蒋介石向季里诺总

---

① 邵毓麟：《使韩回忆录：近代中韩关系史话》，台北：传记文学出版社 1980 年版，第 104—106 页。1949 年 6 月 29 日、7 月 1 日邵毓麟在大溪行馆晋见蒋介石。邵毓麟曾仔细记下他与蒋介石的谈话经过，指出他的《反共外交策略纲领》与蒋介石的远东反共联盟构想不谋而合，蒋介石更表示他即将出访菲律宾、韩国，可知蒋介石早已决定要积极推动远东反共联盟。菲律宾总统季里诺，中国大陆译名为"基里诺"。本文沿用台湾史料的译名，后不另注。

② 《蒋中正向中国国民党中常会及中政会报告应邀访菲律宾经过》，《蒋中正总统文物——革命文献》，数位典藏号：002-020400-00033-021，1949 年 7 月 16 日，台湾"国史"馆藏。

③ 《陈质平电蒋中正谒访季里诺期望钧座早日驾菲会商有关反共合作事宜》，《蒋中正总统文物——革命文献》，数位典藏号：002-020400-00033-003，1949 年 6 月 30 日，台湾"国史"馆藏。

④ 《蒋中正电李宗仁等应季里诺邀晤以私人资格赴菲律宾请烦劳守密》，《蒋中正总统文物——革命文献》，数位典藏号：002-020400-00033-004，1949 年 7 月 8 日，台湾"国史"馆藏。

⑤ 1949 年 7 月 6 日条，台湾"国史"馆等编：《蒋中正先生年谱长编》第 9 册，台北：台湾"国史"馆 2014 年版，第 316 页。

统建议，中菲两国可以邀请韩国总统李承晚一同加入远东反共联盟。至于反共联盟的名称，中菲双方有不同意见，季里诺主张用"太平洋联盟"一词，而蒋介石主张用"远东联盟"一词。蒋介石认为，目前中菲联盟尚属草创，不应使用"太平洋联盟"与"亚洲联盟"，乃因英国主导的太平洋集团绝不会赞同中菲两国发起的联盟，而中、菲、韩三国本是美国领导，但现被美国舍弃，位于东太平洋的中南美洲诸国向来仰息美国，自然不会加入中菲两国组成的联盟。碍于英国、美国的态度，季里诺接受了蒋介石的建议，但季里诺仍留有后手，希望等菲律宾总统大选后，"远东联盟"再讨论实际操作的具体措施，这使蒋介石不由得焦躁不安，担心缓不济急。①

7月11日会谈结束后，季里诺总统仍担心国民政府崩溃，蒋介石也不讳言国民政府的困境，并指出，"只要美国等不承认将来新成立之共产政权，则先生可保证中国政府绝不致被中共消灭，现在政府当局即使崩溃或投降，则先生必继起领导，反共到底"。② 由此可见，蒋介石已经做了最坏打算，只要美国不承认中国共产党政权，就算美国停止援助或国民政府崩溃，蒋介石仍会高举反共大旗，赚得政治资本，可以在台湾奋战到最后一刻。③ 正因为蒋介石的保证，季里诺总统才愿意加入远东联盟，主动建议发表中菲两国联合声明，并由王世杰与吴国桢负责草拟联合声明的文稿，再参酌菲方意见，经多次讨论后定稿。7月12日发表中菲联合声明，其内容大意是中菲双方重申两国政府将采取切实具体的办法，加强两国经济合作与文化交流，并指出远东各国未能密切合作，抵御共产党的威胁，希望今后远东各国能纷起响应，共同筹建远东联盟。④

1949年7月12日，蒋介石致电韩国总统李承晚，先说明碧瑶会议的会谈内容，再介绍发起远东联盟的构想，建议由菲律宾总统季里诺作为发起人，征询李承晚的意见，并回复李承晚的邀请，承诺近日将访问韩国，一同会谈远东联盟之事。⑤ 7月16日，蒋介石主持国民党中央常务委员会（简称

① 《蒋介石日记》，1949年7月11日，美国斯坦福大学胡佛研究所藏。

② 《蒋中正与季里诺第二次会谈》，《蒋中正总统文物——革命文献》，数位典藏号：002-020400-00033-008，1949年7月11日，台湾"国史"馆藏。

③ 《蒋介石日记》，1949年7月12日，美国斯坦福大学胡佛研究所藏。

④ 秦孝仪主编：《先总统蒋公思想言论总集》卷37，台北：台湾中国国民党中央委员会党史委员会，1984年，第383—384页。

⑤ 秦孝仪主编：《先总统蒋公思想言论总集》卷37，台北：台湾中国国民党中央委员会党史委员会，1984年，第385页。

中常会），报告访菲经过，随即通过参加远东联盟案，支持蒋介石与菲律宾总统所达成的协议，并在 18 日的中常会上，通过改造国民党方案，使国民党改采民主集权制，整顿国民党党纪问题，奠定国民党在台湾改造的法理基础。① 蒋介石稳定党内地位后，命驻韩总领事许绍昌转告李承晚，预计在 8 月以私人身份访问韩国，希望李承晚能先在原则上赞同远东反共联盟，增强菲律宾的信心，并决定邀见美国驻华公使克拉克（Lewis Clark），向其说明中菲两国组织远东联盟的不得已之处，"明告其美国放弃其领导远东之责任，故余等不得不自动起而联盟耳"。② 蒋介石虽斥责美国不负责任，但仍关注美国的动态，尤其是美国参议院通过《北大西洋公约》之事，让蒋介石重燃希望，认为"此乃美、俄冷战之终结，即为第三次世界大战之开始。人类祸福，世界安危，革命成败，民国存亡皆系于此"。③

中华民国驻韩大使邵毓麟到任后，曾参与韩国独立运动的许多故旧都表示欢迎。韩国总理李范奭（Lee Beom-seok）希望与韩国独立运动关系深厚关系的吴铁城、何应钦、朱家骅、陈果夫、陈立夫等人能随蒋介石一同访韩。④ 邵毓麟向韩国总统李承晚呈递国书后，随即与李承晚密谈，并面递蒋介石密函，函中说明中菲碧瑶会议经过、国际环境及蒋介石访韩会谈的构想，尤其是以中韩为远东联盟核心的构想，甚得李承晚的认可。1949 年 8 月 3 日，蒋介石乘"天雄号"专机自台北出发，随行者不只有原来访菲人员，还加上总裁办公室第三组组长王东原、第六组副组长曹圣芬等 19 人。但事出突然，美国驻韩大使缪锡俄（John J. Muccio，中国大陆译名穆西奥）提醒邵毓麟，镇海机场跑道太短，较大的飞机升降时可能会有危险，蒋介石一行人只能改变访问日程，暂延数日访韩，便先飞舟山定海视察军务，由邵毓麟调查镇海机场航道的安全问题。⑤ 这时，美国国务院发表了《美中关系白皮书》，说明美国尽心尽力帮助中国，但目前中国事务已经超出美国能负荷的范围，美国无力再援助中国，并指责国民党腐败无能，蒋介石无力领导中国，国民党

---

① 1949 年 7 月 16 日条、7 月 18 日条，台湾"国史"馆等编：《蒋中正先生年谱长编》第 9 册，台北：台湾"国史"馆，2014 年，第 322、323 页。

② 《蒋介石日记》，1949 年 7 月 19 日，美国斯坦福大学胡佛研究所藏。

③ 《蒋介石日记》，1949 年 7 月 23 日，美国斯坦福大学胡佛研究所藏。

④ 邵毓麟：《使韩回忆录：近代中韩关系史话》，台北：传记文学出版社 1980 年版，第 108—109 页。

⑤ 邵毓麟：《使韩回忆录：近代中韩关系史话》，台北：传记文学出版社 1980 年版，第 112—113 页；《蒋介石日记》，1949 年 8 月 3 日，美国斯坦福大学胡佛研究所藏。

的垮台根本是自作自受，与美国毫无关系。① 这对蒋介石与国民政府来说无疑是雪上加霜，令蒋介石相当愤怒，"实为我抗战后最大国耻也"。②

8月6日，蒋介石一行人改乘"美龄号"专机自舟山飞赴韩国镇海军港，韩国总统李承晚及其夫人率国务总理李范奭、议长申翼熙（Sin Ik-hui）、外交部长林炳稷（Lin Bingjeon）、递信部长张基永（Jang Ji-yong）、商工部长尹潽善（Yun Bo-seon）、交通部长许政（Xu Zheng）等人，在机场迎接蒋介石一行人。韩国政府的各部门长官"几乎皆由中国学校毕业，皆以学生为多，否则亦已加入本党之党员，故感情精神融洽非常"。③ 蒋介石与李承晚见面后，双方很快发表声明。④ 从声明里可知，蒋介石欲利用远东反共联盟的成立迫使美国改变远东政策，积极协助亚洲反共政权；李承晚将北大西洋公约联盟作为远东反共联盟的蓝本，希望亚洲及太平洋诸国都能起而响应，对抗共产党势力的威胁。双方看似反共目标一致，其实李承晚另有意图，欲以反共联盟为口实向蒋介石要求军援，所以通过邵毓麟提出要求，希望蒋方能无偿提供30架F-51战机、30架AT-6教练机、5架C-47运输机、4艘驱逐舰与护航舰、2艘炮舰、1艘运油舰、5万支步枪及1亿发子弹。⑤ 李承晚趁机勒索蒋介石的行为让蒋介石决定低调处理访韩行程，谢绝一切公务宴会，并顺应菲律宾总统季里诺的提议，延至菲律宾大选之后再决定三方领导人会谈日期。⑥

1949年8月7日，蒋介石与李承晚在镇海会议中讨论远东反共联盟的基本原则，并决议推举季里诺总统为远东联盟召集人，将在碧瑶召集中韩菲三国预备会议，拟订远东反共联盟的组织架构与具体办法。⑦ 蒋介石以在野之身未能深入讨论中韩军事、经济、文化等议题，却得到韩国隆重的款待，这

① 中国社会科学院近代史研究所编：《中华民国史》第12卷，北京：中华书局2011年版，第556—557页。

② 《蒋介石日记》，1949年8月5日，美国斯坦福大学胡佛研究所藏。

③ 《蒋介石日记》，1949年8月7日，美国斯坦福大学胡佛研究所藏。

④ 中韩双方声明全文见邵毓麟：《使韩回忆录：近代中韩关系史话》，台北：传记文学出版社1980年版，第115—116页。

⑤ 《邵毓麟电蒋中正韩国防部长送来韩方请求援助武器清单等》，《蒋中正总统文物——革命文献》，数位典藏号：002-020400-00034-042，第1页，1948年8月21日，台湾"国史"馆藏。1949年8月1日，李承晚要求台湾当局军援韩国，并向邵毓麟提出武器清单。

⑥ 林孝庭：《台海·冷战·蒋介石》，台北：联经出版公司2015年版，第68页。

⑦ 《蒋介石日记》，1949年8月7日，美国斯坦福大学胡佛研究所藏。

令蒋介石颇为感动，并认同李承晚提出的严惩避居国外置产的达官贵宦之建议，甚至引李承晚为知交。① 蒋介石临走之前，李承晚当面向蒋介石提出军事合作的请求，尤其希望中国能派人协助韩国培训空军部队，蒋日记记载："此次访韩仅谈联盟事，而未及两国经济、军事、文化等合作问题，乃特提及海上与空中两国空中交通应先建立。以我国不乏海空交通之器材，对于空军之训练，亦愿协助。但应顾虑到美俄两国之疑忌也。"② 蒋介石虽顾虑此举可能引起美、俄两国的猜疑，但还是优先考虑如何利用朝鲜半岛作为国民党军队反共的根据地，并采纳邵毓麟的建议，重新整顿从青岛撤退至韩国的国民党情报人员，希望能以朝鲜半岛为跳板，再把这批人暗中安插到朝鲜、中国东北、华北等地，展开破坏活动。③

　　蒋介石的菲律宾、韩国之行确实加强了远东诸国的联系，暂时提升了蒋介石的声望。蒋介石之所以发起反共联盟，是希望能让美国重视亚洲的反共力量，争取美国继续向中、韩、菲三国提供经济援助和军事援助，或能促成远东地区建构一集体安全制度。然而，亚洲诸国与英国却反应冷淡，不愿得罪中国共产党，④ 美国也不愿见到远东地区出现一个排除美国的新联盟，因此告诉菲律宾政府：美国在远东可运用的资源有限，不可能支持远东联盟，劝菲律宾审慎以对；⑤ 国民政府在内战中连连失利，美国发布《美中关系白皮书》，⑥ 美国的弃子之举不但让蒋介石成为众矢之的，也令国民政府信心崩溃，更动摇了韩国与菲律宾的信心，尤其是菲律宾总统季里诺探知美国不愿再支持蒋介石，因之见风转舵，放弃与蒋介石、李承晚联手反共，反而与英联邦的印度、巴基斯坦、锡兰、澳大利亚及新近独立的泰国、印尼七国，一同召开碧瑶预备会议（1950 年 5 月 26 日），原本发起的国民党当局、韩国都

　　① 《蒋介石日记》，1949 年 8 月 8 日，美国斯坦福大学胡佛研究所藏。

　　② 《蒋介石日记》，1949 年 8 月 8 日，美国斯坦福大学胡佛研究所藏。

　　③ 《邵毓麟电蒋中正呈递国书并转答钧意及与李承晚面谈关于远东联盟前途……》，《蒋中正总统文物——特交档案》，数位典藏号：002-080106-00068-001，第 7 页，1949 年 8 月 1 日，台湾"国史"馆藏。《蒋中正总统文物》档所拟文件名多过长，凡遇此况本刊编者略有删节，以"……"标示，后不另注。——编者注

　　④ 《侯腾呈蒋中正碧瑶会议后日韩暹罗德法美英等国反响情形》，《蒋中正总统文物——革命文献》，数位典藏号：002-020400-00033-020，1949 年 7 月 15 日，台湾"国史"馆藏。

　　⑤ 刘芝田：《中菲关系史》，台北：正中书局1969 年版，第 698 页。

　　⑥ "马、艾无知不德，全为其私情所蔽，不足为异，而其堂堂领导世界之美国总统杜鲁门竟准其发表此失信鲜耻之白皮书，为其美国历史遗留莫大之污点，不仅为美国羞，而更为世界前途悲"。见《蒋介石日记》，1949 年 8 月 10 日，美国斯坦福大学胡佛研究所藏。

未受邀出席，① 甚至对未来联盟的性质亦未能遵守碧瑶会议和镇海会议的决议，"仅以经济、文化为号召，既不包含军事，且无团结反共的表示"。② 至此，蒋介石倡议的"远东反共联盟"胎死腹中，集体联合防御共产党势力的声明也沦为空言。

三、朝鲜战争与"亚洲人民反共联盟"

1949 年 4 月 24 日解放军进入南京后，蒋介石调动军队，抢运各种金银与军用物资到台湾。由陈诚主政的台湾省政府也在 5 月 20 日宣布全省戒严，封锁港口，严禁船只出入。8 月 1 日，蒋介石在台北成立总裁办公室，集合了最核心的幕僚，成为蒋介石发号施令的总部。③ 8 月 5 日，美国国务院发表了《美中关系白皮书》，宣布不再援助蒋介石与国民政府，开始向中共示好，努力争取中共不向苏联靠拢，以维护美国在华利益。④ 美国对华政策的转变令蒋介石愤恨不已。⑤ 未料，毛泽东公开宣告反美亲苏的"一边倒"政策，宣布新中国倒向社会主义阵营一边，采用社会主义发展模式，不会像南斯拉夫的铁托（Josip Broz Tito）那样背叛苏联，这使美国重新评估与中国共产党合作的可能性。⑥ 中华人民共和国成立后，12 月 10 日，蒋介石从成都飞往台北，台湾成为国民党政权最后的根据地。对蒋介石来说，国民党要得到美国的支持才有可能反攻大陆、转败为胜，而要让美国改变其远东政策，就必须爆发大战，迫使美国介入远东事务。⑦

---

① 1950 年 4 月 19 日条，台湾"国史"馆等编：《蒋中正先生年谱长编》第 9 册，台北：台湾"国史"馆 2014 年版，第 479—481 页；《邵毓麟电蒋中正碧瑶会议问题此间无确切情报建议查证……》，《蒋中正总统文物——革命文献》，数位典藏号：002-020400-00034-071，1950 年 5 月 5 日，台湾"国史"馆藏。

② 邵毓麟：《使韩回忆录：近代中韩关系史话》，台北：传记文学出版社 1980 年版，第 123 页；吕芳上：《总裁的首脑外交：1949 年蒋中正出访菲韩》，台北：台湾商务印书馆 2013 年版，第 26—27 页。

③ 曾健民：《1949·国共内战与台湾》，台北：联经出版公司 2009 年版，第 148—197 页。

④ ［美］科贝克：《远东是怎样失去的》（此版本未标注译者），台北：新中国出版社 1970 年版，第 400—408 页。

⑤ 1949 年反省录，《蒋介石日记》，美国斯坦福大学胡佛研究所藏。

⑥ 中共中央文献研究室编：《毛泽东传（1949—1976）》（上册），北京：中央文献出版社 2003 年版，第 28 页。

⑦ 林孝庭：《台海·冷战·蒋介石》，台北：联经出版公司 2015 年版，第 69 页。

此时，朝鲜半岛的局势越来越紧张，李承晚请求美国增兵保护，但美国只愿给韩国经济物资与外交支持，维持以北纬38°线为界的朝鲜半岛南北分立局面。1949年6月30日美军撤出朝鲜半岛时，虽将其武器装备都交给了韩国，但这不足以让只有5万人的韩国军队具备保卫国家的战力。① 李承晚求助无门，只好通过与国民党有渊源的国务总理李范奭和韩国士官学校校长金弘一（Kim Hong-il）致信蒋介石，有意以提供韩国境内的海、空军基地为条件，换取台湾当局的军事援助和情报分享。② 根据邵毓麟提供的韩国年鉴、统计、地图、报馆纪念刊及韩国政府报告册等资料，蒋介石与黄少谷、董显光等智囊拟订机密方案，试图利用朝鲜半岛南端的岛屿作为国民党军队的海、空补给基地。③ 是年12月20日，邵毓麟报告蒋介石："李承晚总统恐北韩进攻，亟须增强空军及武器弹药，故对我请求"，并提议以红参交换军火，要求韩国开放海、空基地供台湾当局使用，其目的是"刺激美方增加援韩"。④ 李承晚的提议与蒋介石的目标一致。蒋介石认为这样不但能动摇美国的远东政策，也能利用韩方岛屿作为反攻大陆的海、空军补给基地，弥补目前台湾当局对大陆封锁之最大漏洞，并得到韩方谅解，能让国民党情报人员利用韩国的地利之便，潜入开展"北韩及我东北敌后情报及行动工作"，以建立"台湾右翼，并为对苏作战及对东北反攻时之桥头堡"，伺机安排国军"伸展对华北封锁"。⑤

邵毓麟久与韩人相交，深知韩人习性"好夸张、贪小利"，⑥ 密告蒋介石有关韩国各党派政情与美苏朝韩四国军政要务，指出李承晚因政敌金九之故，本就不喜国民党，国民党败退台湾之结果也影响中韩关系之进展，还告

① ［韩］姜声鹤：《韩国外交政策的困境》（王亚丽译），北京：社会科学文献出版社 2017 年版，第 115 页。

② 《张汶呈蒋中正自韩携李范奭崔用德金弘一等函请求约见……》，《蒋中正总统文物——特交档案》，数位典藏号：002-080106-00068-010，台湾"国史"馆藏。

③ 《黄少谷电邵毓麟请多方搜集韩国最近出版年鉴统计地图报馆纪念刊及政府各种报告册……》，《蒋中正总统文物——特交文电》，数位典藏号：002-090103-00010-108，台湾"国史"馆藏。

④ 《毛人凤呈蒋中正保密局在韩工作人员情形……》，《蒋中正总统文物——特交档案》，数位典藏号：002-080106-00068-009，台湾"国史"馆藏。

⑤ 《毛人凤呈蒋中正保密局在韩工作人员情形……》，《蒋中正总统文物——特交档案》，数位典藏号：002-080106-00068-009，台湾"国史"馆藏。

⑥ 《邵毓麟电蒋中正韩国人好夸张贪小利……》，《蒋中正总统文物——革命文献》，数位典藏号：002-020400-00034-061，台湾"国史"馆藏。

诚台湾当局勿轻信韩国驻台"大使"申锡雨（Syeon Si-yu），指其与李承晚交情极恶，根本没有政治力量，并在避免刺激美方的前提下，可满足李承晚的军援请求，调拨教练机数架，或以台湾剩余物资赠予李承晚个人，或以"中国大陆灾胞救济总会"为名义赠送救济品，或台湾蚀本运煤、推进台韩贸易，或"外交部"格外优待申锡雨"大使"，或建立台韩邮电通信与海空运输，或秘密援助韩国民主国民党等在野党议员李青天、申翼熙、金性洙（Kim Seong-su）、白南薰（Bai Nan-sun）等人，钳制大韩国民党，暗中操纵朝鲜半岛局势的发展，促使美国改变远东政策，也能让韩国给予便利，加强国民党在东北与华北的敌后工作及有助于延长封锁之交涉。[①]

1950 年 1 月，美国总统杜鲁门公开声明美国决定对台湾问题袖手旁观，待中国大陆情势稳定后再与中华人民共和国政府建交。美国国会也否决了韩国军援方案，不愿卷入朝鲜半岛的纠纷。美国国务卿艾奇逊（Dean G. Acheson）指出，台湾与韩国都不在美国西太平洋防线之内，意味着美国将放弃台湾与韩国，避免与苏联冲突。[②] 为此，蒋介石向盟军总司令麦克阿瑟求援。[③] 邵毓麟也在 2 月前往东京，与麦克阿瑟面谈台湾问题，试图寻求其支持，允许台韩日三方组成反共联盟，但因美国报刊夸大其词，误报麦克阿瑟有意支持蒋介石，使杜鲁门对麦克阿瑟非常不满。[④] 1950 年 2 月 14 日中苏两国签署《中苏友好同盟互助条约》后，美国政府不得不考虑调整其远东政策，尤其是美国军方要求国务院重新评估韩国和台湾的战略价值。[⑤] 在此国

---

① 邵毓麟：《使韩回忆录：近代中韩关系史话》，台北：传记文学出版社 1980 年版，第 132—134 页；曹中屏：《当代韩国史》，天津：南开大学出版社 2005 年版，第 78—81 页；《邵毓麟呈蒋中正美苏情势与我对策》，《蒋中正总统文物——特交档案》，数位典藏号：002-080106-00068-013，1950 年 3 月 7 日，台湾"国史"馆藏；《我政府赠韩救济品及物资》，《外交部档案》，馆藏号：11-50-02-04-004（旧档号 005.4），台湾"中研院"近代史所保管。

② ［美］艾奇逊：《艾奇逊回忆录》（上册）（伍协力等译），上海：上海译文出版社 1978 年版，第 227—229 页；邵毓麟：《使韩回忆录：近代中韩关系史话》，台北：传记文学出版社 1980 年版，第 137 页；林孝庭：《台海·冷战·蒋介石》，台北：联经出版公司 2015 年版，第 70 页。

③ 1950 年 1 月 31 日条，台湾"国史"馆等编：《蒋中正先生年谱长编》第 9 册，台北：台湾"国史"馆，2014 年，第 441 页。

④ 邵毓麟：《使韩回忆录：近代中韩关系史话》，台北：传记文学出版社 1980 年版，第 138—139 页；《邵毓麟往东京从事某种活动》，《南洋商报》1950 年 2 月 13 日，第 1 版。

⑤ 沈志华：《冷战的转型：中苏同盟建立与远东格局变化》，北京：九州出版社 2013 年版，第 68—69 页；资中筠：《追根溯源：战后美国对华政策的缘起与发展（1945—1950）》，上海：上海人民出版社 2000 年版，第 283 页。

际局势转变的情况下，1950 年 3 月 1 日蒋介石宣布复行视事，继续执行"中华民国"总统职权，领导中心得以重建。①

考虑到美国远东政策之消极态度，邵毓麟认为国民党应加紧策动朝鲜半岛的军事冲突，因为只有美苏两国发生直接冲突，才能使美国改变其远东政策，转而支持国民党的反攻大业。由此，邵毓麟建议台湾当局立刻展开中国东北与华北的敌后工作，并拉拢韩国华侨，培植他们担任情报人员，再由"大使馆"掩护他们的行动，重新组建国民党在大陆的情报网，以利国军反攻东北地区。②邵毓麟的提议获得韩国总统李承晚的首肯。台湾"内政部"调查局与韩国内务部治安局及警察局携手合作，调查混入韩国的中共间谍人员，尽快训练情报人员，建立敌后据点。③此外，1950 年 4 月 19 日吴铁城访韩之行也因其将军头衔及其与李承晚总统的三次会谈，让外国媒体联想翩翩，误以为台韩双方已签订军事合作协议，组成秘密反共军事同盟，"韩政府已允华方租借济州岛，作为空军基地，以为轰炸华北、东北、甚至俄国滨海省之用"。④

1950 年 6 月 25 日，朝鲜战争爆发。当时的韩国陆军参谋总长蔡秉德（Kai Bing-de）贪生怕死，未能坚守汉城，还下令炸毁汉江上的四座大桥，难民死伤惨重，让韩国政府更不得民心，许多部队不战而降，韩国军队溃退到釜山附近。⑤作为韩国盟友的台湾当局很快就对外声明，台湾当局愿意派兵援韩，并向麦克阿瑟与李承晚表示，台湾可以派遣陆军 3 个师、飞机 20架赴韩国作战。⑥朝鲜军队势如破竹，让美国误判苏联暗中支持朝鲜，台湾和日本也可能会陷入危机，所以决心介入朝鲜战争。杜鲁门总统下令美国海

①　刘维开：《蒋介石的 1949》，太原：山西人民出版社 2013 年版，第 233—249 页。

②　《邵毓麟呈蒋中正美苏韩情势与我对策》，《蒋中正总统文物——特交档案》，数位典藏号：002-080106-00068-013，1950 年 3 月 7 日，台湾"国史"馆藏。

③　《邵毓麟电蒋中正中韩情报交换事…》，《蒋中正总统文物——特交文电》，数位典藏号：002-090103-00009-060，1950 年 4 月 18 日，台湾"国史"馆藏。

④　邵毓麟：《使韩回忆录：近代中韩关系史话》，台北：传记文学出版社 1980 年版，第 142 页。

⑤　邵毓麟：《使韩回忆录：近代中韩关系史话》，台北：传记文学出版社 1980 年版，第 161—162 页；《汉城终于昨午陷落　韩军改守水原以北　政府昨已迁至大田办公》，台湾《中央日报》1950 年 6 月 29 日，第 3 版。

⑥　邵毓麟：《使韩回忆录：近代中韩关系史话》，台北：传记文学出版社 1980 年版，第 143、165—169 页。

军、空军支援韩国，并将台湾地位模糊化，发表"台湾海峡中立化宣言"。①"台湾海峡中立化宣言"虽认识到台湾牵制中国东南沿海的战略地位，命令在菲律宾巡航的第七舰队驶向台湾海峡，确保台湾不会落入中共手中，影响美国的西太平洋防线，但美国的基本原则是速战速决、避免与苏联或中共直接作战，引发第三次世界大战，②甚至还想着要和中共建交，向中共表示美国没有占领台湾的企图。可见，美国这时只是将台湾当作与中共政治谈判的筹码而已。③

随着韩国政府撤退到釜山，兵源紧缺，不足以应付朝鲜军队的攻击，盟军总司令麦克阿瑟求援，但联合国会员国响应者少。此时，蒋介石再次向杜鲁门总统表示愿派一支3万人的精锐军队，帮助击退朝鲜军队，④却遭到杜鲁门总统的拒绝。蒋介石归咎于美国国务卿艾奇逊从中作梗，实则因美国不愿得罪苏联与中共，尽量将战争规模限制在朝鲜半岛。⑤即使如此，蒋介石仍未失去希望，认为中共必将参战，届时美国态度自必大变，不但会要求台湾派兵增援韩国，也不会再阻碍台湾对大陆海空攻势。⑥未料，李承晚听说英、美反对台湾派兵援韩，态度渐趋消极，甚至暗示邵毓麟不欢迎台湾派兵助战，以免影响美国对韩国的军事援助。在这段时间里，邵毓麟跟着韩国政府四处流亡，生活相当艰苦，但他仍坚守"大使"的工作职责，救济安置大量奔窜流亡的中国侨胞，持续搜集韩国政府内情和与朝鲜战争相关的情报，并建议"外交部"速派情报人员与通讯部队，组成"前进指挥所"，伺机潜

① *FRUS*, *1950*, *East Asia And The Pacific*, Vol. Ⅵ, Document 195（Public Papers of the Presidents of the United States: Harry S. Truman, 1950, page 492），https://quod. lib. umich. edu/p/ppotpus/4729038.1950. 001/538?rgn＝full＋text; view＝image.（2018 年 11 月 16 日登录）

② 沈志华：《冷战在亚洲：朝鲜战争与中国出兵朝鲜》，北京：九州出版社 2013 年版，第 73—76 页。

③ 张淑雅：《韩战救台湾？解读美国对台政策》，新北市：卫城出版社 2011 年版，第 102—103 页。

④ 《中美关系资料汇编》第 2 辑（上），北京：世界知识出版社 1961 年版，第 102 页。

⑤ 1950 年 7 月 1 日条，台湾"国史"馆等编：《蒋中正先生年谱长编》第 9 册，台北：台湾"国史"馆 2014 年版，第 518 页；［美］艾奇逊：《艾奇逊回忆录》（上册）（伍协力等译），上海：上海译文出版社 1978 年版，第 277 页；［美］哈里·杜鲁门：《杜鲁门回忆录》第 2 卷（李石译），北京：世界知识出版社 1965 年版，第 399—400 页；《中美关系资料汇编》第 2 辑（上），北京：世界知识出版社 1961 年版，第 123 页。

⑥ 1950 年 7 月 31 日条，台湾"国史"馆等编：《蒋中正先生年谱长编》第 9 册，台北：台湾"国史"馆 2014 年版，第 532 页。

入朝鲜境内。① 随着联合国盟军逆转战局，朝鲜军队节节败退，中国决心介入，中国人民志愿军进入朝鲜战场。联合国盟军低估了中朝联军的战力，一败涂地，麦克阿瑟呼吁联合国援军速来。对此，蒋介石采纳邵毓麟"围魏救赵"的建议，向美联社董事弗兰克·金（Frank king）表示，台湾当局愿意派军向大陆进攻，"制止中共对韩国之侵略"。②

以美军为首的"联合国军"与中朝联军作战后，美国逐渐认识到中共与苏联关系的紧密性。为阻止新中国进兵朝鲜战场，美国采纳了蒋介石的"围魏救赵"方案，开辟第二战场，牵制中共军力，同意中央情报局在台湾成立"西方企业公司"，帮助台湾训练情报人员，指导国民党潜伏在浙江、福建的特务，并由美国提供侦察机，由台湾派遣特工赴大陆搜集情报。③ 1951 年 4 月 21 日，美国国防部宣布派遣军事顾问团前往台湾，协助防卫，防止中共趁机进攻台湾。是年 5 月 17 日，美国政府通过《美国在亚洲的目标、政策与行动方针》（NSC48/5）议案，决定协防台湾，使之免于落入中共之手。④ 除搜集情报外，邵毓麟还以驻韩"大使馆"为据点，支援联合国盟军的心理战，协助训练略通英语和日语的旅韩华侨中心的教师与学生，把他们分派到

---

① 邵毓麟：《使韩回忆录：近代中韩关系史话》，台北：传记文学出版社 1980 年，第 177、181—183、261 页；《驻韩邵大使建议派员赴韩观战》，《外交部档案》，档案号：A303000000B/0040/005.1/0013，台湾档案管理局藏；《国军援韩及中共俘房案》，《外交部档案》，馆藏号：11-50-02-04-005（旧档号 005.5），台湾"中研院"近代史所保管。

② 1951 年 1 月 10 日条，台湾"国史"馆等编：《蒋中正先生年谱长编》第 9 册，台北：台湾"国史"馆 2014 年版，第 613—614 页；蒋介石：《结束韩战之道（1951 年 5 月 15 日在台北接见美联社董事金氏谈话）》，载张其昀编：《先总统蒋公全集》第 3 册，台北：台湾中国文化大学 1984 年版，第 3867—3868 页。

③ 1951 年 11 月 26 日条，台湾"国史"馆等编：《蒋中正先生年谱长编》第 9 册，台北：台湾"国史"馆 2014 年版，第 747 页；白建才：《20 世纪 50 年代美国对中国的隐蔽行动探析》，《陕西师范大学学报》2015 年第 3 期，第 95—107 页。

④ 1951 年 4 月 21 日条，台湾"国史"馆等编：《蒋中正先生年谱长编》第 9 册，台北：台湾"国史"馆 2014 年版，第 659 页；*FRUS, 1951, Korea and China*, Vol. Ⅶ, Part 2, Document 90（Asia and the Pacific, Vol. Ⅵ, Part 1, Document 12），https://history.state.gov/historicaldocuments/frus1951v06p1/pg_33。（2018 年 11 月 16 日登录）NSC48/5 文件指出，美国在亚洲的长远目标是"消除苏联在亚洲的主要力量和影响，或使苏联不能在该地区威胁美国及其友邦的安全，或威胁亚洲国家的和平、独立与稳定"。美国"使中国不要成为苏联的主要盟国"具体行动：通过联军的作战，使中共军队遭受重创，削弱中共的政治军事力量与威望；采取一切手段，培养非共党领袖，并尽量影响在华的反对力量，使中共政权改变方向，或被取而代之；扶持中国国内外的反共力量，扩大中国民众反抗中共政权统治，使中共与苏联产生分歧，并在中共政权内部制造分裂；继续执行美国对中共的经济制裁；继续反对中共政权在联合国获得席位，并说服其他国家采取类似政策等项。

盟军各部担任翻译及心理战工作人员，并以"中国心理战部队指挥官"的身份在幕后指挥台湾派来的情报人员，将其派往前线对敌宣传，担任起无形作战的援韩任务。[①]

1950 年至 1951 年，中朝联军与"联合国军"持续对抗，虽互有胜败，但双方基本上是在北纬 38°线附近地区进行拉锯战，都无法制敌于死地；[②] 1951 年 7 月 10 日双方停火，开始谈判。在艾森豪威尔（Dwight David Eisenhower）将军的坚持下，美国解除了"台湾海峡中立化"的命令，借以压迫中共接受和谈。盟军不顾李承晚的抗议，加快谈判速度，减少美军的损失，韩国被迫接受谈判结果。[③] 朝鲜虽不愿意接受谈判，但因斯大林（J. V. Stalin）遽然逝世，其继任者赫鲁晓夫（N. S. Khrushchev）不打算再支持中共与朝鲜，使金日成不得不同意和谈。[④] 1953 年 7 月 27 日，作战双方签署停战协议，同意大致沿北纬 38°线各退两公里，形成四公里的非军事区，并由中立国遣返委员会处理换俘善后问题。朝鲜战争的困境使美国朝野更加警觉亚洲共产主义的威胁。为了集结遏制亚洲共产主义的力量，美国主导成立"东南亚条约组织"，与澳大利亚、新西兰共同签订了《太平洋安全条约》，并同日本、韩国、菲律宾分别签订双边共同防御条约。不过，为避免刺激中国、扩大朝鲜战争规模，美国迟迟不与台湾签订共同防御条约，这令蒋介石感到非常不安。经过多次交涉，1954 年 12 月 2 日，美国与台湾当局签订"中美共同防御条约"，为美国的西太平洋岛屿防御链补上了一环。台湾当局得到美国的经济援助，为台湾的经济发展蓄积了能量，并暂时解除了台湾的防卫安全危机。

蒋介石一直在伺机寻找盟友、建立军事联盟，所以在朝鲜战争期间派出

---

① 邵毓麟：《使韩回忆录：近代中韩关系史话》，台北：传记文学出版社 1980 年版，第 248—257 页。

② Rosemary Foot, *The Wrong War: American Policy and the Dimensions of the Korean War Conflict, 1950-1953* (Ithaca: Cornell University Press, 1985), pp. 15–19.

③ ［美］葛超智：《被出卖的台湾》（詹丽茹、柯翠园译），台北：台湾教授协会 2014 年版，第 408—410 页。

④ 张淑雅：《韩战救台湾？解读美国对台政策》，新北市：卫城出版社 2011 年版，第 207—208 页。

许多情报人员赴韩协助韩国进行心理战，以便加强台湾和韩国军事上的互相支持。① 蒋介石谋求在亚太地区建立一个包括美国和日本在内的"反共联盟"，加强国民党"反攻大陆"的力量，但因美国不愿出面协调、领导"反共联盟"，使亚洲各国政府迟迟无法采取一致行动。此时担任"国策"顾问的邵毓麟建议改变组织形式，由组建官方的组织转为组建民间的联合反共组织，这样官方可以公开或秘密地支持这些反共团体，达到联合反共的目标。邵毓麟认为亚太各国组建民间反共联盟仍须由美国暗中领导推动，于是在第八届联合国大会召开之际主动约见美国国务院主管远东事务的助理国务卿罗伯森（Walter S. Robertson）。邵毓麟劝说道，亚洲民间性质的反共组织若成功，美国政府可取实利；若失败，美国也不必负担国内外的政治责任。罗伯森认为邵毓麟的方案对美国有裨益，于是为其引见中央情报局局长杜勒斯（Allen W. Dulles）。1954 年 3 月，中情局的"行动答复"认可了邵毓麟的建议。韩国很快行动起来，在是年 3 月末发起亚洲各国民间联合反共会议。②

韩国与台湾当局有着共同的利害关系。当时台韩双方为了奄美问题与渔场纠纷，正同日本反复交涉，与日本的关系突趋微妙。韩国有必要强调与台湾的盟友关系，间接对日本施加压力。③ 为了加强对美国的影响力，韩国不但多次向美国提出越南派兵的方案，还试图打造韩国的东亚反共阵营盟主形象，借以提高韩国的国际地位。④ 因此，朝鲜半岛停战后不久，韩国总统李承晚突然提出访问台湾，商讨反共联盟问题，对外宣称此行是对蒋介石 1949 年访问韩国的"礼节性"回访，可谓掩耳盗铃。⑤ 1953 年 11 月 27 日，李承

---

① 《国军援韩及中共俘虏案》，《外交部档案》，馆藏号：11-50-02-04-005（旧档号 005.5），台湾"中研院"近代史所保管；《中韩心战合作》，《外交部档案》，档号：003/0001，第 5—6 页，台湾"中研院"近代史所保管；刘维开：《蒋中正对韩战的认知与因应》，载陈立文主编：《蒋中正与民国外交》Ⅱ，台北：中正纪念堂管理处，2013 年，第 39—74 页。

② 邵毓麟：《使韩回忆录：近代中韩关系史话》，台北：传记文学出版 1980 年版，第 359—363 页。

③ 《亚洲人民反共联盟》，《外交部档案》，档号：A303000000B/0042/715.3/1，第 7 页，台湾档案管理局藏。

④ ［韩］李鍾元『東アジア冷戦と韓米日関係』、东京大学出版会、1995 年、95—97 页；［日］木宫正史『韓国の民主化運動』、小此木政夫・文正仁编『市場・国家・国際体制』、慶応大学出版会、2001 年、91—145 页。

⑤ 1953 年 1 月 22 日条，1951 年 11 月 18 日条，1951 年 11 月 23 日条，秦孝仪主编：《总统蒋公大事长编初稿》卷 12，台北：台湾中国国民党中央委员会党史委员会，1978 年，第 12、239、242 页。

晚与韩国外交部长卞荣泰（Pyun Yung-tai）、韩国驻台湾"大使"金弘一及台湾当局驻韩国"大使"王东原飞抵台北松山机场。蒋介石亲率"行政院长"陈诚、"外交部长"叶公超、"国防部长"郭寄峤、"参谋总长"周至柔等人前往迎接。① 11月28日上午，蒋介石与李承晚举行正式会谈，台韩双方发表《联合声明》，重申反共的共同立场，倡议建立亚洲"反共联合战线"，并吁请亚洲自由国家之政府与人民给予道义支持与经济援助，消除共产主义威胁，恢复亚洲之安全与和平。② 11月29日上午，李承晚与蒋介石再次举行会谈。李承晚表示台韩是反共阵营的坚强盟友，并声明将举办太平洋反共会议，讨论如何加强遏制共产主义的问题，希望太平洋国家能共襄盛举。当时蒋介石询问李承晚台韩双方是否有军事互助的默契时，李承晚示意其"不敢有军事协定"，故"力避商谈军事"。不过，在蒋介石的要求下，李承晚同意，"如美国以中韩有否相商军事问题，吾人皆已相约同时并进之语答之"。③ 蒋介石看穿了李承晚倡议亚洲反共联盟的意图，"揆其用意，亚洲联盟应由彼出而主持与各国接洽"，所以李承晚反对美国介入，甚至连《联合声明》里都不愿有"美国"字句。④ 值得注意的是，美国驻台湾"大使"蓝钦（Karl L. Rankin）等人没有到机场迎接李承晚，也没有参与台韩双方的会谈。由此可见美国冷处理台韩军事联盟问题的手段。日本的态度则更为冷淡，外务省缄口不提台韩会谈之事，日本国内各大报纸也未刊载相关社论报道。⑤ 总之，通过是次台韩会谈，李承晚提出了召开亚洲反共会议的动议，并交流了台韩双方掌握的军事情报，商谈了韩国扣留的中国人民志愿军战俘的问题，向蒋介石保证贯彻"自由遣俘"原则，进一步密切了台湾与

---

① 邵毓麟：《使韩回忆录：近代中韩关系史话》，台北：传记文学出版社1980年版，第346—347页；《亚洲人民反共联盟》，《外交部档案》，档号：A303000000B/0042/715.3/1，第6页，台湾档案管理局藏。

② 《亚洲人民反共联盟》，《外交部档案》，档号：A303000000B/0042/715.3/1，第35页，台湾档案管理局藏。

③ 《韩国李承晚大统领访台暨拟订太平洋同盟》，《外交部档案》，档号：A303000000B/0042/012.22/0054，台湾档案管理局藏。

④ 1953年11月27日条，台湾"国史"馆等编：《蒋中正先生年谱长编》第10册，台北：台湾"国史"馆2014年版，第272页。

⑤ 《亚洲人民反共联盟》，《外交部档案》，档号：A303000000B/0042/715.3/1，第8、12—13页，台湾档案管理局藏。

韩国的盟友关系。①

为加强与东南亚国家的联系,韩国派出以李范宁(Lee Bum-young)、崔德新(Choe Deok-sin)为首的韩国友好访问团游说东南亚各国政府与重要人士,向其鼓吹反共联盟的重要性,并强调"台湾是对抗中共的第一号堡垒"。南越、新加坡、马来西亚先后回应,决定出席民间性质的亚洲人民反共会议。② 在台韩的推动下,台湾当局、韩国、菲律宾、泰国、南越以及香港、澳门、琉球等发起单位的 32 位代表于 1954 年 6 月 15 日齐聚韩国镇海,由韩国联络中心的李范宁担任会议主席。历时两日的会议决定成立"亚洲人民反共联盟",并召开第一届亚洲人民反共联盟年会。韩国代表主张在台湾设立亚洲反共组织之共同心理战与反共宣传之中心,台湾当局代表谷正纲则主张亚太各国尽速设立一个集体安全组织,加强亚太各国的政治、经济及社会力量。③ 蒋介石认为李承晚一直反对日本加入亚洲人民反共联盟之举"太不开诚,令人沮丧",于是"决定下次在台北会议,如不能达到中、日、韩合作共同参加此会之方针,则不能在台北召集此会",并指责李承晚多疑固执,"吾人以推举李为东亚反共领袖之至诚,而彼反疑忌丛生,惟恐中国与其争位"。④ 正如蒋介石所料,当时韩国的态度相当暧昧,不但在镇海会议闭幕后毫无作为,还以反对日本入会为由,拒绝出席由台湾主办的第二届亚洲人民反共会议,以致第二届会议仓促流会。蒋介石对此相当不满,认为李承晚未

---

① 邵毓麟:《使韩回忆录:近代中韩关系史话》,台北:传记文学出版社 1980 年版,第 356—359 页;周琇环:《接运韩战反共义士来台之研究(1950—1954)》,《国史馆馆刊》第 28 期(2011 年 6 月),第 115—154 页;1954 年 1 月 25 日条,秦孝仪主编:《总统蒋公大事长编初稿》卷 13,台北:台湾中国国民党中央委员会党史委员会,1978 年,第 15 页。

② 《亚洲人民反共联盟》,《外交部档案》,档号:A303000000B/0042/715.3/1,第 16、17、105—107 页,台湾档案管理局藏。语出《组织太平洋反共联盟 东南亚各国一致需要 韩访问团今离港来台》的报道,见《新生报》1954 年 3 月 9 日。至于韩国如何运作之过程,可见《亚洲人民反共联盟》档案,第 105—107 页;邵毓麟:《使韩回忆录:近代中韩关系史话》,台北:传记文学出版社 1980 年版,第 359 页。

③ 《亚洲人民反共联盟》,《外交部档案》,档号:A303000000B/0042/715.3/1,第 49、56—57 页,台湾档案管理局藏。

④ 1954 年 6 月 30 日条、1954 年 11 月 17 日条,台湾"国史"馆等编:《蒋中正先生年谱长编》第 10 册,台北:台湾"国史"馆 2014 年版,第 342、388 页。蒋介石在国民党七届 154 次中常会上重申,如无日本人民参加亚洲人民反共联盟,在国际宣传上不但无益,还显示缺漏,如韩国坚决反对日本,台湾当局不可在台北召集该项会议。

识大体，其态度骄横无礼，令人难以敬仰。①

1956 年 8 月南越情势日益严峻后，韩国外交部长曹正焕（Kao Jeong-hwan）向台湾当局提议组建台湾、韩国、南越军事同盟，但因日韩和谈问题，韩国后来又表示"此项军事同盟不必要而且没有效果"，②并指出美国已和台湾、韩国各自缔结双边防卫条约，也会派兵协防南越，没有必要再缔结台湾、韩国、南越军事同盟条约；而美国与日本对台湾的提案更是敬而远之，避免再刺激中共、被拖入越南战争的泥潭里。③韩国的说法前后矛盾，让台湾当局相当困惑，于是向韩国驻台"大使"金弘一抗议韩国出尔反尔。金弘一解释说，李承晚主张反日反共同时并进，坚持不让日本加入亚洲人民反共联盟，并担忧台、韩、南越军事联盟一旦成立，可能会让美国对亚洲事务袖手旁观，尤其是美国处处防范韩国主动攻击朝鲜，破坏停战协定，所以李承晚才要用"中韩越反共军事同盟"来维持韩国民心士气，并利用这些宣传牵制美国，使其不能自韩国撤足。④从这件乌龙事件可知，作为亚洲人民反共联盟两大发起者的韩国和台湾并不如表面那样和谐，为了日本入会问题以及争夺亚洲人民反共联盟的主导权，时有龃龉，逐渐貌合神离，埋下了双方关系的不稳定因素。⑤

四、结语

国民政府长期支持韩国独立运动，在华的韩国流亡人士积极协助国民政

---

① 《亚洲人民反共联盟》，《外交部档案》，档号：A303000000B/0042/715.3/1，第 129、204 页，台湾档案管理局藏。根据"外交部"的调查：韩国"自镇海会议闭幕以来，似已事过境迁，未见有何活动，以实现大会之决议，岂对此反共阵线自始未具信心欤？抑其目的只在宣传于一时欤？"可见台湾当局对韩国的猜疑。参见 1955 年 5 月 17 日条，台湾"国史"馆等编：《蒋中正先生年谱长编》第 10 册，台北：台湾"国史"馆 2014 年版，第 461 页。

② 《中韩越军事合作》，《外交部档案》，档号：A303000000B/0044/029/0001，第 30 页，台湾档案管理局藏。

③ 《中韩越军事合作》，《外交部档案》，档号：A303000000B/0044/029/0001，第 25、30—31 页，台湾档案管理局藏；1957 年 9 月 25 日条，台湾"国史"馆等编：《蒋中正先生年谱长编》第 10 册，台北：台湾"国史"馆 2014 年版，第 749 页。

④ 《中韩越军事合作》，《外交部档案》，档号：A303000000B/0044/029/0001，第 19—25 页，台湾档案管理局藏。

⑤ 왕은미，「아시아민족반공연맹의 주도권을 둘러싼 한국과 중화민국의 갈등과 대립, 1953-1956」，『아세아연구』통권 153 호，2013 년 9 월，pp. 155-192

府的敌后抗日活动，这些奠定了台韩政治结盟与军事合作的人际网络与信任基础。因此，国民党败逃台湾之初，韩国是其唯一派驻"大使"的"邦交国"，其关系不可谓不亲善，尤其是韩国派驻台湾的"大使"皆是韩国党国大老，韩国首任国务总理李范奭、朝鲜战争名将白善烨（Paek Sun-yup）、军官学校校长金弘一、空军中将金信（Jim Sin，金九之子）皆担任过韩国驻台"大使"，可见台韩关系之密切。蒋介石一直希望有第三次世界大战让美国改变远东政策，同意在太平洋地区建立一个包括美国和日本在内的"反共军事联盟"，以加强国民党"反攻大陆"的力量。朝鲜战争爆发后，蒋介石提出军援韩国、伺机反攻大陆的计划，遭到美国的反对，也不被李承晚所接受，可见台韩在反共统一目标上"大同"，在外交上仍有"小异"。对韩国总统李承晚而言，国民党政权支持韩国独立运动的恩情、与台湾当局的盟友关系、心理战、倡议"远东反共联盟"、组成"亚洲人民反共联盟"等努力，其重要性远不如韩国的国家利益，甚至不惜利用台湾当局作为反共联盟的旗帜，为韩国在国际政治中争取更多的话语权。台湾当局发觉李承晚的如意算盘，遂将计就计，与韩国进行合作，派遣情报人员赴韩进行心理战，潜入中国大陆搜集情报，并利用中共参战、美国身陷朝鲜战争之困局，鼓吹国民党军队开辟第二战场战略，努力获得美国有限度的帮助，尽可能增补台湾的防卫事务，甚至在美国中情局的帮助下派兵骚扰中国大陆东南沿海。[1]

美国曾试图拉拢中共、分化社会主义阵营，所以尽可能与台湾当局保持距离，不愿支持蒋介石"反攻大陆"。为此，朝鲜战争初期美国将台湾当作政策布局的棋子，试图利用台湾问题换取中共停战或不再支持朝鲜的承诺。[2]中国人民志愿军入朝参战后，美国还是不愿接受国民党军队赴韩作战的提议，使蒋介石派兵援韩计划再度落空。随着朝鲜战争陷入胶着状态，美国逐渐转变对台政策，不但接受与蒋介石合作的现实，增加对台湾的援助额度，还同意国民党军队在东南沿海开辟第二战场，牵制中共的军队部署，推动中朝联军接受停战谈判。在台湾当局强调改造运动的各项成果、提升国际声望、组建"亚洲人民反共联盟"后，美国终于同意与台湾签订"中美共同

---

① 张淑雅：《韩战救台湾？解读美国对台政策》，新北市：卫城出版社 2011 年版，第 102—103 页。

② 张淑雅：《韩战救台湾？解读美国对台政策》，新北市：卫城出版社 2011 年版，第 138—139、154 页。

防御条约"，将台湾纳入"东亚岛链"的共同防御体系。然而，蒋介石并不满足于美国的有限帮助，伺机寻找盟友、建立军事联盟，先是与菲律宾、韩国合作促成"远东反共联盟"；继而在朝鲜战争中无偿借给韩国运输机、侦察机，派情报人员赴韩协助进行心理战，加强台韩军事互助；后在韩国与美国交涉停战条件和战俘问题时，关注韩国情势的发展，暗中与韩国讨论美国忍耐的底线。[①]

　　朝鲜战争结束后，美国调整远东政策，有限度地支持台湾和韩国。在台韩双方共同努力推动下，成立了民间性质的"亚洲人民反共联盟"。由于朝鲜半岛和中南半岛形势的变化，美国决心帮助台湾提升其国际地位，所以默认"亚洲人民反共联盟"是亚洲反共的重要民间团体，把蒋介石宣传为"自由中国"的反共领袖。因日韩外交冲突，韩国始终拒绝日本加入"亚洲人民反共联盟"，并动辄以退出"亚洲人民反共联盟"相威胁，要求蒋介石不与日本交好，隐含着与台湾争夺控制权的野心。蒋介石对李承晚私心自用、出尔反尔的做法相当不满，以此埋下了台韩貌合神离以至决裂的导火线。台韩虽貌合神离，但反共是双方最大的共同目标，所以在美国的领导下，继续合作维持"亚洲人民反共联盟"的运作，争取国际舆论的支持。随着亚洲局势的变化，加入"亚洲人民反共联盟"的国家增加到16个，观察员单位也增加到10个。1966年11月3日于韩国汉城召开"亚洲人民反共联盟"第12届大会时，经韩国总统朴正熙（Park Chung-hee）提议，各国与会代表决定将"亚洲人民反共联盟"扩大为世界性组织——"世界反共联盟"，并指定亚洲人民反共联盟"中国总会"筹办"第一届世界反共联盟大会"。1967年9月25日，"第一届世界反共联盟大会"在台北阳明山的中山楼召开，计有64国、12个反共组织参与，出台了《世界反共宣言》和《世界反共联盟共同纲领》。[②] 总之，通过"亚洲人民反共联盟""世界反共联盟"等组织，台湾得以利用各种军事情报的分享营造反共的新闻舆论，塑造台湾"自由中国"反共斗士的形象，提升台湾的国际影响力。[③] 但因美国在

　　① 刘维开：《蒋中正对韩战的认知与因应》，载陈立文主编：《蒋中正与民国外交》Ⅱ，台北：中正纪念堂管理处，2013年，第59—68页。

　　② 台湾"国史"馆等编：《蒋中正先生年谱长编》第12册，第452—453页，1967年9月25日条，载秦孝仪主编：《先总统蒋公思想言论总集》卷29，台北：台湾中国国民党中央委员会党史委员会，1984年，第57—60页。

　　③ 《亚盟及西太平洋集体安全等案》，《外交部档案》，馆藏号：11-29-01-02-208（旧档号014.4），第36—41、47—52、70—77页，台湾"中研院"近代史所保管。

越南的失败、日本的强烈反对及台韩之间各种无法消除的矛盾，所谓的"反共联盟"只能纸上谈兵，流于宣传之用，① 蒋介石期待的"世界反共体系"因各国利益不同，难以发挥实际作用。

---

① 《亚洲人民反共联盟》，《外交部档案》，档号：A303000000B/0042/715.3/1，台湾档案管理局藏。

解读中朝科技合作
——以朝鲜技术考察团为中心

董　洁[*]

　　1959年10月1日，为庆祝中华人民共和国成立十周年，首都天安门广场举行盛大阅兵和70万人大游行。图为国务院总理周恩来（右一）、北京市市长彭真（左二）与朝鲜民主主义人民共和国内阁首相金日成（左一）在天安门城楼上观礼。

---

　*　董洁，中共中央党校（国家行政学院）中共党史教研部副教授。

提　要：

1957 年 12 月 31 日，中朝两国签订科学技术合作协定，两国科技合作进入机制化和规范化阶段。20 世纪 60 年代初，由于中苏对立和社会主义阵营内意识形态斗争的加剧，中国对朝鲜的科技合作呈现出政治优先的倾向，中国在科技合作中突出政治任务，而忽略了转移技术的经济效益和知识价值，在"无保留"的指导方针之下，中国对朝科技合作逐渐暴露出实际问题。"文化大革命"爆发后，中朝关系趋冷，两国科技合作一度中断，直至 1969 年两国政治关系恢复后方才进一步发展。改革开放后，中国对朝科技合作逐渐去政治化。中朝科技合作与中朝政治关系存在正向关联，政治因素是两国科技合作的基础。

关键词：科技合作　中朝关系　政治优先　技术保密

中朝科技合作始于 1953 年。是年 11 月 23 日，中朝两国签署了《中华人民共和国和朝鲜民主主义人民共和国经济及文化合作协定》《关于朝鲜技术人员在中国实习及中国技术人员在朝鲜工作条件的协定》等七个文件，并发表会谈公报。为促进两国科技合作，双方议定，"由朝鲜派遣技术工和技师前来中国某些生产部门进行实习；并由中国派遣技工和技师前往朝鲜某些生产部门协助工作。同时中华人民共和国政府同意并接收朝鲜民主主义人民共和国政府派遣学生前来中国各大学和各专科学院学习"。① 中朝科技合作由此开启，其形式包括：中方派遣援朝科技专家、双方互派科技考察人员、双方派遣科技实习人员、双方相互提供技术资料实物样品等。

中朝科技合作是中朝关系中的重要组成部分，科技合作不仅在于高层政治决策，更在于执行过程中的人员互动，以科技合作为切入点，有助于构建起中朝关系新的历史叙事视角。

目前学界关于中朝科技合作的研究尚处于起步阶段，在华朝鲜实习生研

---

① 《人民日报》1953 年 11 月 24 日，第 1、4 版；《中华人民共和国对外关系文件集》（第 2 集），北京：世界知识出版社 1958 年版，第 164—171 页；中国社会科学院中央档案馆编：《1953—1957 中华人民共和国经济档案资料选编》（综合卷），北京：中国物价出版社，1998 年版，第 925—926 页。

究是其中较早被关注的课题，① 近两年又有中国学者挖掘利用中国科学院档案对中朝两国科学院的科技合作情况进行梳理，② 此外，早期有关中国对朝经济援助的研究中也涉及部分中国对朝技术援助的内容。③ 总体而言，相关研究成果并不丰富。有鉴于此，本文拟综合利用各方档案，以朝鲜技术考察团为中心，勾勒出中国开展对朝科技合作的历史图景，并在此基础上探讨科技合作中技术与政治的互动关系。

一、科技合作的初始阶段

1957 年下半年，在中国调整对朝政策的大背景下，④ 中朝两国科学技术合作协定于 12 月 31 日签订，双方通过互相交流国民经济各部门的先进经验和科学技术成就，以实现科学技术方面的全面合作。根据该协定，两国于1958 年组成中朝科学技术合作委员会，工作范围包括互相提供图纸、资料、样品，互相派遣专家、实习生，互相委托技术鉴定等。⑤ 在此之前，两国的科技交流与合作归于两国文化合作协定的范畴内，以经济技术援助的方式进行。⑥ 此次两国就科技合作专门缔约，将工作纳入到中朝科学技术合作委员会框架内进行，标志着中朝科技合作更加机制化和规范化。

① 董洁：《对在京朝鲜实习生的历史考察：基本状况及政策变化》，《华东师范大学学报》（哲学社会科学版）2011 年第 6 期，第 50—56 页；梁志：《作为政治任务的技术培训：以在沪朝鲜实习生为例（1953—1959）》，《党史研究与教学》2016 年第 3 期，第 24—33 页。

② 王勇忠：《中朝两国科学院的科技合作（1953—1976）》，《冷战国际史研究》第 25 辑，2018 年夏季号，第 109—126 页。

③ 沈志华、董洁：《朝鲜战后重建与中国的经济援助（1954—1960）》，《中共党史研究》2011年第 3 期，第 48—57 页；董洁：《中苏分裂后中国对朝鲜的经济援助（1961—1965）》，《外交评论》2014 年第 4 期，第 41—58 页。

④ 自 1957 年下半年起，毛泽东从发展国际共运的角度考量，调整了因"八月事件"而一度冷却的中朝关系，具体行动包括：中国在贸易继续给予朝鲜优待，以提供贷款方式处理中朝贸易差额，满足朝鲜对几项急需物资的需要，以及提出从朝鲜撤出全部志愿军部队，等等。具体参见沈志华：《最后的"天朝"：毛泽东金日成与中朝关系（1945—1976）》（下册），香港：中文大学出版社 2017年版，第 415—418 页。

⑤ 《人民日报》1958 年 1 月 4 日，第 6 版。

⑥ 中国先后于 1954 年、1956 年接受朝鲜实习生 2962 名、2996 名，派遣援朝技术人员 300 余名。具体数字参见《人民日报》1955 年 11 月 21 日，第 3 版；《中央关于检查朝鲜越南实习生工作的指示》，1957 年 3 月 7 日，河北省档案馆，855-4-1050，第 1 页；武衡、杨浚主编：《当代中国的科学技术事业》，北京：当代中国出版社 1991 年版，第 356 页。

在中朝科学技术合作委员会启动的头几年，中国国内正在经历困难时期：1958 年的"大跃进"，加上自然灾害以及苏联撕毁合同，农业和轻工业的生产力大幅下降，国家财政自 1958 年起连年出现巨额赤字。[①] 受中国国内情况的影响，这一时期中朝两国的科技合作项目数量和规模都很有限，以至于朝方对此产生微词。

1962 年，金日成（Kim Il-sung）向中国政府表示了不满，认为双方只签订协议、不付诸实施的做法不可取。[②] 金日成的不满事出有因。1961 年，朝鲜进入到以技术革新为重点任务的第一个七年计划建设时期。金日成称，七年计划是全面进行技术改革的计划，不仅要使农业、地方工业实现机械化，而且要在建筑部门、运输部门、水产部门等国民经济的所有部门中大力促进机械化和采用先进技术程序，广泛开展技术革新运动，强调在一切工业中采取机械化和自动化。[③] 朝鲜对技术的渴望之心溢于言表。

或许是朝方的抱怨产生了作用，中方在 1962 年对相关工作加以调整。9 月 22 日，中朝科技合作委员会修订了《关于执行中朝科学技术合作决议的共同条件议定书》中有关费用的支付办法，即自 1963 年 1 月 1 日起两国科技合作实行免费，相互派遣技术援助专家、相互接待考察专家和实习生以及相互提供技术资料和样品，均不收取任何费用。这是国际科技合作中独特的优惠条件。对朝鲜而言，只有在对中国的科技合作之中才享有这种优惠条件。[④] 而这仅是一个开始，随着 1963 年中苏对立的加剧，中国在科技合作领域更加强调政治导向，对朝优惠进一步扩大。

二、科技合作强调政治优先

中苏分裂表面化后，鉴于中朝两党对苏共路线不满的趋同加之朝鲜的重

---

① 中共中央党史研究室：《中国共产党历史第二卷（1949—1978）》（下册），北京：中共党史出版社 2011 年版，第 556—563 页。

② 《国际科技合作征程》编辑部编：《国际科技合作征程》第 6 辑，北京：科学技术文献出版社 2015 年版，第 27—28 页。

③ 第一个"七年计划"原本预定的时间为 1961—1967 年，但由于未预计到的军费开支激增，导致原定计划无法完成，因而决定将计划年限延长三年，至 1970 年结束。《关于朝鲜七年计划的方针、任务和要求》（1961 年 7 月 5 日），中国外交部档案馆，106-00921-05，第 14—18 页。

④ 武衡、杨浚主编：《当代中国的科学技术事业》，北京：当代中国出版社 1991 年版，第 356 页；于鹰、靳晓明主编：《国际科技合作征程》第 3 辑，北京：科学技术文献出版社 2006 年版，第 131 页。

要战略地位，中国在各个层面进一步加强与朝鲜的互动，以争取朝鲜成为战略上的盟友。同一时期，苏联则更加注重国内经济发展，对外援助政策有所调整，不再执迷于通过广泛的援助对第三世界国家实施影响，苏朝关系由此趋冷。朝鲜尽可能在中苏间保持中立的前提下，采取与同中国保持更为亲密的关系。

1963 年 6 月，朝鲜最高人民议会常任委员长崔庸健（Choe Yong-geon）访华。访问期间，崔庸健与中国领导人就发展两党、两国友好合作关系以及国际形势和国际共产主义运动等重大问题进行会谈。6 月 23 日刘少奇与崔庸健发表联合声明称："中朝两党、两国一贯坚持马克思主义，坚持一九五七年宣言和一九六〇年声明的革命原则，反对背离这些革命原则的任何言论和行动。正如宣言和声明所正确指出的，目前国际共产主义运动的主要危险是修正主义。""反对现代修正主义的斗争，关系到全世界无产阶级和劳动人民革命事业的前途，关系到人类的命运。反对现代修正主义，保卫马克思列宁主义的纯洁性，维护一九五七年宣言和一九六〇年声明的革命原则，是各国共产党人当前严重的战斗任务。"① 同年 9 月，刘少奇应邀回访朝鲜，中朝关系达到了一个新高峰。中朝双方重申：1963 年 6 月发表的联合声明是完全正确的，并且具有巨大的意义。中朝两国领导人就这一联合声明发表后的国际形势和国际共产主义运动中发生的重大问题以及进一步巩固和发展两党、两国的友好团结和互助合作关系进行会谈，取得了完全一致的意见。② 当然，朝鲜在此过程中也采取了一些有所保留的做法，比如朝鲜党参与对修正主义的论战而不公开点名，并拒绝了中国方面关于发表联合声明的提议。③ 尽管如此，中国仍将朝鲜视为反帝反修共同战线上的重要盟友。

为适应反修需要，中国在对朝技术交流中强化政治优先，在接待计划中突出政治任务。1963 年 3 月，江苏省在制订朝鲜机械输出入商社代表一行的接待计划中，有意识地要"在政治上应积极主动宣传反对现代修正主义问题"，接待中也确实"在适当的时候有分寸地进行了一些反对现代修正主义

---

① 《人民日报》1963 年 6 月 24 日，第 1 版。

② 《人民日报》1963 年 9 月 28 日，第 1 版。

③ 沈志华：《最后的"天朝"：毛泽东金日成与中朝关系（1945—1976）》（下册），香港：香港中文大学出版社 2017 年版，第 560 页。

问题的宣传"。① 4月，上海轻工业局接待朝鲜塑料鞋考察专家团时，"特别遵照上海市外办指示，在接待过程中主动进行反对现代修正主义宣传"。② 7月初，朝鲜制药和医疗器械工业考察团来华，恰逢邓小平率中共代表团在莫斯科同苏共举行会谈，该团的接待计划中特别提出要结合中苏两党会谈积极主动地宣传反修，可以谈得更坦率一些更深入一些。③

中国同志的态度和倾向，朝鲜同志自是心知肚明。从1963年下半年起，朝鲜来华考察的技术人员一改过去对重大政治问题保持沉默、避而不谈的做法，④ 开始有意识地表现出对时政问题的关心，适时适度地公开发表一些关于苏联、修正主义的个人看法。7月访华的朝鲜制药和医疗器械工业考察团的三位团员均表现出对政治问题的关心，他们不仅随身带有中共中央6月14日致苏共中央的复信，考察期间还主动向翻译询问中苏会谈的进展状况，团长在听到有关中苏会谈的广播内容时，表示对中苏会谈不能抱有任何不切实际的幻想，要斗争才可以进一步暴露修正主义的面目。被问及中苏分歧时，三人出言相对谨慎，反复强调6月刘少奇主席和崔庸健委员长的联合声明精神代表自己看法；在国际重大问题和反修问题上，则强调中朝两国观点一致；在朝中友谊上强调双方互相帮助，尤其是希望中国多给予帮助。⑤

这一年，中朝科技合作因为中国反修的政治推动而进入密切期。6月23日，以朝鲜科学院院长姜永昌（Gang Yeong-chang）为团长的朝鲜科学院代

① 《关于接待朝鲜机械输出入商社代表朴在熟的计划》（1963年3月20日），江苏省档案馆，4066-002-0259，第12页；《关于接待朝鲜机械输出入商社代表朴在熟的简报》（1963年3月27日），江苏省档案馆，4066-002-0259，第13页。

② 《上海市轻工业局关于接待朝鲜塑料鞋考察专家的活动情况（2）》（1963年4月22日），上海市档案馆，B76-3-1156，第35页。

③ 《上海市卫生局办公室接待朝鲜制药和医疗器械工业考察团计划》（1963年7月18日），上海市档案馆，B76-3-1155，第52页。

④ 《国家科委关于朝鲜科技代表团访问的通知》（1960年9月29日），上海市档案馆，A-52-2-1031，第1—2、16—17页；《上海市科学技术委员会接待办公室关于接待朝鲜科技代表团情况简报》（1962年11月27日），上海市档案馆，A52-2-161，第73—75页。

⑤ 《卫生部对外联络室办公厅关于朝鲜制药和医疗器械工业考察团在京情况简报（1号）》（1963年7月11日），上海市档案馆，B76-3-1155，第1—4页；《卫生部对外联络室办公厅关于朝鲜制药和医疗器械工业考察团在京情况简报（2号）》（1963年7月16日），上海市档案馆，B76-3-1155，第6—11页。《上海市卫生局办公室关于接待朝鲜制药和医疗器械工业考察团情况汇报（一）》（1963年7月21日），上海市档案馆，B76-3-1155，第58—59页；《上海市卫生局办公室关于接待朝鲜制药和医疗器械工业考察团的小结》（1963年8月27日），上海市档案馆，B76-3-1155，第55—57页。

表团一行20人抵达中国，全面考察中国的技术水平和情况，受到中方的高度重视，毛泽东、周恩来分别亲自接见。代表团在八周的时间里，走访了6个省、20个市，参观了153个科研生产单位。其中参观的机密单位有：二机部六所、核燃料化学所、原子能所、力学所火箭基地、南京雷达厂、杭州杨伦造纸厂以及非开放单位造铝工业、特种薄钢板的轧制等；索要资料、图纸、样品共601项，其中，重要资料124项，样品75项。中科院根据周恩来批准的方案，答应在整理好之后分批供给。[①] 朝鲜人对考察十分满意，多次表示他们提出了许多"过分的要求，但都得到了满足，比在自己家里还感到方便"；"在苏联学习时受到歧视，机密一点的工作、新的工作根本不让他们接触，学了好几年，还不如这次在中国两个月学到的多"[②]。11月，朝方又派来以朝鲜科学院副院长全斗焕（Chun Doo-hwan）为团长的半导体考察团，全面了解当时包括尖端产品在内的中国半导体研究生产情况，如高频扩散平面型三极管、硅高速开关管、硅高灵敏度开关器件、硅太阳电池和硅 α 粒子计数器等。考察团同样也索取了很多资料、图纸、样品，其中，重要资料94项，样品39项。[③] 同一时间，另有一个在上海的朝鲜商业考察团，用20天的时间，访问了60个各种类型的商业单位，索要了176项包括各种样品、样本、设计图案、报表单据式样和书面材料的参考资料。考察团每到一个单位，不仅问得深入、细致，而且都要求提供大批参考资料，大至整套设计图纸，小至一份单据、一件工具，都希望有实物、实样。[④]

1964年年初，朝鲜苯酐考察团在上海时，中方甚至破例同意将工厂机密的流程图和操作规程让朝鲜技术人员带回旅馆看，朝鲜技术人员因此每晚在旅馆整理资料、抄录资料、抄绘设备图纸，每天只睡三个小时。朝方后又提

---

① 《关于接待朝鲜科学院代表团的主要情况的汇报》，中科院档案馆，1963-04-060，转引自王勇忠：《中朝两国科学院的科技合作（1953—1976）》，《冷战国际史研究》第25辑，2018年夏季号，第117页；《国际科技合作征程》编辑部编：《国际科技合作征程》第6辑，北京：科学技术文献出版社2015年版，第27—28页。

② 《关于接待朝鲜科学院代表团的主要情况的汇报》，中科院档案馆，1963-04-060，转引自王勇忠：《中朝两国科学院的科技合作（1953—1976）》，《冷战国际史研究》第25辑，2018年夏季号，第118页。

③ 《国际科技合作征程》编辑部编：《国际科技合作征程》第6辑，北京：科学技术文献出版社2015年版，第28页。

④ 《上海市财贸办关于接待越南劳动党财贸代表团和朝鲜商业考察团的工作总结》（1963年12月5日，上海市档案馆），B6-4-427，第1—4页。

出想要查阅国外关于苯酐生产的影印图书杂志，经请示化工部对外司后获批准查阅厂方现有资料，但请朝方代为保密。[1] 在接受中国技术方面特殊优待的同时，朝鲜人在政治上积极表态。朝鲜苯酐考察团在考察之余主动谈起反修问题，说修正主义没有群众基础，像水面上的一滴油，站不住脚，是孤立的。他们还向中国人抱怨朝鲜也吃过苏联的亏，苏联曾帮助朝鲜开一个特殊的矿，后来半途而废，专家都撤回去。[2]

1964 年 5 月，中苏论战正酣之时，《中共中央和苏共中央来往的七封信》单行本在中国国内发行。为了宣传中国的反修立场，中方接待人员向正在上海学习技术的朝鲜注射药考察团团员每人提供一份。朝鲜人看后称，中国的几封公开信大大的好，狠狠地揍了赫鲁晓夫（N. S. Khrushchev），边说边还用手势比画。在读到苏共中央污蔑中国大国沙文主义时，他们说，什么中国大国沙文主义，赫鲁晓夫才是大国沙文主义。由于中文阅读能力有限，为了更好地了解公开信的全部内容，朝鲜人专门等到晚上十时半以后，收听中央人民广播电台朝语广播的来往信件内容。朝鲜人还在闲谈中向中方提及苏联向朝鲜施压，要求朝鲜归还斯大林时期援助的 40 万吨面粉，撤退了帮助开采放射性矿的苏联专家。[3] 在连续发表多番反修言辞后，考察团的团长向中方提出考察计划外项目——青霉素生产工艺。青霉素作为当时朝鲜唯一能够生产的抗生素，一直颇受朝方重视，曾几度派人来华考察生产工艺。1963 年 6 月朝鲜科学院代表团访华时，就曾索要过青霉素、四环素等主要工艺条件书面资料及生产时所用原始批报记录样本做参考。[4] 同年 7 月，朝鲜

① 《上海市化学工业局关于接待朝鲜苯酐考察团的工作简报（一）》（1964 年 1 月 27 日），上海市档案馆，B76-3-1506，第 62—64 页；《上海市化学工业局关于接待朝鲜苯酐考察团的工作简报（三）》（1964 年 1 月 31 日），上海市档案馆，B76-3-1506，第 73—74 页；《上海市化学工业局关于接待朝鲜苯酐考察团的工作简报（七）》（1964 年 2 月 24 日），上海市档案馆，B76-3-1506，第 91—92 页。

② 《上海市化学工业局关于接待朝鲜苯酐考察团的工作简报（十一）》（1964 年 2 月 29 日），上海市档案馆 B76-3-1506，第 108—109 页。

③ 《上海市化学工业局关于接待朝鲜注射药考察团的工作简报（八）》（1964 年 5 月 11 日），上海市档案馆，B76-3-1504，第 59 页；《上海市化学工业局关于接待朝鲜注射药考察团的工作简报（九）》（1964 年 5 月 14 日），上海市档案馆，B76-3-1504，第 60 页；《上海市化学工业局关于接待朝鲜注射药考察团的工作简报（十）》（1964 年 5 月 18 日），上海市档案馆，B76-3-1504，第 61 页。

④ 《国营上海第三制药厂关于朝鲜科学院代表团参观访问情况汇报》（1963 年 7 月 27 日），上海市档案馆，B76-3-1154，第 7—9 页。

制药和医疗器械工业考察团在化工部听取中国细菌工作情况介绍时,又提出索要青霉素菌种的要求。① 此番再次提出要求,可见朝鲜仍未能掌握技术,中方接待人员经请示化工部对外司后,同意安排考察团前往上海第三制药厂学习。朝鲜人非常高兴和珍惜,因为这样好的学习机会不能错过。②

1963 年至 1964 年,中苏论战不断升级、双方关系加剧紧张,在此背景之下,中国越发看重与朝鲜的政治关系,中朝科技合作中政治优先的特性愈发凸显,具体表现为在技术和资料上对朝鲜的无保留。

1964 年 3 月 28 日,周恩来接见朝鲜科学院代表团时说,"中朝两国彼此都无保留,朝鲜同志要看什么,都可以提出来。"对于朝鲜提出要了解中国秘密研发的原子能项目的要求,周恩来的指示是:"我们对朝鲜是无保留的","只是要研究一下朝鲜方面的实际需要如何"。③ 9 月 23 日,周恩来在会见朝鲜贸易代表团时,表示中国自己研究出来的新技术和进口的新技术,都将无保留地供朝鲜学习。④

朝鲜利用中国的政治需要换取更多中国最新最尖端的技术。9 月,一个由工程师、科学研究人员、厂长、车间主任以及工业部门领导组成的 60 人规模的朝鲜工业参观团在东北地区学习考察,朝方提出一个长达 1.5 万字的考察提纲,涉及产品生产过程、新技术、科学研究、生产和技术管理、国际科学技术情报的收集和利用以及对今后国际技术动向的分析等诸多方面。出国前金日成要求考察团"空兜子去,装得满满的回来"。25 天的时间,参观团在东北 9 个城市,考察了 106 个企事业单位,除军工、尖端及不成熟的部门外,基本上是朝方想看什么就给看什么,想了解什么就介绍什么。朝方提出索要技术资料,中方也尽可能满足,基本上是要什么就给什么,并力争一般材料都给随身带走,许多工厂因此不得不临时集中人力为朝方赶制图纸,整理资料。参观团离开中国时,共带走各种资料、图纸、样品共 1810 项。另有 142 项经中央有关部门审核同意后,后经由外交途径提供。收获之丰让

① 《卫生部对外联络室办公厅关于朝鲜制药和医疗器械工业考察团在京情况简报(2 号)》(1963 年 7 月 16 日),上海市档案馆,B76-3-1155,第 6—11 页。

② 《上海市化学工业局关于接待朝鲜注射药考察团的工作简报(十四)》(1964 年 5 月 26 日),上海市档案馆,B76-3-1504,第 65—66 页。

③ 《周恩来接见朝鲜科学院代表团谈话纪要》(1964 年 3 月 28 日),中国外交部档案馆,106-01232-04,第 96—97 页。

④ 《周恩来总理接见朝鲜贸易代表团团长、朝鲜贸易省副相方泰律和代表团部分团员的谈话记录》(1964 年 9 月 23 日),中国外交部档案馆,106-01434-02,第 17—24 页。

朝鲜人都感叹：到中国"像回娘家一样，看到什么都想要，而中国同志则像亲兄弟一样，想看什么就给看什么，问什么就答什么，要什么就给什么，对他们毫无保留，这在其他国家是办不到的"。[①] 这次考察最值得注意的，是此前国家科委制定的技术资料现场一律不做赠送的规定[②]被打破，朝方可随身带走一般技术资料。

三、科技合作中出现实际问题

在"无保留"的指导方针之下，中国对朝科技合作也逐渐暴露出一些实际问题。

首先，朝鲜的技术考察经常超计划、跨部门。如 1963 年 4 月，朝鲜塑料鞋考察团提出在专业考察之外，再参观一些有关轻工业工厂，如金笔厂、铅笔厂、造纸厂、玩具厂、有机玻璃厂、合成聚氯乙烯厂、金丝边草帽厂、烫金厂、瓷器厂。[③] 这些内容大大超出了考察团原计划的专业考察范畴。朝鲜科学院考察团来华，不仅要参观接待方中科院下属的科研单位，还要参观工业部门（一机部、二机部）和地方所属的科研、生产单位。1963—1965年，朝鲜科学院考察团考察项目中的四分之三都是由产业部门的研究单位和工厂接待的，完全由中科院承担的项目很少。[④] 这种跨部门的参观要求让负责接待工作的中国科学院颇为被动。

其次，随着中国向朝鲜提供技术资料的增多，有些重要机密的技术资料，不通过正式途径轻易赠送，由于朝鲜对这些重要资料缺乏管控，导致中国技术资料丢失、泄密和外流。

朝鲜技术考察团索要图纸资料样品，哪些该送，哪些不该送，遵循一个什么的标准，一直是中方接待人员在具体工作中面临的难题。1959 年中方在

---

① 《东北局接待朝鲜工业参观团情况简报》（1964 年 9 月 13 日），中国外交部档案馆，106-00766-02，第 41—44 页；《东北局接待朝鲜工业参观团的报告》（1964 年 10 月 10 日），中国外交部档案馆，106-00766-02，第 45—50 页。

② 《上海市科学技术委员会接待办公室关于接待朝鲜科技代表团计划》（1962 年 9 月 13 日），上海市档案馆，A52-2-161，第 42—44 页。

③ 《上海市轻工业局关于接待朝鲜塑料鞋考察专家的活动情况（3）》（1963 年 4 月 24 日），上海市档案馆，B76-3-1156，第 36 页。

④ 王勇忠：《中朝两国科学院的科技合作（1953—1976）》，《冷战国际史研究》第 25 辑，2018 年夏季号，第 126 页。

接待朝鲜工业参观团时就曾反思：对朝方提供图纸资料，虽有原则规定，但不具体，同时技术资料的范围广，在实际掌握中，有时标准不一，对保密界限掌握不明。[①] 为了划定统一标准，中央专门出台相关指示：朝鲜考察团索取技术资料，按国家规定的手续办理，现场一律不做赠送；不主动赠送样品，个别不保密的小样品，对方主动索要可酌情给。[②] 这虽然将赠送技术资料的审核权收归了中央，由中央最终把关，然而，关于技术资料哪些该送，哪些不该送的保密界限依然没有具体化。这让中方一线的接待人员很难把握分寸。1963 年 8 月，上海市卫生局在接待朝鲜制药和医疗器械工业考察团时，尽管在考察团来之前已特别根据卫生部指示召集相关单位开会，明确交代哪些资料样品该送，哪些不该送的范围，但在具体执行中，许多单位因为经验不足，对什么叫成套、什么叫部分的理解各有不同，不少药厂对到底给不给技术资料，给到什么程度没有把握，当朝鲜人一提出要这些资料时，有些药厂厂长要么回答得吞吞吐吐，要么干脆回答找领导要。[③] 尤其在当时中朝共同反修的政治大背景之下，一旦朝鲜技术人员稍有追问或抱怨，一线接待人员从讲政治的角度出发往往会破例，这样规则的边界也就被一次次突破。

技术资料赠送方面的混乱状况直到 1965 年才有所改观，而能够改观的很大动因在于 1965 年起中朝关系的疏远。正是因为中朝政治关系的疏远，相关主管部门才能够对既往工作中的错误和问题加以纠正。1965 年 8 月，国家科委派专人赴朝商谈，告知朝方：今后中朝两国开展科技合作，只与对口单位进行，不跨部门，不超范围；提供资料、图纸、样品，一律通过两国政府科技合作途径，并要纳入两国科技合作协议执行。朝方虽然有所不快，但由于中方坚持，朝方也逐渐默认执行了。[④] 此后，中朝科技合作一直遵循这一原则进行，中方对赠送图纸资料的把控也趋于严格。

---

① 《接待朝鲜工业参观团综合组简报（第九号）》（1959 年 6 月 15 日），上海市档案馆，B29-2-1267，第 32 页。

② 《上海市对外贸易局关于接待朝鲜轻工业技术代表团接待工作的小结》（1961 年 2 月 11 日），上海市档案馆，B76-3-714，第 23 页；《上海市科学技术委员会接待办公室关于接待朝鲜科技代表团计划》（1962 年 9 月 13 日），上海市档案馆，A52-2-161，第 42—44 页。

③ 《上海市卫生局办公室关于接待朝鲜制药和医疗器械工业考察团的小结》（1963 年 8 月 27 日），上海市档案馆，B76-3-1155，第 57 页。

④ 《国际科技合作征程》编辑部编：《国际科技合作征程》第 6 辑，北京：科学技术文献出版社 2015 年版，第 28—29 页。

四、科技合作中断与恢复

1964 年 10 月，赫鲁晓夫下台，勃列日涅夫（L. I. Brezhnev）当选苏共中央委员会第一书记。苏联领导人的更迭为苏朝关系改善带来了契机。苏联的对朝政策因为新领导集团的上台而发生变化，由于越南局势的升级，苏联对亚洲事务给予更多关注，在增加对越援助的同时，也重新恢复了对朝援助。中国对朝关系虽仍以加强双边关系为导向，但因为中国国内形势的变化，朝鲜自 1965 年起出于自身战略利益考虑，寻求与苏联靠近，与中国关系疏远。

中朝政治关系的疏远势必对科技合作产生影响，"无保留"的合作方针在悄然发生改变。1966 年 4 月，朝鲜煤气化制合成氨考察团华，化工部要求，接待中，一方面要严格掌握部定保密口径，另一方面又要高姿态，做到热情耐心。换言之，就是热情而不失分寸。为此，负责接待工作的上海市化工局和上海化工研究院事先特意作了周详的研究和安排，研究化工部批复的保密界线，将其逐一具体化。凡该保密的，议范围，查现场，审资料，复查过去是否已作公开报道等情，凡可讲的摸清要求，分工准备，主动介绍。只要对方有兴趣，就多讲、讲深、讲细，一般资料可积极借阅；对不主动介绍的，问到哪些应予婉拒，哪些可作简介，也预定界线，落实到人。[①] 如此事无巨细的准备工作，目的就是要守住技术保密内外有别的界限。

1966 年"文化大革命"爆发后，中朝关系因中国的极"左"外交路线而急剧恶化，两国政治关系的恶化波及经济技术合作领域。1967 年 3 月 15 日，中科院和外贸部向周恩来报告，"鉴于目前朝反华，我们提议由我方向朝方说明情况，只能就此结束，不再供应"。4 月 8 日，李先念对此批示——"两国贸易和科技合作如果遇着朝方阻挠和破坏，我们必须站住理，责任要由朝方来负，我们不做理亏的事"。[②] 5 月 10 日，国家对外经委通知各执行

---

① 《上海市化学工业局会同上海化工研究院关于接待朝鲜煤气化制合成氨考察团的情况简报（一）》（1966 年 4 月 25 日），上海市档案馆，B76-4-232，第 28—29 页；《上海市化学工业局会同上海化工研究院关于接待朝鲜煤气化制合成氨考察团的情况简报（三）》（1966 年 4 月 28 日），上海市档案馆，B76-4-232，第 40—41 页。

② 《关于援朝器材情况的汇报》，中科院档案馆，1967-03-0030，转引自王勇忠：《中朝两国科学院的科技合作（1953—1976）》，《冷战国际史研究》第 25 辑，2018 年夏季号，第 120—121 页。

部委，全面暂停援朝成套项目、接受和培训朝鲜实习生等各项工作。① 中朝的经济技术合作由此中断。直至 1969 年中朝关系恢复，两国科技合作才于 1970 年得到恢复并进一步发展。

据国家科委统计，自 1957 年 12 月 31 日中朝两国正式签订科技合作协定后至 1985 年期间，中朝科学技术合作委员会共举行了 25 届科技合作例会，总共签订合作项目 1560 项，其中，中方承担朝方项目 1233 项，朝方承担中方项目 327 项。② 从合作项目的承担方来看，中方承担的项目占比近 80%，由此可知，中朝的科技合作中以中国对朝鲜的技术转移为主体。

1978 年中国开启改革开放大业，由此告别计划经济时代，政府各部门以经济利益为导向，基于政治基础的中朝科技合作出现大幅下滑。以中朝两国科技合作工作归口单位科技部为例，20 世纪 80 年代中期以前，双方来往项目，每年尚有 30 至 40 项，此后每年便只有 10 余项了。③ 从现已公开的有限的档案中，由中方的指导方针也能体察出两国科技合作的转变。1986 年轻工部对朝鲜造纸和烧碱生产工艺考察团的接待方针为：本着热情友好的精神做好接待工作在考察方面应注意内外有别，一般不对外提供技术资料；对新发展的和正在试验的技术，严格保密，不提供技术资料。④ 1987 年化工部对朝鲜硅树脂考察团的接待意见更为周详：接待要热情友好、不失礼节；考察团参观、座谈期间，对关键技术要保密、不做介绍或避开，对已公开的技术要高姿态，参观单位或可做一般介绍，若对方索要资料样品，可赠送样品、提供产品、说明书和应用方面的资料；涉及技术转让和外贸问题不要承诺，请他们找有关方面洽谈。⑤ 在中国推进以市场为导向的经济体制改革进程中，政治优先为导向的中朝科技合作模式终于渐渐让位于互利导向。

① 《第一机械部关于暂停接待朝鲜实习生准备工作的通知》（1967 年 5 月 31 日），上海市档案馆，B112-5-132，第 24—25 页。

② 有关数据参见武衡、杨浚主编：《当代中国的科学技术事业》，北京：当代中国出版社 1991 年版，第 356—358 页。

③ 《国际科技合作征程》编辑部编：《国际科技合作征程》第 6 辑，北京：科学技术文献出版社 2015 年版，第 31 页。

④ 《上海市化学工业局关于接待朝鲜造纸和烧碱考察团的计划》（1986 年 3 月 7 日），上海市档案馆，B76-6-606，第 66—67 页。

⑤ 《化学工业部二局发上海树脂厂、北京化工二厂关于接待朝鲜硅树脂考察团的几点意见》（1987 年 10 月 21 日），上海市档案馆，B76-6-1278，第 88—89 页。

五、结语

纵观中朝科技合作的历史过程，由于两国技术水平存在落差，中朝科技合作以中国对朝鲜的技术转移为主；加之中方向朝方无偿提供了相当多的样品、零件、图纸以及技术资料，中国对朝科技合作带有技术援助的性质。

中国开展对朝科技合作的原动力在于政治。中苏分裂后，尤其是在两国意识形态斗争最为尖锐时期，中国对朝鲜的技术转移成为一种争取政治盟友的重要方式，在政治优先的导向之下，中国对朝鲜毫无保留。朝鲜的目标则是要向中国学技术，在苏联大幅削减对朝经济技术援助后，朝鲜通过强化与中国的政治共识来争取更多更好的中国尖端新技术，中国的慷慨导致朝鲜过度索取却来不及消化吸收。中朝科技合作中政治属性被过度强化而技术本位相对缺失，合作效果因而大打折扣。

中朝科技合作的历史脉络基本证实了中朝科技合作与中朝政治关系的正向关联，政治因素是两国科技合作的基础。中朝结为反修盟友的蜜月期，中国敞开大门，朝鲜人想看什么就看什么，甚至包括一些机密技术，科技合作为中朝两党两国关系"锦上添花"；而一旦两国关系变冷，中国则竖起内外有别的高墙，在新技术公开技术资料赠予方面公事公办。中朝科技合作作为一个案例，进一步佐证了社会主义国家科技合作的基础是政治，国家间意识形态的一致决定了科技合作的走向。

东北亚变局与
20 世纪 80 年代朝韩对话
——以朝韩奥委会洛桑谈判为视角的解读

茹亚伟　郭振　刘波*

左图：1988 年 9 月 17 日至 10 月 2 日第二十四届夏季奥运会在韩国首都汉城举行。图为时任韩国总统的卢泰愚慰问汉城奥运会开闭幕式的演职人员。

右图：1991 年 4 月第 41 届世界乒乓球锦标赛小组赛揭幕。图为朝韩联队女双组合中的朝鲜选手李粉姬（左）与韩国选手玄静和在比赛中。

* 茹亚伟，历史学博士，清华大学体育部进站博士后；郭振，清华大学体育部助理教授；刘波，通讯作者，清华大学体育部教授。

提　要：

自 1896 年顾拜旦在雅典创办第一届现代奥林匹克运动会以来，随着世界局势的风云变化，奥运会也难逃政治风暴打击，其中对奥运会影响最大的就是美苏以实现政治目的发起的联合抵制。1981 年，国际奥委会将第 24 届夏季奥运会的主办权授予韩国汉城①。此时，朝鲜半岛南北两个政权仍然相互对立，冲突不断。由于朝鲜试图再次发起联合抵制，以萨马兰奇为代表的国际奥委会为 1988 年奥运会顺利召开，极力促成朝韩谈判，以此降低政治抵制风险。四轮洛桑会谈过后，由于朝韩双方分歧严重，最终没能达成共识。这场南北争夺主办权的过程实质上牵动于整个东北亚的格局变动。在这场体育精神与政治势力的角力中，既展现出萨马兰奇应对危机的外交智慧，又体现出冷战后期东北亚大国与国际组织互动的外交逻辑。

关键词：冷战　汉城奥运会　国际奥委会　朝鲜　韩国

近年来，随着哈佛大学入江昭教授提出"文化国际主义（Culture Internationalism）"②概念，对国际关系史的书写产生了重大影响。在这股学术思潮的引领下，历史研究开启了"跨国转向"，跨国史研究兴起。跨国史研究凸显了跨国经验在人类生活中的重要性，改变了人们对现代史，包括对 20 世纪冲突与战争的理解。③ 随后，入江昭在"文化国际主义"的基础之上提出"全球共同体（Global Community）"的概念，全球共同体不是一个军事的或地缘政治的秩序，而是一个通过国家间和跨国网络创造出来的世界共同体。④ 跨国组织的出现以及蓬勃发展是这一概念的最佳体现。如果从跨国主义的视角去解读东西方冷战，可能会得出不同以往的结论。但是，毋

---

① 韩国首都，现称为首尔。

② 文化国际主义是指生活在不同地域和文化背景中的群体希望建立一个超越国家的共同体。文化国际主义主要表现形式是不同国家群体之间通过思想和人员交流，通过学术合作，通过增进跨国了解，将不同的国家或群体联系起来。Akira Iriye, *Cultural Internationalism and World Order* (Baltimore: Johns Hopkins University Press, 1997), p. 3.

③ 王立新：《跨国史的兴起与 20 世纪世界史的重新书写》，《世界历史》2016 年第 2 期，第 4 页。

④ ［美］入江昭：《全球共同体：国际组织在当代世界形成中的角色》（刘青、颜子龙、李静阁译），北京：社会科学文献出版社 2009 年版，第 2 页。

庸置疑的是，受 20 世纪后半期冷战的影响，政治斗争蔓延至国际社会的方方面面，国际非政府组织也未能幸免，况且奥运会从创建之初就与政治有天然的联系，入江昭也承认："对于身体力量的鼓励也是基于民族主义的需要：让这个国家的青年们为战争做好准备，这一点是毋庸置疑的。"[①] 国际奥委会作为当今世界最为重要的国际非政府组织，其影响力已经覆盖全球，所追求的"更快、更高、更强"的目标成为鼓舞全人类不断挑战自我的最佳表达。

目前，学术界将体育与政治学、社会学、外交学等进行交叉研究已经形成一个新的研究热点，[②] 其中，以奥运会与国际关系的交叉研究成果最为丰富，展现了国际非政府组织在国际关系中的作用。[③] 针对亚洲国家的研究成

① ［美］入江昭：《全球共同体：国际组织在当代世界形成中的角色》（刘青、颜子龙、李静阁译），北京：社会科学文献出版社 2009 年版，第 19 页。

② Jeffery Hill, "Introduction: Sport and Politics," *Journal of Contemporary History*, Vol. 38, No. 3, 2003, pp. 355–361; Allen Guttmann, "Sport, Politics and the Engaged Historian," *Journal of Contemporary History*, Vol. 38, No. 3, 2003, pp. 363–375; Barbara Keys, "Soviet Sport and Transnational Mass Culture in 1930s," *Journal of Contemporary History*, Vol. 38, No. 3, Sport and Politics (2003), pp. 413–434; A. Mangan, *Tribal Identities: Nationalism, Europe, Sport*, London: Frank Cass, 1996; Jeffrey Hill, *Sport, Leisure and Culture in Twentieth-Century Britain* (Basingstoke: Palgrave, 2002); Gerald R. Gems, *The Athletic Crusade: Sport and American Cultural Imperialism* (Lincoln: University of Nebraska Press, 2006); Jeffery Hill, *Sport and the Literary Imagination: Essays in History, Literature, and Sport* (Oxford: Peter Lang, 2006); Jason Kaufman and Orlando Patterson, "The Global Spread of Cricket," *American Sociological Review*, Vol. 70, No. 1, 2005, pp. 82–110; Paul Dimeo, "'With Political Pakistan in the Offing…': Football and Communal Politics in South Asia, 1887–1947," *Journal of Contemporary History*, Vol. 38. No. 3, 2003, pp. 377–394.

③ Richard D. Mandell, *The Nazi Olympics* (New York: MacMillan, 1971); Carolyn Marvin, "Avery Brundage and American Participation in the 1936 Olympic Games," *Journal of American Studies*, Vol. 16, No. 1, 1982, pp. 81–105; Allen Guttmann, "The Cold War and the Olympics," *International Journal*, Vol. 43, No. 4, 1988, pp. 554–568; Richard D. Mandell, *The Olympics of 1972: A Munich Diary* (Chapel Hill: University of North Carolina Press, 1991); Amy Bass, *Not the Triumph but the Struggle: The 1968 Olympic and the Making of the Black Athlete* (Minneapolis: University of Minnesota Press, 2002); R. Gerald Hughes and Rachel J. Owen, "'The Continuation of Politics by Other Means': Britain, the Two Germanys and the Olympic Games, 1949–1972," *Contemporary European History*, Vol. 18, No. 4, 2009, pp. 443–474.

果主要集中在中国、日本、韩国。[①] 20世纪后半期开启的冷战前所未有地将奥林匹克运动卷入东西方政治斗争的旋涡。埃琳·E.雷迪恩（Erin E. Redihan）的博士论文《赢得心灵和奖牌：奥运会和冷战（1948—1968）》是对冷战时期美苏两国体育政策出台与东西方对抗的深入研究。作者认为，冷战时期美苏双方都将体育运动视为一种"国家宗教"，都将体育的强大视为国家形象的重要表达。能够赢得奥运奖牌，对于苏联来讲是一种合法性的认可，对于美国来讲是一种优越性的认可。[②] 东西方政治对决在奥运会舞台上大爆发是美苏以实现各自政治目的的联合抵制。尼古拉斯·E.萨拉塔克斯（Nicholas E. Sarantakes）的《放下火炬：吉米·卡特、抵制奥运会和冷战》对美国发起抵制1980年莫斯科奥运会有详细精彩论述。作者认为，卡特政府发起抵制奥运行为是一个错误的决定。原因既有卡特的判断失误，也有其顾问对奥运会的无知以及盲目自大。[③] 最终该研究得出结论，认为以实现政治目的的奥运抵制注定失败。与此相反，菲利普·达加蒂（Philip D'Agati）的《冷战和1984年奥运会：一场苏联与美国之间的替代战争》则认为，苏联发起抵制1984年洛杉矶奥运会的行动实现了其政治目的。作者认为，冷战期间苏联有一以贯之的体育外交政策，苏联把与美国在奥运舞台上的竞争看成是东西方社会体制之争，由于洛杉矶奥组委的非政府背景，苏联的参与意愿大大降低，同时为了使洛杉矶奥运会不具与莫斯科奥运会的可比性，苏联最终决心抵制。[④]

在亚洲——作为冷战在第三世界的主战场，奥运会在传递奥林匹克精神的同时，肩负着复杂的政治使命。作为一个"舶来品"，奥林匹克与亚洲结

---

① David R Black and Shona Bezanson, "The Olympic Games, Human Rights and Democratization: Lessons from Seoul and Implications for Beijing," *Third World Quarterly*, Vol. 25, No. 7, 2004, pp. 1245–1261; Xu Guoqi, *Olympic Dreams: China and Sports, 1895–2008*(Cambridge: Harvard University Press, 2008); Andreas Niehaus and Max Seinsch, *Olympic Japan: Ideals and Realities of (Inter) Nationalism*(Ergon Verlage: Wurzburg, 2007); Sandra Collins, *The 1940 Tokyo Games: The Missing Olympics*(London: Routledge, 2008); Richard W. Pound, *Five Rings Over Korea: The Secret Negotiations Behind the 1988 Olympic Games in Seoul* (Boston, New York, Toronto London: Little, Brown And Company, 1994).

② Erin E. Redihan, *Wining Hearts and Medals: The Olympics and the Cold War, 1948–1968*, Ph. D. Dissertation, Clark University, 2015, pp. 1–7. UMI No: 3714666.

③ Nicholas E. Sarantakes, *Dropping the Torch: Jimmy Carter, the Olympic Boycott, and the Cold War* (New York: Cambridge University Press, 2011), pp. 261–266.

④ Philip D'Agati, *The Cold War and the 1984 Olympic Games: A Soviet-American Surrogate War*(New York: Palgrave Macmillan, 2013), pp. 149–158.

缘已久。① 本文拟就 1988 年汉城奥运会开幕之前，以朝韩两国奥委会洛桑谈判为个案研究，探讨朝韩两国联合承办计划的提出、谈判过程以及破产原因。同时本文也致力于探讨国际奥委会在朝韩两国斡旋中的作用，揭示奥林匹克与朝鲜半岛地缘政治的互动关系，希望以此抛砖引玉，推动学界对这一问题的深入研究。本文大部分原始文献来源于伍德罗·威尔逊研究中心"冷战国际史项目"，该项目致力于搜集冷战时期多国档案并将它们翻译成英文后数字化。在该项目的支持下，中心发表了很多优秀成果，其中与"冷战与体育"主题相关的重要研究成果是约翰·苏亚雷斯（John Soares）利用加拿大档案发表的《"难以预料的得失"：从渥太华的角度解读 1974 年加拿大—苏联冰球赛事》，文章深刻解读了 70 年代苏加两国的"冰球外交"。作者最终得出的结论是，尽管体育外交带有政治意图，但是比赛中一些不可控因素如运动员和运动组织的背景差异，可能导致外交结果朝设计者预想的反方向发展。② 本文的研究受益于威尔逊中心三个关于体育与冷战的档案合集。③ 通过本文，笔者极力向冷战史研究同仁推荐这一优秀的研究平台。

一、联合承办汉城奥运会的前奏——冷战语境下的奥林匹克

现代奥运会的诞生是 19 世纪国际关系的产物。从国家利益角度讲，这一活动的诞生根源是要恢复被普法战争削弱的国家意志，振奋法国青年。④ 国际奥委会第一次公开考虑政治因素发生在一战之后。1920 年夏季奥运会在

---

① 二战之后，亚洲相继举办了：1964 年第 18 届夏季奥运会（日本东京），1972 年第 11 届冬季奥运会（日本札幌），1988 年第 24 届夏季奥运会（韩国首尔），1998 年第 18 届冬季奥运会（日本长野），2008 年第 29 届夏季奥运会（中国北京），2018 年第 23 届冬季奥运会（韩国平昌），2020 年第 32 届夏季奥运会（日本东京），2022 年第 24 届冬季奥运会（中国北京）。

② John Soares, "Difficult to Draw a Balance Sheet": Ottawa Views the 1974 Canada-USSR Hockey Series, *CWIHP Working Paper*, No. 68, February 2014. https://www.wilsoncenter.org/article/difficult-to-draw-balance-sheet-ottawa-views-the-1974-canada-ussr-hockey-series.

③ "1988 Seoul Olympic Games," https://digitalarchive.wilsoncenter.org/collection/70/1988-seoul-olympic-games; "Cold War in Ice," https://digitalarchive.wilsoncenter.org/collection/204/cold-war-on-ice; "Soveit Union and Olympic," https://digitalarchive.wilsoncenter.org/collection/266/soviet-union-and-the-olympics.

④ Kevin B. Wamsley, "The Global Sport Monopoly: A Synopsis of 20th Century Politics," *International Journal*, Vol. 57, No. 3, 2002, pp. 395–410.

比利时安特卫普举行，国际奥委会之所以选择该地，主要是向世界展示比利时的战后重建成果，比利时也希望通过此次盛会重新激发社会活力，同时也把这种信心传递给参赛各国。但是否邀请德国参赛成为最具争议的问题。德国作为现代奥林匹克创始国之一，参与了从 1896 年到 1912 年的历届奥运会，1916 年奥运会（由于一战被取消）也曾计划在柏林召开。从原则上讲国际奥委会不应排除德国，从道义上讲为了帮助欧洲跨越政治障碍，国际奥委会更加应该支持德国参加。① 但是，考虑到比利时政府对德国的敌视，国际奥委会将决定权交给安特卫普奥组委，实际上变相支持了比利时政府不邀请德国的决定。正如历史学家艾伦·格特曼（Allen Guttman）所言："尽管比利时政府没有被要求排除战败国，但是却被鼓励不向他们发放邀请函。"② 奥运会第一次险些遭遇抵制也与德国相关。1936 年德国同时承办了冬奥会和夏奥会。在夏奥会开幕之前，纳粹发表种族歧视言论，希望拒绝黑人和犹太运动员参赛。此言论一出，立马引发国际社会的反对。根据美国盖洛普的调查，有 43% 的美国民众支持抵制柏林奥运会。美国代表队最终在时任美国奥委会主席艾弗里·布伦戴奇（Avery Brundage）的说服下才最终参赛。但讽刺的是，在该届奥运会上大放异彩的就是一名来自美国的黑人田径选手——杰西·欧文斯（Jesse Owens），他以打破两项世界纪录，夺得四枚金牌的成绩成为当之无愧的明星，打破了希特勒的种族优越论。③ 随后二战爆发，奥运会也随之停摆，1940 年和 1944 年的奥运会都因战争原因被迫取消。

二战结束之后，奥林匹克发展遇上了更加复杂的局面——全球冷战。战前很多东欧国家是奥运会的参与国，战后这些国家加入苏东阵营，很多行动都追随苏联。苏联一直拒绝参加奥运会，认为这是资本主义的消遣。为了扩大奥运会的影响，国际奥委会决定邀请苏联加入。1951 年苏联正式加入奥运会大家庭，康斯坦丁·安德里亚诺夫（Konstantin Andrianov）成为第一任国际奥委会苏联代表，从此，奥运会一直笼罩在冷战的政治阴影下——奥运赛

---

① Philip D'Agati, *The Cold War and the 1984 Olympic Games: A Soviet-American Surrogate War*(New York: Palgrave Macmillan, 2013), pp. 136–137.

② Allen Guttmann, *The Olympics: A History of the Modern Games?* (Chicago: University of Illinois Press, 2002), p. 38.

③ Nicholas Evan Sarantakes, *Dropping the Torch: Jimmy Carter, the Olympic Boycott, and the Cold War* (New York: Cambridge University Press, 2011), p. 20.

场成为东西方政治争斗的延伸舞台。① 1952 年，苏联第一次参加赫尔辛基夏季奥运会。苏联和社会主义国家运动员拒绝入住新奥运村，深刻体现了苏联对奥运政治化的理解。根据雷迪恩博士的解读，苏联此举有两个目的：一是最大限度减少苏联运动员叛逃的可能，二是保护社会主义国家运动员免受西方的质疑。苏联这种奥运会孤立行为一直延续到冷战结束，并且在 1984 年达到顶峰——彻底不参加。② 同时，苏联十分关注奖牌榜，特别是与美国的较量。在此次奥运会上，美国一共收获 76 枚奖牌（40 金 19 银 17 铜），苏联紧随其后收获了 71 枚奖牌（包含 22 金 30 银 19 铜）。③ 这一骄人战绩令西方国家吃惊不已。

尽管东西方实现了在奥运会赛场上的同场竞技，但是赛场之下的政治暗流依然汹涌。

1960 年罗马奥运会之前，美国的 U-2 侦察机被苏联击落，东西方关系骤然变冷。在此次奥运会开幕之前，美国国务院在一份备忘录中提到要资助一个名叫"匈牙利国家体育联合会"的组织，计划在罗马奥运会期间协助匈牙利运动员叛逃西方。美国希望这些叛逃的运动员可以在美国就业求学。这些运动员在罗马奥运会后，还可以组成"自由匈牙利奥运代表队"。美国认为，这不仅可以向世界展示美国的友好和宽容，也可以向美国民众说明铁幕之后的真相，这将打击共产主义的声誉，同时也可向匈牙利群众显示自由世界的美好。从文件附录中所列的目标人物看，涉及 7 个项目的 11 名运动员，这些运动员的成绩不论在匈牙利国内还是在国际上都名列前茅。④ 不仅东西方的比拼映射出政治斗争，甚至社会主义阵营内部的体育竞技也受政治事件影响。奥运会第一次遇上政治抵制发生在 1956 年，这一年发生了震惊世界的"匈牙利事件"。1956 年 11 月 22 日至 12 月 8 日，第 16 届夏季奥运会在澳大利亚墨尔本召开。不畏强国苏联的军事威胁，匈牙利队在国际奥委会秘

① Allen Guttmann, "Sport, Politics and the Engaged Historian," *Journal of Contemporary History*, Vol. 38, No. 3, 2003, pp. 363-375.

② Erin Elizabeth Redihan, *Wining Hearts and Medals: The Olympics and the Cold War, 1948-1968*, Ph. D. Dissertation, Clark University, 2015, pp. 92-93.

③ Nicholas Evan Sarantakes, *Dropping the Torch: Jimmy Carter, the Olympic Boycott, and the Cold War* (New York: Cambridge University Press, 2011), p. 22.

④ Preparations Regarding the XVII, Olympic Games. White House, CK2349273100, United States Declassified Document Online (USDDO). USDDO，美国解密档案在线系统，来自美国 Gale 公司开发的数据库。

书处的帮助下经过捷克斯洛伐克来到澳大利亚。苏联的军事行动直接导致双方运动员在奥运会赛场上大打出手。水球比赛中由于对抗激烈，泳池甚至被染成了红色。① 可以说，奥运赛场上的比拼成为苏匈之间的替代战争。此次奥运会期间，苏联运动员弗拉基米尔·库茨（Vladimir Kutz）在收到的众多礼物中发现一个包装精致的盒子，打开后发现里面竟然是一只被涂成黄色的死老鼠，库茨对此表示强烈不满，引起澳大利亚政府的高度重视。② 1969 年"布拉格之春"后，苏联和捷克斯洛伐克之间的冰球赛直接引发了捷首都的反苏示威游行，群众一度将苏联大使馆包围。③苏联甚至需要调动武装部队来平息事件。④ 由此可见，冷战附加给奥运会的政治色彩之浓厚。

东西方在奥运舞台上竞争的另一个焦点是举办地之争。由于奥运会的全球号召力和影响力不断增大，举办奥运会成为彰显国家实力、显示国际地位的重要途径。1966 年 4 月，国际奥委会召开第 64 届大会选定 1972 年奥运会举办地。冬奥会的候选地有芬兰的拉赫蒂、日本的札幌、加拿大的卡尔加里、美国的盐湖城，夏奥会的候选地有加拿大的蒙特利尔、西德的慕尼黑、西班牙的马德里、美国的底特律。大会召开之前，4 月 1 日苏联体育社团组织委员会向苏共中央汇报了该情况，认为国际奥委会苏联代表应该支持冬奥会在拉赫蒂，夏奥会在蒙特利尔举行。但是国际奥委会苏联代表认为夏奥会应该在欧洲举办，在慕尼黑和马德里之间应该选择马德里。⑤ 4 月 2 日，苏共中央下达明确指示，在投票中苏联代表应选择拉赫蒂或者札幌作为冬奥会的举办地，选择马德里作为夏奥会的举办地。⑥ 4 日，苏联体育社团组织委

① Richard W. Pound, *Five Rings Over Korea: The Secret Negotiations Behind the 1988 Olympic Games in Seoul* (Boston, New York, Toronto London: Little, Brown And Company, 1994) , p. 22.

② Australian Security Intelligence Organization Report, " Australian Soviet Friendship Society, " December 10, 1956, http: //digitalarchive. wilsoncenter. org/document/175929.

③ Letter, Soviet Deputy Head of the Department of the Central Committee P. Ivanshutin on Czechoslovak Rrotest Following Czechoslovak-Soviet Hocky Game, March 30, 1969, https: //digitalarchive. wilsoncenter. org/document/119588.

④ Record of Conversation, Czechosolvak Defense Minister Martin Dzur and Soveit Defense Minister Andrei Grechko, Prague, April 1, 1969, https: //digitalarchive. wilsoncenter. org/document/119586.

⑤ Central Council of the Union of USSR Sports Societies and Organizations Report on the 64th Session of the International Olympic Committee, April 1, 1966, http: //digitalarchive. wilsoncenter. org/document/122934.

⑥ Decree if the Secretariat of the CC of the Communist Party of the Soviet Union, Instructions to the Soviet Representatives of the 64th Session of the International Olympic Committee, April 2, 1966, http: // digitalarchive. wilsoncenter. org/document/122933.

员会主席尤里·马申（Yuri Mashin）再次向苏共中央提出，苏联代表应在大会上建议将投票延后到下一届大会，在此期间，莫斯科应该积极准备申办1972年夏奥会。[1] 以此可见，苏联既不愿意西德胜出，同时自己也想承办。

最终札幌和慕尼黑分别获得1972年冬奥会和夏奥会的举办权。在慕尼黑申办成功之后，东德对西德利用奥运会传递政治讯息表现得很敏感。1970年9月1日，东德驻苏联大使向苏联宣传部递交一份报告，认为西德正在利用慕尼黑奥运会打压社会主义国家。报告提到，西德在规划奥运火炬传递路线时，刻意将很多社会主义国家包括在内，希望利用火炬传递鼓动这些国家的青年和学生以及掀起一场文化运动。针对西德的宣传，东德体育部门建议应该派遣苏联和其他社会主义国家准备充分的青年前往慕尼黑，通过参加文体活动展示社会主义国家的实力。[2] 1972年8月26日，第20届夏奥会在慕尼黑召开。1972年9月5日，8名巴勒斯坦恐怖分子闯入奥运村，在杀死两名以色列运动员后又绑架了9名队员。在之后的交火中，9名以色列运动员全部被杀害。经历了34小时暂停后，国际奥委会宣布比赛正常进行。[3]这起震惊世界的流血事件成为奥运会历史上涉及政治问题最惨痛的经历。

冷战期间对奥运会创伤最大的莫过于由美苏分别发起的联合抵制。1979年12月25日，苏联入侵阿富汗。1980年1月4日，卡特在白宫就该问题向全国发表讲话。在讲话中，卡特将苏联入侵阿富汗问题与伊朗绑架美国人质事件联系起来，认为两者都对美国以及世界和平造成严重威胁。在谈及莫斯科奥运会时，卡特讲道："尽管美国不愿意退出莫斯科奥运会，但是苏联必须意识到，这种侵略行径将会危害到参赛选手以及计划前往莫斯科旅行的观众。"[4] 时任美国奥委会主席罗伯特·凯恩（Robert Kane）对这一言论提出质疑。1月20日，卡特亲自写信向凯恩解释了美国政府的立场。卡特在信

---

① Central Council of the Union of USSR Sports Societies and Organization Report on the 64th Session of the International Olympic Committee, April 4, 1966, http://digitalarchive. wilsoncenter. org/document/ 122935.

② Concerning the Note of the GOD Ambassador in the USSR "Regarding Several Pressing Political Issue in Connection with the Preparation of the 20th Summer Olympic Games in Munich and Kiel in 1972", September 17, 1970, https://digitalarchive. wilsoncenter. org/document/122936.

③ 参见国际奥委会网站，https://www.olympic. org/munich-1972。

④ Address to the Nation on the Soviet Invasion of Afghanistan. January 4, 1980, http://www. presidency. ucsb. edu/ws/index. php?pid＝32911&st＝olympic&st1＝. 该文件来源于美国加州大学圣芭芭拉分校"美国总统项目"下的数字化档案，http://www. presidency. ucsb. edu/index. php。

中指出，尽管政治不应干涉奥运会，但是在国家安全和世界和平面前，运动员个人应该做出牺牲，并且美国应该鼓励其他国家奥委会一起参与抵制。此外，卡特还挑战国际奥委会的权威，提出固定奥运会举办地和举行替代奥运会的建议。[①] 1980 年 1 月 24 日，美国国会以 386 票对 12 票的绝对优势赞同卡特的提案。[②] 此时，距离美国普莱西德湖冬奥会开幕不到一个月时间。1980 年 2 月 13—24 日，第 23 届冬奥会在纽约州普莱西德湖举行，最大的亮点是在冰球比赛中美国打败苏联顺利晋级并最终获得该项目的金牌。这次胜利被称为"冰上奇迹"。[③] 尽管"冰上奇迹"鼓舞了美国运动员，但是卡特政府强硬的抵制态度最终导致美国选手无法参加 1980 年的莫斯科夏季奥运会。

1984 年洛杉矶奥运会开幕之前，苏联宣布联合抵制。苏联的抵制不仅仅是对上届奥运会美国抵制的简单报复。历史上，在申奥过程中苏联曾三次阻击洛杉矶。第一次，1970 年在荷兰阿姆斯特丹国际奥委会投票选举 1976 年夏季奥运会举办地，候选城市有蒙特利尔、洛杉矶和莫斯科，最终经过两轮投票蒙特利尔胜出，结果如表 1[④]。

表 1 1976 年夏季奥运会举办地投票情况

第一轮	莫斯科	28 票
	蒙特利尔	25 票
	洛杉矶	17 票
第二轮	蒙特利尔	41 票
	莫斯科	28 票

对此结果，莫斯科代表安德里亚诺夫（同时也是国际奥委会苏联代表）表达了强烈不满，认为不论从政策上、经济上还是体育发展上，莫斯科没有

---

① Letter to the President of the U. S. Olympic Committee on the 1980 Summer Olympics Games to Be Held in Moscow, January 20, 1980, http://www. presidency. ucsb. edu/ws/index. php? pid = 33059&st = olympic&st1 =. 该文件来源于美国加州大学圣芭芭拉分校"美国总统项目"下的数字化档案。

② Allen Guttmann, "The Cold War and the Olympics," *International Journal*, Vol. 43, No. 4, Sport in World Politics (1988), p. 560.

③ 参见国际奥委会网站, https://www. olympic. org/news/us-ice-hockey-rookies-conjure-up-a-miracle-on-ice。

④ Philip D'Agati, *The Cold War and the 1984 Olympic Games: A Soviet-American Surrogate War*(New York: Palgrave Macmillan, 2013), p. 83.

任何理由遭到淘汰。① 从投票结果看，具体哪些国家在第二轮投票中改变了选择我们无从得知，但是我们不妨大胆假设，由于莫斯科在第一轮和第二轮投票中获得相同票数，是否可以认为大部分支持莫斯科的委员立场坚定，而在洛杉矶遭遇淘汰后，原本支持它的大部分委员转为支持蒙特利尔呢？投票背后的政治影射成为日后莫斯科发起抵制的根源之一。第二次，1974 年在维也纳国际奥委会投票选举 1980 年奥运会举办地，夏奥会候选城市只有两个——莫斯科和洛杉矶，最终莫斯科胜出。由于两国的政治敏感性太高，时任国际奥委会主席迈克尔·莫里斯（Michael Morris）拒绝公开投票结果，直到 2001 年国际奥委会才将当时的结果公布，结果如表 2。②

表 2　1980 年奥运会举办地投票情况

第一轮	莫斯科	39
	洛杉矶	20
	弃权票	2

第三次，1978 年在雅典国际奥委会选择洛杉矶作为 1984 年夏奥会的承办地，洛杉矶也是唯一的候选城市。苏联虽然不能从投票环节阻止洛杉矶，但是对洛杉矶奥组委的组织能力提出质疑。安德里亚诺夫指出：首先，洛杉矶的申办单位是一个叫作"南加州奥委会"的慈善团体，但是根据规定，申办单位应该获得美国奥委会的承认，显然该团体不能代表美国奥委会。其次，洛杉矶在陈述中夸夸其谈地表示奥运会明天就可以在洛杉矶召开，但事实上，洛杉矶并没有赛艇和皮划艇赛道，没有射击场，没有曲棍球赛场，各场馆之间距离过长。安德里亚诺夫认为洛杉矶利用了唯一候选人的优势，实际上没有承办能力。③ 最终，在国际奥委会的妥协下洛杉矶顺利获得举办权，那么，抵制 1984 年洛杉矶奥运会就成为苏联最后的选择。

---

① Philip D'Agati, *The Cold War and the 1984 Olympic Games: A Soviet-American Surrogate War*（New York: Palgrave Macmillan, 2013）, p. 85.

② Philip D'Agati, *The Cold War and the 1984 Olympic Games: A Soviet-American Surrogate War*（New York: Palgrave Macmillan, 2013）, p. 88.

③ Philip D'Agati, *The Cold War and the 1984 Olympic Games: A Soviet-American Surrogate War*（New York: Palgrave Macmillan, 2013）, p. 90.

二、联合承办的压力——国际奥委会的妥协

1981年9月30日，在西德的巴登巴登，1988年第24届夏季奥运会的举办权被授予韩国汉城。此结果一出，震惊体育界。根据时任国际奥委会主席萨马兰奇（Juan Antonio Samaranch Torelló）公布的投票结果，在最后一轮投票中有52票投给了汉城，27票投给了名古屋，可以说汉城的胜利是压倒性的。此时，日本无论是在经济实力还是举办经验上（日本曾举办1964年东京夏奥会和1972年札幌冬奥会）都高于汉城一筹，因此，外界普遍预测名古屋会胜出。汉城胜利可谓是一个奇迹，萨马兰奇将其称之为"奥林匹克精神的胜利"。[1] 但是在萨马兰奇回忆录中，他这样写道："我很快意识到，这个选择对我而言也就是一场大磨难的开始。全球有一半国家与韩国都未建立外交关系。在经历了莫斯科抵制事件之后，洛杉矶奥运会也是阴云密布，冒着再次遭抵制的危险。在这样的情况下，决定汉城为1988年奥运会举办地无疑又多了一个大麻烦。"[2] 但是，两个月之后在印度的新德里，亚洲运动会联合会将1986年第10届亚运会的主办权也授予汉城。一时间韩国的国际认知度被大大提升，朝鲜则显得十分被动。

1981年12月3日，朝鲜《劳动新闻》刊发了第一篇关于朝鲜对汉城获得奥运举办权的评论。文章指出："最近，南朝鲜军事法西斯们调动政府高层以及政府喉舌，每天吵嚷着奥运会。现在韩国正在试图通过这一途径与社会主义以及不结盟国家建立外交关系，他们的最终目的是获得合法性承认。"半年之后，《劳动新闻》再次刊登《谁是奥运会的受害者？》的评论文章。文章指出："南朝鲜不具备承办奥运会这样大型比赛的资格，现在南朝鲜正在遭受军事法西斯的蹂躏，社会动荡经济凋敝，奥运会将成为南朝鲜政府攫取国民财富的手段。"[3] 事实上，对于申奥能否成功全斗焕（Chun Doo-hwan）也不是十分有把握。但是在韩国体育界的一致要求下，全斗焕政府召集核心

---

[1] SLOOC, Official Report 1988, p. 24. LA84 Digital Library, https://digital.la84.org/digital/collection/p17103coll8/id/32637/rec/52.

[2] ［西］胡安·安东尼奥·萨马兰奇：《奥林匹克回忆》（孟宪臣译），北京：世界知识出版社2003年版，第31页。

[3] Woong yong Ha, *Korean Sports in the 1980s and the Seoul Olympic Games of 1988*, Ph. D. Dissertation, The Pennsylvania State University, 1997, pp. 66–67, UMI No. 9817489.

人员对这个问题做了深入调研，最终综合各方意见得出的结论是，韩国申奥可以实现以下两个目标：（1）提升韩国的国家形象；（2）促进韩国同社会主义国家的交往。并且韩国高层认为，即便是在最后的对决中汉城败下阵来，韩国也可以用有奥运候选城市的身份来获得国际认可。① 以上分析不难看出，韩国最初申奥带有强烈的政治动机，朝鲜对于这一点心知肚明。

面对朝鲜的谴责以及国际质疑，萨马兰奇决定先发制人。首先，萨马兰奇果断拒绝了国际上出现的将1988年奥运会易地举办的要求，并且向国际奥委会提议，任何国家以任何形式发起抵制奥运的活动，该国将受到国际奥委会的制裁。其次，提前一年发放1988年奥运会邀请函，给各个国家奥委会充分的考虑时间。实际上，这也是留给萨马兰奇更多施展"穿梭外交"的机会。值得注意的是，国际奥委会专门为汉城奥运会修改了邀请函的发放规则。按照正常的程序，奥运邀请函应该由承办地奥组委向各个国家奥委会发出，例如，1984年洛杉矶奥运会的邀请函是由洛杉矶奥组委发放。由于当时韩国与大部分社会主义国家没有建交，为了避免各国收到汉城奥运会邀请时的尴尬，国际奥委会决定以自身的名义向各国发放邀请函。换言之，拒绝汉城奥运会就是拒绝国际奥委会。但是，来自社会主义国家的反对声音仍然此起彼伏，特别是苏联。1984年11月16日，捷克斯洛伐克奥委会主席也表示选择汉城作为1988年奥运会举办地是个错误的决定。5天之后，社会主义阵营最具分量的体育代表——苏联奥委会主席兼体育部长马拉特·格拉莫夫（Marat Gramov）发表声明，认为汉城作为奥运会举办地是"不合适"的。② 此时，萨马兰奇既不能撤销巴登巴登的决定，又不能不顾及社会主义国家的反对，进退维谷。为了维护国际奥委会的权威，1984年11月，国家奥林匹克委员会协会在墨西哥城举行会议，经萨马兰奇的积极促成，协会发表了"墨西哥宣言"。宣言强调各国家奥委会要拥护国际奥委会的决定，明确表示支持1988年奥运会在汉城举办。只要汉城奥组委能够按照《奥林匹克宪章》及条款积极筹备，那么国际奥委会将履行与汉城达成的协议。宣言还进一步

---

① SLOOC, Official Report 1988, p. 30, LA84 Digital Library, https://digital.la84.org/digital/collection/p17103coll8/id/32637/rec/52.

② Richard W. Pound, *Five Rings Over Korea: The Secret Negotiations Behind the 1988 Olympic Games in Seoul* (Boston, New York, Toronto London: Little, Brown And Company, 1994), pp. 65–66.

指出参与奥运是每个运动员的基本权利，也是各国奥委会需要保障的基本权利。① 言下之意就是，即便各国政府出于政治目的发起抵制，各国奥委会也要积极促成 1988 年汉城奥运会。

首先呼吁朝韩联合举办奥运会的是卡斯特罗。1984 年 11 月 29 日，卡斯特罗致信萨马兰奇。在信件中卡斯特罗指出，1988 年奥运会在汉城举办是不明智的选择，他认为朝鲜半岛现在被人为分割成两部分，朝鲜战争血迹未干，如果奥运会在汉城举办，将不利于朝鲜半岛的统一，不利于医治战争创伤，不利于和平进程的推进以及南北合作。卡斯特罗建议 1988 年奥运会应该建立在南北都获益的基础之上，项目可以南北平分。② 卡斯特罗的言论立刻引起萨马兰奇的重视，12 月 4 日，萨马兰奇在给卡斯特罗的回信中表示，他将慎重考虑卡斯特罗的提议，国际奥委会乐意促成朝鲜半岛南北会谈，前提是双方自愿遵守"在任何情况下都不得涉及政治议题"的承诺，但是在项目分配上国际奥委会尊重各体育联合会的意见。③ 此时，西方国家也有抵制 1988 年奥运会的声音。1985 年，英国国内支持朝鲜半岛统一的团体致信国际奥委会，要求奥运会易地举办。④ 考虑到此时复杂的状况，以萨马兰奇为首的国际奥委会开始试探性地征求朝鲜和韩国的意见。

1984 年是朝鲜内政外交变革的一年，国家领导人开始致力于解决朝鲜的外交和经济困境，其政策的核心就是摆脱朝鲜孤立的处境。1984 年 3 月 23 日至 26 日，日本首相中曾根康弘访问中国。4 月 27 日至 5 月 1 日，美国总统里根（Ronald Regan）访问中国。5 月 4 日至 11 日，中共领导高层访问朝鲜期间，表达了希望朝鲜半岛维持稳定、有关各方通过对话解决纷争的愿望。复杂的国际形势迫使朝鲜希望尽快与韩国进行政治会谈。但是"仰光事

---

① Woong yong Ha, *Korean Sports in the 1980s and the Seoul Olympic Games of 1988*, Ph. D. Dissertation, The Pennsylvania State University, 1997, p. 240, UMI No. 9817489.

② Letter from Fidel Castro to the President of the International Olympic Committee Juan Antonio Samaranch, November 29, 1984, http://digitalarchive. wilsoncenter. org/document/113916.

③ Letter from International Olympic Committee President Juan Antonio Samaranch to Fidel Castro, December 4, 1984, http://digitalarchive. wilsoncenter. org/document/113917.

④ Letter from the President of British Committee for Supporting Korea's Reunification to the International Olympic Committee President, January 6, 1985, http://digitalarchive. wilsoncenter. org/document/113442.

件"① 成为双方实现突破的绊脚石。韩国一直坚持，朝鲜必须承认该事件并且向韩国道歉，还要惩办相关人员，之后朝韩之间才能谈判。② 但是，韩国的态度在洛杉矶奥运会之后出现转变，全斗焕主动向朝鲜提出两国在经济、体育、科技等领域进行对话。1984 年，韩国发生暴雨灾害，导致 190 名民众丧生，200000 名群众无家可归。朝鲜马上向韩国援助了 7200 吨大米、500000 织物、100000 吨水泥以及 759 盒药品。9 月 14 日，韩国红十字会发表声明，正式接受朝鲜的援助。③ 由此可见，两国都在为重启对话铺路，为1988 年奥运会的谈判提供了很好的沟通渠道。

1985 年 6 月 6 日，国际奥委会在柏林举行会议，朝韩代表共同出席。国际奥委会向朝鲜奥委会主席金俞顺（Kim Yu-sun）发出了希望朝鲜参加汉城奥运会的信号，金俞顺表示会向朝鲜奥委会和政府传达这一信息。7 月 8 日，金俞顺回电萨马兰奇表示希望国际奥委会副主席库玛（Kumar）访问平壤，进一步商讨相关事宜。得到积极回复后，萨马兰奇迅速派库玛动身前往朝鲜。临行前萨马兰奇对库玛此行的会谈内容大概做出以下安排：（1）确定双方奥委会会谈的具体时间；（2）确定双方的参与人员；（3）南北联合组队不现实，将谈判精力放在联合入场；（4）国际奥委会保证为朝鲜运动员提供便利。萨马兰奇向库玛强调，奥运会决不能被分割在两个国家。④但是，早在7 月 3 日，朝鲜劳动党中央委员会委员黄长烨（Hwang Jang-yeop）致函保加利亚共产党秘书斯塔尼舍夫（Stanishev），表达了朝鲜对于 1988 年奥运会的看法。在信中，黄长烨认为，美国正在利用汉城作为其傀儡，二者联合操纵奥运会，最终目的是实现他们的"两个国家"政策以及诋毁社会主义、颂扬资本主义，"汉城奥运会"已不仅仅是体育活动，它已经成为影响国家命运的重大问题。随后，黄长烨话锋一转，讲到朝鲜并不反对奥运会，也不希望

---

① 1983 年 10 月 9 日，全斗焕访问缅甸城市仰光时发生针对其的爆炸袭击，由于交通拥堵全斗焕逃过一劫，但是陪同全斗焕出行的政府高层很多遇难。后经缅甸政府调查，是朝鲜军事人员所为。这起事件在韩国社会引起轩然大波。Lee Chae-jin, "South Korea in 1983: Crisis Management and Political Legitimacy,"*Asian Survey*, Vol. 24, No. 1, January, 1984, pp. 112–121。

② Young Whan Kihl, "North Korea in 1984: ' The Hermit Kingdom' Turns Outward! " *Asian Survey*, Vol. 25, No. 1, January, 1985, pp. 65–79.

③ Lee Chae-jin, "South Korea in 1984: Seeking Peace and Prosperity, " *Asian Survey*, Vol. 25, No. 1, January, 1985, pp. 80–89.

④ Report by International Olympic Committee Vice President on His Trip to North Korea, July 16, 1985, http://digitalarchive. wilsoncenter. org/document/113444.

取消第24届夏奥会，如果社会主义国家不参加，那么将会造成奥林匹克的分裂，因此，朝鲜经过深思熟虑，提议朝韩双方联合承办，第24届夏奥会应该叫"朝鲜半岛奥运会"或者是"平壤—汉城奥运会"，比赛应该在平壤和汉城举行，朝韩两国应该联合组队。在信件结尾，黄长烨呼吁社会主义国家团结起来击碎美国和韩国的阴谋诡计，帮助朝鲜实现联合承办。① 从上述分析可以知，朝鲜对联合承办早有计划，这大大超出了萨马兰奇的预计，也必将会导致库玛在谈判中毫无应对之策。

7月16日，库玛到达平壤后立即与金俞顺展开会谈。金俞顺希望库玛能够理解朝鲜半岛目前的军事和政治现状，朝鲜十分赞同就1988年奥运会举行南北会谈，表示朝鲜已经发表声明宣布支持卡斯特罗的建议，认为1988年奥运会应该由南北联合承办，这将加强奥林匹克运动，缓解前两届奥运会因联合抵制产生的不良影响。库玛强调，《奥林匹克宪章》是神圣不可侵犯的，与韩国签署的协议也是不容置疑的，但是，国际奥委会同意朝鲜和韩国同时出现在开幕式，并且在歌舞、话剧等文化活动中联合演出。可是金俞顺只关心奥运项目是否会平均分配给朝韩两国，并且一味强调朝鲜有能力承办一届比洛杉矶更精彩的奥运会。② 关于联合承办的细节诸如住宿、交通等问题，金俞顺的回答始终模糊。库玛遂要求金俞顺安排其与朝鲜更高一级领导人进一步会谈，随后，一位朝鲜劳动党副委员长接见了库玛。与金俞顺的模棱两可相比，这位副委员长态度更明确，也更强硬。他认为韩国举办奥运会的目的就是向世界表明南北再也没有统一的可能，而韩国则可以一个富强发达的国家形象展现在世界人民面前。因此，为了公平起见，也为了朝鲜人民的尊严，朝鲜会参加第24届奥运会，但前提有以下三点：（1）朝韩两国联合承办；（2）将奥运会项目平均分配给两个国家；（3）将奥运会命名为"朝鲜半岛平壤汉城奥运会"。该副委员长还进一步指出，美国利用驻韩军事基地造成的半岛紧张局势会因南北双方联合承办奥运而得到缓解，并且强调距离汉城奥运会开幕还有三年时间，国际奥委会应该吹起联合承办的号角并

① Letter to The Central Committee of the Bulgarian Communist Party, From the Secretary of The Korean Workers' Party, Hwang Jang-yeop, July 3, 1985, https://digitalarchive.wilsoncenter.org/document/165256.

② Report by International Olympic Committee Vice President on His Trip to North Korea, July 16, 1985, http://digitalarchive.wilsoncenter.org/document/113444.

且积极行动，阻止美国的阴谋诡计。① 由此可见，朝鲜虽然有意参加，但是开出的条件却是萨马兰奇不能接受的。

库玛在随后递交给国际奥委会的报告中强烈建议萨马兰奇关照朝鲜的要求。他认为，现在朝鲜向世界宣告接受联合承办，是在表示朝鲜反对抵制奥运会并且朝鲜半岛有机会和平统一，朝鲜"和平统一"的口号对世界人民非常具有宣传力，况且，普通民众不会关心《奥林匹克宪章》的技术性问题，因此，国际奥委会必须积极促成南北合作，向世界人民展示奥林匹克能够维护世界和平和团结。库玛进一步指出，为了维护国际奥委会的权威以及《奥林匹克宪章》，国际奥委会应该向世界申明将严格遵守巴登巴登的决议，并在此基础上推进朝韩两国在奥运会上完成"形式上"的统一，例如，双方可以在开幕式共同入场，一起参与文化活动，火炬传递也应该通过朝鲜，并且尽可能多地通过停火线地区，马拉松、自行车这些项目都可以这样安排。考虑到朝鲜的面子问题，射箭和乒乓球的前两轮比赛由于不需要很多花费，也可以考虑在朝鲜进行。他认为，如果韩国予以合作，也会符合苏联和中国的利益。总之，社会主义阵营将会支持并参加汉城奥运会。② 在谈到即将举行的洛桑谈判时，库玛认为，考虑到现实状况，朝韩不可能马上达成共识，国际奥委会不应该给双方施加压力，因为时间在国际奥委会一边。如果国际奥委会能在未来确保其他社会主义国家参加，那么，这必将会给朝鲜造成压力。目前，国际奥委会应该帮助朝鲜保住颜面，劝说朝鲜参加洛桑谈判。只有这样，国际奥委会才能占据有利局面，向其他社会主义国家展示国际奥委会的诚意。③ 从库玛的报告看来，国际奥委会对于 1988 年奥运会的策略是先安抚朝鲜，然后再对社会主义阵营国家进行游说，以此降低联合抵制的风险。

国际奥委会也危机四伏。1985 年 7 月 25 日，卡斯特罗在访问联合国期间发表对 1988 年汉城奥运会的看法，除了延续之前提出的朝韩联合承办之外，卡斯特罗此番讲话的核心内容是抨击国际奥委会。在发言中，他痛批奥

① Report by International Olympic Committee Vice President on His Trip to North Korea, July 16, 1985, http://digitalarchive. wilsoncenter. org/document/113444.

② Report by International Olympic Committee Vice President on His Trip to North Korea, July 16, 1985, http://digitalarchive. wilsoncenter. org/document/113444.

③ Report by International Olympic Committee Vice President on His Trip to North Korea, July 16, 1985, http://digitalarchive. wilsoncenter. org/document/113444.

运会已经沦为展示西方国家富有的橱窗，第三世界国家的运动员根本无法在这项活动上获益。卡斯特罗进一步指出，奥运会诞生于殖民主义时期，但现在其理念和组织形式依然延续了那个时代的特征，因此，他建议由联合国成立专门负责体育事务的部门接管国际奥委会。在谈到古巴是否会参加1988年奥运会时，卡斯特罗指出，古巴将仔细考虑这一问题，在和第三世界以及社会主义国家商讨后再做决定。① 古巴的言论可谓直击萨马兰奇的软肋。国际奥委会前主席基拉宁在回忆录中就提到，早在1977年到1978年就曾出现联合国教科文组织希望接管国际奥委会的事件，基拉宁付出了很多努力才保住了国际奥委会。② 概言之，萨马兰奇面临的情况是，能否实现朝韩合作直接关系到奥运会以及国际奥委会未来的命运。

1985年7月31日，韩国驻日内瓦大使朴琨（Park Khun）致信萨马兰奇陈述了当前的形势。朴琨在信中提到，他已经在莫斯科与朝鲜和苏联方面接触。苏联的态度是准备参加汉城奥运会，并且不担心朝鲜的抵制。但是苏联方面提醒韩国要注意古巴，一旦古巴与朝鲜在这个问题上形成统一阵线，那么就很危险，因此，苏联建议韩国直接跟卡斯特罗接触。朝鲜方面的态度是，朝韩两国必须联合承办，项目分开在汉城和平壤进行。朴琨向萨马兰奇表示，他当场就向朝鲜代表申明两点原则：（1）《奥林匹克宪章》不可违背，分裂奥运会是不可能的；（2）朝韩可以在洛桑进行谈判后形成一个方案，在汉城向世界展示朝鲜半岛只有一个国家。③ 从朴琨的态度可知，韩国并不赞同联合承办。同一天，库玛向国际奥委会递交了朝鲜劳动党关于1988年奥运会的声明。在声明中朝鲜认为，美国想利用1988年奥运会提升韩国的国际形象以便其获得国际承认，最终目的就是将朝鲜半岛彻底分裂，永久地将韩国作为自己的军事基地，并且在韩国部署核武器对付朝鲜和其他亚洲国家。但是，如果社会主义阵营以及不结盟国家缺席1988年奥运会，不仅奥运会甚至每个国家的体育发展都会受影响，所以，经过慎重地考虑，朝鲜劳动党为了揭露美韩的分裂图谋，拯救奥林匹克精神，决定重新命名第24

① Interview with Fidel Castro, July 25, 1985, https://digitalarchive. wilsoncenter. org/document/113445.

② ［爱］基拉宁：《我的奥林匹克岁月》（张明德、刘青青译），北京：人民体育出版社1988年版，第72—75页。

③ Letter from the Permanent Mission of the ROK, Geneva to International Olympic Committee President Regarding the USSR, Cuba and North Korea's Position on the 1988 Olympics, July 31, 1985, https://digitalarchive. wilsoncenter. org/document/113449.

届奥运会为"朝鲜半岛奥运会"或"朝鲜半岛平壤—汉城奥运会"取代"汉城奥运会",由南北联合承办,平均分配比赛项目,并且朝韩以联合组队的形式参加比赛。① 朝鲜将这份声明提交印度国会,然后再由印度奥委会代表传达给国际奥委会,其意图十分明显,就是希望能在联合承办上获得不结盟国家的支持,同时向萨马兰奇示威。

外部复杂的形势迫使萨马兰奇开始主动寻求妥协。8月25日,萨马兰奇与汉城奥组委主席卢泰愚(Roh Tae-woo)举行会谈。萨马兰奇试探性地向卢泰愚提出以下建议:(1)在朝鲜境内进行火炬传递;(2)足球、排球以及手球预选赛阶段的比赛在平壤进行;(3)环路自行车从汉城出发,经过朝鲜,终点设在汉城;(4)在开幕式上,朝韩运动员分别排成三队分列左右,由国际奥委会官员打五环旗带领入场,在国际奥委会官员身后,两国队员可以分别打各自的国旗。卢泰愚表示,韩国最多同意两个项目的预选赛在朝鲜举行,在洛桑会谈期间,国际奥委会可以假装要求韩国多做让步,然后韩国就会顺势拒绝。但卢泰愚还认为,这个方案对朝鲜根本行不通,韩国同意该方案的主要意图在于拉拢其他社会主义国家,一旦会谈失败朝鲜也会陷入孤立。此外,卢泰愚表示,火炬传递可以在朝鲜境内进行,文化活动方面韩国愿意与朝鲜合作,朝鲜甚至可以设立圣火台。8月28日,卢泰愚拿出韩国的最终方案:(1)不同意朝韩联合承办;(2)同意朝鲜承办两个项目的预选赛,公路自行车赛途经朝鲜可以考虑,但要视会谈的情况而定;(3)开闭幕式同意国际奥委会方案,但双方运动员必须穿各自的队服;(4)火炬传递和文化活动可以考虑邀请朝鲜;(5)禁止朝鲜讨论政治议题。② 9月30日,朝鲜也向国际奥委会递交了方案:(1)朝韩联合承办且朝韩双方需联合组队;(2)重新命名第24届夏奥会;(3)适当地分配比赛项目;(4)开幕式和闭幕式在平壤和汉城同时进行;(5)保证基础设施建设(6)自由通行。这里朝鲜特别提到,为保证运动员、奥运官员以及游客来往平壤和汉城之间的充分自由,朝鲜全面开放陆空公共交通。平壤和汉城之间将会铺设铁路,实现平壤机场到金浦机场的直航,奥运人员无须签证,快速通行;(7)成立一个

① Letter from the Permanent Mission of the ROK, Geneva to International Olympic Committee President Regarding the USSR, Cuba and North Korea's Position on the 1988 Olympics, July 31, 1985, http://digitalarchive. wilsoncenter. org/document/113449.

② Memorandum of Meeting Held Between the International Olympic Committee President and Roh-Tae-woo, August 28, 1985, https://digitalarchive. wilsoncenter. org/document/113451.

南北联合承办组织。此外，还有三点是关于电视转播收益分配、达成协议、发表官方声明，共计十点要求。① 从双方提交的会谈方案来看分歧巨大，但是在各方要求下，朝韩双方奥委会代表如约出现在洛桑。

三、艰苦的谈判历程——四轮"洛桑会谈"

1985年10月8日，朝韩两国高级代表在洛桑展开会谈，会议由国际奥委会主席萨马兰奇主持，四个议程分别为：两国代表分别向国际奥委会做陈述；国际奥委会闭门会议；国际奥委会分别与两国代表会谈；公布最终结果并举行新闻发布会。参与谈判的朝韩双方核心人员分别是朝鲜奥委会主席金俞顺与韩国奥委会主席金宗河（Kim Chong-ha）。会议一开始，金俞顺就向国际奥委会表示立场，观点与之前的"十点"声明并无二致，并提出要承办奥运会一半的项目。金宗河则细数了朝韩奥委会之前的谈判历史，并反复强调汉城奥组委的合法性，并且提醒国际奥委会不要违反《奥林匹克宪章》。在闭门会议中萨马兰奇表示，国际奥委会已经将1988年奥运会的主办权授予汉城，为此韩国付出很多努力，而朝鲜在此时提出联合承办确有攫取现成果实的嫌疑，但是现在朝鲜首先提出联合承办，全世界的目光都聚焦在国际奥委会，国际奥委会就不得不尽量协调。可是在场多数委员认为，朝韩各自提出的方案分歧太大，根本没有协商的余地，除非一方主要是韩国能做出让步。萨马兰奇提出在开幕式入场、文化活动、项目分配上再与韩国进行协商。副主席亚历山德鲁·西贝尔科（Alexandru Siperco）进一步提出，韩国是否能同意决赛也在朝鲜进行。② 当天下午，国际奥委会更改流程，首先单独会见了韩国代表。

金宗河表示，从获得申办权开始，汉城就在积极准备，建设场馆、敲定比赛日程、与单项体育联合会以及国际奥委会及时沟通，汉城奥组委完全遵守《奥林匹克宪章》展开工作。但是考虑到朝鲜半岛现状以及朝鲜奥委会的请求，汉城奥组委可以考虑将手球、排球的预选赛分给朝鲜，金宗河特意提

---

① The Proposal by the Olympic Committee of the Democratic People's Republic of Korea, September 30, 1985, http://digitalarchive. wilsoncenter. org/document/113453.

② Meeting Between the National Olympic Committee of the ROK and of the DPRK Held under the Aegis of the International Olympic Committee, October 8, 1985, http://digitalarchive. wilsoncenter. org/document/113455.

到男子手球项目和排球项目，预选赛 42 场比赛中的 30 场都可以在朝鲜进行。随后，萨马兰奇追问足球比赛是否也有可能在朝鲜举行，他回答道，韩国可以把两个小组的预选赛分给朝鲜，但决赛以及半决赛必须在汉城主体育场进行。萨马兰奇又追问个人项目。金宗河回答，公路自行车赛可以在韩国和朝鲜共同举行，但是终点必须在韩国。但是在联合入场上金宗河强调双方必须穿各自的队服，文化活动必须在汉城举行。① 在之后与朝鲜代表的会谈中，金俞顺表示朝鲜要求承办射箭、柔道、田径、体操、举重、排球、乒乓球、摔跤、手球、射击、游泳 11 个项目的全部比赛。这一建议立马遭到萨马兰奇的拒绝。但是金俞顺态度强硬，他认为巴登巴登的决议没有考虑朝鲜半岛的现状，如果奥运会不能起到促进朝鲜半岛实现统一，这才是对奥运精神和《奥林匹克宪章》的违背。② 至此，朝鲜亮出了谈判底牌。由于双方分歧过大，达成一致的可能性极小，一切只能寄希望于第二轮洛桑会谈。萨马兰奇深知朝鲜前方谈判人员其实根本没有下决定的权力，决定将第一轮洛桑会谈的纪录发给朝鲜奥委会以便其能和上层商讨。

1986 年 1 月 8 日，国际奥委会分别召见两国代表，开启第二轮洛桑会谈。金俞顺首先发言，但是他将话题引向联合组队。他指出联合承办和联合组队是事关朝鲜半岛团结的大事，但是在第一轮会谈中这两个问题没有得到足够重视，例如，在开幕式入场时，朝韩双方运动员应该统一着装在一面旗帜下统一入场，双方应该联合组队参加比赛。在这一问题上，金宗河巧妙地回避了朝鲜的要求。他回答道，关于朝韩两国联合组队的问题之前已经有过多次谈判，韩国不排斥联合组队，但是这个问题属于半岛"内部"问题，需要双边会谈，所以这个问题不在洛桑会谈议程中。萨马兰奇也同意金宗河的看法，表示一旦双方就联合组队达成协议，国际奥委会会马上同意联合组队参赛，并且进一步强调联合组队是半岛"内部"问题，国际奥委会能做的只是督促韩国与朝鲜持续对话。当天下午，萨马兰奇突然向韩国提出，允许朝鲜承办一个完整的项目（包括预选赛和决赛），这让金宗河措手不及。接下

① Meeting Between the National Olympic Committee of the ROK and of the DPRK Held under the Aegis of the International Olympic Committee, October 8, 1985, http://digitalarchive. wilsoncenter. org/document/ 113455.

② Meeting Between the National Olympic Committee of the ROK and of the DPRK Held under the Aegis of the International Olympic Committee, October 8, 1985, http://digitalarchive. wilsoncenter. org/document/ 113455.

来，朝鲜提出一个八个项目的方案：足球、乒乓球、体操、排球、柔道、射箭、摔跤、射击，并且要求与韩国联合组队参赛。金俞顺的解释是，如果在朝鲜半岛举办的比赛中上演朝韩双方运动员相互对抗是不幸的。^① 1月9日，萨马兰奇首先单独会见了金俞顺。金俞顺提出重新命名第24届夏奥会为"第24届奥运会·平壤—汉城（汉城—平壤）"，双方根据各自情况选择。萨马兰奇一口回绝。金俞顺提出要成立联合奥组委，双方各出一半的人员。萨马兰奇再次回绝，但同意朝鲜成立"特别"（Special）奥组委。随后，萨马兰奇与金宗河会谈。金宗河直言，如果在韩国历史上第一次举办的奥运会上，韩国运动健儿不能代表他们的国家，这会导致国民失望，况且朝鲜希望与韩国联合组队，目的是想获取某些项目的参赛资格，联合组队需要朝韩双方单独谈判。接着，萨马兰奇询问还有哪些项目可以安排在朝鲜。金宗河回答，韩国可以考虑把乒乓球分给朝鲜，因为朝鲜在此项目上有很强的实力。萨马兰奇追问到射箭是否也可以放在朝鲜进行，金宗河表示可以考虑。^②。在随后的双方代表碰面中，金宗河表示，如果朝鲜能够撤销联合承办以及联合组队并且从现实角度出发，韩国可以考虑让朝鲜承办一个完整的团体项目。^③两天的正式会谈后结束后，朝鲜代表并没有离开，而是提出要与萨马兰奇进行私人会谈。1月15日，萨马兰奇与朝鲜奥委会副主席申钟国（Chin Chung-guk）会谈，确认朝鲜可以承办的项目是足球、乒乓球、射箭。此次会谈值得关注的是，萨马兰奇同意平壤使用"第24届奥运会·平壤"称谓。申钟国随后追问，韩国是否能够保证平壤举办上述三个项目的比赛，萨马兰奇回答道，这是国际奥委会的问题，朝鲜首先要做的是宣布参加，剩下的工作由国际奥委会协调。^④尽管经历两轮会谈，双方分歧依然巨大，但是萨马

① Richard W. Pound, *Five Rings Over Korea: The Secret Negotiations Behind the 1988 Olympic Games in Seoul* (Boston, New York, Toronto London: Little, Brown And Company, 1994), pp. 136–147.

② Meeting Between the National Olympic Committee President and the ROK's National Olympic Committee on North Korea's Participation in the 1988 Olympic Games, January 9, 1986, http://digitalarchive.wilsoncenter.org/document/113460.

③ Letter from the International Olympic Committee President to the National Olympic Committee (NOC) of the ROK with a Summary of the January 8–9 1986 Meeting Between the Two Korean NOCs, January 15, 1986, https://digitalarchive.wilsoncenter.org/document/113482.

④ Meeting Between the National Olympic Committee President and the DPRK's National Olympic Committee on North Korea's Participation in the 1988 Olympic Games, January 15, 1986, http://digitalarchive.wilsoncenter.org/document/113466.

兰奇还是提出会安排第三轮洛桑会谈。

为了给第三轮会谈加码，朝鲜积极活动。1月20日，朝鲜外相金永南（Kim Yong-nam）与苏联外交部长爱德华·谢瓦尔德纳泽会谈。在会谈中金永南向苏联提出两点要求：（1）在朝韩达成协议之前，苏联不宣布参加；（2）如果可能，联合社会主义国家发起抵制。但是苏联的回答令人回味，谢瓦尔德纳泽随即问道，运动员在平壤能享受什么待遇，朝鲜表示将提供一切。① 苏联并没有与朝鲜共进退的打算，这点萨马兰奇和韩国都清楚。3月7日，韩国体育部长朴世植（Park She-jik）向萨马兰奇汇报亚运会的准备工作以及即将在汉城举行的国家奥林匹克委员会协会的情况，此时苏联已经宣布参加，只不过韩国不能确定格拉莫夫是否会出席，萨马兰奇的回答是：很有可能。② 后来的事实是，苏联体育部长兼奥委会主席格拉莫夫出席了大会，这也是朝鲜战争之后苏联政府部长级官员首次踏上韩国的土地。3月7日，萨马兰奇也会见了朝鲜代表。此时金俞顺提出，朝鲜不仅要取得足球、乒乓球和射箭的所有比赛，还希望承办摔跤、体操以及柔道项目。如果满足以上条件，朝鲜可以在联合组队方面做出妥协，妥协就是在个别项目上联合组队。同时，金俞顺还提到，他已经与国际足联和国际乒联接触，目前已经获得积极反馈，朝鲜已经开始场馆建设。萨马兰奇随即回答，只有朝鲜声明参加1988年汉城奥运会，然后由他去跟相关体育联合会谈判，最后才能确认朝鲜是否能够承办该项目，至于承办数量和命名奥运会的问题都可以慢慢谈。③ 以上可以看出，朝鲜极力拉拢苏联不成，在项目数量上和联合组队问题上都有所让步，这是萨马兰奇乐见的，但是朝鲜擅自与国际体育单项联合会接触的行为又显得不合规矩。至此，第二轮洛桑会谈告一段落。

第三轮洛桑会谈之前，萨马兰奇首先与韩国总统全斗焕交换了意见，主要目的是希望全斗焕在项目分配上能再作出让步。萨马兰奇给全斗焕分析了

① Diary of Teimuraz Stepanov-Mamalanze on Meeting Between Eduard Shevardnadze and North Korean Foreign Minister Kim Yong-nam, January 20, 1986, https://digitalarchive. wilsoncenter. org/document/176344.

② International Olympic Committee Meeting with South Korean Sports Minister and His Delegation Regarding the Asian Games Television Right, March 7, 1986, https://digitalarchive. wilsoncenter. org/document/113473.

③ International Olympic Committee Meeting with the DPRK Delegation Regarding the Details of Holding the 1988 Olympic Games in Pyongyang, March 7, 1986, https://digitalarchive. wilsoncenter. org/document/113471.

形势：首先，卡斯特罗态度强硬，东欧各国不愿破坏与古巴的关系，所以汉城还是存在被抵制的风险。其次，朝鲜的要求从最初一半数量的项目减少到现在的五六个，韩国应该再表现得主动些。但让萨马兰奇没有预料到是，他会被全斗焕反将一军。全斗焕讲道："虽然朝鲜的军事力量比我们强大，但是在驻韩美军存在的情况下，金日成不会攻击我们。这点金日成知道，金日成也知道我知道。中国和苏联都不会允许朝鲜攻击韩国。少了这两个国家的支持，朝鲜闹不起来，闹起来就是自取灭亡……此前美国国防部长已经拜访过我，并向我转交了里根总统的信，信中表达了美国会帮助韩国办奥运……萨马兰奇先生，不要对朝鲜的威胁感到恐惧，朝鲜战胜不了国际奥委会。如果朝鲜真的能够做到尊重《奥林匹克宪章》和国际奥委会，我很乐意配合你的工作，但是这绝不是对朝鲜的妥协。"① 全斗焕言之凿凿，预示着韩国在第三轮洛桑会谈中不可能作实质性让步。

1986 年 5 月，朝鲜再次发起外交攻势。16 日，朝鲜劳动党中央委员黄长烨与苏共中央委员雅科夫列夫（A. N. Yakovlev）举行会谈。黄长烨指出，目前韩国国内动荡，反美的学生运动声势浩大，美国和韩国政府想利用奥运会赢得政治支持，从前两轮洛桑会谈的结果看，国际奥委会明显偏袒韩国。黄长烨向苏联提出，社会主义国家应该坚定阶级立场，在联合承办上声援朝鲜，如果苏联向对方施压，局势就会对朝鲜有利。对于朝鲜的请求，雅科夫列夫讲到，苏联已经不止一次在公开场合声明希望朝韩联合承办 1988 年奥运会，国际奥委会苏联代表也会支持朝鲜的提案。随后他话锋一转讲到，如果联合社会主义国家抵制奥运会会让苏联陷于孤立，这正中美国的下怀。② 从双方对话的内容看，苏联对于朝鲜的支持仅限于在媒体公开场合的道义声援，苏联不可能发起抵制，苏联的表态导致朝鲜在第三轮洛桑会谈态度转变。

1986 年 6 月 10 日，朝韩以及国际奥委会代表在洛桑举行第三轮洛桑会谈。朝鲜要求完整地承办足球、乒乓球、射箭、摔跤、体操、柔道六个项目的全部赛程，并且强调朝鲜特别渴望承办全部的足球赛事，此外，朝鲜还希望承办男子排球的比赛。朝鲜奥委会副主席表示，朝鲜不能接受预选赛在朝

---

① International Olympic Committee President Interview with Chun Doo-hwan on North Korean Threats to the 1988 Seoul Olympics, April 19, 1986, https://digitalarchive. wilsoncenter. org/document/113475.

② Conversation Between the Secretary of the CC CPSU A. N. Yakovlev with the Secretary of the CC KWP Hwang Jang-yeop, May 16, 1986, https://digitalarchive. wilsoncenter. org/document/113919.

鲜、决赛在韩国的安排，他认为国际奥委会的方案——朝鲜最多只能承办两个项目是不公平的。① 针对朝鲜代表提出的要求，韩国代表认为，只有朝鲜首先声明参加汉城奥运会，汉城奥委会才能跟各单项联合会协商，然后才能确认该项目是否能在朝鲜举行，并且强调朝鲜最多只能承办两个完整项目，组织事宜必须交给汉城奥组委，韩国可以考虑将乒乓球以及击剑项目分给朝鲜，但是足球项目绝无可能，另外朝鲜必须保证官方人员、运动设施以及媒体报道人员的通行自由，最后，韩国坚决不同意在朝鲜设立奥组委，因为奥运会的主办权只被授予了汉城。② 面对韩国开出的条件，朝鲜依然坚持要在朝鲜设立奥组委以及重新命名此次奥运会，并且表示如果韩国能在这两点上做出让步，朝鲜将不再要求承办所有的足球比赛，但希望以柔道、射击、举重三选其二取而代之，再加上射箭、乒乓球、女子排球、男子篮球、女子手球共七个项目的全部赛程。此外，关于环路自行车赛，朝鲜代表建议两个比赛起点设在朝鲜终点设在韩国，两个比赛的起点终点位置互换。此外，朝鲜希望两国的文化项目分开举办。朝鲜可以保证通行自由，保证对韩国运动员以及媒体没有限制。最终，萨马兰奇以个人名义并代表各位奥委会副主席向金俞顺保证，将尽全力在命名及成立奥组委的问题上满足朝鲜方面的要求，即可以将在平壤举行的比赛称为"第24届奥运会·平壤"，同意朝鲜设立奥组委。③ 从会谈结果看，朝鲜在此轮会谈中将项目数降到七个，并且不再提联合组队，在韩国坚决反对后放弃承办全部足球项目的要求。萨马兰奇迅速捕捉到了朝鲜的动向并违背韩国意愿向朝鲜让步，但是朝鲜依然没有明确答复。

1987 年 7 月 14 日，双方代表在洛桑开启了第四轮会谈。会谈一开始萨满兰奇就强调距离奥运会开幕只有 15 个月，1987 年 9 月 17 日就是向各国发出奥运邀请函的日子，谈判结果迫在眉睫，全世界都在关注洛桑。朝鲜代表

① Memorandum of the Two-Day Meeting Between the Two Korean National Olympic Committee and the International Olympic Committee on June 10-11, 1986, June 10, 1986, http://digitalarchive. wilsoncenter. org/document/110007.

② Memorandum of the Two-Day Meeting Between the Two Korean National Olympic Committee and the International Olympic Committee on June 10-11, 1986, June 10, 1986, http://digitalarchive. wilsoncenter. org/document/110007.

③ Memorandum of the Two-Day Meeting Between the Two Korean National Olympic Committee and the International Olympic Committee on June 10-11, 1986, June 10, 1986, http://digitalarchive. wilsoncenter. org/document/110007.

首先发言，他认为按照朝鲜半岛人口比例的划分方法，朝鲜希望承办八个项目的全部赛事，正好占此次奥运会总项目数量的1/3，并且强调朝鲜原本希望与韩国平分所有项目，但是现在降低了要求，即必须满足朝鲜在平壤设立奥组委以及重新命名在朝鲜举行的奥运会的要求。对此韩国代表完全不能接受，表示让朝鲜承办两个项目的全部赛事已经超出了韩国的预期，为了尊重国际奥委会韩国才勉强接受。此时，朝鲜代表提出朝鲜已经在举办足球赛事上花费了很大精力，体育场馆正在加紧建设，加之足球在朝鲜很受欢迎，因此，朝鲜必须承办全部的足球比赛。① 根据前文所述，韩国强调足球比赛的决赛必须在汉城举行，只此一点双方就不可能达成一致。考虑到这可能是奥运会之前双方最后一次会谈，韩国代表再次决定将女子排球和男子山地自行车的全部赛程分给朝鲜。萨马兰奇对韩国的提议表示支持，并且保证国际奥委会不会同意朝鲜提出承办八个完整项目的要求。② 至此，在项目分配方面，国际奥委会最终的解决方案如下：男子/女子射箭、男子/女子乒乓球、女子排球、男子山地自行车的全部赛程可由朝鲜承办，此外一个小组的足球预选赛也可以在朝鲜进行。萨马兰奇希望朝鲜能够接受国际奥委会的建议，并强调这一方案在奥运会历史上是绝无仅有的，实际上这种做法已经违背了《奥林匹克宪章》，但是考虑到朝鲜半岛的实际情况，国际奥委会作出了最大让步。③ 但是朝鲜仍然不表态。四轮洛桑会没有取得任何实质性进展，第五轮洛桑会谈也遥遥无期。如何解释朝鲜态度如此反复甚至僵化，笔者推测，朝鲜可能觉得由国际奥委会主持的三边协商对自己不利，开始寻求与韩国进行双边对话，这样一来，朝鲜就能借其他问题实现在洛桑不可能实现的目标。1988年7月26日，朝鲜方面高层致信韩国国会发言人，希望双方就奥运会

---

① Memorandum of the Two-Day Meeting Between the National Olympic Committee of the Two Koreas and the International Olympic Committee, Lausanne, July 14 – 15, 1987, July 14, 1987, http://digitalarchive. wilsoncenter. org/document/113476.

② Memorandum of the Two-Day Meeting Between the National Olympic Committee of the Two Koreas and the International Olympic Committee, Lausanne, July 14 – 15, 1987, July 14, 1987, http://digitalarchive. wilsoncenter. org/document/113476.

③ Memorandum of the Two-Day Meeting Between the National Olympic Committee of the Two Koreas and the International Olympic Committee, Lausanne, July 14 – 15, 1987, July 14, 1987, http://digitalarchive. wilsoncenter. org/document/113476.

进行磋商。① 按照常理，朝鲜应该跟韩国奥委会联系，朝鲜的这个举动部分佐证了笔者的推测。

四、联合承办汉城奥运会的尾声——南北合作的幻灭

从朝韩谈判的过程来看，表面上看，韩国与国际奥委会一直在向朝鲜妥协，但在关键问题上如联合组队、命名、成立新奥组委涉及原则问题时，韩国表现得寸步不让，甚至在朝鲜最希望得到的足球项目上也不松口。实际上，韩国对朝鲜的意图十分清楚，每当与朝鲜意见不合时，韩国代表就会"据理力争"，强调根据巴登巴登决议，国际奥委会只跟汉城签订了合同，在四轮谈判中韩国代表始终在重复这一点，这也从侧面说明了韩国人根本不愿意与朝鲜分享举办奥运的荣誉，对于朝鲜叫嚣的联合抵制也毫不畏惧。

韩国之所以这样有底气，从当时的国际环境分析，韩国经过多年的外交努力与苏联关系缓和。从 20 世纪 60 年代到 70 年代，苏联在东北亚部署重兵，一是防御美国及其盟友，二是防御中国，朝鲜成为其积极拉拢的对象。1985 年，随着苏联新任领导人戈尔巴乔夫（Mikhail S. Gorbachev）上台，苏联的全球战略和区域战略都开始发生转变。在东北亚地区，朝鲜的战略价值下降，而韩国通过与苏联积极进行贸易，战略地位上升。② 少了苏联的大力支持，朝鲜所能引发的震荡大大降低。而导致苏联战略思路转换的一个重要原因就是美国总统里根在第二任期开始，着手改善与苏联的关系。1984 年 1月 16 日，里根在讲话中提到要减少与苏联在第三世界的冲突。不仅里根本人对苏联态度缓和，国务卿乔治·舒尔茨（George Shultz）也极力推进与苏联和谈，1985 年 11 月 19—21 日在日内瓦，1986 年 10 月 10—12 日在雷克雅未克，1987 年 12 月 7—10 日在华盛顿，1988 年 5 月 29 日至 6 月 2 日在莫斯科，美苏领导人对话不断。③ 美苏关系缓和必然影响朝鲜半岛格局。

1986 年 11 月 11 日，戈尔巴乔夫在"改善国际形势，巩固和平"的谈话

① Letter from the Chairman of the Standing Committee of the North Korean Supreme People's Assembly to the National Assembly, Republic of Korea, July 26, 1988, https://digitalarchive. wilsoncenter. org/document/113533.

② Kyongsoo Lho, "Seoul-Moscow Relations: Looking to the 1990s," *Asian Survey*, Vol. 29, No. 12, December 1989, pp. 1153-1164.

③ Barbara Farnham, "Reagen and the Gorbachev Revolution: Perceiving the End of Thrust, " *Political Science Quarterly*, Vol. 116, No. 2, Summer 2001, pp. 225-252.

中提到，首先，他希望第 24 届奥运会在汉城和平壤同时举行，但是他已经告诉金日成，关于奥运项目的分配不是算术问题而是政治问题。金日成认为朝鲜人口占 1/3 所以要承办 1/3 的项目，这就是算术问题，苏联发起抵制是不现实的。其次，现在苏联正在拓展外交空间，积极呼吁合作，而体育最能表达苏联的心声，关于这一点苏联已经向金日成亮明了态度。① 1988 年 1 月 15 日，格拉莫夫访问慕尼黑。在欢迎晚宴上，他大谈奥运形势一片大好，认为这是里根和戈尔巴乔夫的功劳。他表示苏联将无条件参加汉城奥运会，当被问及如果朝鲜抵制苏联会有什么举动时，他回答说，朝鲜是否参加奥运会是国际奥委会以及朝鲜奥委会的问题，并不会影响苏联。② 这一表态给萨马兰奇吃了定心丸。但考虑到东北亚微妙的局势，萨马兰奇没有放弃外交攻坚。1 月 21 日，萨满兰奇在马德里与苏联外长共进晚餐。席间，谢瓦尔德纳泽询问朝鲜问题，他告诉萨马兰奇，金日成已经告诉苏联领导人，国际奥委会开出的条件已经与他们的要求十分接近，只要国际奥委会再稍作让步很有可能达成一致。萨马兰奇当即表示，如果可能他愿意亲自前往朝鲜继续谈判。③ 真正让萨马兰奇坚定立场的是美国参议员特德·史蒂文斯（Ted Stevens）的来信，信中他告知萨马兰奇，他已经告诉舒尔茨，在莫斯科会谈后美苏两国领导人会发表一份支持汉城奥运会的声明，舒尔茨正在鼓动苏联帮助缓和目前的奥运危机。④

此外，中国对朝鲜半岛的外交政策也成为影响时局的关键。1984 年 3 月，日本首相访华，在日本大使馆向国内发回的报告中提到，中日两国领导人就中韩关系发展深入交换意见。日本非常希望维持半岛和平稳定，并且对中韩之间的经济交流非常赞赏。日本首相特别指出，中国允许韩国运动员参

---

① Statement by Gorbachev, "The Amelioration of the International Situation, Strengthening of Peace," November 11, 1986, https://digitalarchive. wilsoncenter. org/document/113920.

② Information Note on a Visit by Soviet Olympic Committee President Gramow to Munich, January 15, 1988, http://digitalarchive. wilsoncenter. org/document/113483.

③ Memorandum of Conversation Between the International Olympic Committee President and Eduard Shevardnadze, Minister of Foreign Affairs, the USSR, Regarding the Negotiation with North Korea on the 1988 Olympics, January 21, 1988, https://digitalarchive. wilsoncenter. org/document/113489.

④ Letter from U. S. Senator to the President of International Olympic Committee on Reagan and Gorbachev's Support of De-politicizing 1988 Seoul Olympics, July 5, 1988, https://digitalarchive.wilsoncenter. org/document/113524.

加 "戴维斯杯"① 意义非凡，日本希望中国能够参加在汉城举行的亚运会和奥运会。与会的中方人员对回应道，中国也希望维持半岛和平局面，并且中国为了实现三方会谈（朝、韩、美）已经在积极协调。在提到中韩关系时，中方承认两国关系已经有了实质性进展。例如，中国允许韩国人前来中国参加国际会议和运动大会，同时中国体育代表也会前往韩国参赛，并且中国非常希望通过参加 1986 汉城亚运会进一步减少彼此的隔阂。② 1986 年，中国派遣 385 名运动员在内的 551 人代表团参加在汉城举行的第十届亚运会。在亚运会期间，中国体委副主任陈先、国际奥委会委员何振梁、北京市副市长张百发等高级官员造访汉城。张百发同时以 1990 年北京亚运会组委会副主席的身份拜访了全斗焕。③ 由此可知，中国支持朝鲜抵制汉城奥运会的概率不大。可以说，在联合社会主义阵营抵制汉城奥运会上，朝鲜的外交砝码分量不够。

1988 年 6 月 30 日，萨马兰奇将一份机密报告通过韩国驻日内瓦代表交到卢泰愚手上，这份报告是由国际奥委会国际关系顾问皮萨（Maitre S. Pisar）撰写的东北亚关系报告书。皮萨首先分析了目前的国际形势，认为东西方缓和已经是大势所趋，并且进一步指出，目前事态的关结点不是项目数量分配或者联合承办抑或是自由通行问题，皮萨认为要想解决问题，卢泰愚必须果断采取行动，直接告诉金日成韩国希望寻求心理上和身体上的停战，就像古希腊奥运会一样。为了保证这一行动的成功，皮萨建议卢泰愚，声明的调子应该是非战的且动之以情晓之以理，这样一来，韩国既能获得外交主动，还能平息国内学生示威，最终有利于政权稳固。皮萨认为最好的结果是，朝韩高级别官员甚至国家领袖直接对话，萨马兰奇也参与，这才是打破僵局的方法。④ 7 月 20 日，卢泰愚给萨马兰奇回信，信中说明他已经在很多场合表示愿意开启两国领导人会谈，并且已经在 7 月 7 日发表宣言，希望寻

---

① 1984 年在中国昆明举行的网球公开赛。

② Cable from Ambassador Katori to the Foreign Minister, "Prime Minister Visit to China (Summit Meeting-Korean Peninsula Affairs) ," March 24, 1984, https：//digitalarchive. wilsoncenter. org/document/ 119549.

③ 赵青峰：《水到渠成：建交前体育交流与中韩关系发展》，《冷战国际史研究》第 25 辑，2018 年夏季号，第 127—150 页。

④ Letter From the President of the International Olympic Committee to Roh Tae-Woo a Proposal for Further Initiative Between South and North Korea, June 30, 1988, https：//digitalarchive. wilsoncenter. org/ document/113522.

求南北对话合作，卢泰愚向萨马兰奇保证，与朝鲜缓和关系已是韩国外交的题中之意。^① 萨马兰奇对此举非常赞赏。事实证明，卢泰愚的"7·7宣言"很有效果。10月下旬，韩国与匈牙利正式建立了领事关系，1989年2月1日，两国建立大使级外交关系。^② 此时，韩国已经与社会主义国家打开局面，建交只是早晚问题。

随着东北亚局势对国际奥委会越来越有利，由此伴生的新问题继续困扰着萨马兰奇——奥运安保问题。1987年11月29日，一架从巴格达飞往汉城的大韩航空公司航班在缅甸附近的印度洋上突然失踪，后经调查是两名朝鲜特工在机内安置炸弹导致空难。该事件使朝鲜在国际社会上孤立无援，给原本支持朝鲜的国家很大冲击。^③ 1988年1月25日，西德奥委会主席维利·道默（Willi Daume）致信萨马兰奇，表示根据西德情报部门评估，朝鲜很有可能发起针对汉城奥运会的袭击。西德方面建议，鉴于朝鲜与中国关系在冷却期，只有苏联能够劝说朝鲜在这一问题上有所收敛，认为萨马兰奇应该通过国际奥委会苏联委员向莫斯科传达这一讯息。此外，道默在信件最后特意叮嘱萨马兰奇要对这条信息保密。^④ 鉴于之前慕尼黑奥运会的惨痛教训，奥运安保问题成为重中之重。1988年4月25日，卢泰愚与日本首相竹下登（Noboru Takeshita）达成协议，两国将就汉城奥运会期间可能出现的恐怖袭击问题举行磋商。5月26日，日本首相向韩国大使表示，日本将全力配合韩国政府，确保奥运会顺利进行。^⑤ 从竞争对手到合作伙伴，日本的角色转换令人惊讶，但也不难理解。首先，作为融入亚洲消除日韩隔阂的手段，奥运会是再好不过的途径。其次，作为美国的盟友，支援汉城奥运会就是支持美国的亚洲政策。1988年6月6日，美国国务院正式宣布已经从苏联方面得到

---

① Letter from Roh Tae-woo to the President of the International Olympic Committee on North Korea's Participation in the Olympics, July 20, 1988, https://digitalarchive. wilsoncenter. org/document/113530.

② 曹中屏、张琏瑰等编著：《当代韩国史（1945—2000）》，天津：南开大学出版社2005年版，第429页。

③ Richard W. Pound, *Five Rings Over Korea: The Secret Negotiations Behind the 1988 Olympic Games in Seoul* (Boston, New York, Toronto London: Little, Brown And Company, 1994), p. 265.

④ Intelligence Note From West Germany's National Olympic Committee to the International Olympic Committee on the Possibility of North Korean Terrorist Threats to the 1988 Seoul Olympics, January 25, 1988, https://digitalarchive. wilsoncenter. org/document/113492.

⑤ Richard W. Pound, *Five Rings Over Korea: The Secret Negotiations Behind the 1988 Olympic Games in Seoul* (Boston, New York, Toronto London: Little, Brown And Company, 1994), pp. 282-286.

保证，将尽其所能保证汉城奥运会的顺利召开。6月15日，亚洲及太平洋地区13国高级官员齐聚东京，商讨奥运安保以及针对恐怖袭击的防御措施。有报道指出，中共政治局常委李瑞环也已经与金日成沟通，明确传达了希望汉城奥运会顺利举行的信息。① 可以说，以上国家的支持是汉城奥运顺利进行的保障。

1988年8月初，已经孤立无援的朝鲜提出在板门店与韩国代表举行紧急会谈。虽然韩国方面同意会面，但是多数认为这是朝鲜在打舆论牌。② 萨马兰奇也认为这将是一盘死棋，但仍代表国际奥委会对外发布新闻稿，其中刻意提到："截至目前，已确定有161个国家参加汉城奥运会，③ 创造了历届参赛国最多的纪录。国际奥委会真诚希望朝韩双方能够摒弃前嫌共同参与。"④但是韩国对此反应冷淡。8月19日至20日，朝韩双方代表在板门店会谈，但是仍然毫无进展，直到26日双方代表继续在板门店胶着。⑤ 此时韩国航空公司获得中国的许可，在奥运期间可飞越中国领空。⑥ 中国最终确认参加后，朝鲜在谈判桌上完全失去了主动权，最终双方代表不欢而散。1988年9月17日，第24届夏季奥运会在韩国首都汉城开幕，韩国成为继日本之后第二个成功举办奥运会的亚洲国家。朝鲜最终缺席此次盛会。⑦

---

① Richard W. Pound, *Five Rings Over Korea: The Secret Negotiations Behind the 1988 Olympic Games in Seoul* (Boston, New York, Toronto London: Little, Brown And Company, 1994), pp. 295–296.

② Note from the President of the National Olympic Committee, Democratic People's Republic of Korea to the President of the International Olympic Committee, June 27, 1988, http://digitalarchive. wilsoncenter. org/document/113518.

③ 最后参会国有159个。参见国际奥委会网站 http://www. olympic. org/seoul-1988-summer-olympics。

④ Note from the President of International Olympic Committee to Richard W. Pound, IOC Member, Regarding Issue of Co-hosting the 1988 Olympic by the Two Koreas, August 11, 1988, http://digitalarchive. wilsoncenter. org/document/113541.

⑤ Richard W. Pound, *Five Rings Over Korea: The Secret Negotiations Behind the 1988 Olympic Games in Seoul* (Boston, New York, Toronto London: Little, Brown And Company, 1994), pp. 310–312.

⑥ Letter from the President of International Olympic Committee to the President of the USSR Olympic Committee, August 24, 1988, http://digitalarchive. wilsoncenter. org/document/113546.

⑦ 跟随朝鲜抵制汉城奥运会的国家有：古巴、埃塞俄比亚、尼加拉瓜。参见国际奥委会网站 http://www. olympic. org/seoul-1988-summer-olympics。

五、结语

不论是文化国际主义还是全球共同体，有一种相同的认知，即在人类发展进程中存在一种超越国界共同追寻的发展目标，这种认知推动了地域交流以及人类向前进步。但是，一个不争的事实是，这种过分乐观和理想主义的态度，必须在复杂的政治斗争中左右逢源才能实现。奥林匹克运动从创建之初就与政治不可分割。国际奥组委不仅要保证奥林匹克精神在亚洲得以延续，还要在亚洲复杂的政治漩涡中寻求平衡。国际非政府组织在冷战历史背景之下是否真的能独善其身呢？从这场朝鲜半岛的角力中，国际奥委会显然没有跳出政治对立的藩篱。这场看似朝韩两国的角力，实则上是一场多方的政治博弈。美国、苏联、中国、古巴，甚至日本都牵扯其中，每个国家都从自己的国家利益出发，根据当时的国际局势作出判断，国际奥委会也不能置身事外。

首先，以萨马兰奇为首的国际奥委会在经历了两次大规模联合抵制之后，国际声望和威信大不如前。可以说，汉城奥运会能否成功举办直接影响奥林匹克未来的发展。出于政治考虑，萨马兰奇一再退让甚至不惜违背《奥林匹克宪章》极力促成朝韩两国合作，其目的就是为了拉拢社会主义国家尤其是苏联。萨马兰奇的"穿梭外交"对1988年奥运会的顺利举办可谓是功不可没。面对复杂的朝鲜半岛局势，萨马兰奇一边要安抚朝鲜的情绪，一边还要想方设法阻止奥运会沦为双方政治斗争的牺牲品。为此，他穿梭于朝鲜、韩国、苏联、中国、美国之间，想方设法寻求平衡。即便是在谈判的最后阶段，但仍然高喊"奥运会的大门一直为你们敞开"的口号，占据道德制高点，展示了其高超的外交技巧。

其次，朝鲜之所以抛弃之前对韩国的敌对态度，接受国际奥委会的谈判建议，有自身的政策考量。从国内角度分析，从60年代开始金日成就改变了外交思路，不再将南北武力统一作为执政的第一要务，经济与军事发展问题一跃成为他想要解决的首要问题。要解决这两个问题，金日成不得不寻求国际社会的支持。为此，朝鲜在70年代开始了与不结盟国家的建交热潮。①

---

① Central Intelligence Agency, Intelligence Assessment of North Korean Strategy and Tactics in Its Policy Toward South Korea, April 1, 1978, USDDO, CK2349722880.

从国际角度分析，"普韦布洛"事件①之后，朝鲜对苏联更加不信任，转而将外交的主要精力放在中国。但是，随着尼克松访华中美建交，朝鲜感受到了危机，随后开始寻求与美国直接对话，但是遭到美国的拒绝。② 洛桑会谈原本可以成为朝鲜与韩国甚至和美国进行政治对话的跳板，但是朝鲜在细节问题上固执己见，丧失了主动权。在外交被动的情况下，一味要求社会主义国家支持朝鲜甚至不惜再次发起联合抵制，这种做法显得不合时宜。

再次，韩国在联合承办酝酿之初，就决定跟国际奥委会步调一致，也是根据韩国当时国内和国际局势所作出的判断。国内方面，80年代韩国国内要求民主化的呼声高涨，学生运动此起彼伏。承办奥运会对韩国民众来讲是无比荣誉的一件事，因此，保证1988年奥运会顺利进行是人心所向，韩国政府接受国际奥委会的提议是顺应民心的表现，从某种程度上来讲，洛桑会谈缓和了韩国国内矛盾。对外方面，卢泰愚积极推进"北方外交"政策，洛桑会谈不仅为韩国提供了与朝鲜交流的契机，更重要的是成为韩国与社会主义国家建交的敲门砖。在谈判关键问题上韩国做到了收放自如，可以说是一次外交的胜利。

最后，苏联作为社会主义国家的老大哥，虽然在公开场也曾声援朝鲜，希望国际奥委会能够促成南北联合承办，但是绝没有与朝鲜共进退的打算。面对美苏缓的大趋势，苏联更多从自身利益出发作出判断。例如，苏联和韩国达成秘密协定，只要苏联正式宣布参加1988年奥运会并且公开不赞同朝鲜的抵制，韩国可以满足奥运会期间苏联船只停泊仁川港的要求。③ 与此同时，美国也向苏联施加压力，多次在高层领导会谈期间要求苏联做出支持汉城奥运会的保证。美国还借机鼓励日本与韩国合作，团结自己的亚洲盟友，其中深意不言而喻。这两股隐性力量在这场角力中从未退场。

---

① 1968年1月23日，朝鲜俘获了美国"普韦布洛"号间谍船，在事件解决过程中，苏联一直在暗中规劝朝鲜缓和态度，尽早释放船员，但始终未取得真正的效果。可参见梁志：《1968年"普韦布洛"号危机初期的美苏交涉》，载华东师范大学冷战国际史研究中心编：《战后美国与朝鲜半岛关系研究》，北京：九州出版社2014年版，第200页。

② Central Intelligence Agency, Intelligence Assessment of North Korean Strategy and Tactics in Its Policy Toward South Korea, April 1, 1978, USDDO, CK2349722880.

③ Richard W. Pound, *Five Rings Over Korea: The Secret Negotiations Behind the 1988 Olympic Games in Seoul* (Boston, New York, Toronto London: Little, Brown And Company, 1994), p. 270.

肯尼迪政府时期
美国对尼泊尔政策再探讨

徐学斐[*]

1961 年 5 月 2 日，美国总统肯尼迪在白宫会见时任尼泊尔驻美国及联合国大使里希凯什·沙阿（右）。

---

[*] 徐学斐，日本新潟大学大学院现代社会文化研究科博士研究生。

提　要：

1960 年年末尼泊尔马亨德拉国王发动政变，尼泊尔和印度的双边关系急转直下。深陷内忧外患之中的国王政府试图向其第一大援助国美国寻求军事和经济方面的支持以渡过难关。为了积极防共，入主白宫不久的肯尼迪政府表示支持国王政府，并试图调和尼印两国的矛盾，但是，因为担心向尼泊尔提供军事援助可能导致美印关系出现裂痕，所以对尼泊尔的军事援助请求始终保持谨慎态度。直至中印边界战争爆发后的第二年，美国和尼泊尔才就军事援助协议的签署达成初步意向。本文主要以美国肯尼迪总统图书馆的解密档案为依据，阐述和分析肯尼迪政府时期美国对尼泊尔政策。

关键词：肯尼迪政府　尼泊尔　印度　中国　援助

纵观整个冷战时期，肯尼迪（John F. Kennedy）总统在任的两年 10 个月（1961—1963）是美国和尼泊尔双边关系中一段特殊的时期，其特殊性主要体现在三个方面：首先，艾森豪威尔（Dwight D. Eisenhower）总统执政后期，在西藏武装叛乱、中印边界纠纷以及逐渐回暖的美印关系的影响下，尼泊尔的战略重要性开始受到美国关注。美国政府于 1959 年在加德满都开设大使馆后，便开始通过在尼的外交渠道直接同尼泊尔政府保持接触。不仅如此，自 1960 年起美国还将尼泊尔北部秘境木斯塘作为准军事基地，并在此援助西藏分裂势力开展游击战，进行情报收集工作。[①] 其次，"王室政变"导致尼泊尔和印度的关系开始恶化。1960 年 12 月 15 日，尼泊尔马亨德拉（Mahendra Bir Bikram Shah Dev）国王发动政变，解散了由尼泊尔大会党领导的内阁以及议会上下两院，并逮捕了包括首相毕·普·柯伊拉腊（B. P. Koirala）在内的所有在尼泊尔境内的大会党高层领导。此举立刻招致一直以

---

① 美国中央情报局在木斯塘援助西藏分裂势力的相关内容可参见：Carole McGranahan, "Tibet's Cold War, The CIA and the Chushi Gangdrug Resistance, 1956‑1974," *Journal of Cold War Studies*, Vol. 8, No. 3, Summer 2006, pp. 115‑128; 程早霞：《美国中央情报局与中国西藏》，《中国边疆史地研究》2004 年第 1 期，第 74—76 页。

帮助尼泊尔实现代议制民主为己任的印度政府的强烈不满，① 加之流亡至印度的反对派势力在新德里方面的暗中庇护下频繁发动袭击，尼印两国关系可谓龃龉不断。最后也是最重要的，1962 年秋天爆发的中印边界战争不仅导致中印两国关系降至冰点，也使尼泊尔加强了对中国的戒备心，更促使美国开始考虑构建次大陆防御体系。

从尼美双边关系的研究现状来看，除了少数关于美国对尼泊尔的政策评析、战略调整②的论著，既有成果大多聚焦于美国对尼泊尔的援助政策，③只是其中对肯尼迪政府时期的对尼政策没有多少关注，鲜有的涉及也不过是一笔带过，④ 导致一些问题未能得到更深入的探讨，例如，上述研究中极少关注的美国对尼泊尔的军事援助问题。肯尼迪政府对向尼提供军事援助持何种态度？此种态度是否发生了变化？若发生变化，那么导致其变化的原因又有哪些？又如，肯尼迪政府在调整对尼政策过程中受到哪些因素的影响？其中什么因素更具决定性？再如，肯尼迪政府内部在调整对尼泊尔政策时是否存在不同意见？如果存在，那么这种分歧又是如何影响美国对尼泊尔政策的？本文将利用美国肯尼迪总统图书馆已解密的档案，并结合既有研究成

① 1960 年 12 月 20 日，印度总理尼赫鲁（Jawaharlal Nehru)在联邦院 "就国际局势提出动议"的会议上说道，"这（马亨德拉国王的行为）完全是对民主和民主化进程的颠覆，目前我也不清楚尼泊尔何时会回到推动民主化进程的道路上"。参见 Avtar Singh Bhasin ed. , *Nepal's Relations with India and China Documents 1947-1992* , Vol. 1(Delhi: Siba Exim Pvt. Ltd. , 1994), p. 79。

② 相关论文可参见王艳芬：《冷战初期美国对尼泊尔政策评析》，《世界历史》2011 年第 2 期，第 40—48 页；王艳芬、汪诗明：《冷战以来美国与尼泊尔的关系》，《南亚研究》2009 年第 1 期，第29—37 页。

③ 在研究包括美国在内的诸多大国对尼泊尔援助的既有成果中，尤以纳拉扬·卡德卡以及尤格内·布拉梅尔·米哈里的研究最具代表性，Narayan Khadka, *Foreign Aid and Foreign Policy: Major Powers and Nepal* (New Delhi: Vikas Publishing House Pvt. Ltd. , 1997); Eugene Bramer Mihaly, *Foreign Aid and Politics in Nepal: A Case Study* (London: Oxford University Press, 1965)。此外还可参见 Narayan Khadka, "U. S. Aid to Nepal in the Cold War Period: Lessons for the Future," *Pacific Affairs*, Vol. 73, No. 1, 2000, pp. 77-95；王艳芬：《论冷战初期美国对尼泊尔的援助计划——"罗斯计划"》，《安徽史学》2007 年第 4 期，第 14—18 页。

④ 比如纳拉扬·卡德卡曾对 1960 年政变后美国对尼泊尔提供经济援助的态度做过论述，他指出，美国当时相信尼泊尔的君主制是对抗共产主义最好的制度，因此愿意增加援助以有效地防止共产主义的扩张。参见 Narayan Khadka, "U. S. Aid to Nepal in the Cold War Period: Lessons for the Future," *Pacific Affairs*, Vol. 73, No. 1, 2000, p. 87。此外，还可参见芈岚：《尼泊尔、印度水资源政治关系研究》，北京：中国财政经济出版社 2014 年版，第 120 页；［英］约翰·菲尔普顿：《尼泊尔史》（杨恪译），上海：中国出版集团东方出版中心 2016 年版，第 146 页，其中都提到 1960 年政变后美国对尼泊尔加强了援助的力度。

果，探讨肯尼迪政府时期美国对尼泊尔政策的调整过程，并在此基础上针对上述问题进行深入分析，以期有助于我们更为全面地认识这一特殊时期美尼关系以及尼泊尔在美国的国家安全战略和亚洲战略中的定位。

一、选择维持既有对尼政策的背景及缘由

早在肯尼迪总统上任前，美国外交官员就对马亨德拉国王发动政变做了全面的评估。政变发生后不久，美国驻尼泊尔大使斯特宾斯（Henry E. Stebbins）同马亨德拉国王进行了近半小时的简短会谈。随后，他在给美国国务院的报告中对国王发动政变的动机进行了细致的分析："相比腐败和共产主义的威胁，我们相信国王仓促且略显鲁莽的举动更多的是出于对自身地位不保以及特权不断减少的恐惧心理，国王认为，如果不迅速行动，会造成诸如大权旁落等无法挽回的后果。（后两行未解密）在尼政坛确实存在着某种程度上的贪腐问题，有一些是真实存在的，但另外一些却是凭空捏造出来的。此外，也能找到一些前政府同共产主义运动之间的某种说不清道不明的联系，但我们坚信，国王发动政变最主要的动机还是为了实现绝对君主制，并确保沙阿王朝的稳固和长治久安。他虽然坚称没有受到任何人的挑唆，但是可以想见国王周边的一些势力是支持他的，并一直在敦促他采取行动。这其中就包括国王和王后的亲属、甲级拉纳家族的成员、世袭将军以及一些反动分子和封建残余，他们都是想保全自身特权的群体。另外还有一些地主以及一些想避因因土地改革而受到法律制裁的人。"[1]从斯特宾斯的描述中可以看出，他首先排除了此次政变背后有共产主义势力支援的可能，这应该也是

---

[1] Despatch from the embassy in Nepal to the Department of State, Subject: Memorandum of Conversation Between King Mahendra and the Ambassador, Kathmandu, December 21, 1960, No. 136, *Foreign Relations of the United States, 1958 – 1960, South and Southeast Asia*, Volume XV, 290, History. state. gov/historicaldocuments/frus1958-60v15/d290（2018 年 9 月 5 日最后登录）。沙阿王朝（Shah Dynasty，1768 年至 2008 年）；拉纳（Rana）家族，尼泊尔曾于 1846 年至 1951 年处于拉纳家族的统治之下。昌德拉·萨马舍尔·拉纳（Chandra Shamsher Rana）1901 年至 1930 年任尼泊尔首相，其在任期间根据出身的高低将拉纳家族的男性分为甲（A Class）、乙（B Class）、丙（C Class）三级。具体而言，甲级成员的母亲必须是按照严格的印度教教规明媒正娶且拥有切特里（Chhetri）种姓的妻妾；乙级成员的母亲虽不论种姓高低但必须是按照严格的印度教教规明媒正娶的妻妾；丙级成员的母亲多为低种姓且未明媒正娶的女子。其中唯有甲级拉纳家族的成员具备继承首相的资格。1951 年 2 月尼泊尔王政复辟后，拉纳家族的高级成员依然在政商界具有较强的影响力。

美国政府最为在意的一条，即不允许共产主义势力在尼泊尔抬头。此外，他还在文中提到政变后马亨德拉国王所面临的困难，其中如何处置尼泊尔大会党（Nepali Congress）的政治犯、如何在大批政治精英锒铛入狱的情况下挑选有识之士重组政府和如何设法增加财政税收最为棘手。他表示，"我们相信国王无法有效应对以上诸多问题，即便他对未来有很高的期许，但是他的新政府依然无法回避逃税问题，且会越发纠缠不清。"通过这份报告可以大致推测出，美国政府起初对国王的能力以及新政权的走势是有所怀疑的。虽然斯特宾斯在文中建议美国政府支持马亨德拉国王，并根据情形调整对尼泊尔的援助政策，[①] 不过由于正值总统权力交接之际，艾森豪威尔政府并未对此做出回应。

　　是否支持马亨德拉国王政府并同其进行合作？这是摆在肯尼迪政府面前的第一个难题，其中是否满足尼泊尔的援助请求是首先要考虑的问题。肯尼迪政府最初对国王政府的印象并不好。"王室政变"发生后不到三个月，尼泊尔就频频使出"激将法"，以求美国能够增加对其的援助项目。1961 年 3 月 26 日，马亨德拉会见斯特宾斯时提到，他已经收到中国政府发来的访华邀请，但是他没有立即回复。国王很想知道美方在下一个财年的对尼援助是否会发生变化，如果援助计划没有发生任何变化，他会感到很高兴；一旦援助减少，他可能会有出人意料的安排。言下之意便是，若美方无法满足尼方在援助方面的需求，中国将可能成为尼泊尔投靠的对象。此外，同年 5 月即将离任的尼泊尔驻联合国兼美国大使里希克什·沙阿（Rishikesh Shah）拜会肯尼迪之前，时任尼泊尔外交大臣图尔西·吉里（Tulsi Giri）也曾对斯特宾斯表示，如果美方不增加对尼援助，他们有可能会改变外交政策。[②] 美方对于尼方的"威逼"行为甚为不满，斯特宾斯曾表示，尼的行径是"粗鲁的绑架"，并向尼方提出严正抗议。[③]

　　就是否支持国王政府这一问题，肯尼迪政府内部主要有两派意见。以时任美国国务卿迪安·腊斯克（Dean Rusk）为代表的一方主张，支持国王政

　　① *Foreign Relations of the United States, 1958 - 1960, South and Southeast Asia,* Volume ⅩⅤ (Washington, D. C. : U. S. Government Printing Office, 1992) , pp. 612-613.

　　② Memorandum for the President, Subject: Nepalese Ambassador's Request for Appointment, April 17, 1961, Title: Nepal Security 1961-1963, JFK Presidential Library.

　　③ Memorandum for the President, Subject: Nepalese Ambassador's Request for Appointment, April 17, 1961, Title: Nepal Security 1961-1963, JFK Presidential Library.

府并维持对尼的经济技术援助水平。肯尼迪—沙阿会谈前，腊斯克在给肯尼迪的会谈备忘录中建议："目前国王政府和以前副首相苏伯纳·萨马舍尔·拉纳（Subarna Shamsher Rana）为首的尼泊尔大会党流亡势力都觊觎美方的扶持"，而美方的主要方针就是"保持同现政府的正常关系"，"如果我们想要继续在尼泊尔国内保持优势，那就需要同当前政府合作。在援助方面，我们应该继续提供经济援助项目。虽然总额并不太多，目前来看可能是最低限度的援助，然而一旦削减援助，则可能将国王推向莫斯科或北京。"①

腊斯克能够做出如此分析首先是基于对国王政府和尼泊尔大会党等反对派势力的判断。根据美方收集的证据，由苏伯纳领导的尼泊尔大会党以及在印的部分尼泊尔共产党势力并不具备有效威胁国王的能力，②如果美国选择支持较弱的一方抵抗较强一方，就有可能使尼陷入长期的武装冲突之中，而各政治势力之间相互掣肘所引发的社会动荡还可能给尼国内的共产主义势力提供能够发挥影响力的"舞台"。此外，从美国地区安全战略的角度来看，一旦尼泊尔政局持续动荡，美国中央情报局对华秘密军事部署的成效有可能大打折扣。1961年上半年肯尼迪政府为木斯塘西藏分裂组织进行了第一次武器空投，③虽然尼泊尔政府受制于地理因素，对木斯塘的控制有限，但是若得不到尼泊尔政府的默许，诸如武器空投、情报搜集这样的秘密行动恐怕也难长期维持。此外，维持经济援助水平虽然无法阻止国王政府向莫斯科或北京请求新的援助项目，但既有的美援规模④已足够对冲来自共产主义阵营的影响。

在两周后与沙阿的会谈中，肯尼迪基本采纳了腊斯克的建议。他向沙阿表示，理解国王在面对困境时所作出的决定，并相信国王能够以他独有的智

---

① Memorandum for the President, Subject: Nepalese Ambassador's Request for Appointment, April 17, 1961, Title: Nepal Security 1961–1963, JFK Presidential Library.

② Memorandum for the President, Subject: Nepalese Ambassador's Request for Appointment, April 17, 1961, Title: Nepal Security 1961–1963, JFK Presidential Library.

③ 程早霞：《美国中央情报局与中国西藏》，《中国边疆史地研究》2004年第1期，第75页。

④ 据美方的统计数据显示，在肯尼迪上任前的10年间美国为尼泊尔的发展提供了人均5.85美元的援助（美方所提供的援助总额约为5000万美元，期间尼泊尔总人口的平均值约为850万人），这一数值甚至超过了印度和锡兰的人均4美元和人均2.5美元，总量在各援助国中位列第一，而这其中还不包括PL480框架下的粮食援助。OUTGOING TELEGRAM, Department of State, Action: Amembassy KATHMANDU PRIORITY 215, Amembassy NEW DELHI PRIORITY 2557, January 30, 1962, Title: Nepal General 1961. 1. 20–1962. 8. 14, JFK Presidential Library。

慧为尼泊尔人民创造出一条符合尼泊尔国家利益的发展道路。同时肯尼迪还说道："我对尼泊尔越发有兴趣了，我们将会尽全力帮助贵国解决当下存在的诸多问题，这不会是一纸空谈。"①这是肯尼迪政府首次通过官方途径明确表态支持国王政府。

除此之外，肯尼迪政府内部存在着另一种声音：独裁的国王政府并不稳定，应该敦促尼泊尔尽快恢复民选政府。这从时任副国务卿切斯特·鲍尔斯（Chester Bowles）在肯尼迪—沙阿会谈后给美国驻加德满都大使馆的电报中便可窥知一二。在1961年5月20日寄出的这份电报②中，鲍尔斯表示，美国政府各部门对尼泊尔国内局势恶化以及公民抵抗运动表示出极大的关切，尼国内动荡的局势可能会促成共产主义政权的产生。他还追述道："虽然马亨德拉国王对民选政府感到恐惧，但国务院方面还是希望国王能够尽快意识到某种程度上的民选政府对尼泊尔是有好处的，国王也能借此略微挫败一下反抗者的锐气。此外，也要让国王认识到一旦无法作出让步，即重新组建某种程度的民选政府，可能会导致君主制的覆灭。"在电报的最后，鲍尔斯建议使馆方面通过私人渠道，尤其是斯特宾斯大使个人的影响力来接近国王，试图改变国王的想法。

然而，美驻尼使馆很快就发现建立起某种程度的民选政府并非一朝一夕之事。斯特宾斯大使经过近一个月的努力，在给美国国务院的回电中这样写道："说服国王放宽权限并恢复立宪政府是一个缓慢且痛苦的过程。如果真的要说服国王的话，就需要我和哈里什瓦尔·达亚尔（Harishwar Dayal，时任印度驻尼泊尔大使）在尼印双边关系不断恶化的情况下，定期地通过个人渠道不断地说服国王。即便如此，我依然怀疑能否收到成效。"最后，他总结道："目前来看，要让国王改变想法既不可能一蹴而就，也不可能仅仅通过我们两人中任意一方的恳请或是雄辩就能实现。"③ 从1961年8月3日肯尼迪同新任尼泊尔驻联合国兼美国大使马·普·柯伊拉腊（M. P. Koirala）

① Department of State, Memorandum of Conversation, Subject: Call of the Nepalese Ambassador to the President, May 2, 1962, Title: Nepal General 1961. 1. 20–1962. 8. 14, JFK Presidential Library.

② OUTGOING TELEGRAM, Department of State, SENT TO: Amembassy KATHMANDU 605, RPTD INFO: Amembassy NEW DELHI 3354, Amconsul CALCUTTA 745, 1961 MAY 20, Title: Nepal General 1961. 1. 20–1962. 8. 14, JFK Presidential Library.

③ INCOMING TELEGRAM, Department of State, FROM: Kathmandu, TO: Secretary of State, NO. 991, June 22, 1961, Title: Nepal General 1961. 1. 20–1962. 8. 14, JFK Presidential Library.

的谈话记录①来看，肯尼迪依然维持 5 月同沙阿会谈时对国王政府的立场，并表示将全力支持柯伊拉腊在美的工作。而尼泊尔方面似乎也较为积极地回应了美方的需求，柯伊拉腊表示国王政府正在计划建立一种以乡村为基础的、更适合于本国国情的民主体制（Panchayat，即无党派评议会制度）。

总体而言，肯尼迪总统执政初期美国政府内部在如何处理对尼关系问题上的两种观点并非完全对立或相互排斥。如上文所述，基于对尼泊尔国内外形势和美国自身利益的判断，他们都认为当务之急是要"维护尼国内政局的稳定"。然而二者之间仍存在两大分歧，一是对"稳定"内涵的理解有所偏差，二是寻求"稳定"的手段各不相同。腊斯克一方认为，通过维持既有的对尼政策并以此来巩固国王政府的执政基础有助于尼泊尔国内政局的稳定；而鲍尔斯一方则认为，民主体制有助于尼泊尔国内政局的稳定，只要国王同意恢复代议制政府，便有可能同流亡印度的政党势力达成和解，为此尝试通过在加德满都的外交渠道改变马亨德拉国王的想法。相比之下，前者对保障美国在尼利益而言显然更为稳妥且有效，随着后者被证实难以在短期内得以实现，肯尼迪政府初步确立了支持国王政府、继续为其提供经济技术援助、帮助其巩固执政根基的对尼政策方针。

二、尼印关系恶化与肯尼迪政府的应对

在肯尼迪政府明确表示支持国王政府并选择维持既有对尼政策的同时，尼泊尔和印度之间的关系在不断恶化。1960 年尼泊尔政变后，尼赫鲁政府随即表达了对马亨德拉国王以及尼泊尔政府的不满，但双方的关系并没有急剧恶化。不过肯尼迪政府早在 1961 年 5 月下旬就注意到国王本人具有强烈的反印情绪。美国驻尼泊尔大使馆在给国务院的尼国内局势评估电报②中指出："国王的反印态度已有多年，而且尼赫鲁在政变后的批评态度进一步激怒了国王。"其实从某种程度上来说，马亨德拉推翻同印度关系密切的尼泊尔大会党政府是其多年反印态度的体现，这种反印态度更多的是为了摆脱印度在尼的巨大影响力，以寻求真正意义上的独立自主。尼印双方的负面情绪于

① Department of State, Memorandum of Conversation, Subject: Presentation of Nepalese Ambassador's Credentials, August 3, 1961, Title: Nepal General 1961. 1. 20–1962. 8. 14, JFK Presidential Library.

② INCOMING TELEGRAM, Department of State, FROM: Kathmandu, TO: Secretary of State, NO. 916, May 25, 1961, Title: Nepal General 1961. 1. 20–1962. 8. 14, JFK Presidential Library.

1961 年夏天开始不断发酵。1962 年 3 月，时任美国驻印度大使加尔布雷斯（John K. Galbraith）在同斯特宾斯回顾前一年的尼印关系时指出，双方在 1961 年年中已经有了较强的对抗情绪。"自 1961 年 7 月以来尼泊尔政府的反印情绪明显增强。这主要是因为：（1）印方鼓动尼泊尔大会党；（2）在加德满都的印度官员的行为举止使尼方不悦；（3）印度媒体的宣传对尼怀有敌意。另一方面，印度对尼泊尔政府的不满情绪也在增强，主要是由于：（1）马亨德拉国王始终不信任印度；（2）尼泊尔政府，尤其是来自尼泊尔外交大臣吉里的极具挑衅意味的反印言论和政策。"① 如果说尼泊尔和印度的关系在政变后出现"裂痕"，那么 1961 年 9 月末至 10 月中旬马亨德拉访问中国并签订协定修建加德满都至西藏的公路是两国关系急转直下的导火索。1961 年，流亡印度的尼泊尔大会党只举行了零星的针对尼王室政权的抗议活动。然而，马亨德拉国王对中国和巴基斯坦采取异乎寻常的友好政策，尤其是马亨德拉结束其中国之行后，在一年左右的时间里，以尼泊尔大会党为首的反对势力在印度和尼泊尔的边境地区发起了多次颇具规模的恐怖袭扰活动，其中就包括引起巨大轰动的马亨德拉国王刺杀未遂事件②和拉克绍尔事件③。当然，这些武装行动都得到了印度当局的默许。

---

① INCOMING TELEGRAM, Department of State, FROM: New Delhi, TO: Secretary of State, NO. 2829, March 9, 1962, Title: Nepal General 1961. 1. 20–1962. 8. 14, JFK Presidential Library.

② 1962 年 1 月 22 日，马亨德拉国王在视察南部的贾纳克普尔地区时，有人朝国王乘坐的汽车扔了一颗手雷，所幸国王并无大碍。据什里·克里希纳·杰哈描述，是一名尼泊尔学生向国王投掷手雷，最后这名学生被判处了死刑，Shree Krishna Jha, *Uneasy Partners: India and Nepal in the Post-Colonial Era*(New Delhi: Manas Publications, 1975), p. 187, 转引自王宗：《尼泊尔印度国家关系的历史考察（1947—2011）》，广州：世界图书出版广东有限公司 2016 年版，第 137 页。另据加尔布雷斯于 1962 年 3 月 9 日呈交给美国国务院的电报，时任印度外交秘书的德赛（M. J. Desai）称，贾纳克普尔的刺杀未遂事件确实使得形势不利于尼泊尔大会党，他说他拿到一份报道说贾纳克普尔事件完全是由尼泊尔外交大臣吉里一手策划的，以此来诋毁尼泊尔大会党的声誉。参见 INCOMING TELEGRAM, Department of State, FROM: New Delhi, TO: Secretary of State, NO. 2830, March 9, 1962, Title: Nepal General 1961. 1. 20–1962. 8. 14, JFK Presidential Library。不过，该事件是否与吉里有关还有待考证。

③ 1962 年 9 月 29 日，在印度边境城市拉克绍尔发生的流血事件。尼泊尔方面称该事件是发生在印度情报局官员与所谓的反国家分子之间的冲突事件，造成其中一人受伤，而印度方面则指责这个事件为尼泊尔武装人员跨境所为。此事件发生后，印度中断了从拉克绍尔发往比尔根杰（尼泊尔一侧的边境口岸）的货物。愤怒的尼泊尔人在比尔根杰发起了一场反印示威游行。详见王宗：《尼泊尔印度国家关系的历史考察（1947—2011）》，广州：世界图书出版广东有限公司 2016 年版，第 142—143 页。

尼印关系的恶化催生出了一个新问题：随着尼泊尔同印度的政治互信降至冰点、两国边境的安全形势不断恶化，国王政府开始向肯尼迪政府提出军事援助方面的请求。1962 年 1 月中旬，尼泊尔外交大臣吉里在和同斯特宾斯谈话时首次提及军援问题。他表示印方提供的设备大都已过时，此前尼警方在办案开枪时放了哑炮；随后便询问美方能否以低价向尼泊尔军方和警方提供步枪和弹药。斯特宾斯委婉地拒绝了吉里的请求，他表示任何形式的军事设备援助都需要双方缔结相关的军事援助协定。而吉里据理力争，反驳称自己在贝尔格莱德得知美方曾经在没有军事援助协议的情况下援助南斯拉夫。斯特宾斯并没有理会吉里，他在给美国国务院的电报①中写道："我不同意接受尼方请求，因为此举势必招致印度方面的激烈反应。而且我认为现在这个时间点也不适合答应尼方的要求。事实上，我认为尼泊尔的此番要求在某种程度上是想让美和印划清界限，趁机离间美印关系。当然，拒绝向尼援助武器弹药并不意味着不向尼方提供无线电设备，我方应尽快援助尼无线电设备。"

这里需要强调印度对肯尼迪政府的战略价值。相较杜鲁门（Harry S. Truman）和艾森豪威尔两届政府，肯尼迪政府更加强调争取亚非拉地区的重要性，"新边疆"外交以及"和平战略"的提出预示着美国将以加强自身军事实力为基础，通过经济、文化等"和平"手段加强对亚非拉国家的影响，力图重新获得美国在第三世界的优势地位，进而在社会制度和意识形态竞争中战胜社会主义阵营。②南亚次大陆是肯尼迪政府最为关注的地区之一，其中印度最受肯尼迪本人青睐，他认为，在东方世界中印度是唯一能够同中国争夺政治和经济主导权的国家，早在参加总统大选前肯尼迪就曾表示，"我们不仅希望印度能够在同'赤色中国'的比赛中获得胜利，还希望印度变得更为自由、繁荣，以引领自由、繁荣之亚洲。"③肯尼迪入主白宫后不久，在经济学家罗斯托（Walt W. Rostow）及其团队的建议下，美国开始向印度提

---

① INCOMING TELEGRAM, Department of State, FROM: Kathmandu, TO: Secretary of State, NO. 316, January 17, 1962, Title: Nepal General 1961. 1. 20~1962. 8. 14, JFK Presidential Library.

② 孙屹峰：《肯尼迪政府的"时势观"与对华政策》，《史林》2009 年第 2 期，第 160 页。

③ Paul M. McGarr, *The Cold War in South Asia: Britain, the United States and the India Subcontinent, 1945-1965* (Cambridge: Cambridge University Press, 2013), p. 89.

供大规模的经济技术援助①，以求在助力其经济发展的同时博得其对西方阵营的好感。

鉴于肯尼迪政府时期美印关系的重要性以及印度同尼泊尔在防务问题上的"特殊关系"②，美方在对尼军事援助问题上始终表现得极为谨慎。1962年6月下旬美国国务院曾在给驻新德里大使馆的电报③中要求加尔布雷斯向印度外交秘书德赛（M. J. Desai）打听，如果肯尼迪政府灵活且积极地回应尼方所提出的军事援助请求，印方将会持何种态度。电报主要谈到四个要点：第一，自尼泊尔反对势力在尼印边境发动武装行动以来，国王政府一直向美方寻求军事设备④的援助，美方至今没有直接回应尼方的需求；第二，美方确信尼国内安全的一些敏感领域受到共产主义势力的干扰，但依然认为继续倚仗印度承担尼方大部分的防务需求符合各方利益；第三，斯特宾斯大使告知尼政府，美方将尽快回应尼方的请求，因此美方希望在此之前了解印方的明确看法；第四，美方认为，尼泊尔的确需要有限的装备来维护国内秩序，但美国政府更乐于见到印度政府继续向尼提供相关的军事设备；如果印方出于某些原因不愿意那样做的话，那么美方将探讨以何种方式向尼方提供军事援助。

---

① 在 1962 财年肯尼迪政府对外援助的预算中有 5 亿美元拨给了印度。另外，在 1961 年 4 月由世界银行赞助的国际援助会议上，美国的官员呼吁与会的英、日、西德等国出资援助印度，以履行美国政府在印度的第三个五年计划（1961—1966）的前两年内向其提供 10 亿美元援助的承诺。Paul M. McGarr, *The Cold War in South Asia: Britain, the United States and the India Subcontinent, 1945–1965* (Cambridge: Cambridge University Press, 2013), p. 94。另据既有研究成果显示，1960—1961 年度，美国对印度的经援为 6.678 亿美元；1961—1962 年度则上升为 7.751 亿美元。S. M Burke, *Pakistan's Foreign Policy: An Historical Analysis*(London: Oxford University Press, 1973), p. 255，转引自张威：《1971 年南亚危机与美巴关系——冷战时期地区危机与大国战略的互动性研究》，北京：中央编译出版社 2015 年版，第 46 页。

② 这里主要指的是印度和尼泊尔两国在安全领域的"特殊关系"。1959 年 11 月 27 日，印度总理尼赫鲁针对中印边境纠纷在人民院发表演讲，他指出："我必须强调的是任何对不丹以及尼泊尔的侵略行为都将被我们视作是对印度的侵犯。"尼赫鲁还在当年 12 月 3 日举行的记者招待会上透露，同尼泊尔缔结的 1950 年和平友好条约中包含了附属的秘密公文，其中包括在外国侵略时的协商机制、经由印度进口的第三国武器必须得到印方允许等内容。

③ OUTGOING TELEGRAM, Department of State, Action: Amembassy NEW DELHI PRIORITY 4284, Jun 20, 1962, Title: Nepal General 1961. 1. 20–1962. 8. 14, JFK Presidential Library.

④ 其中包括直升机、对讲机、降落伞、无线电收发机、步枪、弹药、警察装备以及手枪。

加尔布雷斯在回复美国国务院的电报①中写道，"德赛说尼泊尔除了同我方保持接触，同时也在接触英国，而且英方表示愿意考虑尼方的要求，另外苏联也是尼准备接触的对象。他直截了当地表示印度对尼泊尔同各方接触感到很不满，强调印度不论过去、现在还是将来都会向尼给予武器援助"，"我请求德赛跟我们保持密切沟通，并告知他我方将暂时停止对尼军事援助的考虑。印方在对尼武器供给方面遇到任何问题，美方都会乐于同其商讨。"在明确得知印度对军事援助的态度后，美国将注意力放在缓和尼印紧张局势以及向尼提供经济援助上，虽然尼泊尔仍然在为得到美国的军事援助煞费苦心，却都无功而返。②

鉴于南亚次大陆在美国国家安全战略和亚洲战略中的重要性不断上升，肯尼迪政府将促进该地区的稳定、团结与发展视为首要任务。虽然尼印矛盾无法同印巴矛盾相提并论，但次大陆内部各国之间任何形式的对立和冲突都不利于"新边疆"外交以及"和平战略"的落实。因此，肯尼迪政府积极地同尼印两方保持接触，并试图缓和两国关系。

马亨德拉国王刺杀未遂事件过后，美方获悉印度政府有意促成马亨德拉同尼赫鲁于4月中旬在新德里举行会谈，以缓和紧张局势。时任美国副国务卿乔治·鲍尔（George Ball）迅速给加德满都和新德里的美国大使馆发电报，③希望加德满都使馆在同国王政府谈及尼印关系时明确以下四点：第一，尼印两国的互信对双方都有好处，美方一直致力于劝阻那些不希望看到南亚国家和平繁荣的破坏分子，迫使他们停止干涉和施压；第二，美方不会干涉

① INCOMING TELEGRAM, Department of State, FROM: New Delhi, TO: Secretary of State, NO. 4205, June 27, 1962, Title: Nepal General 1961. 1. 20–1962. 8. 14, JFK Presidential Library.

② 沙阿曾就军事援助一事分别同斯特宾斯和国家安全事务助理麦克乔治·邦迪（McGeorge Bundy）进行商议。1962年8月，斯特宾斯在回答沙阿双方是否需要签订相关协议的提问时认为，这是很必要的，同时他还强调了军用设备的协定都应该正大光明地放在台面上，而不是以吉里所提议的秘密约定的形式呈现。一般而言，公开协定较秘密约定需要更长的谈判周期且极易受到利益攸关方的影响，美方的回答看似积极，实则是为了拖延、搁置此问题。此外，1962年10月19日，邦迪在会见赴美参加联合国大会的沙阿时更是刻意避开了军事援助的话题，只强调了美方将会通过有限的却极为重要的技术项目帮助尼方发展经济，为尼泊尔的国内安定提供援助。OUTGOING TELEGRAM, Department of State, Action: Amembassy KATHMANDU 93, Info: Amembassy NEW DELHI 1641, October 24, 1962, Title: Nepal General 1962. 7. 25–1962. 12. 18, JFK Presidential Library。

③ OUTGOING TELEGRAM, Department of State, Action: Amembassy KATHMANDU PRIORITY 215, Amembassy NEW DELHI PRIORITY 2557, January 30, 1962, Title: Nepal General 1961. 1. 20–1962. 8. 14, JFK Presidential Library.

尼印关系，或对尼印之间的忠诚关系产生怀疑；第三，任何一方都不能无视地理因素，尼泊尔只有与印度保持密切联系，才不会危及自身利益；第四，期待马亨德拉国王和尼赫鲁的会谈能够传递友好的信息。

与此同时，尼泊尔通过英国的外交渠道就尼国内外局势同美方进行沟通。1962年2月1日，时任尼泊尔驻英国大使卡利·乌帕德亚雅（Kali P. Upadhyaya）在和时任美国驻英国大使戴维·布鲁斯（David K. E. Bruce）的会谈中表示，虽然尼泊尔夹在中印两个大国之间，但目前尼方感受到的敌意和威胁更多是来自印度方面，尤其是以尼泊尔大会党为首的反对派势力在尼印边境频繁对尼发起袭击，而印度方面却谎称没有参与其中。他还向布鲁斯请求道："尼政府希望美方能够影响尼赫鲁政府，使其更加认清目前的政治形势，并促使印方尽快停止为尼泊尔的反政府人士提供庇护场所。"① 布鲁斯告诉乌帕德亚雅，他将尽可能地将这些内容转达给国务院以及美国驻印大使馆。

马亨德拉—尼赫鲁会谈前，美国政府在印度和尼泊尔两国之间进行斡旋。在新德里，主要由美国驻印度大使加尔布雷斯同外交秘书德赛进行接触，斯特宾斯也时而会从加德满都赶赴新德里参与讨论。由于美国担心介入过多引起印度的反感且可能无法从南亚地区抽身，所以并没有如尼泊尔希望的那样对印度施压，而是以一种协调沟通的方式间接地影响尼赫鲁政府。1962年3月8日的会谈中，加尔布雷斯、德赛和斯特宾斯达成八点共识，以确保马亨德拉—尼赫鲁会谈能够顺利进行，其中包括"印度政府将设法促使印度媒体对尼采取更为温和的态度，同时也愿意努力改善在尼印度公民对尼的态度"② 。另外，美方还明确了美印两国在尼泊尔的共同利益以及印度在其中的重要作用。加尔布雷斯在会谈后向美国国务院提议，应该劝说国王政府扩大政府规模、恢复基本人权（尤指释放被关押的前政府官员）、并且尽可能地同包括苏伯纳在内的非共产主义政治家进行合作。美国在尼泊尔的基本利益就是在印度的势力范围内完成这些目标。③

---

① INCOMING TELEGRAM, Department of State, FROM: London, TO: Secretary of State, NO. 2834, February 1, 1962, Title: Nepal General 1961. 1. 20~1962. 8. 14, JFK Presidential Library.

② INCOMING TELEGRAM, Department of State, FROM: New Delhi, TO: Secretary of State, NO. 2830, March 9, 1962, Title: Nepal General 1961. 1. 20~1962. 8. 14, JFK Presidential Library.

③ INCOMING TELEGRAM, Department of State, FROM: New Delhi, TO: Secretary of State, NO. 2830, March 9, 1962, Title: Nepal General 1961. 1. 20~1962. 8. 14, JFK Presidential Library.

在加德满都，主要是由斯特宾斯和费斯克（Ernest H. Fisk）参赞同转任财政大臣的沙阿以及外交大臣吉里保持接触。美方更愿意同温和稳健派的沙阿打交道，并且认为沙阿才是对时局发挥积极影响力的人物。[1] 在国王赴印前两周，沙阿专程前往斯特宾斯的官邸传达国王的想法，并希望斯特宾斯能够将信息转达给加尔布雷斯，最终由加尔布雷斯转述尼赫鲁。沙阿主打"感情牌"，斯特宾斯在给美国国务院的电报中写道："沙阿说，国王认为我最为了解他目前的困境且富有同情心，如果可能的话，希望我能够将国王的情况传达给加尔布雷斯，因为沙阿一直认为加尔布雷斯是能够对尼赫鲁产生极大影响的人。"[2]斯特宾斯表示，他已和加尔布雷斯交流，并将十分中肯地告诉加尔布雷斯他对国王的看法，他相信尼印两国的所有朋友都希望此次会谈能够为双方带来好处。[3]

马亨德拉—尼赫鲁会谈后，尼印的紧张关系虽有所缓解，但双方在诸如印方是否能够公开支持国王政府并全面禁止在两国边境附近活动的反对派势力等关键问题上并未取得实质性进展。为寻求新的突破，1962年6月末，马亨德拉任命沙阿接替吉里担任外交大臣，试图用温和的"静默外交（Quiet Diplomacy）"来换取印度不再放任反对派势力在边境制造流血事件。9月4日，沙阿前往新德里同尼赫鲁和印度政府要员进行会谈，但无功而返。尼印关系也因沙阿没有把握住马亨德拉所谓的"最后一次机会"[4] 而再次陷入低

---

① 1962年3月8日所达成的8点共识中还包括美印双方对于沙阿和吉里的看法。双方都认为吉里对时局的影响极为负面，如果可能的话希望他能够被免职或者调往海外。参见 INCOMING TELEGRAM, Department of State, FROM: New Delhi, TO: Secretary of State, NO. 2830, March 9, 1962, Title: Nepal General 1961. 1. 20-1962. 8. 14, JFK Presidential Library。

② INCOMING TELEGRAM, Department of State, FROM: Kathmandu, TO: Secretary of State, NO. 408, April 5, 1962, Title: Nepal General 1961. 1. 20-1962. 8. 14, JFK Presidential Library.

③ INCOMING TELEGRAM, Department of State, FROM: Kathmandu, TO: Secretary of State, NO. 408, April 5, 1962, Title: Nepal General 1961. 1. 20-1962. 8. 14, JFK Presidential Library.

④ 沙阿出访印度后的第三天，即1962年9月7日，国王在参加完斯特宾斯大使的家宴后对他说，此次由尼泊尔驻联合国兼美国大使里希克什·沙阿率领的访印代表团是他给印度彻底终止边界袭击的最后一次机会。斯特宾斯大使表示，将此次出访定位为"最后一次机会"会给沙阿带来极大的压力，增加其谈判难度。同时他还想打听出国王派沙阿出访的真正意图，可是国王并没有对其做出回应。斯特宾斯仍在劝国王要保持耐心，避免采取过激行为。在前一天二王子主办的小型晚餐会后，国王将斯特宾斯大使领到一边说道，如果沙阿代表团同印度的谈判最终失败，他将转而寻求美国或者英国帮其解决同印度的难题。参见 INCOMING TELEGRAM, Department of State, FROM: Kathmandu, TO: Secretary of State, NO. 108, September 10, 1962, Title: Nepal General 1962. 7. 25 – 1962. 12. 18, JFK Presidential Library。

谷。9 月 13 日,印度驻尼泊尔大使达亚尔在同斯特宾斯的私人会面中表示,总的来看,尼赫鲁对马亨德拉以及尼泊尔政府的耐心已经消耗殆尽。[①] 而尼泊尔方面,不仅国内反印宣传再次抬头,马亨德拉也于 9 月 22 日重新启用对印强硬的吉里担任外交大臣。尼印的对峙因 9 月末的拉克绍尔事件再次升级。

在此情形下,尼泊尔加强同美国的沟通,力图美方出面调解并对印度施压。[②] 美国主要从两个方面入手防止紧张局势进一步升级:其一,积极劝导尼方,美国官员在会晤中不止一次劝说尼泊尔政府保持冷静和克制,以尼泊尔和印度两国的利益为重。斯特宾斯接到沙阿来信后,一方面呼吁国王政府在关键时刻要三思而后行,另一方面又基于美国一贯的防共立场规劝尼方谨慎考虑是否要全面倒向中国政府,他认为:"关于尼泊尔和印度的双边关系,以我所见除非双方进行协商,否则任何行动都会导致糟糕的结局。目前我方唯一能做的就是同情尼方。向'中共'请求帮助只会为尼泊尔、国王以及国王家族鸣丧钟。在每个伟人的一生中都有那么一刻需要他抛却其他想法、仅出于爱国的理由做出伟大的决定。对马亨德拉国王而言这个关键时刻就在眼下。"[③] 助理国务卿塔尔博特(Phillips Talbot)在会见沙阿时明确指出:"尼印双方需要分清何为重要利益,何为非重要利益。公开的决裂肯定不符合双方利益。如果尼泊尔国内政策取得成效,一样也会帮助尼提升信心,渡过目前的难关。"[④] 此外,斯特宾斯还在私人会谈中就尼方可能将尼印两国矛盾诉诸联合国一事规劝吉里保持冷静,因为通过联合国来解决两国的问题不仅需

① INCOMING TELEGRAM, Department of State, FROM: Kathmandu, TO: Secretary of State, NO. 115, September 17, 1962, Title: Nepal General 1962. 7. 25–1962. 12. 18, JFK Presidential Library.

② 从已掌握的资料来看,美尼双方主要有以下几次会晤:沙阿从新德里返回加德满都后就受国王委托向美国驻尼泊尔大使征求意见以帮助尼政府顶住来自印度的压力;9 月末,赴美出席国际货币基金组织和世界银行年会的尼泊尔财政大臣苏里亚·塔帕(Surya B. Thapa)同美国主管近东及南亚事务的助理国务卿塔尔博特以及转任总统亚非拉事务特别顾问的鲍尔斯谈及尼泊尔和印度关系时表示,希望美国能够出面帮助解决目前的困难;10 月中旬,以特使身份赴美参加联合国大会的沙阿分别在会见美国国家安全事务助理邦迪、助理国务卿塔尔博特时,就尼印两国的紧张局势询问美方的意见;吉里也在 10 月 20 日晚同斯特宾斯大使举行了私人会谈。

③ INCOMING TELEGRAM, Department of State, FROM: Kathmandu, TO: Secretary of State, NO. 113, September 17, 1962, Title: Nepal General 1962. 7. 25–1962. 12. 18, JFK Presidential Library.

④ OUTGOING TELEGRAM, Department of State, Action: Amembassy KATHMANDU 91, Amembassy NEW DELHI 1601, October 21, 1962, Title: Nepal General 1962. 7. 25 – 1962. 12. 18, JFK Presidential Library.

要翔实的资料和证据，而且还有受到他国盘问的可能，其中可能包括如何审判政治犯等对尼方极为不利的人权问题。① 其二，回绝印方过激的要求。9月末，外交秘书德赛向加尔布雷斯提出请求，希望美方推迟从《480公法》（农产品贸易发展暨补助法案）项目中提取1500万卢比专门用于援助尼泊尔，以此向尼方施压。加德满都使馆极力反对，斯特宾斯表示德赛所建议的对尼施压可能导致尼泊尔不堪重负，迫使马亨德拉国王做出更为鲁莽且不计后果的举动。② 随后，美国副国务卿鲍尔也对此提议做出批示："我方认为这样的援助符合常规，《480公法》项目的实施标准也一直与项目启动时保持一致。我方目前也不会再实施新项目，那样太耗费精力。对尼的援助不应同处理尼印两国关系混为一谈，毕竟出资的是美国。"③ 从鲍尔的批示可以看出，虽然肯尼迪政府在帮助尼泊尔扩大政府规模、恢复基本人权、促进国王政府同反对派势力和谈中颇为倚重印度，但不会为了印度而改变对尼提供经济技术援助的既定方针。换言之，这是美方在尼泊尔事务上向印方让步的底线。

中印边界战争的爆发成为尼印改善双边关系的重要契机。出于对尼泊尔国家安全的考虑，1962年11月，在印度境内活动的反对派势力宣布暂停边境的袭击活动。与此同时，美国也试图利用这次武装冲突增强尼泊尔和印度对"赤色中国"的恐惧心理，撮合双方重归于好，整合南亚防务。1962年12月，肯尼迪在给马亨德拉的亲笔信中表示，尼印之间的分歧只会对利用这一矛盾从中获利的人有好处（暗指中国），所幸的是双方正在逐渐改善关系。肯尼迪还在信中提及，国王陛下应该同他一样高度关注"中共入侵印度的事实"，他呼吁次大陆地区的"自由国家"联合起来共同面对这一重大的外部威胁。④ 事实上，印度在中印边界战争中的失利以及美国的"煽风点火"确

① INCOMING TELEGRAM, Department of State, FROM: Kathmandu, TO: Secretary of State, NO. 177, October 21, 1962, Title: Nepal General 1962. 7. 25–1962. 12. 18, JFK Presidential Library.

② INCOMING TELEGRAM, Department of State, FROM: Kathmandu, TO: Secretary of State, NO. 131, September 27, 1962, Title: Nepal General 1962. 7. 25–1962. 12. 18, JFK Presidential Library.

③ OUTGOING TELEGRAM, Department of State, Action: Amembassy NEW DELHI 1259, Info: Amembassy KATHMANDU 76, September 27, 1962, Title: Nepal General 1962. 7. 25 – 1962. 12. 18, JFK Presidential Library.

④ OUTGOING TELEGRAM, Department of State, Action: Amembassy KATHMANDU 120, Info: Amembassy NEW DELHI 2655, December 18, 1962, Title: Nepal General 1962. 7. 25 – 1962. 12. 18, JFK Presidential Library.

实对尼泊尔产生了重要影响，国王政府加深了对共产主义政权的猜疑，并着手提防可能来自中国的军事行动，也对印度是否有能力帮助其抵御可能发生的不测缺乏信心，因此就军事援助一事仍继续同美国保持接触。

三、中印边界战争后美国对尼政策的调整

中印边界战争改变了喜马拉雅山南麓以及次大陆北部的安全环境。肯尼迪政府在敦促马亨德拉联合次大陆地区的"自由国家"抗击来自"赤色中国"的威胁、继续帮助马亨德拉国王巩固执政基础、推进国内改革的同时，也开始认真考虑是否需要向尼泊尔提供必要的军事援助。

中印边界战争后，肯尼迪政府再次明确经济技术援助在对尼政策中的重要性：美国在尼泊尔的主要利益就是美国国际开发署的援助项目，并通过这些援助为尼泊尔打开通向自由世界的"窗口"、避免其转而投奔"赤色中国"。① 1963 年 5 月初，美国助理国务卿塔尔博特同巴基斯坦外长布托（Zulfikar Ali Bhutto）谈到尼泊尔："美国对尼泊尔很感兴趣，会尽其所能帮助尼掌握基本的'生存能力'。"②

1962 年年末至 1963 年年初，国王政府制定、颁布了新宪法，并建立了无党派评议会制度。为了强化以国王为权力核心的无党派评议会制度、帮助新体制下的政府发展经济，肯尼迪政府除了在尼泊尔的农业、林业、文教卫生、公共设施建设、服务业以及统计等领域保持每年约 400 万美元③的援助投入之外，还在培养尼泊尔乡村民众民主理念和价值观方面倾注心血，"新边疆"政策中最为重要的一环——派遣和平队志愿者也在尼泊尔得以落实。据美国的统计显示，自 1962 年下半年，肯尼迪政府一共向尼泊尔派遣了两

---

① Memorandum for Mr. McGeorge Bundy, the White House, Subject: Background papers for the President's Meeting with Dr. Tulsi Giri of Nepal, September 17, 1963, Title: Nepal General 1963. 1. 9 – 1963. 11. 20, JFK Presidential Library.

② INCOMING TELEGRAM, Department of State, FROM: Karachi, TO: Secretary of State, NO. 2182, May 6, 1963, Title: Nepal General 1963. 1. 9–1963. 11. 20, JFK Presidential Library.

③ 美国国家安全事务助理麦克乔治·邦迪于 1962 年 10 月会见里尼泊尔驻联合国兼美国大使里希克什·沙阿之前，美国国家安全委员会参谋罗伯特·科默（Robert W. Komer）在给邦迪的备忘录中提到，美国国际开发署每年约向尼泊尔提供 400 万美元的经济技术援助。详见 Memorandum for Mr. McGeorge Bundy, the White House, Subject: Your Appointment with Nepalese Special Ambassador Rishkesh Shah, October 18, 1962, Title: Nepal General 1962. 7. 25–1962. 12. 18, JFK Presidential Library。

批共约 110 名①和平队志愿者，其中大部分是在乡村从事基础教育工作的教师。

中印边界战争结束后美国继续专注于对尼的经济技术援助，在防务领域则以保障尼泊尔国内安全为首要任务。为了保证尼泊尔具备应对内战和动乱的能力，美国政府同意向尼泊尔派遣警察调查队，以检验警力援助项目（Police Assistance Program）在尼泊尔是否能够顺利开展。② 不过，肯尼迪政府在对尼军事援助问题上依然保持谨慎的态度。当时肯尼迪政府已经有意向尼泊尔提供某种形式的军事援助，政府内部最大的争论是以何种形式开展援助。一部分人支持美国直接向尼泊尔提供军事援助，他们列举了以下理由：首先，印方目前无法满足尼方的防卫需求，自尼印关系恶化以来印度对尼泊尔的军事援助降至最低点，且不曾向尼提供稀缺性装备；其次，印度需要保存实力来对付"赤色中国"；最后，马亨德拉国王不同意印度军队进入尼本土开展防务工作。另一部分官员反对直接进行援助的依据是：（1）此举可能招致"赤色中国"的进攻，他们可能向尼政府施压，要求尼泊尔帮助其解决在木斯塘活动的康巴藏军；（2）印度在尼泊尔有至高无上的利益，美国应该巩固并发展印度在尼泊尔的利益。③

1963 年下半年，美尼双方围绕军事援助问题持续多年的博弈迎来了些许转机。当年 7 月，已成为大臣会议主席（在无党派评议会制度下等同于首相的职位）的吉里在同斯特宾斯商讨当年秋天访美的诸项事宜时表示，尼泊尔不反对美国对印度的军事援助，但希望美方能够一视同仁，也对尼泊尔进行军事援助。这番言语被斯特宾斯解读为吉里希望在访美期间得到美国军事援助的承诺，他推测可能是某种形式的保证，也可能是以一种秘密协定的形式

① 首批和平队志愿者共 70 名，于 1962 年夏天抵达尼泊尔。第二批近 40 名志愿者于 1963 年年末抵达尼泊尔。参见 Memorandum for Mr. McGeorge Bundy, the White House, Subject: Background Papers for the President's Meeting with Dr. Tulsi Giri of Nepal, September 17, 1963, Title: Nepal General 1963. 1. 9-1963. 11. 20, JFK Presidential Library。

② Memorandum for Mr. McGeorge Bundy, the White House, Subject: Background Papers for the President's Meeting with Dr. Tulsi Giri of Nepal, September 17, 1963, Title: Nepal General 1963. 1. 9-1963. 11. 20, JFK Presidential Library.

③ INCOMING TELEGRAM, Department of State, FROM: New Delhi, TO: Secretary of State, NO. 1035, September 20, 1963, Title: Nepal General 1963. 1. 9-1963. 11. 20, JFK Presidential Library.

呈现。① 也许是因为，自从马·普·柯伊拉腊递交国书后，尼泊尔高级官员已有两年多没有正式拜会肯尼迪，美国政府认为吉里在就任大臣委员会主席后的首次访美是谈判的好时机，所以美方对军事援助问题的重视程度超过以往任何时候。

美国国务院执行秘书处的执行秘书本杰明·里德（Benjamin H. Read）转呈国家安全事务助理麦克乔治·邦迪（McGeorge Bundy）的谈话备忘录中添加了一份题为《对尼军事援助的阶段性尝试》的长文。② 文章指出，虽然印度应该继续承担尼泊尔防务领域的主要职责，但美国在未来的决策中必须考虑到：尼泊尔是次大陆防御链上的一个薄弱环节、已经没有多余的卢比来支付额外的防务支出、国内的科技水平不足以支撑老旧设备的保养和维护、1964 财年尼泊尔的军事援助来源十分有限，这些都需要依靠外国的军事援助来进行改善。就目前而言，建议将美国对尼泊尔的军事援助尝试分为三个阶段：第一阶段，通过新德里、加德满都的大使馆同印度、尼泊尔高级官员探讨双方在次大陆安全保障事务中的角色以及各自的防务需求和合作前景，通过伦敦的大使馆同英方评估和回顾尼泊尔的安全形势；第二阶段，成立新德里—加德满都大使馆联合建议小组，综合评估对尼军事援助的可行性、方式方法和具体内容；第三阶段，征求英国政府对此问题的战略考虑。

1963 年秋吉里访美时共举行了四次重要会谈，除一次主谈经济技术援助以外，其余三次会谈都涉及美国对尼泊尔的军事援助问题。从会谈的内容③来看，吉里就美方向尼方提供军事援助的必要性和紧迫性向美国传递了以下

---

① AIRGRAM, Department of State, FROM: Kathmandu, TO: Secretary of State, Subject: Conversation of Ambassador with Foreign Minister Dr. Tulsi Giri, July 31, 1963, Title: Nepal General 1963. 1. 9~1963. 11. 20, JFK Presidential Library.

② "Tentative Courses of Action on Military Assistance for Nepal," Memorandum for Mr. McGeorge Bundy, the White House, Subject: Background Papers for the President's Meeting with Dr. Tulsi Giri of Nepal, September 17, 1963, Title: Nepal General 1963. 1. 9~1963. 11. 20, JFK Presidential Library.

③ 会谈的具体内容可参见 Department of State, Memorandum of Conversation, Subject: Nepal's Request for U. S Military Aid and Increased Economic Assistance, September 18, 1963, Title: Nepal General 1963. 1. 9~1963. 11. 20, JFK Presidential Library; Department of State, Memorandum of Conversation, Subject: U. S. Economic Assistance and Military Aid to Nepal, October 2, 1963, Title: Nepal General 1963. 1. 9~1963. 11. 20, JFK Presidential Library; Department of State, Memorandum of Conversation, Subject: U. S. Military Aid to Nepal, October 2, 1963, Title: Nepal General 1963. 1. 9~1963. 11. 20, JFK Presidential Library; Department of State, Memorandum of Conversation, Subject: U. S. Economic and Military Aid to Nepal, October 2, 1963, Title: Nepal General 1963. 1. 9~1963. 11. 20, JFK Presidential Library。

四点信息：第一，尼泊尔不缺骁勇善战的将士，但缺少优质先进的装备；第二，如果美国不向尼泊尔提供军事援助，一旦发生战争，尼泊尔可能连最初的几小时都抵抗不了；第三，美国单独向尼泊尔提供军事援助证明了尼泊尔不是只依靠印度才能发展的国家，而是一个真正独立自主的主权国家；第四，能够提升民众对政府的信任感，有益于国内的稳定。虽然包括肯尼迪在内的美国政府高官在会谈中没有直接给予肯定的答复，但与以往不同的是会谈结束后美国国务院就对尼军事援助问题做出批示。

此时，肯尼迪政府已经明确了对尼军事援助的大致方针：第一，对尼泊尔的军事援助不可引起"中共当局"的进攻，也不可破坏尼印和美印关系；第二，初步想法只是提供少量装备，重点任务还是帮助尼政府提升国内的治安水平；第三，由于太多不可控因素，因此不建议通过印度来提供美国的军事设备。与此同时，国务院还要求新德里和加德满都的大使馆按照"阶段性尝试"中的各项步骤，针对美国所关切的问题展开调查。这些问题亦反映了肯尼迪政府内部反对直接向尼提供军事援助一派的意见：（1）美方对尼的直接军事援助如何做到不激怒印度；（2）如何做到不激怒"赤色中国"；（3）援助尼泊尔的武器和设备应为哪种类型；（4）如何避免尼泊尔利用美援的武器及设备对付印度的情况发生（美方称之为"巴基斯坦式的悲剧"）；（5）英国对向尼提供军事援助的意见如何。

新德里—加德满都大使馆联合建议小组就以上问题提出了意见和建议。针对问题（1）和（2），斯特宾斯认为，说服印度最好的办法就是向其说明，美方只是为了提升尼泊尔国内的治安能力，并非是要取代印度的地位。另外，美国政府应该先下决定，然后再告诉印度政府，因为既成事实可以在一定程度上缓和印方的情绪，毕竟"生米已成熟饭"。①在如何防止"中共当局"过激反应的问题上，斯特宾斯认为"中共当局"对由美、尼、印等多国参与的联合防务计划的反应会小于尼印或美印的双边防务合作。接替加尔布雷斯的切斯特·鲍尔斯在给美国国务院的电报中针对问题（3）给出建议。他在文中指出，近几年来印度对尼泊尔的军事援助降至历史最低点，且极少向尼泊尔提供稀缺性装备，美国可以向尼泊尔提供少量高战略性以及高性能

---

① INCOMING TELEGRAM, Department of State, FROM: New Delhi, TO: Secretary of State, NO. 1375, October 31, 1963, Title: Nepal General 1963. 1. 9~1963. 11. 20, JFK Presidential Library.

的装备，但必须同印度的装备兼容。① 秉持少量、尖端、兼容三大原则还能最大限度地减轻尼泊尔的负担。谈到问题（4）时斯特宾斯认为，如果印度能有效管控尼印边境，那就不会出现"巴基斯坦式的悲剧"。② 针对问题（5），斯特宾斯表示英国首相霍姆（Alexander F. D. Home）告诉他，英方会在对尼军事援助问题上同美国保持行动一致，并愿同美方保持密切沟通。③

从目前已公开的档案来看，肯尼迪政府就对尼军事援助问题的探讨在肯尼迪被刺杀之前的一周仍未结束，但可以肯定的是，政府内部已经达成一定的共识，即美国有必要向尼泊尔直接提供少量的军事援助。1964 年 3 月，约翰逊（Lyndon B. Johnson）政府和英国同尼泊尔正式签订武器援助协定，自 1964 年 10 月生效之日起，美英两国开始向尼泊尔提供总额约 400 万美元的军事援助。④ 从最终的协定内容来看，美国并没有单独行动，而是联合英国一同向尼泊尔提供有限的军事援助。可以说，这是美国政府权衡美印关系、尼印关系、美中关系、美尼关系和政府内部分歧等诸多因素后的决策。

四、结语

总体来看，肯尼迪政府时期美国对尼泊尔政策的核心是向尼提供包括经济技术援助在内的非军事援助。在"新边疆"外交和"和平战略"的间接"催化"下，肯尼迪政府不仅维持了既有的对尼经济技术援助水平，还增加了和平队和警力援助项目等新内容。肯尼迪政府维持并适当强化对尼泊尔政策的目的十分明确，即一方面希望帮助马亨德拉国王政府推进经济和政体改革，进而更好地维护和促进尼政治和社会稳定，以防止共产主义思想在贫穷和动荡中滋生；另一方面通过负责尼国内大部分经济援助项目来降低中苏两国，尤其是中国对尼援助的影响，最终实现遏制中国、阻止共产主义势力在尼抬头的战略目标。

---

① INCOMING TELEGRAM, Department of State, FROM: New Delhi, TO: Secretary of State, NO. 1375, October 15, 1963, Title: Nepal General 1963. 1. 9–1963. 11. 20, JFK Presidential Library.

② INCOMING TELEGRAM, Department of State, FROM: New Delhi, TO: Secretary of State, NO. 1375, October 15, 1963, Title: Nepal General 1963. 1. 9–1963. 11. 20, JFK Presidential Library.

③ INCOMING TELEGRAM, Department of State, FROM: New Delhi, TO: Secretary of State, NO. 1375, October 15, 1963, Title: Nepal General 1963. 1. 9–1963. 11. 20, JFK Presidential Library.

④ Sangeeta Thapliyal, *Mutual Security: The Case of India-Nepal* (New Delhi: Lancer Publishers & Distributors, 1998) , p. 95.

除了守住"向尼泊尔提供非军事援助"这一亩三分地以外，至少在中印边界战争爆发之前，肯尼迪政府一直认为尼印关系的缓和、对尼军事援助等相关事务都应由其在南亚次大陆最为倚重的合作伙伴——印度负责，因此并未过多地涉入其中。其背后主要有两个原因，一是印度在尼泊尔拥有至高无上的利益，无论是历史、文化、传统，还是地缘政治方面，都是美国不能企及的，美国无意因尼泊尔问题而破坏更为重要的美印关系；二是除中央情报局在木斯塘的对华秘密军事部署之外美国在尼泊尔并无更多的直接利益，作为超级大国，美国将南亚地区小国的相关事务交由该地区的大国负责既合情又合理。

中印边界战争的爆发及其最终的结果为肯尼迪政府重新审视尼泊尔在美国国家安全战略和亚洲战略中的定位提供了一个契机。基于中国对整个南亚次大陆所构成的安全威胁、尼泊尔有限的国防预算以及尼印两国间互信的缺失，肯尼迪政府开始考虑向尼泊尔提供军事援助，以补强次大陆防御链上的这块短板。在探讨具体实施方案的过程中，肯尼迪政府内部在"直接向尼援助还是通过印度间接援助"的问题上产生了分歧。这些分歧虽然在一定程度上延缓了美国落实对尼军事援助的进程，但其中对中印两国态度、尼印和美印关系走向的顾虑和关切为新德里—加德满都大使馆联合建议小组的评估工作和最终方案的确定提供了必要的素材。如上文所述，最终的军事援助尼泊尔协定是美国权衡美印关系、尼印关系、美中关系、美尼关系和政府内部分歧等诸多因素后的产物。

论冷战时期
美国对琉球群岛的公共文化建设[*]

孙家珅^{**}

冷战时期琉美文化会馆的"移动图书馆"。

---

　*　本文得到教育部青年基金项目"琉球归属与东亚国际秩序嬗变研究（18YJC770017）"的
支持。
　**　孙家珅，清华大学人文学院博士研究生。

提　要:

1945 年 4 月 1 日，美军登陆琉球群岛的冲绳岛建立美国军政府①，停止了日本对琉球的施政权。在占领初期，美国出于自身战略利益的考量，对琉球制订了"亲美离日，加强琉球主体性"的文化政策，但随着国际形势的演变，以美苏为首的两大阵营的冷战拉开帷幕，美国对琉球的战略定义由占领初期的"防止日本军国主义复兴的桥头堡"转向为冷战时期的"防止共产主义在亚太区域蔓延的基地"。美国在这一历史时期对占领地琉球采取了建立琉球大学、设置美国文化中心、推广英语，以及加强美军与琉球民众友善关系等种种文化措施。这些文化政策对该时期琉球的社会文化产生了一定的影响，特别是突出体现了冷战时期美国全球战略中的文化外交的倾向。

关键词：冷战时期　美国　琉球　文化政策

中国学术界有关冷战时期美国对琉球占领的研究成果主要体现在通史性的著作里，目前还没有关于针对文化政策方面的论述。在美国和日本学界，则有一部分学术成果。在日本学术界，冲绳县立公文书馆馆长宫城悦二郎根据亲身经历在退休后整理《占领者的眼：美国人如何看待冲绳》②，分析了美国在占领初期对于琉球的文化政策存在一定的摇摆时期。并在 1992 年出版了《冲绳占领 27 年间：美国军政和文化政策的变迁》③，主要论述了美国在占领琉球的 27 年间，行政政策的变化以及文化政策的变化。法政大学冲绳研究所大内义德分别对美国占领琉球的文化政策④以及美国对琉球的英语教育进行了研究⑤。在美国学界，由于美国密歇根州立大学对琉球大学进行了长达十年之久的合作援助，在美国密歇根州立大学有关于这一时期的丰富的原始资料资源，最为代表的是拉尔夫·斯马克的《密歇根州立大学与琉球

---

① 1945 年 9 月 21 日，远东军总司令第 189 号文书发布，冲绳本岛以及宫古、八重山、奄美各群岛在政治上和行政上与日本正式分离，琉球列岛美国军政府（United States Military Government of the Ryukyu Islands) 始创立。

② 宫城悦二郎『占領者の眼：アメリカ人は沖縄どう見たか』、那覇：那覇出版社、1982 年。

③ 宫城悦二郎『沖縄の占領 27 間：アメリカ軍政と文化の変容』、東京：岩波書店、1992 年。

④ 大内義徳『アメリカの対沖縄占領教育政策』、法政大学、1993 年。

⑤ 大内義徳「戦後の沖縄における英語教育」、『日本英語教育史研究第 10 号』、1995 年。

大学 1951—1986》① 对于密歇根州立大学给予琉球大学的援助进行了整理。此外还有井上美香的《冲绳和美军：全球化时代的身份建构》②，梳理了琉球战后重建过程中美军与冲绳民众的关系。日本人美津野武子在美国哈佛大学的博士学位论文《20 世纪 50 年代美国占领时期对冲绳开展的冷战教育》③，论述了在美国冷战意识形态的影响下对于琉球的公共文化的教育。此外，还有阿图尔·唐纳德的博士论文《美国占领时期对冲绳文化教育的影响》④。结合美日学术界的研究状况，本文将研究时期着眼于冷战时期，通过美国对琉球公共文化的建设探究其背后的深层原因，分析其造成的历史影响。

自 20 世纪 50 年代开始，美国为了对抗苏联等共产主义国家在意识形态领域的影响力，以战后美国在全球的占领区为根据地，开始了针对社会主义阵营国家的 "文化冷战"。1950 年，美国联合国军总司令部的民间信息教育局（Civil Information and Education Section，CIE）开始在全球美国的占领区设置文化中心，以日本和德国为例，民间信息教育局在日本 20 万人口以上的城市设置图书馆并向市民提供英文出版物，同一时期美国驻德国的占领当局也设立图书馆、新闻处，创办宣传美国价值观的《每日新闻》杂志。⑤ 如出一辙的是，美国对占领地琉球也采取了相似的文化政策。1953 年 8 月 1日，美国国际交流厅（United States Information Agency，USIA）设立，美国国家安全保障委员会赋予美国国际交流厅以下使命：对美国民政府⑥统治下

---

① Ralph H. Smuckler, "Michigan State University and The University of The Ryukyus 1951–1986," Ralph H. Smuckler, *A University Turns To The World* (East Lansing: Michigan State University Press, 2003), pp.43–56.

② Masamichi S. Iaoue, *Okinawa and the U. S. Military: Identity Making in the Age of Globalization* (New York: Columbia University Press, 2007).

③ So Mizoguchi, *Cold War Education in American-Occupied Okinawa in the 1950s,* Ph. D. Dissertation, Harvard University, 2003.

④ Artur Donald, *The Impact of the American Occupation upon the Culture and Education of Okinawa,* Ph. D. Dissertation, Indiana University, 2006.

⑤ 渡辺靖『アメリカセンター：アメリカの国際文化戦略』、東京：岩波書店、2008 年、22 頁。

⑥ 1950 年 12 月 25 日，美军远东军总司令部和琉球美军司令部联合发布《琉球列岛美国民政府相关指令》，基于这一指令，琉球列岛美国军政府正式废止，琉球列岛美国民政府（United States Civil Administration of the Ryukyu Islands)成立。

的琉球要采取有助于在当地居民中普及美国文化的政策。①为了贯彻美国国际交流厅的方针，美国深化了对琉球在冷战背景下的文化建设，并设立相关部门机构管理占领地琉球的公共文化。

一、设立专有部门管理公共文化

出于对"文化冷战"的需求以及对维持占领地的公共文化导向考虑，1951年7月，琉球列岛美国民政府文化宣传部成立，正式开启了对琉球公共文化事务的建设和管理。文化宣传部的主要任务如下：（1）向琉球住民宣传美国对日本以及琉球的政策、方针以及取得的成效；（2）提升驻琉美军军事活动的效果和效率；（3）对琉球媒体展开调查和管理。文化宣传部下设三个部门——文化信息部、调查分析部以及文化事业部。文化信息部负责管理琉球大众传媒，调查分析部负责调查公众文化偏好，文化事业部则根据调查分析部的调查结果建立公共文化制度，举办文化活动。这三个部门分工明确并且相辅相成，对美国制订琉球社群的公共文化政策起了重要作用。

（一）文化信息部对大众传媒的管理

文化信息部管理当地的报纸、杂志以及多媒体，该部门的主要任务是管理琉球的公共传媒，发布美国高等事务官和民政长官的命令，并制作宣传报道资料。必要时需要策划展现美国对琉球政策成果的活动，组织琉美亲善演出。在宣传方面主要负责印刷发行美国民政府发布的材料，例如高等事务官公布的指令等。为便于在公众中传播和当地住民理解美军的旨意，宣传材料要制作成日英双语印刷发行。此外，该部门每天要观察并记录琉球当地的报纸及其他媒体的动向，譬如如果发现琉球当地媒体的报道中有对美军相关事故的报道以及批判性文章，都记录在相关的报告之中。

在刊物发行方面，该部门的主要任务是发布美国官方的文化宣传品。定期每周发行新闻报，印刷《今日的琉球》和《守礼之光》这两本美国民政府官宣月刊。《今日的琉球》创刊于1957年，由美国新闻处服务中心主管，杂志主要受众为琉球的知识分子阶层，只有英文版本，并且经常对琉球社会的舆论动态展开观察。《守礼之光》在1959年创刊，杂志主要面对普通民

---

① Hans N. Tuch, *Communicating with the World: U.S. Public Diplomacy Overseas* (Washington, D. C. , the Institute for the Study of Diplomacy, Georgetown University, 1990), p. 19.

众，分别用英文和日文两种语言印刷发行。① 从 1964 年 3 月《守礼之光》刊载的《致读者们》一文可以了解其主要内容，这篇文章首先对大众喜爱的领域做了问卷调查，经过编修者整理排列出各个刊载内容的受欢迎程度：（1）琉球古代故事；（2）琉球历史；（3）琉球的美术和文化；（4）家政常识；（5）美国的生活；（6）劳动问题记事；（7）英语教室；（8）漫画；（9）美国短篇小说。可以看出，美国在这份官方主办的杂志中想要宣传的是琉球本土文化和美国文化。

在多媒体方面，该部门通过广播、电视以及电影向民众灌输美国的政策，并对当地的媒体进行监管，日常还负责播放美国新闻处服务中心提供的与美国生活文化相关的影视作品；此外，还监管着琉球当地的广播电台、电视台和美军电台的节目、广告播放。

（二）调查分析部对公共文化的调查

调查分析部的任务是监控琉球民众的舆情和媒体的实时动态，以便提供舆情情报作为美国治理琉球的政策参考。为了掌握当地民众的舆情，调查分析部分别于 1951 年、1957 年、1958 年、1965 年、1967 年、1969 年在琉球开展六次调查，内容主要是调查琉球人最喜好的文化，从阅读的书籍，感兴趣的广播节目和电影入手，分析公共文化的兴趣点。例如，美国官方 1951 年的调查报告名称是《琉球民众对广播的接受情况调查》，1957 年是《琉球人的视听习惯》，1958 年是《大众媒体现状》，1967 年是《琉球民众对琉球"复归"日本的看法》。调查对象涉及在冲绳岛出生的民众 1200 人，宫古岛 250 人，八重山群岛 200 人。② 调查报告为美国民政府了解琉球当地的舆情动态提供了重要的依据。

（三）文化事业部策划的公共文化活动

文化宣传部下设的文化事业部的主要任务是管理运营位于那霸、石川、名护、宫古和八重山的五所琉美文化会馆，开展相关文化活动。根据美国对琉球的基本政策发行宣传物。调查分析部主要调查琉球社会舆情，了解琉球民众的阅读视听习惯，为美国制定政策提供参照。文化事业部主要负责宣传美国的价值观。

---

① Position Paper, USCAR Monthly Magazine, Konnnich-no-Ryukyu, August 27, 1969, RG260 PA Box 5. NACP.

② Okinawa Islands Public Opinion Survey: Analysis of the Results，沖縄県立公文書館蔵、資料コード 0000029820。

1961 年，美国民政府文化宣传部文化事业部发布《文化事业部开展活动清单》公告，介绍了琉美文化交流活动：（1）琉美文化会馆项目：图书馆活动，成人教育项目，音乐节，娱乐项目，展示活动，讨论小组，演剧社团，电影项目；文化会馆的团体利用：会议、研修会等，演讲活动，青年和妇女俱乐部，儿童活动，童子军少年团联谊。（2）移动中心项目：电影会，移动文库，民族舞蹈。（3）中心外的项目：美术工艺，视听觉教材的制作，图书馆协会的联谊。（4）地区社会关系联结项目：向美国人介绍琉球文化，开展艺术相关者之间的交流。

美国民政府文化宣传部的文化信息部、调查分析部、文化事业部三个部门相辅相成，在冷战时期基本贯彻民间信息教育局对占领区文化教育的指示精神，起到了宣传美国文化和价值观的效果。但与美国其他战后占领区不同的是，美国明显加大了对琉球公共文化监管的力度，重视亲美思维的培养以及在对琉球普通民众中推广美国文化。

二、创立琉球大学以培育亲美人才

出于美国在琉球群岛的战略需要，培养相关为美国对琉球的占领统治而服务的人才，建设抵抗社会主义阵营的桥头堡，在美国陆军部的协助下，琉球大学于 1950 年建立，在建设初期美国陆军部设定了琉球大学的三点原则或方向：[①]（1）出于美国对亚洲军事战略的考虑，以及为了阻止共产主义渗透到琉球，琉球大学应开展自由主义、民主主义、资本主义和男女同权等美国价值观的普及以及对琉球人亲美情感的养育；（2）《旧金山对日和平条约》已经明确了琉球群岛由美国统治的原则，要重点强调与日本"本土"不同的琉球文化的独立性，抑制琉球的"本土复归"倾向，对于琉球独特的传统文化和艺术加以保护；（3）为了提升美国在琉球的行政效率，促进当地社会经济的发展，培养可以辅助美国统治的行政官员、技术人员以及教育从业者等人才。

这三点建设方向就体现了美国在当时的国际环境下的文化冷战政策、琉球与日本"本土"分离政策以及美军基地的全面建设政策。在琉球大学建立之前，美国军政府的政策制订者与琉球政府的行政人员就琉球群岛的第一所

---

① Civil Affairs Handbook of the Ryukyu（Loo Choo）Islands, p. 165, 沖縄県立公文書館蔵、資料コード0000034765。

大学该如何命名还有过争议，当时名称有两个方案：一是"琉球大学"，二是"冲绳大学"。那时有人提出命名为"冲绳大学"的意见，认为"琉球"是中国在历史上朝贡时期赐予琉球的国名，冲绳才是固有的岛屿命名。① 此外，冲绳（おきなわ）是冲绳本岛以及离岛居民自己称呼自己的名字，无论从情感上还是地理上，"冲绳大学"更为合适，但是，美国认为，由于"冲绳"这一名称在历史上与日本"本土"存在着关联，这与美国的加强琉球独立性的统治政策不符，美国军政府文教局为了消除日本"本土"文化对琉球的影响，最终校名被正式命名为"琉球大学"。② 此外，琉球大学最初的英文译名是"Ryukyu University"，但是美国陆军部经过讨论，把这个英文名称改为"University of the Ryukyus"，③ 意为"琉球群岛的大学"。陆军部认为，琉球大学的建立不单单是为冲绳本岛提供教育资源，而且还是为了给北纬30°以南的奄美大岛和琉球群岛等更为广泛的区域做出贡献。由此可以看出美国最初对琉球大学在战略层面上的期待。

在美国军政府的指导下，1950年5月22日琉球大学创立，琉球大学在创立初期拥有六个学部，分别是英语学部、教育学部、社会科学部、理学部、农学部以及应用技术学部，同时配有事务部、记录部、管理部以及附属图书馆。1950年11月4日，首任校长志喜屋孝信就职。1951年1月10日，琉球大学法人及理事会制度确立。1951年2月12日，美国民政府民政长官刘易斯（James M. Lewis）宣读了时任朝鲜战争联合国军总司令麦克阿瑟的信件，这封信件在琉球大学保存有麦克阿瑟亲笔签名的原件，信件中提到："琉球大学的设立是为了对抗人类奴役制度的存在，维护自身的传统以及宣扬自由主义精神。"④ 这个麦克阿瑟口中的"奴役制度"指的是冷战时期苏联为首的共产主义制度，因此，美国军方在最初设立琉球大学时不仅为了促进琉球的现代化发展以及培养高素质人才，也是存在一定的宣传意识形态的目的。

为了琉球大学的管理运营，在美国教育评议会的协助下，美国陆军部在

① 小玉正任『琉球と沖縄の名称の変遷』、琉球新報社、2007年、5頁。

② 『琉大風土記 開学40年の足迹』、沖縄タイムス社編、1990年、19—20頁。

③ 琉球大学創立20周年記念志編集委員会編『琉球大学創立20周年記念』、琉球大学、1970年、30頁。

④ 琉球列島米国民政府（USCAR）「大学呈献式及び学長就任式」、琉球大学図書館蔵、1951年2月12日。

美国本土征集琉球大学的合作院校，最终确定了协助琉球大学建设工作的密歇根州立大学，这在当时被称为"密歇根任务"，可见其背后的战略意义。从 1951 年到 1968 年，密歇根州立大学作为琉球大学的合作院校，向琉球大学派遣了多名教职员工并辅助开展教学科研工作。琉球大学在创设之初只拥有英语、教育、社会科学、理学、农学以及应用技术科学这六个学科。初期教员英语 7 名、社会科学 3 名、教育 5 名、理学 2 名、农学 4 名、应用科学 7 名，[①] 其中英语学部的教员人数最多，可以看出美国对在琉球普及英语的重视程度。当时英语教员短缺，住在琉球的美国神父也曾临时承担过英语教学任务。为了提高英语教学质量，从 1951 年开始，美国密歇根州立大学每年定期向琉球大学派遣 5 名英语教师协助英语教育，这个计划一直持续到 1968 年。[②] 琉球大学将英语设置为学分最高的必修科目，共计 12 学分。美国民政府颁布了英语学习的奖励政策。英语成绩优秀的学生可以到美国高校深造，由美国提供奖学金。在大学英语教育之外，美国陆军部还推出特别训练计划。这个计划是为了培养美军基地需要的从业雇员而设置的，主要目标是讲授在军队常用英语。[③] 这为当地居民在美军基地中从业奠定了语言基础。由于琉球大学英语专业研修计划的实施和大学生英语能力的提升，在美国统治琉球的 27 年间，共有 1087 名大学生被派往美国留学，在美国留学结束之后，其中 20% 留学生回到琉球经商；18% 留学生回到琉球大学任教；15% 留学生在美国民政府或美军基地工作；5% 留学生在琉球政府工作；其余留学生则留在美国或前往日本本土。[④]

三、建立文化会馆以推广美国文化与价值观

美国对琉球的公共文化建设不仅局限于知识阶层，还以建立文化会馆的方式面向琉球普通市民阶层推广美国的文化和价值观。从 1950 年开始，美国民间信息教育局在各美国占领地区设置公共文化中心，在日本和德国占领

---

① 琉球大学創立 20 周年記念志編集委員会編『琉球大学創立 20 周年記念』、琉球大学、1970年、21 頁。

② 琉球大学創立 20 周年記念志編集委員会編『琉球大学創立 20 周年記念』、琉球大学、1970年、22 頁。

③ Masahide Ishihara, "USCAR Language Policy and English Education in Okinawa: Featuring High Commissioner Caraway's Policies," *The Okinawa Journal of American Studies*, No. 1, 2004, p. 20.

④ 沖縄県教育委員会編『沖縄の戦後教育史』、那覇：沖縄県教育委員会、1977 年、705 頁。

地区设置图书馆并提供英语文献和一般刊物给市民阅读，与日本、德国占领区民间信息教育局设置的图书馆相似，美国民政府在琉球创建了琉美文化会馆。

（一）琉美文化会馆的建立

与日本、德国占领区民间信息教育局设置的图书馆相似，美国民政府在琉球创建了琉美文化会馆。1951—1952 年间，分别在名护市、石川市、那霸市、宫古岛（平良市）和八重山群岛（石垣市）五个城市设置了琉美文化会馆。[①] 作为美国的文化宣传中心，每个会馆中都设有一万册以上的开架式图书馆，可以容纳 200—300 人的大礼堂、教室以及电影院。琉美会馆的开馆时间是上午 9 点到夜间 10 点，对所有琉球民众免费开放。此外，美国民政府在琉球发行的《守礼之光》和《今日的琉球》等杂志可以在馆内免费阅览。[②] 琉美文化会馆概况见表 1。

表 1　各琉美文化会馆的基本数据[③]

所在地	职员人数	面积	竣工年	设置
那霸市	16 人	1366 平方米	1969 年	事务所、教室、大礼堂、图书室、放映室、展览大厅、娱乐室
石川市	12 人	521 平方米	1959 年	事务所、教室、大礼堂、图书室
名护市	11 人	1115 平方米	1960 年	事务所、教室、大礼堂、图书室
宫古	11 人	660 平方米	1961 年	事务所、教室、大礼堂、图书室
八重山群岛（石垣市）	13 人	742 平方米	1962 年	事务所、教室、大礼堂、图书室

琉美文化会馆建立后就制订了四个目标：（1）提高琉球人的自立和自治能力；（2）对美国以及美国民政府的政策和活动进行说明，并引发当地居民对美国人和美国文化的向往和推崇；（3）彻底对抗共产主义的意识形态；（4）宣传美军以及美国民政府的使命和政策成效。[④]

按照以上目标，为进一步普及美国文化，20 世纪 50 年代，五个文化会

---

① 琉球政府文教局研究调查课『琉球史料（第 10 集　文化编 2）』、1964 年、14 页。

② 『沖縄大百科事典』、沖縄タイムス社、1983 年、956 页。

③ 『沖縄大百科事典』、沖縄タイムス社、1983 年、957 页。

④ 琉球政府文教局研究调查课『琉球史料（第 10 集　文化编 2）』、1964 年、15 页。

馆开始设置用汽车装载英文图书的移动图书馆，定期在各地巡回为当地居民提供文化服务。此外，琉美文化会馆为了吸引琉球民众的参与，还在美国民政府杂志《守礼之光》中对会馆进行宣传介绍："文化会馆是为了增进琉球和美国相互理解。每个文化会馆都对公众开放。如果居民有出行不便的情况，文化会馆的巡回班车会负责接送。每个文化会馆的图书室都采购了各行业的参考书籍。为方便大众阅读，部分英文作品也提供日文翻译本。此外，对于需要借阅美军基地图书馆中英文书籍的民众，可以向当地文化会馆提出申请。"①

正如宣传介绍中所描述的，琉球民众对文化会馆产生了兴趣，当时那霸市的儿童把文化会馆称作"写作业的教室和娱乐的场地"，宫古岛的市民认为，当地的琉美文化会馆成为"可以激发学生学习欲望的地方"。为满足民众的需求，琉球列岛美国民政府开始增设文化巡回班车以及移动图书馆。巡回班车每天要开往五个交通不便的村镇，文化巡回班车开展的演奏会、电影会和儿童游戏节等其他活动也受到琉球列岛各地居民的欢迎。

从宫古琉美文化会馆 1969 年 1 月发行的《活动日程》会馆报告中，可以看到会馆在 1 月份的活动记事：

（1）1 月特别活动。

a. 书法五人展，4、6、7 日，地点：大厅。

b. 少女合唱团野餐，4 日 10 时，地点：白川滨。

c. 新春插花展，7 日，地点：大厅。

d. 新年贺卡以及日历展，7—20 日，地点：陈列展台。

e. "布宜诺斯艾利斯"写真展，9—20 日，地点：大厅。

f. 少年对抗足球大会，12 日 10 时，地点：北小学校园。

g. 宫城道雄唱片音乐会，14 日 7 时 30 分，地点：大厅。

h. 美国人宫古研究俱乐部，18 日 4 时，地点：教室。（这是由对宫古岛的历史和文化感兴趣的美军野原航空队队员组成的俱乐部，定期走访当地的历史名迹）。

i. 看绘本游美国，21—31 日，地点：大厅。

（2）图书馆展示，童子军相关资料展，3—31 日，地点：图

---

① 琉球政府文教局研究調査課『琉球史料（第 10 集　文化編 2）』、1964 年、20 頁。

书室。

（3）移动电影会，分别在保良、山中、长北等 9 地开展电影放映活动。

（4）移动文库，在城边町、城边北部、平凉市以及下地町四个地点开展书籍借阅活动。

（5）佛罗里达州移动写真展，在城边町和上野村三个中学进行照片展示活动。

从《活动日程》中就可以看出美国对于在琉球公共文化建设方面所下的功夫，以丰富多样的形式吸引当地民众参与其中，在文化学习的过程中了解美国文化和价值观念。琉美文化会馆从设立开始运营 20 年直到 1972 年冲绳"复归"日本才被废止。这 20 年间，据琉球文教局不完全统计，大概有 230 万人次使用了琉美文化会馆的文化资源。[①] 美国旨在特殊时期推广美国文化和价值观设立的文化会馆，也间接的为提高琉球居民的文化素质做出了一定的贡献。

（二）全岛范围的英语教室建设

美国在琉球除了设置文化中心、推广文化艺术活动、建立图书馆之外，还开设了大量的英语教室。由于琉球群岛的特殊战略地位，英语的普及工作被美国民政府放到首要位置。为了尽可能在琉球居民中推广英语，美国民政府采取了开设英语讲习会、对英语学习给予奖励以及设置英语中心这三个举措。

美国民政府宣称，为了促进琉球社会的对外交流和发展，琉球各市町村开设为期三个月或半年英语讲习会。[②] 琉球政府文教局执行美国民政府的行政指令，向琉球居民发布公告《市町村英语文化事业要项》指出，"现在我们正处于美军的民政统治之下，为了提高琉球人未来的文化素质，应该积极吸收美国文化。我们作为落后民族，应该向世界最优秀的民族学习"。[③] 按照公告指示，由琉球政府文教局组织，在那霸、石川、名护、宫古和八重山五个地区开设英语讲习会，民众可以免费参加，随时听讲。

---

① Civil Administration of the Ryukyu Islands, "Report for Period 1 July 1968 to 30 June 1969, Vol. XVII（RCS CSCAMG-5），" High Commissioner of the Ryukyu Islands, p.127，日本冲绳县立公文书馆藏。

② 琉球政府文教局研究调查课『琉球史料（第 10 集　文化编 2）』、1964 年、12 页。

③ 琉球政府文教局研究调查课『琉球史料（第 10 集　文化编 2）』、1964 年、8 页。

1963 年 5 月 13 日，美国民政府为了进一步普及英语教育，在全岛范围内开始筹划设置英语中心，① 这个计划满足教育行业、政府以及其他专业领域的人才需求。时任美国民政府教育局长的芬克（Janet B. Fink）在美国民政府的宣传杂志《今日的琉球》中这样写道，"（1）英语是当今世界通用语言，是世界各国间通讯的重要手段；（2）年轻人在工业技术、科学以及医学等其他工作领域都需要学习英语；（3）为了向琉球民众传达高等事务官的指令，增进理解，英语的学习和推广是十分必要的"。② 1963 年 5 月 31 日成立的英语中心致力于提高琉球人的英语学习能力，该机构总部设在冲绳岛的那霸市，在宫古岛和八重山岛也有支部。③ 在政府、高校教师以及其他专业人员赴美前，都要在英语中心开展为期两个月的针对性培训，培训课程分为基础、中级和高级三个等级，根据不同从业人员的需求，制订相应的课程计划。课程结束后需通过结业考试，该中心同时对普通民众开放。

1963 年 8 月 6 日，为了加强人才教育，美国民政府发布第 19 号指令，正式开始建设位于琉球大学附近的首里池端町的英语中心，英语中心制订了以下八项工作方针：（1）开展与英语教育的相关研究；（2）开设在职英语教师研修会；（3）开展对英语教育研究的协助；（4）开展英语教育相关资料的收集；（5）刊行中心期刊《英语教育》；（6）开设成人职业英语讲习会；（7）开设广播英语讲座；（8）设立赴美留学生英语研修班。④ 按照工作方针，开设了英语教室、咨询服务、英语图书馆以及语言广播室等。⑤ 其中英语教室分为两种，一种是初高中英语教师培训项目，包含每年为期十个月的英语教学课程。这个项目向琉球的各个学校输送大量人才。一种是美军基地和琉球政府雇员的英语培训，因为雇员需要通过英语与美军或美国民政府的长官沟通。英语中心设置了初级、中级和高级三个等级的七个英语培训教室，其中有三个教室设置在西原町文职人员办公室，有两个设置在琉球区域

① Civil Administration of the Ryukyu Islands, "Report for Period 1 July 1968 to 30 June 1969, Vol.ⅩⅦ (RCS CSCAMG-5)," High Commissioner of the Ryukyu Islands, p.168, 日本冲绳县立公文书馆藏。

② 『今日の琉球』、10 月号、1964 年、13 頁、沖縄県立公文書館蔵。

③ Civil Administration of the Ryukyu Islands, "Report for Period 1 July 1968 to 30 June 1969, Vol.ⅩⅦ (RCS CSCAMG-5)," High Commissioner of the Ryukyu Islands, p.169, 日本冲绳县立公文书馆藏。

④ 砂川勝信「英語センターの事業計画」、『今日の琉球』12 月号（1964 年）、12—14 頁、沖縄県立公文書館蔵。

⑤ Civil Administration of the Ryukyu Islands, "Report for Period 1 July 1968 to 30 June 1969, Vol.ⅩⅦ (RCS CSCAMG-5)," High Commissioner of the Ryukyu Islands, p.169, 日本冲绳县立公文书馆藏。

交流中心，一个设置在嘉手纳空军基地，一个设置在那霸空军基地。① 除此之外，还开设了针对普通民众的成人英语教学和英语图书馆。图书馆提供英语专业期刊和杂志。此外，还进行每周三到五小时口语对话训练。这一系列措施对琉球居民的文化生活产生了重要影响。

四、举办文化亲善活动以缓和军民矛盾

为了加强美国人和琉球人的情感纽带，缓和驻琉美军和普通民众间的矛盾，促进美国政策的执行和琉球社会的稳定，美国民政府文化事业部开展了一系列增强双方交流的社会活动，譬如演奏会、开设英语教室、布置特别展览、开设讲座、动画片放映、儿童和青年计划以及推广图书馆服务。1957年开始围绕着妇女、学生和职业团体开展文化交流活动。每个星期都有12—18岁的中学生在那霸、名护、石川、宫古、八重山参加琉美中心举办的俱乐部活动。其中"石门俱乐部"成员都来自琉球大学英语专业，这个俱乐部的学生每周前往美军基地进行英语交流，并开展一些志愿服务。②

为了加强军民联系，1961年2月，一个联合琉球列岛美国空军、海军、陆军以及海军陆战队所有兵种在内的"琉球人与美国人社区交流活动"在全岛开展，同时组建"琉球人与美国人联合委员会"来维持军民关系。③ 委员会由五名琉球人和五名美国士兵担任委员，同时在琉球的五个地区设有支部。委员会接受美国民政府高等事务官的领导。此外，各地区的"琉球人与美国人联合委员会"还负责当地政府和美军的沟通协作事宜。

美国民政府文化事业部开展了以下增强驻琉美军和普通民众双方交流的社会活动。

第一，音乐和戏剧计划。在美国军方和琉美文化会馆的筹备下，1961年那霸市成立交响乐合唱团。这个交响乐团是为给琉球人提供高水平的交响乐表演而成立的。初期合唱团成员由美国人组成。合唱团成立后，分别在那

---

① Civil Administration of the Ryukyu Islands, "Report for Period 1 July 1968 to 30 June 1969, Vol. XVII (RCS CSCAMG-5)," High Commissioner of the Ryukyu Islands, p.120，日本冲绳县立公文书馆藏。

② Civil Administration of the Ryukyu Islands, "Report for Period 1 July 1956 to 30 June 1957, Vol. XVII (RCS CSCAMG-5)," High Commissioner of the Ryukyu Islands, p.94，日本冲绳县立公文书馆藏。

③ Civil Administration of the Ryukyu Islands, "Report for Period 1 July 1961 to 30 June 1962, Vol. XVII (RCS CSCAMG-5)," High Commissioner of the Ryukyu Islands, p.338，日本冲绳县立公文书馆藏。

霸、名护、宫古、八重山四个地区进行表演。

在那霸交响乐团获得成功之后，美国民政府开始组建由琉球当地高中女生组成的英文合唱团。这个合唱团于1961年成立，超过150位高中女生报名参加，最后录取了50人。[1] 在1962年5月20日母亲节这天，高中女生合唱团在那霸空军基地进行首次表演。观看演出的观众由女性俱乐部和当地社区的母亲组成。因为活动的大获成功，冲绳岛石川市也成立了类似合唱团，在美国国庆节，石川市合唱团与美军基地中的中学合唱团联合进行表演。

第二，图书馆活动。美国民政府为了在琉球社群中推广美国书籍，于1952年设立了"图书周"活动，在活动中培养公众的阅读习惯。在1962年7月，超过50位琉球籍和美国籍图书馆员在文化中心的图书馆里参与了琉球"图书周"十周年活动，这次活动选派了3名琉球籍图书馆员前往日本东京开展为期三个月的学习活动。[2]

第三，动画片放映活动。为了满足琉球人的文化生活需求，文化中心开始在琉球各地开展电影和动画放映活动。电影和动画的题材也以美国文化为主，当时世界著名的迪士尼动画就受到琉球当地青年和儿童的欢迎。

第四，青年人俱乐部。为了丰富青年生活，美国民政府在文化会馆中组建读书俱乐部、音乐鉴赏俱乐部、艺术小组以及戏剧小组。其中最为活跃的是那霸青年俱乐部。青年俱乐部经常在美军基地中的美属学校组织足球比赛、游览观光。还举办方块舞、琉球传统舞蹈比赛、空手道比赛、露天烧烤以及野餐等活动。[3]

第五，成人社交活动。为了增强美国士兵与琉球社会的联络，提高年轻妇女的生活质量，文化中心设有家政学、料理学以及花卉种植等课程。还举办琉美家庭互访活动，琉球当地妇女和美军基地的美国士兵家属互访家庭，学习家政和料理。1961年就有大约120名美国妇女和琉球妇女参加这个活动。为了进一步增强妇女在家庭和社区中的贡献，1962年4月，有四名琉球妇女被派往美国进行为期三个月的交流活动，其中包括妇女基金会主席光子

---

① Civil Administration of the Ryukyu Islands, "Report for Period 1 July 1961 to 30 June 1962, Vol. XVII (RCS CSCAMG-5)," High Commissioner of the Ryukyu Islands, p.332, 日本冲绳县立公文书馆藏。

② Civil Administration of the Ryukyu Islands, "Report for Period 1 July 1961 to 30 June 1962, Vol. XVII (RCS CSCAMG-5)," High Commissioner of the Ryukyu Islands, p.332, 日本冲绳县立公文书馆藏。

③ Civil Administration of the Ryukyu Islands, "Report for Period 1 July 1961 to 30 June 1962, Vol. XVII (RCS CSCAMG-5)," High Commissioner of the Ryukyu Islands, p.335, 日本冲绳县立公文书馆藏。

武野，妇女基金会副主席由依美奈和冬场川砂。① 她们在美国交流结束后回到琉球都做了专题演讲汇报。那霸彩色照片俱乐部从 1957 年开始，一年举办两次活动。美军基地中的青年士兵会邀请当地青年参加棒球、篮球、游泳比赛，加深美军和当地民众的友谊和交流。美国军方与民众的公共文化活动，加深了当地民众对于美国军方的了解，对于美国在冷战进行时期的军事基地建设搭建了一个相对稳定的社会环境，虽然反对基地建设的声音依旧存在，但是美国军方的公共文化建设对缓和军民关系起到了一定的效果。

五、结语

自 20 世纪 50 年代以来，美国为对抗苏联等社会主义阵营国家在全球范围内开展了"文化冷战"，但与德国和日本占领区的文化政策不同的是，美国对琉球的公共文化建设具有投入力度大、持续时间长、执行力强以及取得效果明显等特点，在特定的历史时期，美国通过建立琉球大学、设立文化会馆、推广美国文化以及开展军民联谊活动稳固了美国在琉球的统治地位，琉球群岛完成了从美国的"防止日本军国主义复兴的桥头堡"向"防止共产主义在亚太区域蔓延的基地"这一角色转向，美国对琉球的公共文化政策明显体现了美国的战略意图。虽然这种公共文化建设间接提升了琉球人的文化素质和促进了现代化文化体系的建立，但归根结底是为美国国家利益而服务的，贯穿始终的是对琉球大众亲美情感的培育和美国式文化及价值观的渗透。

值得进一步思考的是，27 年来，美国在对琉球占领期间所采取的文化政策是否对琉球人的价值体系带来了一定的影响。美国民政府 1952 年颁布的《琉球教育法》中写道，美国的文化教育政策目的是"尊重个人价值，培养一个和平与民主国家和社会的建设者"，以及"培养自主精神的人，实现一个民主的生活方式"。② 此外，在琉球民众此起彼伏的反美军基地运动的影响下，美国民政府采取的并不是限制和驱散等强制性措施，反而采取相对友善的琉美交流活动的形式，由美军基地举办美军和琉球民众的联谊，由琉美文化会馆举办丰富多彩的文化活动来培养琉球人的"亲美情绪"和形成民主价

---

① Civil Administration of the Ryukyu Islands, "Report for Period 1 July 1961 to 30 June 1962, Vol.XVII (RCS CSCAMG-5)," High Commissioner of the Ryukyu Islands, p.336, 日本冲绳县立公文书馆藏。

② 沖縄県教育委員会編『戦後の沖縄教育史』、那霸：沖縄県教育委員会、1997 年、106 頁。

值观。以此可见，在公共文化建设方面，美国的高强度管理和柔性文化活动并行的双向政策，所取得的效果也是很明显的。民主价值观在现今冲绳社会依旧得到了体现，冲绳在反美基地运动中所采取的斗争方式，以及所产生的影响力，从中都可以看到美国式民主、自由价值观的影子。

在美国占领统治琉球的 27 年时间里，其统治政策一直在"民主主义"是否要为"军事为主"让步的问题上摇摆不定。美国想在琉球建立一个自由、民主、平等的社会，但是这种民主又是有局限性的，因为全方位的民主建设必定与美国在"太平洋的基石"琉球全面建设军事基地的战略相冲突，所以，美国在琉球只能建立一个以服从军事利益为前提的民主社会，即符合美国的全球战略，将琉球作为"文化冷战"中的一环，施行以培养琉球人亲美情感为核心的公共文化政策，这种政策在特定的时期内起到了一定的促进社会公共文化发展的效果。不过实质上，琉球（冲绳）无论是在占领时期还是在"复归"日本后的今天，其公共文化既带有本土特色，也富有美国文化的元素。归根结底，这种社会公共文化都是特定历史时期美国"民主主义"和"军事为主"政策夹缝下的产物。

　　2019 年 4 月 21 日"冷战国际史研究在中国：回望与前瞻"国际学术研讨会会场。

【编者按】2019 年 4 月 21 日，由华东师范大学历史学系、周边国家研究院、世界历史研究院、上海纽约大学—华东师范大学全球历史·经济·文化研究中心共同主办的"冷战国际史研究在中国：回望与前瞻"学术研讨会在华东师范大学闵行校区人文楼 5403 会议室举行。会议邀请了国内外多位冷战国际史研究领域的权威学者和中青年研究人员：沈志华、陈兼、章百家、牛军、杨奎松、毛里和子、马斯特尼、牛大勇、白建才、余伟民、李丹慧、戴超武、姚昱、梁志、张杨、姚百慧、詹欣、何慧、翟韬、董洁、高艳杰、吕雪峰、黄宇兴、张民军、赵继珂、蒋华杰等。权威学者们就中国冷战国际史研究状况进行了回顾和展望，中青年研究人员则就冷战国际史研究未来需要讨论的问题、可以使用的研究方法以及新近出现的史料等发表了自己的意见。本辑收录的笔谈文章便来自于此次学术研讨会，具体包括杨奎松《为什么必须重视"冷战"背后意识形态作用的研究》；黄宇兴《国际关系史研究的理论意义》；张民军《中国冷战史研究的方法困境》；何慧《冷战史与新社会史结合的趋势》；詹欣《中国军控与裁军史研究：回顾与前瞻》；姚百慧《美国国家安全委员会档案的解密与出版》；张杨《美国私档的发掘和利用——还原冷战的社会文化场景》；赵继珂《杜鲁门总统图书馆馆藏心理战略委员会档案评介》。这组笔谈文章在一定程度上反映了中国冷战史研究者的最新思考和发现，其对未来中国的冷战国际史研究具有一定的引领和指导意义。

为什么必须重视"冷战"背后
意识形态作用的研究?

杨奎松[*]

冷战与意识形态有关,这是学界的共识。不少学者都承认,"冷战本质上是社会主义和自由资本主义这两种……不同道路之间的竞争";或者说,"'意识形态'是一个在冷战起源、发展和结束过程中非常重要的而且是首要的因素"。[①]

但迄今为止,无论是在冷战史研究中,还是在有关"新冷战"问题的种种分析讨论中,至少国内学者围绕着这一决定着冷战性质,影响着双方政策的最本质的因素的研究,却并不多见。尤为奇特的是,就数量上而言,这方面的研究并非没有,却大都是在考察研究美国意识形态的外交传统,谈论美国的意识形态和理想主义如何影响或左右了其冷战的态度、方针和政策。反过来,却很少能见到从史实的角度考察研究共产党国家外交中意识形态发生作用情况的著述。

中国学者真的不重视意识形态问题的研究吗?当然不是。身为共产党国家,中国学者就意识形态及其主义、理想,甚至包括国家"意识形态安全"问题发表的文章著作的数量,堪称世界第一。查知网上不完全的数据,仅以标题中或主题词用到"意识形态"一词的文章数量,改革开放以来就有近10万件之多。其中1979—2002年23年间计约11200件,年均487件;2003—2018年15年间则达到75000件,年均猛增到5000件左右。但这些绝大多数都不是从冷战、从外交、从国际关系的角度,考察研究冷战问题的。其中讲到苏联的,多半都是讲苏联当年意识形态工作如何失败;讲到中国的,除极个别外,多半都是讲意识形态工作的重要性抑或历史经验之类。哪怕是极少数真正研究冷战期间共产党国家对外政策中意识形态因素及其影响

---

* 杨奎松,华东师范大学历史学系教授。

① 陈兼:《全球冷战与中国"漫长的崛起"》,《冷战国际史研究》第15辑,2013年夏季号,第29页;沈志华:《冷战国际史二十四讲·前言》,载沈志华主编:《冷战国际史二十四讲》,北京:世界知识出版社2018年版,第10页。

问题的文章著述，也多会把研究重心或结论放在当年的领导人如何淡化意识形态，从而维护了国家利益的方面来。

这样的研究给人的印象是，理应是最讲意识形态，且必欲要用自己的世界观改造世界的共产党国家，在冷战中反而是最不讲意识形态的；一向被认为唯利是图，缺少理想主义的资本主义美国，反而成了最重视和坚持意识形态使命的国家。此种研究倾向，导致面对"新冷战"从危言迅速变成威胁的当下，人们几乎无法从我们的冷战史研究成果中找到足以用来判断"新冷战"发展趋势及其应对方法的历史教训或经验。因为已有的研究成果多半在告诉人们，历史上冷战的发生是具有相当偶然性的，如果美苏双方领导人当年能够正确判断各自的国家利益，采取适当政策应对当时形势，冷战是可以避免的。拿这一观点看当下中美之间的冲突与对抗，也就意味着，只要中美两国领导人能够准确判断各自的国家利益，"新冷战"也是完全可以避免的。但问题是，当年的冷战并未能避免，今天的冷战就不会重蹈覆辙吗？

一个无需历史研究、一般人就能得出的更可靠些的常识是：历史上几乎没有哪个国家的人，包括政府、政党、族群、舆论和民众，对"国家利益"的认定是完全一致的，而领导人错判"国家利益"的情况更比比皆是。读一下国际关系理论著述，我们会发现，学者们也基本认同这样一个事实。①

比上述更重要的一点是，我们真的能够把国家利益与意识形态及其社会政治制度严格区分开来吗？按照国际政治学比较流行的观点，国家利益可以分为不同层次，而第一位的就是国家的生存或安全。问题是，国家在这里指的又是什么呢？中国学者比较多地认同民族国家（Nation-State）理论，相信国家利益第一位的就是"民族生存"或"安全"。②但有谁能够断言民族与国家天然一体，毫无区别呢？不用说，按照马克思、列宁的观点，国家本质上不过是阶级压迫的工具，而不是什么民族的天然代表。当今欧美学界相当多数的学者也同意说，国家是一个法律上的政治性组织，民族则是一个某类人群的共同体，两者并不完全是一回事。不仅"民族国家本身就是历史的产物，因此它注定要不断地服从于不同的政治组织形式"。③以近代以来的德意

① ［美］斯坦利·霍夫曼：《当代国际关系理论》（林伟成等译），北京：中国社会科学出版社1990年版，第92—99页。

② 阎学通：《中国国家利益分析》，天津：天津人民出版社1996年版，第67—68页。

③ ［美］斯坦利·霍夫曼：《当代国际关系理论》（林伟成等译），北京：中国社会科学出版社1990年版，第93—94页。

志民族为例，它先后经历过帝国、共和国、法西斯，以及部分经历过"民主共和国"，这些"国家"都曾以德意志民族为本，宣称以德意志民族的生存为最高利益，然而它们同时却又各有其利益。而它们的先后瓦解或覆灭，并未影响到德意志民族的生存。因此，在国家利益认定的问题上，所有来自个人、舆论、地方、党派及其各种政治和道德习俗的意见倾向，都可能会引发意见分歧。更何况，一个越来越普遍的与民族国家理论相悖的情况是——"国家主权的消失并没有引起民族的消亡，反而建立了越来越多的新兴主权的国家"。①

由此不难看出，现代国家固然以民族为基础，与民族共有主权、疆域等权益，但民族不过是国家的载体，前者强调的是族群的本体性，后者强调的是政治的实体性；前者具有客观性，后者则带有较强的主观性。换言之，现代种种建立在不同政治制度之上的国家的最核心的利益，首先是构成国家基本性质和政治统治基础的社会政治制度，以及维系着主导国家政治的社会集团利益的意识形态和价值观、理想观。② 从某种意义上可以认定，一国的政治领导人必须在符合国家意识形态与价值观的前提下才能形成政策，因为只有它们才能确定"政治正确"的国家利益和国家安全之所在。③

基于上述，我以为，我们对"冷战"一词的定义应有所思考和讨论。因为我们习惯所说的"冷战"，更多的只是一个历史概念，也就是我们今天会议讨论的那个主题词——"冷战史"。因此，我们已经习惯说："冷战，作为世界现代历史上一个具有特定意义的阶段，已经结束了。"④ 但是，如果我们同意说："冷战本质上是社会主义和自由资本主义这两种……不同道路之间的竞争"；抑或"'意识形态'是一个在冷战起源、发展和结束过程中非常重要的而且是首要的因素"，我们就不能简单地说"冷战""已经结束了"。

两年前，文安立曾经对冷战发生的原因问题有过进一步的思考。他提出，我们也许"很难说那场持续了近五十年，有可能造成世界毁灭的全球性

① [英] 休·希顿-沃森：《民族与国家：对民族起源与民主主义政治的探讨》（吴洪英等译），北京：中央民族大学出版社 2009 年版，第 2 页。

② 参见王辑思：《美国意识形态的新趋势》，载中国社会科学院美国研究所编：《美国年鉴 2000 年》，北京：中国社会科学出版社 2000 年版，第 206 页。

③ 王晓德：《关于美国对外关系的文化思考》，《世界经济与政治》1996 年第 2 期。

④ 沈志华：《冷战国际史研究及其他——"冷战年代的中国与世界"丛书总序》，载李丹慧主编：《北京与莫斯科：从联盟走向对抗》，桂林：广西师范大学出版社 2002 年版，第 1 页。

冷战是不可避免的。但问题是，存在于紧张局势根源之中的意识形态冲突使得任何明智的想法都难以实现"①。

看来，同样的情况仍在发生。在看似告别了美苏那场冷战四分之一个世纪之后，面对中美之间越来越尖锐的对抗和冲突（并不仅仅是当前发生着的贸易战!），我相信，我们不应该继续固守着要么国家利益，要么意识形态的两分法，而应该要正视一个现实。那就是，冷战其实一直存在。因为，只要存在着社会主义和资本主义两种根本对立的意识形态与社会政治制度，而所有人都不希望再度爆发第三次世界大战的话，那么，冷战就是不可避免的，充其量只是公开与否和程度强弱不同罢了。

当然，承认意识形态和社会政治制度差异是冷战不可避免的根源，并不意味着我们只能消极地描述双方对抗和冲突的历史，以测算其可能的发展趋向。事实上，自开放改革以来，中国方面无论是在意识形态层面，还是在社会制度层面，都一直在调整和改变着。也正是这种前所未有的巨大变化，使中国不仅走上了市场经济的道路，而且成为世界大多数资本主义国家的战略合作伙伴。以至于这次美国发动贸易战，许多资本主义国家始终没有与美国保持同步。这种情况清楚地说明，中国今天这种"中国特色社会主义"，无论从意识形态层面，还是从社会制度层面，都已经不同于美苏冷战时期的苏联，而是与当今世界全球化的发展趋势开始接轨了。对于我们研究者来说，难道不应该深入地考察并研究这中间发生的变化到底是什么，努力弄清楚在全球化背景下导致资本主义与社会主义日渐接近融合的内在逻辑是什么，从而找到避免因误判再度重演美苏冷战悲剧的路径和方法吗？

---

① Odd Arne Westad, "The Cold War and America's Delusion of Victory," *The New York Times*, August 28, 2017.

国际关系史研究的理论意义

黄宇兴*

国际关系史是历史学和社会科学的一个交叉领域。国际关系史研究旨在深化世界史学科中关于国家对外政策和国家间互动关系的理解，并为发展政治学下属的国际关系理论奠定了经验基础。国际关系史研究（以下简称"历史研究"）对检验、修正和发展国际关系理论（以下简称"理论研究"）具有重要意义。因此，国际关系学者应寻找能够同时发挥历史研究和理论研究长处的研究路径。

一、历史研究与检验理论

评估理论研究质量的一个方法是检验理论。检验理论的起点是确定研究对象。历史研究为确定研究对象奠定了基础。如果被解释对象构成一个集合，那么历史研究确定了这个集合的边界。例如，如果研究世界大战爆发的原因，那么被解释对象只有两个，即两次世界大战爆发的原因。如果研究中国的领土争端中的策略选择，那么研究者需要了解和收集中国与周边国家之间关于领土问题的所有重叠性声索和主张，并据此确定研究对象。[1]只有凭借对历史的准确把握，研究者才可能正确地限定理论研究的对象。

历史研究为确定关键案例创造了条件。关键案例指现有理论应当解释而不能解释的并且具有持久而重大影响的案例。关键案例对理论检验具有否决权。例如，不同的理论解释了战争爆发的原因。对这些理论而言，两次世界大战都是关键案例——这两个案例是现有理论应当解释的案例，并且这两个案例分别对人类历史的走向产生了持久而重大影响。如果一个宣称能够解释战争爆发的理论不能解释某次世界大战的爆发，那么，无论这个理论能解释多少场战争的爆发，这个理论都没有通过检验。因此，发展关于战争理论的

---

* 黄宇兴，清华大学国际关系学系副教授、仲英青年学者。

① M. Taylor Fravel, *Strong Borders, Secure Nation: Cooperation and Conflict in China's Territorial Disputes*(Princeton: Princeton University Press, 2008) .

一个思路是理解两次世界大战。①理论研究致力于普遍性的因果解释。一个只能解释有限个关键案例的理论是不完美的。然而，这个理论要远远好于不能解释关键案例的任何理论。只有凭借对历史的深入了解，研究者才能确定关键案例，并寻找现有理论对关键案例的解释与关键案例本身特征之间的差异。寻找和解释这种差异是理论创新的重要动力。

历史研究为衡量因果关系提供了依据。理论研究比较重视寻找多个类似事件发生的必要条件，而历史研究比较重视寻找单个重大事件发生的充分条件。②尽管如此，历史研究和理论研究都致力于寻找不同事物之间的因果关系。例如，历史研究致力于解释"中苏联盟解体的原因"，而理论研究致力于解释"冷战时期社会主义国家之间联盟解体的原因"或"联盟解体的原因"。针对某种特定的国际现象，不同理论给出的因果解释往往很不相同。例如，对"联盟解体的原因"，现有理论强调威胁认知差异、安全政策分歧和意识形态斗争的影响。③上述理论都使用了社会主义国家之间的联盟作为检验理论的案例。因此，研究者只有深入理解中苏关系、中越关系演变的历史过程，才有可能衡量不同理论的解释力。衡量不同理论的解释力同样是理论创新的重要动力。

二、历史研究与修正理论

修正理论是理论创新的重要步骤。修正理论的起点是抽象概念。历史研究为测量概念提供了保障。概念是对客观事物的抽象，并反映客观事物的特征。例如，飞机是停在机场停机坪上的庞然大物，而飞机模型是摆在教室讲台上的小巧之物。显然，飞机模型不是飞机。同时，飞机模型体现了飞机的特点。例如，飞机模型和飞机都有机头、机翼、机尾、涡轮等。然而，火车

① Stephen Van Evera, *Causes of War, Power and the Roots of Conflict*(Ithaca: Cornell University Press, 1999); Dale C. Copeland, *The Origins of Major War*(Ithaca: Cornell University Press, 2001).

② Stephen Pelz, "Toward a New Diplomatic History: Two and a Half Cheers for International Relations Methods," in Colin Elman and Miriam Fendius Elman eds., *Bridges and Boundaries: Historians, Political Scientists, and the Study of International Relations*(Cambridge: The MIT Press, 2001), pp. 96–97.

③ Mark L. Haas, *The Ideological Origins of Great Power Politics, 1789–1989*(Ithaca: Cornell University Press, 2005); Nicholas Khoo, *Collateral Damage: Sino-Soviet Rivalry and the Termination of the Sino-Vietnamese Alliance*(New York: Columbia University Press, 2011); 苏若林、唐世平：《相互制约联盟管理的核心机制》,《当代亚太》2012 年第 3 期。

模型并没有飞机模型的上述特点。将飞机抽象成火车模型会导致概念失去效度。工程知识使得工程师正确地将飞机抽象成飞机模型。类似地，历史知识帮助国际关系学者正确地抽象概念。例如，强制（compellence）与威慑（deterrence）是不同的概念。前者强调一方改变目标方已采取的政策，后者强调一方打消目标方未采取的政策。只有充分地辨析史料，国际关系学者才能确定目标方的政策动因和政策实践，正确地区分强制和威慑，并分别讨论两类不同的国际关系问题。[1]换言之，历史研究会帮助理论研究使用的概念恰当地反映国际关系现实。

理论的支撑在于阐释因果关系的假设。历史研究为修改原有假设和提出新的假设提供了依据。不妨设在一个时间轴上存在五个时间点，从前到后分别为 $t1$、$t2$、$t3$、$t4$、$t5$。对某个理论而言，不妨设上述五个点所涉及的某个案例是这个理论的"关键案例"。依据原有证据，不妨设历史研究强调被解释对象的变化发生在 $t4$。在这一基础上，不同理论研究强调 $t1$、$t2$、$t3$ 发生的某种变化对 $t4$ 所发生变化的影响。理论研究可能会将 $t1$、$t2$ 处发生的变化当作背景因素，将 $t3$ 处发生的变化当作解释 $t4$ 变化的主要原因。在这一基础上，理论研究刻画了相应的因果机制，并将其运用到类似同类案例中。然而，在利用新的证据之后，历史研究发现真正的变化发生在 $t5$ 而非 $t4$。如果这一案例是影响理论的"关键案例"，那么修正原有理论的假设就势在必行。结果，新的假设将 $t4$ 至 $t5$ 之间发生的某个新的因素作为主要的解释原因，并提出了一个新的因果关系。在原有证据的基础上，原有理论的假设不应被修正。然而，新证据则可能发展出新的假设和新的理论。

例如，如果理论研究的题目是"冷战时期社会主义国家之间联盟解体的原因"，那么中苏联盟解体就是这一理论的"关键案例"。在利用苏联解密档案之前，历史研究认为苏共二十大是中苏联盟破裂的主要节点。依据这一历史研究，理论研究强调中苏两党在苏共二十大后的意识形态争论（例如对斯大林的不同评价）对中苏联盟破裂的影响。然而，在利用苏联解密档案之后，历史研究认为1958—1959年中苏内外政策分歧是中苏联盟破裂的主要

① Robert J. Art, "To What Ends Military Power," *International Security*, Vol. 4, No. 4, 1980, pp. 3–35; Richard Ned Lebow and Janice Gross Stein, "Deterrence: The Elusive Dependent Variable," *World Politics*, Vol. 42, No. 3, 1990, pp. 336–369.

节点。①依据这一历史研究，理论研究强调社会主义国家联盟结构对联盟破裂的影响。换言之，在利用苏联解密档案之后，1958—1959 年（t5）而非 1956 年（t4）成为解释中苏关系变化的节点。因此，不同因素和机制在解释中苏联盟破裂的相对权重就出现了变化。新理论关注的时间段不再是 1956 年之前的变化，而是 1956—1958/1959 年之间的变化。这表明，历史研究的发展推动了原有理论假设的修改。

三、历史研究与发展理论

修正理论为发展理论提供了条件。历史研究对什么样的理论选题帮助比较大？这样的理论选题可能需符合以下三个标准。（1）理论选题的经验基础涉及的案例总数量有限。在确定研究对象后，如果符合理论选题要求的案例总数量有限，那么研究者可以逐一研究每个案例，并以对全部案例"完全归纳"的方式提出关于因果关系的假设和机制，进而发展某种理论。（2）理论涉及的概念应包含某些主观因素，例如观念、认知、认同、意识形态等。档案资料可以帮助研究者刻画这些概念的具体内涵和外延，从而保障概念的效度。（3）理论选题的经验基础涉及的案例有明显的时间过程。档案资料可以帮助研究者判断以下问题：不同历史节点是否发生了真实的而非虚假的变化？在被解释对象发生真实的变化之前，可能的解释因素是否发生了真实的变化？以上这些解释因素之间是相互独立的，还是互相依赖的？回应这些问题有助于研究者修正现有理论的假设，并提出新的假设。虽然这只是发展理论的最初步骤，但这是发展理论最关键的几个步骤之一。

由此，使用档案讨论两种理论选题可能具有相对优势。一种选题是关于对外政策的题目。档案可以系统地刻画政策的过程。多边档案可以互相印证政策的内容。据此，研究者可以讨论政策的成因与成败。另一种选题是关于情报认知的题目。档案可以有效地刻画决策者的观念。多边档案可以提供不同决策者对同一问题在不同时间的不同认识。据此，研究者可以讨论认知的来源和情报的成败。对这两种选题，重大的对外政策和重大的情报评估的案例数量并不太多。研究者可以逐一研究每个案例，并通过"完全归纳"的方

① 沈志华主编：《中苏关系史纲（1917—1991）》，北京：新华出版社 2007 年版，第 160—161、222—249 页。

式提炼和发展理论。这两种选题都涉及主观因素，需要通过档案的具体证据保障概念的效度。这两种选题都涉及明显的时间过程，从而为研究者衡量现有理论的解释力并提出新理论提供了广阔的空间。

四、结语

历史研究与理论研究皆有意义，但都存在风险。美国学者约瑟夫·奈（Joseph S. Nye, Jr.）指出，历史研究关注复杂事物不同层次上的因素，而理论研究则致力于对事物普遍规律的解释。拙劣的历史学家可能陷入对不相关的细节的过分描述，而拙劣的国际关系学者则可能对不同事物进行主观剪裁。①如何才能依据历史研究从事理论研究？对此，美国学者杰克·列维（Jack S. Levy）指出："政治学家利用二手资料的一个问题上是，明确或暗示地启发历史学家做研究的理论问题或许与政治学家所关心的理论完全不同。这将限制某个具体二手研究对政治学家的帮助。……（然而，）坚持要求政治学家做档案工作并且研究所有相关的二手资料，之后再讨论足够多的案例以便实现理论的普遍化，这是不现实的。"②

奈和列维的阐述比较公允。依据档案的历史研究不仅需要专门的训练，而且是一项劳动密集型工作。大规模团队的人力、财力和语言技能有利于实现依据档案的历史研究。因此，列维才提出，让国际关系学者从事历史研究是"不现实"的。然而，考虑到档案研究对检验、修正和发展某些理论的必要性，国际关系学者应致力于充分发挥历史研究与理论研究各自优势，让两者互相促进、相得益彰。因此，国际关系学者应选择历史研究能够发挥长处的理论题目，以经验实证程序提高研究结论的逻辑性，并努力拓宽经验基础的资料来源。沟通历史证据与理论观点有助于提高理论研究的说服力。对从事某些理论问题研究的国际关系学者而言，理解历史学家的工作方法和研究特点是十分必要的。

---

① Joseph S. Nye, Jr., "Old Wars and Future Wars: Causation and Prevention," in Robert I. Rotberg and Theodore K. Rabb, eds., *The Origins and Prevention of Major Wars* (Cambridge: Cambridge University Press, 1989), p. 4.

② Jack S. Levy, "Explaining Events and Developing Theories: History, Political Science, and the Analysis of International Relations," in Colin Elman and Miriam Fendius Elman eds., *Bridges and Boundaries: Historians, Political Scientists, and the Study of International Relations* (Cambridge: The MIT Press, 2001), pp. 59, 61.

中国冷战史研究的方法困境

张民军[*]

中国的改革开放已走过 40 年的风雨征程，作为学术史的回顾，我国的冷战史研究（本文仅关注大陆史学界）也差不多经历了同样的岁月[①]，在这不惑之际回首过去，展望未来，意义自然不凡。过去的 40 年间，我国学界在冷战史的研究中取得了相当不俗的成绩：其一是冷战史文献资料的收集整理，特别是在"原档"的收集、编译方面成果显著。不但美、俄、英、日、德、法等大国的冷战史档案文献被大量复制或译介到国内，东南亚、中东欧、中国周边国家与地区的相关文献资料也受到国内学者的高度关注，其中最具代表性的当属沈志华先生主持编撰的数部冷战史档案译丛。其二是冷战史的个案与专题研究不断取得突破，国内学者在朝鲜战争、中苏关系、中美关系、美苏关系、遏制战略、中国与周边国家的外交关系、核问题、巴统、心理战、文化冷战等领域的研究十分活跃，其著述已为国际学术界所认可[②]。

畅谈上述成绩固然令人振奋，而保持一丝冷静与清醒则更为难得。当前的国内冷战史研究看似繁花似锦，欣欣向荣，但繁荣的背后也显现出一些隐忧，一言以蔽之，当前的国内冷战史研究面临着方法论方面的巨大困境。其实余伟民先生早在十几年前就说过："几十年来国际学术界在冷战史研究的方法上没有多大的建树，即使所谓的'新冷战史研究'依然与新方法无涉，

---

[*] 张民军，东北师范大学历史文化学院副教授。

[①] 早在 20 世纪 50 年代，中国就出版了中译本 ［美］李普曼：《冷战：美国外交政策的研究》（裘仁达译），北京：商务印书馆 1959 年版；70 年代则出版了中译本 ［美］戴维·霍罗威茨：《美国冷战时期的外交政策》（上海市"五·七"干校六连翻译组译，上海：上海人民出版社 1974 年版，内部发行）；80 年代出版了中译本 ［美］沃尔特·拉弗贝：《美苏冷战史话（1945—1975）》（游燮庭等译），北京：商务印书馆 1980 年版，内部发行。中国国内学者对冷战史的正式研究始于 80 年代，如汤季芳编著了《冷战的起源与战后欧洲》，兰州：兰州大学出版社 1987 年版；冷战结束后，国内的冷战史进入爆发期。

[②] 沈志华在为"冷战国际史研究文库"丛书所作的序——《代序：冷战国际史研究：世界与中国》一文中对此作了精彩的回顾，本文不予赘述。

不过是加大了档案史料的收集力度，运用多国档案对冷战进程中一系列事件重新梳理与再思考而已。"① 对此困境，学界多有同感，并在多次研讨会上呼吁要重视跨学科的研究方法，补充政治学、经济学、社会学、国际关系学、传播学、文学、心理学乃至核物理等多学科知识。② 令人遗憾的是呼吁虽多而应者寥寥，当前冷战史研究的方法之困依然如故。

第一，研究方法单一，"多边档案解读"（或曰"多边档案相互印证"）之法一家独大。其实就当前的冷战史研究方法而言，不仅在我国学界，全球学界的研究方法基本上也是多边档案解读，这也是冷战史研究传统的、主流的、最具特色的方法，即使是目前国际冷战史研究的集大成者——《剑桥冷战史》③ 亦未展现出方法论上的创新。该法遵循"兰克史学"，过分倚重档案史料，论证与叙述的过程就是档案文献的梳理与考证，坚持"价值中立原则"，将史家与史著分开，作者置身于论述之外。于是就形成了"重实证、轻理论""重描述、轻分析"的研究局面。④ 总之，目前国内的冷战史论著普遍存在着从一份文件到另一份文件，从一份档案到另一份档案的史料照搬、档案堆砌现象，史学家主体意识缺失，对档案史料的分析不足，鉴别不够，味同嚼蜡，不堪卒读。

第二，在借鉴、运用其他学科的理论与方法上表现迟钝。传统史学的强项是史料整理，弱项是不擅于理论建构，不擅于运用其他学科的理论或分析框架来统摄史学的史料与思想碎片。相较于中国古代史、历史地理学等领域，国内冷战史学者对跨学科的方法关注度很低，对新的研究工具亦很冷漠，躬身实践者寥寥无几。虽然不少学者呼吁要在冷战史研究中引入跨学科的理论和方法⑤，以拓展研究视野，扩大研究领域，提出新的解释与叙述，

① 余伟民：《论题：冷战逻辑的解读与冷战史研究的方法》，《历史教学问题》2006 年第 4 期。

② 梁志：《"当代中国外交史研究的现状与未来"学术座谈会综述》《中共党史研究》2018 年第 5 期。

③ Melvyn P. Leffler, Odd Arne Westad, *The Cambridge History of the Cold War*, Vol. 3 (Cambridge: Cambridge University Press 2010) . 参见牛军的《〈剑桥冷战史〉评介》，《美国研究》2014 年第 3 期。

④ 董洁就国内学界关于冷战时期中国与周边国家关系研究状况指出："（其）研究成果仍以解读档案和史实叙述为主。……就整体而言，大部分的研究成果仍停留在对历史过程考察叙述的阶段。"《近十年来国内学界关于冷战时期中国与周边国家关系研究述评》，《中共历史与理论研究》第 7 辑，2018 年 12 月。

⑤ 例如张小明教授在《国际关系理论与冷战史研究》（发表于《史学月刊》2005 年第 6 期）一文中就呼吁，要有意识地运用国际关系理论来研究冷战史。

但这些年来国内冷战史学者在研究方法上有创新的著述并不多见，即使有新的研究法，也多是机械性的模仿，生拉硬套，削足适履，新理论或新方法的运用并不娴熟。① 即使将眼界扩大到国内的国际关系史学界，状况依旧，十年前的警示言犹在耳："国际关系史研究队伍内部存在着'两极分化'的现象。一方面是沉湎于档案解读，在一些细枝末节上花费功夫，认为只有凭史料说话才是真正的学问，对微观和宏观的理论探索都不感兴趣；另一方面是生吞活剥一些西方国际关系理论，脱离史学研究的基本实践。"②

张曙光教授曾乐观地说："一个以冷战国际关系为主要研究对象、研究方法多元且交叉的学科，即：冷战国际关系学（已形成）。尽管外交史、国际政治学者仍占据该学科的主控地位，越来越多的新兴学科——诸如行为学、心理学、传播学、文化学等——学者的参加研究，使得这一领域由较为单一、传统的研究逐渐转向多元化与跨学科。"③ 或许可以说欧美学界的冷战史研究在运用跨学科方法方面已茁壮成长，成果可观④，而国内的冷战国际关系学则尚在孕育之中，远未成形，目前大多数的冷战史专著宣称的所谓跨学科研究方法名不符实。既然张曙光、王立新等学者已就西方国际关系理论、文化研究方法、社会性别理论等在冷战史研究中的运用作了详细述评，无须赘述，故本文将狗尾续貂，提醒国内同仁关注其他一些研究方法，以期在冷战史研究中发扬光大。

第一，量化研究方法（Quantitative Research）。有学者认为，量化研究方法可能会引发历史学的深层革命性变革，量化研究应用于历史学的合理性和重要性首先在于它有助于历史学家更好地解决"质"的问题进而推动历史

① 当然有些著述在研究方法上的创新还是难能可贵的，如郑华的《首脑外交：中美领导人谈判的话语分析1969—1972》（上海：上海人民出版社2008年版）一书就娴熟地运用后现代化话语分析理论（福柯的"话语观"与德里达的"双重解构"）来探究中美解冻的那段历史。笔者无法完全掌握中国国内冷战史、国际关系史学界的研究动态，故这种说法有些武断，本文意在提醒国内学界的注意，绝无贬抑或冒犯学界同仁之意。

② 于沛、周荣耀主编：《中国世界历史学30年（1978—2008）》，北京：中国社会科学出版社2008年版，第462页。

③ 张曙光：《美国遏制战略与冷战起源再探》，上海：上海外语教育出版社2007年版，第3页。

④ 王立新在《跨学科方法与冷战史研究》（发表于《史学集刊》2010年第1期）一文中详细评介了西方的冷战史研究引入国际关系理论、文化研究方法和社会性别理论的状况；张曙光《冷战国际史与国际关系理论的链接——构建中国国际关系研究体系的路径探索》（发表于《世界经济与政治》2007年第2期）一文亦对西方学界将国际关系理论融入冷战史研究的情况作了精彩评述。

学成为真正的历史科学。① 这绝非危言耸听，现在运用于社会科学中的量化方法繁多，其中"事件数据分析（Event Data Analysis）""词频分析法（Word Frequency Analysis）""主题模型（Topic Modeling）"等方法在国内外史学界早已运用得非常成熟。虽然量化研究中数据的收集整理、量表的设计需要人工干预，数据的统计分析则完全依靠 SPSS、SAS、Stata、EXCEL 等软件完成，其精确度与数据挖掘的深度远超常人的想象。

第二，大数据方法。21 世纪是互联网的时代，更是大数据的时代。目前各国解密的卷帙浩繁的冷战史史料已"入库上网"（或者被做成数据库，或者上传互联网），实现了数字化与网络化。分析、处理海量的资料无疑是冷战史学界面临的巨大挑战与机遇，而大数据的方法就此应运而生。大数据的方法不但扩大了史料的范围，突破传统的"选精"和"集萃"等利用史料方式的局限，更可借助计算机对海量史料进行处理；它还把以往大量的微观数据变成了可资利用的史料，并能从留传的传统史料中挖掘新的信息，使历史学从"解释"已有知识跃升至"发现"新知识的境界。② 例如，国际政治学专业出身的张旻、唐世平以后者提出的行为归因理论为出发点，利用"逐字解释文本分析内容分析法（Content Analysis of Verbatim Explanations, CAVE）"，对 1945—1947 年间出版的所有《美国外交文件集》（FRUS）的文件进行编码和统计分析，试图对这段时间美国外交决策者的对苏行为予以归因。③ 再如，目前广为中国古代史学界使用的中国历代人物传记资料库（CBDB）、中国历史地理信息系统（CHGIS）④，就既是一个海量的大数据库，又可对其存储的史料进行数据挖掘，并将结果以"可视化方法"输入，以表格、图像、动画等形式呈现出来的研究结果更加形象、直观，便于理解与记忆。

---

① 韩炯：《从计量史学迈向基于大数据计算思维的新历史学——对当代西方史学量化研究新发展的思考》，《史学理论研究》2016 年第 1 期。

② 参见梁晨、董浩、李中清：《量化数据库与历史研究》，《历史研究》2015 年第 2 期；梁晨：《量化数据库："数字人文"推动历史研究之关键》，《江海学刊》2017 年第 2 期；王日根：《大数据下历史学研究的个性彰显》，《史学月刊》2018 年第 9 期；舒健：《大数据时代的历史研究》，上海：上海译文出版社 2017 年版。

③ 张旻、唐世平：《决策者到底如何归因？——一项基于美国外交档案的研究》，《国际安全研究》2016 年第 1 期。

④ 张萍：《地理信息系统（GIS）与中国历史研究》，《史学理论研究》2018 年第 2 期。

第三，心理学方法。运用心理学的理论和方法解释人的政治行为，分析国家对外政策和国际政治现象是国际政治研究的一个热点。冷战期间的美国尤其精通此法，美国中央情报局持续对重要国家、特别是敌对国家的领导人进行心理分析，赫鲁晓夫（Khrushchev）、戴高乐（Charles de Gaulle）、卡斯特罗（Castro）、萨达姆·侯赛因（Saddam Hussein）等人都曾是其心理分析的对象。① 前些年，由罗凤礼、萧延中主编的"心理传记学译丛"（中央编译出版社出版）将包括斯大林（Stalin）、甘地（Gandhi）、威尔逊（Wilson）、希特勒（Hitler）等人的心理传记译介进来，可惜包括政治心理学在内的心理学方法在国内水土不服，故迄今几乎见不到国内学者撰述的心理史学、心里传记方面的著作，唯有译著在大行其道。

第四，图像（或影像）研究法。历史记录的方式虽已历多次变革，从早期的结绳、甲骨、金石铭刻、简帛、纸本、到照片以及如今的电子媒体（音视频）、数字媒体，但史学研究的呈现表述方式依然是纸媒为主的文字叙述。冷战史研究以史料见长，但这种"长"无一例外地集中于纸质"文献史料"（一些 PDF 或图片格式的文件虽已转换为电子文本，但其本源绝大多数仍来自纸质媒介），实物史料、口述史料、图像史料、音像史料、数字史料等的运用则乏善可陈。冷战时代留给我们浩如烟海的照片、视频、音频，乃至电子史料，但目前国内学界对此的研究、利用并不太好。② 究其原因，一是现在研究者要想获得相对完整、系统的图像、影像资料还比较困难，类似"开放获取（Open Access）"等公开免费的获取方式还不多见；二是学界尚未形成较为成熟的处理图像、影视资料的理论方法和操作原则。③ 图（影）像史料的运用不仅是将其还原为文字或其仅作为文字的陪衬以取得所谓"图文并茂"或"声情并茂"的效果，而是要从图（影）像史料中获取更隐秘与深远的信息，构建起不同于传统的历史文本，即视听文本，并能获得学界与大众的认可。

---

① 张清敏：《国际政治心理学流派评析》，《国际政治科学》2008 年第 3 期；[美] 罗伯特·杰维斯：《国际政治中的知觉和错误知觉》（秦亚青译），北京：世界知识出版社 2003 年版。

② 2019 年 4 月 21 日，笔者在华东师大周边国家研究院召开的学术会议期间向章百家先生求教。章先生谈及纪录片《旋风九日》（2015 年出品）的拍摄，他是该片的史学顾问，但章先生坦言，这类历史纪录片的话语权完全由导演掌控，史学家的角色与作用并未得到应有的发挥。

③ 肖同庆：《影像史记》，广州：南方日报出版社 2005 年版，第 5—6 页；刘萍：《中国影像史学研究任重道远》，《中国社会科学报》2017 年 10 月 17 日；[英] 彼得·伯克：《图像证史》（杨豫译），北京：北京大学出版社 2008 年版，第 51 页。

总之，当前的中国冷战史研究仍以资料见长，正处于"量的积累"阶段。处于一种个人感悟式的解读文献，基本属于手工作坊式的研究，对其他社会学科的理论无动于衷，对近年来喷涌而出的文本分析工具、大数据、可视化等新方法熟视无睹。究其原因，其一是当前的冷战史研究方兴未艾，新史料的获取非常容易，新解密的档案就是一座座学术富矿，谁还会浪费精力与时间去钻研那些艰深的新理论、新方法，既无必要也无意义。其二是受制于冷战史研究者的学术背景，目前国内绝大多数的冷战史研究者出身于历史学或外语专业，其本科及研究生阶段接受的学术训练亦以史学为主，很少涉猎其他人文、社会学科，对信息技术的了解与掌握亦属弱项。

诚然，史料是史学研究的基础，加强档案史料的收集整理是冷战史研究的立足之本，但若不重视跨学科方法的开辟、新工具的引入，依然固守传统的多边档案解读之法，那么海量的档案史料极有可能会成为"他人的嫁衣"。冷战史将会沦为美国学者柯娇燕（Pamela Kyle Crossley）所称的"初级历史"，冷战史研究就是所谓的"初级研究"，而冷战史研究者自然就成为史料"搬运工"，即所谓的"初级研究者"①。姑且不论柯娇燕的说法是否合理，但学术生态的确存在高（高级）下（初级）之分，若冷战史学者不想屈居于学术生态链中的低端，那么就必须依托新方法、引入新理论，在研究方法上取得突破，实现冷战史研究"质的飞跃"。

<hr>

① 柯娇燕在《什么是全球史》一书中提出了"初级研究（Primary Research）""初级历史（Primary History）"的概念，系指以原始资料为基础注重考证的历史研究和以此为基础撰写历史。参见［美］柯娇燕：《什么是全球史》（刘文明译），北京：北京大学出版社 2009 年版，第 3 页。

冷战史与新社会史结合的趋势

何　慧[*]

　　冷战史研究是近年来国际国内学术界的一个热点。美国的冷战史研究经历了从"正统派""修正派""后修正派"到"冷战史新研究"的发展历程，研究成果不断更新。我国的冷战国际史研究也从无到有，从初期只有少数研究者到如今不仅有许多学者投身其中且成果斐然。总体而言，无论是美国从早期的正统派到新研究，还是中国学者的冷战史成果，学者们关注得比较多的还是国家层面的高层政治范畴的较量，着眼于美苏竞争态势之下国家关系的变化和对实质性问题的探讨，如冷战发生的原因和性质，冷战过程的变化和转型，冷战中的大国与第三世界的关系等问题。但与此同时，一些学者开始探讨冷战时期各国的社会经济状况、冷战在人们的思想意识和行为上的烙印、冷战对国与国之间及人民与人民之间关系的影响等，并出现了冷战史与新社会史相结合的趋势。

　　冷战作为国家间对抗的外部环境，也是国民生活氛围和心理感受的大背景，它不仅影响到政治和经济，也影响到不同的社会群体甚至波及人们的日常生活。第一，一些学者从宏观角度探析冷战对美国社会和文化产生的影响，如德瑞克·李波厄特（Derek Leebaert）对冷战年代美国社会心理的变迁和政治思想的演变进行了细致描述，揭示出美国因为冷战而在政治、经济和军事上付出巨大代价的同时，美国的社会、文化、教育和国家形象也受到很大影响。托马斯·波斯特曼（Thomas Borstelmann）对冷战与美国的种族问题及全球范围的种族关系进行了考察。艾莱妮·梅（Elaine T. May）考察了冷战对美国家庭的影响。[①] 第二，学者们发现，冷战对美国国内的左翼力量

---

　　* 何慧，华南师范大学历史文化学院教授。

　　① Derek Leebaert, *The Fifty-Year Wound: The True Price of America's Cold War Victory*(Boston: Little Brown and Co., 2002)，中译本是德瑞克·李波厄特著：《五十年伤痕：美国的冷战历史观与世界》（郭学堂等译），上海：上海三联书店 2008 年版；Thomas Borstelmann, *The Cold War and the Color Line: American Race Relations in the Global Arena*(Harvard University Press, 2001); Elaine Tyler May, *Homeward Bound: American Families in the Cold War Era*(New York: Basic Books, 1988)。

造成重大打击，"新政"时期的自由派、以美国共产党为代表的老左派、美国工会中的进步派和其他偏左翼的组织和人士都因为冷战而受到不同程度的创伤。兰登·斯托尔斯（Landon R. Y. Storrs）考察了冷战初期美国反民主逆流中受害者的经历，认为在20世纪40年代末到50年代中期，美国政府内外的保守势力利用人们对苏联间谍的关注，将那些倡导推行政策调整和财富再分配的改革派赶出了公共事务部门，并且这场"反共十字军"对美国公共政策所产生的"更深切、更直接的影响"超出了过去人们所想象的程度。[①] 第三，冷战对美国华人影响极大，特别是中美对抗对美国华人中的左翼或亲华派打击沉重。如1950年朝鲜战争爆发后，美国国内的反共气氛更加浓烈，左翼人士和团体遭到严重打压，联邦调查局到处搜罗"亲共活动"的证据，对被怀疑为"亲中共、亲苏和反美"或"攻击美国的远东政策而赞成中共在该地区的政策"的组织或个人进行长期监视，还在各地进行了许多针对共产党的调查，很多人因此"生活在恐惧之中"。[②]第四，冷战及其在第三世界的反应促进了美国的少数族裔争取平等权利，而反对越南战争成为将20世纪60年代的各种社会运动汇聚起来的旗帜，如"亚裔美国人政治联盟""黑豹党""洛德党"、旧金山市的"红卫兵党"等，尽管它们昙花一现，但也反映出冷战时期的国际形势及各国政治思潮和社会运动的相互影响。第五，以关注国内事务为主的美国工会，特别是全国性的工会组织也在相当程度上卷入了冷战事务。约翰·温德穆勒（John P. Windmuller）发现劳联—产联的领导虽然反对殖民主义，支持亚非拉地区人民的自主、独立，但不愿意这些地区的人民用共产主义的方式来实现民族解放。[③]冷战期间，劳联—产联参与推翻巴西和智利民选政府，干涉圭亚那、多米尼加共和国、特立尼达和多巴哥、圣萨尔瓦多、危地马拉和尼加拉瓜。它帮助那些独裁政府镇压左派力量，支持与政府有关联的非民主的工会。金·席佩斯（Kim Scipes）认为这些活动是与美国政府沆瀣一气的帝国主义行为，并称之为

① Landon R. Y. Storrs, *The Second Red Scare and the Unmaking of the New Deal Left* (Princeton: Princeton University Press, 2013) .

② 见 Renjiu Yu, *To Save China, to Save Ourselves: A History of the Chinese Hand Laundry Alliance of New York* (Philadelphia: Temple University Press, 1992) , p. 191。该书的中译本为于仁秋：《救国自救：纽约华侨衣馆联合会简史，1933—1950's》，香港：三联书店（香港）有限公司2003年版。

③ John P. Windmuller, "Foreign Affairs and the AFL-CIO," *Industrial and Labor Relations Review*, April 1, 1956; John P. Windmuller, "The Foreign Policy Conflict in American Labor," *Political Science Quarterly*, Vol. 82, No. 2, June 1967, pp. 205-234.

"劳工帝国主义"，因为其目的是想要控制发展中国家的劳工运动，服务于美帝国的利益。①第六，宗教也与冷战密不可分。乔纳森·赫佐格（Jonathan P. Herzog）在《精神—工业综合体：冷战初期美国的反共宗教斗争》中认为，从20世纪40年代后期到60年代，美国国内的各宗教派别在支持国家冷战政策方面立场基本一致，那就是将美国文化的优越性与宗教信仰联系在一起，反对信仰无神论的苏联。有研究者发现宗教在美苏之间进行的意识形态斗争中发挥了十分重要的作用，宗教对美国外交政策的制订和实施具有影响，一些宗教人士和团体亲身参与了冷战中的某些重大事件。②由上可见，冷战时期美国社会的方方面面都打上了冷战的时代烙印，无论是社会整体还是个别群体或团体都与冷战相关。

第二次世界大战后，西方出现了史学观念更替，到70年代，重视研究社会下层和人民群众并把经济、政治、文化等各个方面融为一体的新社会史渐成潮流。在一些传统的文化史和社会史研究领域如艺术、种族、家庭、教育等方面也出现了与冷战史相关的成果。简·马修斯（Jane de Hart Mathews）考察了冷战期间美国艺术与政治相融合的情况，认为美国在冷战时期将艺术作为"自由世界"的宣传和文化交流项目的前提，这些活动和项目的本意是想要说明美国人民愿意为反共事业做贡献，但具有讽刺意味的是，这些活动恰恰呈现出美国国内的压制和迫害。③塞缪尔·沃克（J. Samuel Walker）考察和分析了美国大学教科书中关于冷战起源的编撰和内容，他发现教科书对冷战起源的讲述既与冷战发生发展的进程相适应，也与

---

① Kim Scipes, *Afl-cio's Secret War against Developing Country Workers: Solidarity or Sabotage?* (Lanham, Maryland: Lexington Books, 2010).

② Jonathan P. Herzog, *The Spiritual-Industrial Complex: America's Religious Battle Against Communism in the Early Cold War*(Oxford: Oxford University Press, 2011); Philip E. Muehlenbeck, eds., *Religion and the Cold War: A Global Perspective*(Nashville: Vanderbilt University Press, 2012); 其他的此类研究还有 Dianne Kirby, eds., *Religion and Cold War*(Hamphire: Palgrave, 2003); Alex R. Schafer, *Religion, the Cold War State, and the Resurgence of Evangelicalism in the U.S., 1942-1990*(Center for North American Studies, Johann Wolfgang Goethe-University, 2006); William Inboden, *Religion and American Foreign Policy: 1945-1960, The Soul of Containment*(Cambridge: Cambridge University Press, 2008); Michael G. Thompson, *For God and Globe: Christian Internationalism in the United States between the Great War and the Cold War*(Cornell University Press, 2015)。

③ Jane de Hart Mathews, "Art and Politics in Cold War America," *The American Historical Review*, Vol. 81, No. 4, October 1976, pp. 762-787.

美国冷战史从早期派到修正派到新研究的历程同步。①美国非洲裔历史学家杰拉德·霍恩（Gerald Horne）在其著作中认为白人至上与反共产主义是构筑第二次世界大战后美国人的生活和政治的两股主要力量，并且对全球的非洲血统和殖民地人民有重要影响，冷战代表了非洲裔美国人在生活和政治进步方面与过去决裂。②辛西亚·英洛伊（Cynthia Enloe）用女性主义的视角聚焦性别政治与黩武主义政治之间的关系，探析性别角色、性和黩武主义在冷战中的作用。菲利普·米伦贝克（Philip E. Muehlenbeck）主编的著作《全球视野中的性别、性与冷战》从宏观角度考察世界范围内的性和性如何影响冷战期间各国的国内外政策。③有不少学者观察到美国的知识分子、大学与冷战有着十分密切的关系。雅各布·诺斯纳（Jacob Neusne）揭示了美国政府为取得冷战胜利而控制大学，并刻意激发学生和教师对美国冷战政策的认同感，最终使大学教育驶上了冷战的轨道。戴维·蒙哥马利（David Montgomery）等人合著的《冷战与大学——战后知识分子史》深入探讨了冷战对大学里的知识分子及各学科的影响。克里斯托弗·辛普森（Christopher Simpson）1998年编辑出版的论文集《大学与帝国：冷战时期社会科学中的金钱与政治》，深入考察了冷战时期金钱和政治对美国社会科学及一些研究人员的影响。戴维·豪谢尔（David Hounshell）的《冷战、兰德和知识的产生，1946—1962》较为详细地梳理了美国最著名的民间智库兰德公司在冷战

①　J. Samuel Walker, "The Origins of the Cold War in United States History Textbooks, " *The Journal of American History*, Vol. 81, No. 4, March 1995, pp. 1652–1661.

②　Gerald Horne, *Red and Black: W. E. B. Du Bois and the Afro-American Response to the Cold War, 1944–1963*(New York: Albany, 1986); Gerald Horne, *Cold War in a Hot Zone: The United States Confronts Labor and Independence Struggles in the British West Indies*(Philadelphia: Temple University Press, 2007). 对他的著作的总体评论见 Erik S. McDuffie, "Black and Red: Black Liberation, the Cold War, and the Horne Thesis, " *The Journal of African American History*, Vol. 96, No. 2, Spring 2011, pp. 236–247。关于美国民权运动与冷战的主要著作还有 Robbie Lieberman and Clarence Lang, eds. *Anticommunism and the African American Freedom Movement: "Another Side of the Story"*(New York: Palgrave Macmillan, 2009); Mary L. Dudziak, *Cold War Civil Rights: Race and the Image of American Democracy* (Princeton, NJ: Princeton University Press, 2000)。

③　Cynthia Enloe, *The Morning After: Sexual Politics at the End of the Cold War*(Berkeley, CA: University of California press, 1998); Julie A. Gallagher, "The National Council of Negro Women, Human Rights, and the Cold War", Kathleen A. Laughlin and Jacqueline L. Castledine, ed., *Breaking the Wave: Women, Their Organizations, and Feminism, 1945–1985*(Routledge, 2010); Philip E. Muehlenbeck, ed., *Gender, Sexuality, and the Cold War: A Global Perspective*(Nashville, Tenn.: Vanderbilt University Press, 2017).

早期的活动及其大量研究报告。①美国学者乔迪·金（Jodi Kim）考察了冷战期间跨国收养的源头，他认为冷战时期的跨国收养不仅仅是个人的善心和利他行为，而且是"高度种族化和性别化的过程，是涉及美国帝国主义、资本主义现代性和国内外种族形态和'民族建构'的根本性和建设性项目"，并与全球冷战密切相关。②艾伦·霍恩布鲁姆（Allen M. Hornblum）等人则揭示了冷战期间一个惊人的内幕，即一些在收容学校里的儿童（主要是智力残障儿童）接受了以"优生优育"和应对共产主义威胁为旗号的"科学实验"，特别是对他们进行秘密的核辐射实验，有些实验持续了整整 20 年!③关于冷战国际关系中的社会史研究，哈佛大学东亚系宋怡明（Michael Szonyi）的《冷战岛：处于冷战前线的金门》聚焦金门普通百姓的生活和当地驻军的实际情况，将金门与全球冷战联系起来。④

在冷战时期，美国的主要基金会都不同程度地参与了美国的对外政策制订、实施或国际关系的活动，有一些基金会的冷战目的更是十分明显，如成立于 1954 年的"亚洲基金会"，其早期的主要目的就是在亚洲地区扶

---

① Jacob Neusnei, Noam M. M. Neusner, *The Price of Excellence: Universities in Conflict during the Cold War Era* (New York : Continum, 1995); David Montgomery, *The Cold War & the University-toward an Intellectual History of the Postwar Years*(New York: The New Press, 1997); Christopher Simpson, *Universities and Empire: Money and Politics in the Social Sciences during the Cold War*(New York: The New Press, 1998); David Hounshell, "The Cold War, RAND, and the Generation of Knowledge, 1946−1962", *Historical Studies in the Physical and Biological Sciences*, Vol. 27, No. 2, January 1997, pp. 237−267. 其他的同类研究还有 Aaron L. Friedberg, "Science, the Cold War, and the American Sate," *Diplomatic History*, Vol. 20, No. 1, Winter 1996; Noam Chomsky, et al., *The Cold War and the University: Toward an Intellectual History of the Postwar Years*(New York: New Press, 1997); Rebecca S. Lowen, *Creating the Cold War University: The Transformation of Stanford*(Berkeley: University of California Press, 1997); Bruce Kuklick, Blind Oracles, *Intellectuals and War from Kennan to Kissinger*(Princeton, N. J. : Princeton University Press, 2007)。

② Jodi Kim, "An 'Orphan' with Two Mothers: Transnational and Transracial Adoption, the Cold War, and Contemporary Asian American Cultural Politics," *American Quarterly*, Vol. 61, No. 4, December 2009, pp. 855−880.

③ ［美］艾伦·M. 霍恩布鲁姆等：《违童之愿：冷战时期美国儿童医学实验秘史》（丁立松译），北京：生活·读书·新知三联书店 2015 年版。

④ Michael Szonyi, *Cold War Island: Quemoy on the Front Line*(New York: Cambridge University Press, 2008). 该书后来出版了中译本：［美］宋怡明：《前线岛屿：冷战下的金门》（黄煜文、陈湘阳译），台北：台湾大学出版中心 2016 年版。

持"民主势力",对抗共产主义,并得到美国中央情报局的资助和支持。① 关于美国的媒体、文化与冷战的关系,也有不少成果。②体育看起来似乎是与冷战关系较远的一个领域,其实不然,学术界关于体育与冷战的研究成果不少。如布雷恩·萨拉(Brian R. Sala)等人以奥运会花样滑冰为例,研究冷战体系下的"集体认同",分析"朋友"、"对手"或"敌人"是否影响了奥运会花样滑冰的体育评价标准,并发现奥运会确实是国家间政治较量的舞台。③ 2010 年,J. R. 麦克尼尔(J. R. McNeill)与科琳娜·R. 昂杰尔(Corinna R. Unger)主编了一部环境史论文集《冷战的环境史》,从不同角度论述冷战对环境的影响以及许多科学家、民众以及环境保护组织为保护环境所做的努力。④总而言之,关于冷战在社会各个方面的表现已经有了不少重要成果。

以上梳理的只是冷战史与新社会史结合的成果中的一小部分,但也让我们看到冷战史与新社会史结合使冷战史研究呈现出综合性、多角度、多元化的可喜局面。冷战史与新社会史结合能勾勒出冷战时代的立体轮廓,让后人更加全面地了解和认识这个历史时期。冷战期间美苏两个集团之间的较量是全方位的,包括政治、经济、军事、意识形态和社会生活等各个方面。冷战思维、冷战观念通过冷战政策、冷战舆论、冷战教育等散布到社会的各个角落,渗透到社会的每个层面,甚至转化为国家意志、民族认同。通过冷战史与新社会史相结合的研究,可以更清晰地发现冷战这个时代具有十分鲜明的独特性,这个时代与冷战前的各个时期有很大区别,而即使冷战已经结束,

---

① E. Berman, *The Influence of Carnegie, Ford and Rockefeller Foundations on American Foreign Policy: Ideology of Philanthropy*(New York: State University of New York Press, 1983); Robert Blum, "The Work of The Asia Foundation," *Pacific Affairs*, Vol. 29, No. 1, March 1956, pp. 46-56.

② Thomas Doherty, *Cold War, Cool Medium: Television, McCarthyism, and American Culture*(Columbia University Press, 2005); Douglas Field, *American Cold War Culture*(Columbia University Press, 2006).

③ Brian R. Sala, John T. Scott, and James F. Spriggs II, "The Cold War on Ice: Constructivism and the Politics of Olympic Figure Skating Judging," *Perspectives on Politics*, January 2007. 关于冷战与体育的其他研究还有 Christopher R. Hill, "The Cold War and the Olympic Movement," *History Today*, January 1999; Thomas M. Hunt, "Sport, Drugs, and the Cold War," *Olympika: The International Journal of Olympic Studies*, No. 16, 2007; Ines Gollnick, "The Cold War on the Cinder Track," *Politics and History*, March 2008; Brad Congelio, *Before The World Was Quiet: Ronald Reagan, Cold War Foreign Policy, And The 1984 Los Angeles Olympic Summer Games*, Ph. D. Dissertation, University of Western Ontario, 2014。

④ J. R. McNeill and Corinna R. Unger, *Environmental Histories of the Cold War*(Cambridge University Press, 2010).

但冷战时代的遗产仍对后冷战时代发挥着影响力。

冷战史与新社会史结合带来一些新的交叉领域，如越来越多研究国际关系史的学者注意到美国工会对美国对外关系的作用，出现了全球劳工冷战（Global Labor Cold War）这一新的研究领域，探析亚非拉的工人运动与冷战的关系。[①]冷战史与新社会史结合也体现为由学者的个人兴趣向集体的共同思考发展，如 2015 年 10 月在纽约大学召开了一次主题为"冷战中的全球体育史"的学术会议，探析体育在冷战期间的高端政治、外交和流行文化中的地位。

冷战史与新社会史研究相结合已经有了比较丰硕的成果，但是也还存在一些问题：第一，研究者还较为缺乏整体史意识，要么强调政治经济军事和国际关系的重要性而忽视社会史，要么重视社会史而忽略政治经济的背景和影响，因而难有一个全面、深入、立体的冷战史。第二，较为缺乏将受冷战影响的社会问题与冷战前以及冷战后的历史纵向联系。虽然有很多问题是冷战时期特有的，但历史是有延续性的，冷战前与冷战后的历史进程与冷战时期的历史问题是有着密切联系的。第三，关于冷战史与新社会史结合的研究还比较缺乏有说服力的理论。现代国际关系研究中有许多新理论，社会史研究中也有很多新方法，但它们主要是局部性的方法论，而非具有宏观指导性的理论。总之，冷战史与新社会史结合的趋势已经形成，相信未来会有更多更好的成果问世，也期待看到更多佳作。

---

① Robert Anthony Waters, Jr., Geert Van Goethem ed., *American Labor's Global Ambassadors: the International History of the AFL-CIO during the Cold War*(Palgrave Macmillan, 2013).

中国军控与裁军史研究：回顾与前瞻

詹　欣[*]

军备控制与裁军，是当代国际政治、国际关系的一项重要内容，它与外交和军事密切相关，关系到国家的安全利益，因此，一直是国内外学术界关注的重点，有关专著、论文浩如烟海，不胜枚举。

中国在国际军控与裁军之中扮演着重要的角色，特别是冷战结束后，中国以日益开放的心态全面参与国际军控与裁军进程。所以，关于中国与国际军控与裁军之间关系的研究成果近些年日也益增多，相关论著不断，然而从史学角度来说，有关这一领域的研究仍相对较少。

关于军控、裁军以及防扩散是相辅相成的一组概念。一般而言，军控是指通过双边或多边国际协定对武器系统的研制、试验、生产、部署、使用及转让或武装力量的规模等进行限制。而裁军则是通过双边或多边国际协定对武器装备或武装力量的数量进行裁减。二者的区别在于，军控是对武器装备或武装力量进行限制，可能是数量或质量上的冻结，也可能是设定一个上限（向上平衡）；而裁军则是要求削减军备或军队，削减至一个下限（向下平衡）。由于冷战结束后，大规模杀伤性武器扩散问题日益凸显，国际社会把防扩散作为国际军控和裁军进程的主要内容。

联合国、苏联（俄罗斯）习惯用"裁军"一词，而美国和北约一些国家多用"军控"一词。基于历史原因，我国过去习惯用"裁军"这个概念，如我国负责军控与裁军的大使，通常称"裁军大使"。20世纪90年代之后，我国开始借鉴西方，使用军控这个概念。中国外交部设有"军控司"，而不是"裁军司"，其职责是关于有关国际军控、裁军、防扩散、出口管制以及全球和地区安全等问题，显然军控涵盖了裁军的概念。这种变化也体现在中国的官方文件中。1995年11月，国务院公布了《中国的军备控制与裁军》，第一次以白皮书的方式阐述中国军控与裁军立场；2003年针对日益严重的扩散问题，国务院发表了《中国的防扩散政策和措施》白皮书，向国际社会表明中国政府在防扩散问题上的决心与诚意；两年后，在中国人民抗日战争暨

---

* 詹欣，东北师范大学政法学院教授。

世界反法西斯战争胜利 60 周年之际，中国官方又公布了《中国的军控、裁军与防扩散努力》。

一、中国参与国际军控与裁军进程的分期问题

关于中国参与国际军控与裁军进程的分期，是学者们关注的重要问题。一般而言，许多学者们认为应分为三个阶段，即从 20 世纪 70 年代末以前的"基本抵制"，到 80 年代的"部分参与"，再到冷战结束后的"全面参与"。

学者们认为，新中国成立之后，中国面临美国的数次核威胁，在朝鲜战争和两次台海危机期间，美国曾多次扬言要对中国使用核武器。当中国为了保卫国家安全，制订核武器研发战略之后，美国政府内部一些人甚至主张对中国的核设施进行先发制人的军事打击，试图把中国的核武器计划扼杀在摇篮里。因此，无论是从国家利益还是国民情感上来说，在 60 年代，中国对美国和苏联控制的国际军控体制基本持抵制态度。随着 1978 年中国的改革开放，中国的军控政策发生了变化，以完全以我为中心向国际惯例靠拢，从抵制迈向合作。此后中国不再单纯抨击某一个特定的超级大国，而是在"两超率先"的原则基础上，提出了包括中国在内的其他国家的责任问题。然而，在 1992 年以前，中国仍然对国际核不扩散机制的核心——《不扩散核武器条约》——持批评态度，拒绝签署协议。因此，许多学者把中国的这一阶段的行为描述为"部分参与"。冷战结束后，国际形势发生巨大的变化，1992 年 3 月 9 日，中国正式加入《不扩散核武器条约》，此后中国开始全方位参与国际核不扩散机制。

当然，也有学者认为早在第一个阶段"基本抵制"阶段，中国开始对国家安全战略进行调整，中国对国际军控机制的态度，就发生了悄然的变化。因此，他们把第一阶段下限界定在 60 年代末和 70 年代初中美接触和中国恢复联合国合法席位，而非改革开放后。

二、中国参与国际军控与裁军进程的领域问题

（一）中国参与有关军控和裁军方面的非政府组织及其活动

1. 中国参加保卫世界和平运动

由于受到美国等国家的包围和封锁，虽然中国没有机会参加国际军控与裁军活动，但还是有限的参与了一些裁军活动。例如，世界和平理事会于

1950 年、1951 年和 1955 年先后召开了三次保卫世界和平大会，并发起了三次以反对战争、禁止核武器为内容的大规模世界签名运动（第一次 5 亿人中有 2 亿，第二次 6 亿人中有 3 亿，第三次 6.5 亿人中有 4 亿）。

国内学者研究有《1950 年的北京市和平签名运动》《"保卫世界和平运动"：东方阵营应对西方冷战的意识形态行为》《和平意愿与中共的政治动员：1950 年的"和平签名运动"》等。当然，这一问题也有一些公开文献，但并不多：如中国人民保卫世界和平委员会：《世界和平运动文献（1949—1954）》《湖南人民反对使用原子武器签名运动》《坚决反对使用原子武器》《关于反对使用原子武器签名运动的报告提纲（供报告员在干部和知识分子中使用）》等。

2. 中国参与帕格沃什运动会议

中国早期参与有关军控与裁军方面的非政府组织最重要的是帕格沃什科学和世界事务会议（Pugwash Conferences on Science and World Affairs），它是一个学者和公共人物的国际组织，目的是减少武装冲突带来的危险，寻求解决全球安全威胁的途径。帕格沃什科学和世界事务会议于 1957 年成立，在冷战时期，超越意识形态，动员自然科学家与社会科学家密切合作，为军备控制、核裁军与国际安全献计献策。

中国很早就与帕格沃什运动建立了联系。第一次会议以罗素名义邀请各国科学家签字和参会时，致信中国科学院副院长的李四光。李四光曾三度访学英国，在英国学界有一定的影响。作为少数国际交流的窗口之一，周恩来总理派周培源（李四光因身体不好未能成行）出席会议。周培源参加了早期的第一、二、四、六次会议，这段历史在周培源《出席罗素国际科学会议概述》以及其女儿周如玲的《周培源和帕格沃什科学与世界事务会议》两文中有较为全面的介绍。周培源、于光远、张维（清华大学教授）等参加了 1960 年 11 月 27 日至 12 月 5 日在苏联莫斯科召开的第六届帕格沃什科学和世界事务会议后，由于中苏关系破裂，加之第七届将在美国召开，中方决定不出席会议，从此长期离开这一舞台。

学术界关于这段历史的研究并不充分，当前中国有关帕格沃什科学和世界事务会议的文章主要是纪念周培源先生的，学术研究论文不多。

（二）中国在国际军控与裁军问题上的贡献

中国自 70 年代初始，逐渐调整并充实对军控与裁军问题的立场，以更加积极的姿态参加相关国际会议和谈判，并加入了一些多边军控条约及机制。

　　中国参加联合国裁军会议，加入国际原子能机构，加入《拉丁美洲和加勒比禁止核武器条约》第二附加议定书、《南极条约》《南太平无核区条约》等。国内已有学者开始进行研究，如《转型的前奏：中国核军控政策早期调整》《部分参与：中国与国际核不扩散机制（1978—1992）》，但从史学角度来说，仍有巨大的研究空间。

　　当然，近些年也有学者针对中国历次裁军，阐述中国在裁军问题上的贡献。如《新中国的十次裁军》《新中国第一次大裁军考察》《新时期我军第一次大裁军及其历史影响》等。

三、当前中国军控与裁军史研究存在的问题与前瞻

　　第一，敏感性。我国在军备问题上保密性较强，禁区较多，使学者敬而远之。即使进行了研究，也多皮毛，缺乏有分量的论著、论文出现。

　　第二，技术性。军控与裁军是涉及高科技、军事技术较多的一个领域。包括常规武器、核武器的控制与裁减；化学武器、生物武器的禁止与销毁；防止核、生、化等大规模杀伤性武器及其运载工具的扩散；建立信任措施；武装力量人员的控制与裁减等。涉及物理、化学、生物以及跨学科技术。因此，具有如此专业知识的学者并不多见。

　　第三，资料的缺乏。由于保密性问题，关于中国军控与裁军问题的档案文献太少。

　　第四，研究领域狭窄。当前重视核问题、两弹一星问题的较多，但在其他领域，诸如运载工具的限制、导弹及其技术控制机制、导弹防御问题的研究不多，还有化武、特定常规武器（地雷）和轻、小武器方面的研究就更少了。

　　历史研究必须建立在史料基础之上，可喜的是，近年来随着中国加入军控与裁军进程的不断加深，相关领导同志和科学家的回忆录与传记的出版，为研究中国军控与裁军史的学者提供了便利。当然，当前文献利用仍有进一步提升的空间，应该把文献分析与实证研究相结合，利用多国历史档案，辅之以口述史研究，在网络等新平台的支撑下，以更开阔的研究视野，推动中国军控与裁军史研究进一步发展。

美国国家安全委员会档案的解密与出版[*]

姚百慧^{**}

1947 年，美国国会通过了《国家安全法》，美国政府据此建立了国家安全委员会（National Security Council，NSC，简称"国安会"）。从此，美国外交政策和国防政策的决策实现了"一体化"。^① 国安会的职能及重要性，在每届政府并不相同，但毫无疑问，它已是决定美国外交政策最重要的机构之一。而国安会档案，也相应地成为美国最高层的外交文件。

国家安全委员会内含三个部分，每部分都可称作"国安会"。这三部分包括：（1）决策论坛：这是狭义上的国安会，是一个由决策者们组成的跨部门、跨文职和军职军事机关的机构；（2）部际委员会：由相关行政机构代表组成的若干跨部门机构；（3）国安会工作班子：一个单一的行政机构。因此，要区分国家安全委员会（NSC）、国家安全委员会人员（NSC Staff）和国家安全委员会系统（NSC System）。^②

相应地，国安会的档案，也就有若干不同的系列。一是作为决策论坛的国安会员，所形成的会议记录和政策文件。二是相关行政机构组成的部际委员会档案。三是国家安全事务助理及国家安全委员会官员的档案。本文简介国安会档案的解密与出版情况。

一、各总统图书馆的国安会档案

尽管人们对国安会概念的范围有不同理解，但其成员"都是总统身边亲

---

  * 本文为国家社科基金重点项目"围绕中法建交的国际关系史研究"（19ASS009）阶段性成果。

  ** 姚百慧，首都师范大学历史学院教授。

  ① 崔丕：《美国的冷战战略与巴黎统筹委员会、中国委员会（1945—1994）》（第 2 版），北京：商务印书馆 2005 年版，第 556 页。

  ② 参见 ［法］夏尔-菲利普·戴维等：《美国对外政策——基础、主体与形成》（钟震宇译），北京：社会科学文献出版社 2011 年版，第 187 页及该页注释 2。

密的人，并协助总统制订决策、执行决策"。① 除了部分部际委员会档案，大部分国安会的档案，最初都存于各总统图书馆。虽然一些档案后来移交美国国家档案馆，但仍有相当部分存在各总统图书馆。它们主要包括：（1）未解密的会议记录和政策文件；（2）关于国安会机构本身的档案；（3）国家安全事务助理及国家安全委员会官员的档案。一般而言，杜鲁门和艾森豪威尔两任政府时期的国安会档案，较多地移交；肯尼迪及之后的国安会档案，移交较少。这一方面是因为很多档案未解密，另一方面，也是由于对国安会档案地位认定的变化。根据 1996 年的联邦法规，国安会是总统的行政办公室机构，而非联邦政府机构。由此，其档案可以不移交国家档案馆。1995 年修订了 1978 年的《总统文件法》（Presidential Records Act），国安会在 2001 年转交所有文件给相应的总统图书馆。各总统图书馆会在"自愿"基础上，提供文件查阅和受理《信息自由法》（FOIA）。② 此外，在各总统图书馆的核心档案系统、雇员档案系统，也有若干数量的国安会文件。

利用总统图书馆的馆藏，可以考虑先利用总统图书馆各自的指南。这些指南指明了各总统图书馆馆藏的基本情况，以及部分档案详细的盒子列表。以里根总统图书馆为例，我们利用其网站上提供的《里根总统图书馆馆藏总统记录和历史资料列表》（List of Holdings of Presidential Records and Historical Materials in the Ronald Reagan Presidential Library）③，可以查到，在"总统记录（Presidential Records）"的"白宫办公室（White House Offices）"系列下，有 26 种国安会文件的基本信息。它们包括了国安会办公室（国家安全事务助理、行政秘书处、协调、反恐和毒品、情报政策和安全评估、法律顾问）、地区事务（非洲、亚洲、欧洲和苏联、拉美、近东和南亚）、专题事务（武器控制、危机管理、国防政策、情报、国际交流、国际经济、国际项目和技术、法律事务、规划与评估、政策发展、政治和军事事务、公共事务、太空项目）等。

---

① ［美］戴维·罗特科普夫：《美国国家安全委员会内幕》（孙成昊、赵亦周译），北京：商务印书馆 2013 年版，第 5 页。

② DNSA, Presidential Directives on National Security from Harry Truman to George W. Bush (Part II) (PR)，数据库介绍部分，"Pending Freedom of Information Act Requests"。

③ https://www.reaganlibrary.gov/sites/default/files/archives/textual/list-of-holdings-short.pdf.

里根总统图书馆馆藏国安会档案（首字母序）

African Affairs Directorate, National Security Council

Arms Control Directorate, National Security Council

Asian Affairs Directorate, National Security Council

Coordination Office, National Security Council

Counterterrorism and Narcotics, National Security Council Office of

Crisis Management Center (CMC), National Security Council

Defense Policy Directorate (including Defense Policy Planning staff), NSC

Defense Programs and Arms Control Directorate, National Security Council

European and Soviet Affairs Directorate, National Security Council

Executive Secretariat, National Security Council Office of the

Information Policy and Security Review, National Security Council Office of

Intelligence Directorate, National Security Council

International Communications and Information Directorate, National Security Council

International Economic Affairs Directorate, National Security Council

International Programs and Technology Affairs Directorate, National Security Council

Latin American Affairs Directorate, National Security Council

Legal Advisor Office, National Security Council

Legislative Affairs Directorate, National Security Council

National Security Affairs, Office of the Assistant to the President for

Near East and South Asia Affairs Directorate, National Security Council

Planning and Evaluation Directorate, National Security Council

Policy Development, National Security Council Office of

Political Affairs Directorate, National Security Council

Political and Military Affairs Directorate, National Security Council

Public Affairs Directorate, National Security Council

Space Programs, National Security Council

各总统图书馆的国安会档案出版及国内情况，笔者已有论及。① 从出版的总体情况看，国家安全事务助理系列的档案较为齐全。这个系列，在被美国大学出版社（University Press of America，UPA，现为普若凯斯特公司的子公司）缩微时，通常总名称为"国家安全文件"（National Security Files）。这些缩微最近又被电子化，收入普若凯斯特历史库（ProQuest History Vault，PHV）的"越南战争与美国外交政策，1960—1975"（Vietnam War and American Foreign Policy，1960–1975）模块中，计有肯尼迪时期的 224 卷、约翰逊时期的 268 卷、尼克松时期的 258 卷、福特时期的 20 卷。②

二、美国国家档案馆中的国安会档案（RG 273 类）

美国国家档案馆负责联邦政府机构档案的保存、整理、编目和开放利用工作。具体到国安会档案，可以主要在两个"文件组合（RG）"中查阅。一是 RG273，即国家安全委员会档案；二是 RG 59 美国国务院档案的非核心文件部分。

RG 273 实际上是国家档案馆馆员根据国安会文件解密情况，从各总统图书馆抽取后，按文件性质和编码等辑录而成。根据国家档案馆收录的情况，从杜鲁门到艾森豪威尔时期的大部分国安会文件，少量肯尼迪及以后的档案已从总统图书馆移到国家档案馆中。其中：杜鲁门—艾森豪威尔时期 117 盒，肯尼迪—约翰逊时期 5 盒，尼克松—福特时期 25 盒，卡特时期 6 盒，里根—布什—克林顿 10 盒，总计 163 盒。这些档案主要涉及政策文件、会议记录、跨部门小组档案等。

在各总统任期，除了解密数量差异，解密文件的种类也大有差异。当然，这主要是由于每届总统对国家安全委员会文件编目方式不同所造成的。③ 下表 1 仅对解密最多的杜鲁门—艾森豪威尔时期的国安会各档案类型做一基

① 参见拙文：《冷战史研究美国总统档案资源导论》，《冷战国际史研究》第 14 辑，2012 年冬季号，第 137—164 页。该文后经修改，收入笔者主编的《冷战史研究档案资源导论》（北京：世界知识出版社，2015 年版、2019 年第 2 版。）

② 对 PHV 数据库的介绍，可参见拙文：《PHV 与国际关系史研究》，《冷战国际史研究》第 25 辑，2018 年夏季号，第 173—184 页。

③ 从肯尼迪—约翰逊时期开始，新总统总要对国安会文件重新编码。参见［美］戴维·罗特科普夫：《美国国家安全委员会内幕》（孙成昊、赵亦周译），北京：商务印书馆 2013 年版，第 139、195、251、309、450 页。

本说明，更多情况，可参考美国国家档案馆中的 RG 273 指南。

表 1　杜鲁门—艾森豪威尔时期国安会档案

序号	类型	类型说明	数量（盒）
1	Policy Papers, 1947–1961	国安会官员撰写，国安会成员评估，总统批准。主要有四类：基本的总体性政策文件（basic overall policy papers），覆盖广泛的国家安全问题；国别与地区文件；"功能性"政策文件（"functional" policies），涉及动员、原子能、贸易等；关于国安会自身的机构政策（organizational policies）文件	53
2	Mill Papers, 1949–1959	本预计成为正式政策文件但实际没有成的文件	5
3	"P" Papers（Procedure Papers），1947–1961	与政策文件有关，但并不形成正式政策文件	2
4	NSC Intelligence Directives（NSCID），1947–1972	国安会给中情局的情报指令	1
5	Meeting Minutes, 1947–1961	会议记录	27
6	Records of Actions（at meetings），1947–1962	由国安会行政秘书记录的国安会会议决定	3
7	Records of the Operations Coordinating Board（OCB），1957–1961	行动协调委员会创建于 1953 年，旨在协调不同机构，推动国家安全政策的发展。1957 年 7 月 1 日，正式纳入到国安会的构架当中。1957 年之前的行动协调委员会档案，在艾森豪威尔总统图书馆	7
8	Miscellaneous, 1947–1961	几个小的系列，包括 1947—1958 年国安会日程；1947—1955 年项目报告状态；1948—1961 年给国安会的情报报告；1947—1961 年高级官员会议记录；1947—1961 年规划委员会记录。此部分的档案，经常在上述系列中有副本	16
9	Non-recorded NSC Policy Papers	第 1—163 号政策文件副本	3
合计	—	—	117

不管是总统图书馆的国安会档案，还是 RG 273 类的国安会档案，都是陆续整理和解密的。美国大学出版社的工作人员，随着解密的进度，挑选出版了两个系列的国安会文件，一是"国家安全委员会文件（Documents of the National Security Council）"，包括基本系列和九次增补，共十辑；二是"国家安全委员会会议记录（Minutes of Meetings of the National Security Council）"，包括基本系列和四次增补，共五辑。这两套文件，原始来源既有总统图书馆，也有国家档案馆。①

三、美国国家档案馆中的国安会档案（RG 59 类）

由于部际委员会也是国安会的一部分，所以在参与部际委员会的各机构中，也有数量不等的国安会档案。这里，尤其是以美国国务院藏的档案为代表。国务院属于联邦政府机构，其档案经过一定时间要移交美国国家档案馆，归入 RG 59 类。RG 59 类档案，分为核心档案和非核心档案，在非核心档案里，有相当数量的国安会档案，尤其是在政策设计司（Policy Planning Staff）、国务卿办公室、副国务卿办公室、行政秘书处等机构的文件中。这些档案包括的内容包括：政策文件、国务院参与国安会情况，等等。

在国家档案馆中，RG 59 类非核心档案有 38 册目录，其中第 32 册《美国国务院参与行动协调委员会、国家安全委员会以及政策设计司》（RG 59, #32, State Dept. Participation Operations Coordinating Board, National Security Council & Policy Planning Staff）和第 37—38 册《国务卿、副国务卿和行政秘书处》（RG 59, #38, Secretary, Undersecretary & Executive Secretariat）对查阅国安会的文件帮助尤大。例如，下面两条国安会档案信息就出自第 32 册目录：

A1-1270, Records Relating to National Security Policy, compiled 1950-1957, Text Records from Department of State, Office of the Assistant Secretary for Public Affairs, Policy Guidelines and Coordination Staff(1956-1957) .5 Boxes.

A1-1392, Records Relating to National Security Policy, compiled ca. 1960-

---

① 根据 UPA 提供的缩微指南，"国家安全委员会文件"基本系列、第一次增补、第三次增补未标明文献来源，第二次增补来自杜鲁门总统图书馆，第四到九次增补来自 RG 273；"国家安全委员会会议记录"基本系列未标明文献来源，第一至四次增补来源包括：RG 273，杜鲁门、艾森豪威尔、尼克松等三个总统图书馆。

ca. 1965, Text Records from Department of State, Bureau of Public Affairs Policy Plans and Guidance Staff, 1960–ca. 1965. 3 Boxes.

RG 59 类的国安会档案出版数量较少，而且比较零散。相对成系统的是 1947—1949 年的政策设计司文件，包括缩微版、光盘版和纸版。[①] 这一时期的政策设计司虽只是国务院内负责规划的部门，但地位比较重要，它的很多政策文件是国安会文件的母本。

最后，还可以利用一些综合性的数据库来查询国安会的档案。除了上文提及的普若凯斯特历史库，盖尔公司的"美国解密档案在线系统（U.S. Declassified Documents Online，USDDO）"中也有丰富的国安会档案，通过关键词搜索可以查阅到[②]。此外，普若凯斯特公司和美国国家安全档案馆合作开发的"数字化国家安全档案（Digital National Security Archive, DNSA）"数据库，收录了两个国安会文件专辑。"总统国家安全指令 I：从杜鲁门到克林顿"（Presidential Directives on National Security, Part I: From Truman to Clinton），收录文件 2158 份，共 30885 页。"总统国家安全指令 II：从杜鲁门到乔治·W. 布什"（Presidential Directives on National Security, Part II: From Truman to George W. Bush），收录文件 1836 份，共 23612 页。这些文件馆藏来源包括国家档案馆和各总统图书馆，涉及机构有国家安全委员会、国务院、国防部、司法部、中情局、参谋长联席会议等。

---

① 姚百慧主编：《冷战史研究档案资源导论》（第 2 版），北京：世界知识出版社 2015 年版，第 30 页。

② 美国卡罗尔顿出版公司（Carrollton Press）曾在 20 世纪 70 年代出版了大量美国政府各机构的解密档案，总标题分别为《解密文献参考系统》（Declassified Documents Reference System）和《解密文献参考系统：回溯收藏》（DDRS Retrospective Collection），均为缩微平片格式。笔者猜测，这些文献是"美国解密档案在线系统"的前身。其中，涉及国安会的平片共 15 张，1000 余页。

美国私档的发掘和利用

——还原冷战的社会文化场景

张　杨[*]

　　国内近 20 年冷战史研究，美国官方档案得到了充分的利用，但私档（private archives）的学术价值还有待开发，其有效使用亦有待加强。所谓"私档"，是指私人或私人组织在社会活动中形成的为私人所有的档案。有人将私档等同于"个人档案（personal archives）"，实际上后者只是私档的一部分。美国档案馆员协会（Society of American Archivists）将档案分为以下类型：学院和大学档案、公司档案、政府档案、历史性社区档案（Historical Societies）、博物馆、宗教档案、特藏（个人、家庭及其他档案）。鉴于美国各种类型档案都有较为系统完善的收藏制度，而政府档案只是诸多种类档案之一，因此，与真正"浩如烟海"的私档相比，官方档案的藏量或许只是"沧海一粟"。

一、冷战史研究中美国私档的发掘和利用

　　不可否认的是，在冷战史研究的早期阶段，学者们普遍聚焦在地缘政治、危机事件和官方主导的冷战进程。美国定期公布的政府解密档案有助于对显性事件和现象做出解读，也催生了大量优秀的研究成果。然而，随着研究的深入，冷战的复杂性和多元性，冷战的跨国和跨文化特征逐渐显现出来。整个冷战期间，公民社会（civil society）和政府机构间有异常频繁的互动和异常深刻的相互作用。人类生活的所有方面和几乎所有艺术形式都成为冷战对抗的一部分，从舞蹈到戏剧，从电影到电视，从音乐到视觉艺术，从诗歌到小说，从建筑到设计，无不涵盖其中。[①] 冷战对东西方社会文化生活

---

　　[*] 张杨，浙江大学历史学系教授。

　　[①] Peter Romijn, Giles Scott-Smith, and Joes Segal, eds. , *Divided Dreamworlds?: The Cultural Cold War in East and West*(Amsterdam: Amsterdam University Press, 2012), p. 4.

产生了难以估量的影响，反之亦然。在新的学术关怀和新的研究视角下，诸如私人基金会、学术组织、宗教团体、社会组织（压力组织、体育和俱乐部）等私档和重要个人档案纷纷被发掘出来，不断对冷战时期的历史进行复原与重构。

美国私人机构有收藏档案的良好传统。因为档案除了是信息的载体，有证据和研究价值，还有巨大的文化传承意义，因此，保存记录在很大程度上是历史并不悠久的美国进行美利坚民族文化凝练和国族建构的方法和路径，受到高度重视。美国个人也非常重视个人史或家庭史的收藏，一般一位重要人物去世后，其家人会将其生平所有文字和图音资料交给一个私人档案馆或高校图书馆收藏。由于私档的种类繁多，样式芜杂，分布广泛，很难用列举的方法穷尽。这里仅以三种最常见的私档收藏机构为例，介绍冷战史研究中可以利用的美国私档。

第一种类型，有明确的档案收藏目标，且与自身赞助者职能相关的私档收藏机构，最典型的例子是位于纽约州沉睡谷的洛克菲勒档案中心（Rockefeller Archive Center）。洛克菲勒档案中心致力于收藏"慈善组织及其对全世界影响"之相关档案。除洛克菲勒家族、洛克菲勒基金会和洛克菲勒兄弟基金会档案外，它还收藏了诸如福特基金会、近东基金会、联邦基金会、亨利·卢斯基金会等慈善组织的档案。上述基金会通常是大的冷战项目的发起者和冷战活动相关机构的资助者，因此，该档案中心亦收藏有亚洲协会、人口委员会、三边委员会、社会科学研究理事会和许多精英人物的档案。韩铁教授的《福特基金会与美国的中国学（1950—1979年）》一书，主要利用了洛克菲勒档案中心收藏的福特基金会档案。同洛克菲勒档案中心类似的是一些宗教团体、压力集团和社会团体记录自身生成和沿革历史的带有特殊属性的档案馆。

第二种类型，收藏目标宽泛、覆盖领域广博的专业档案馆，典型案例是斯坦福大学的胡佛研究所档案馆（Hoover Institution Archives）。胡佛档案馆没有明确的收藏目标，但有一个收藏主旨思想，即"记录人类的苦难深重、克己忘我和丰功伟绩。呈现人类的困惑迷茫与对和平的渴望。促进和平，反对战争"。胡佛档案馆最初集中收藏与"和平""反战"有关的档案，近些年来因其抢救性的档案发掘和收藏而闻名于世。除了最为知名的《蒋介石日记》外，该档案馆接收了东欧剧变和苏联解体后前东方阵营国家的大量档案，并且有亚洲基金会、自由欧洲电台、自由电台特藏档案，以及十多个冷战组织的特藏档案。胡佛档案馆还有相当数量的个人档案，是研究冷战的绝佳素材。爱德华·夏皮罗的《悉尼·胡克信函：民主、共产主义和冷战》一书，就是基于胡佛档案馆收藏的悉尼·胡克文件集。[①]

第三种类型，美国各高校图书馆的特藏或珍藏档案。美国高校图书馆将特色收藏（包括珍稀档案收藏）和吸引的研究者数量作为绩效评估的重要指标，也与该图书馆的声誉密切相关。一般来说，每所大学的图书馆都着力收藏校史档案、所在州的历史和社会文化档案、知名校友、历届校方管理者和所在州的名人档案。例如多萝西·汤普森（Dorothy Thompson）[②] 从雪城大学毕业，雪城大学在其去世后收藏了她的档案；戴德华（George Tylor）长年任教任职于华盛顿大学，该大学图书馆有其特藏档案。除此之外，为了突出特色，各高校图书馆还竭尽全力汇集特色珍稀档案，史密斯学院（Smith College）的女性主义相关特藏，哥伦比亚大学的冷战难民收藏和宗教冷战相关收藏就属于此类。周爱灵（Grace Ai-ling Chou）博士的《儒学、殖民主义和冷战：香港新亚书院的中国文化教育，1949—1963》[③] 一书就使用了哈佛大学哈佛燕京学社和前面提到过的亚洲基金会和福特基金会的档案。

二、私档利用的冷战史学术意义

近 20 年来，国内外冷战史研究取得长足进步，一个很重要的原因是多国档案的使用。其中，美国政府档案的解密制度比较完善，开放程度较高，已有美国相关研究大多建立在官方档案的基础上。盖源于此，在关于冷战起源、性质、进程、方式手段、因果链等诸多核心课题探讨中，所涉研究的行为主体大多偏重大国权力机构和政治组织。近年来，以"全球冷战"和"总体冷战"为研究取向的相关著述，部分扭转了这一局面，个人、群体、

---

① Edward S. Shapiro, ed., *Letters of Sidney Hook: Democracy, Communism, and the Cold War* (Routledge, 2015).

② 多萝西·汤普森，新闻记者，女性主义运动领袖之一，知名国际活动家。

③ Grace Ai-ling Chou, *Confucianism, Colonialism, and the Cold War: Chinese Cultural Education at Hong Kong's New Asia College, 1949–1963* (Leiden: Brill Academic Publishers, 2012).

非政府组织和非国家行为体受到越来越多关注。① 然而，全球化背景下信息
（思想）和人员的跨国交流，冷战丰富的社会文化场景，以及民众层面的活
动对冷战结构的反向影响，诸如此类的课题需要更为扎实的非官方档案支撑
和更为深入的实证研究。私档的发掘与利用，能够为冷战史研究提供更为广
阔的思考空间。

就冷战史研究而言，私档的学术价值体现在以下几点。

其一，从冷战史学本身来看，私档利用可以补充现有历史叙事的不足，
回应已有冷战史研究的核心争议和问题，为新的观点和视角提供充分的证据
支持。

已有冷战史研究中，在探讨冷战起源问题时，一般将其定义为一系列地
缘政治问题和双方高层针锋相对的结果。从斯大林的莫斯科讲话、凯南的
"长电报"、丘吉尔的"铁幕"演说，再到杜鲁门主义的出台；或者从捷克
二月事件、伊朗危机、希土危机，再到柏林危机。总之，危机事件、核恐
慌、意识形态和二元对立的思维方式最终导致北约与华约两大对峙集团的出
现。这样的叙事框架中，很难找到民众或非国家行为体的位置。在讨论有关
冷战"缓和"和"新冷战"的进程，以及冷战结束问题时，同样如此。如
果切换视角，以私档为基础，从跨国史和民众史出发，有关冷战起源、进程
和结束等问题或许能够得到更加完整、立体的呈现。

冷战史研究中，鉴于美国迥异于苏联的政治文化，特别是"小政府大社
会"的总体特征，有一个争议不决的研究课题是：美国政府的冷战政策到底
是"遵从（following）"公众舆论，还是"引导（leading）"了公众舆论？
不可否认的是，整个冷战期间，公民社会和政府机构间有着异常频繁的互动
和异常深刻的相互作用。那么，美国国内的反共氛围和冷战战略到底是如何
形成的？两者之间的关系应当如何界定？一些学者认为，公民个人在反共产
主义的智识前线起着发动者和引导者的作用。② 也有学者认为，美国公众事
实上受到了行政机构引导，白宫以隐蔽宣传手段"刻意使行政机构作为公众

① 从全球史角度切入研究冷战思想和文化之传播与互动的代表作有：罗伯逊·泰姬·弗雷泽
的《东方支持黑人族裔：黑人激进派的冷战中国想象》（Robeson Taj Frazier, *East is Black: Cold War
China in the Black Radical Imagination*, Duke University Press, 2015）；吉尔斯·斯科特—史密斯：《西方
反共产主义与国际文献信息中心的关系网络：冷战国际》（Giles Scott-Smith, *Western Anti-Communism
and the Interdoc Network: Cold War Internationale*(New York: Palgrave Macmillan, 2012）。

② William Glenn Gray, "Reviewed Work: Western Anti-Communism and the Interdoc Network: Cold
War Internationale by Giles Scott-Smith," *The Journal of Modern History*, Vol. 86, No. 4, 2014, pp. 890-891.

舆论的遵从者，而非公众舆论的引导者呈现出来"①。借助私档对美国公民组织和社会群体进行考察，可以探究冷战国际对抗中，民众组织究竟是遵循政府议事日程，还是有自己的独立主张。

诸如此类的冷战史研究问题还有许多。私档的利用或许可以别开一幅冷战史研究的新面貌，有些疑问得到解答，有些解释更为全面，还有可能开辟新的研究领域。

其二，私档与官方档案的互证使用，可以对冷战时期的现象或事件进行立体呈现，还原冷战国内史和国际史的社会文化场景。

不可否认，已有冷战史研究中，卓有成就的是依托官方档案的政治史、外交史和政治精英史研究。然而，考察冷战的现象和特征，美国政府和私人组织与个人间有着密切联结的纽带；国家间的信息交换和教育文化交流异常频繁。再考察冷战结束的方式，没有大国间直接的军事对抗，更多是苏联东欧国家民众力量的集中显现，是抛弃了一种特定的意识形态。在对冷战特征的界定上，很早就有人提出，冷战就是一场"心理战"，或者冷战是"人心之争"。现在看来，已有冷战史中，社会生活中的人的力量和思想文化的作用并没有得到充分的重视。

私档支持下的冷战史研究可以从多个分域关注社会、文化、个人在冷战中作用与反作用。一是文化冷战的研究，冷战时期东西方阵营展开的规模宏大的宣传和文化活动，使人类社会进入一个前所未有的信息和人员交换时代，进而引发一系列的社会与国际关系变革。二是冷战跨国史的研究，如美国学者罗伯逊·泰姬·弗雷泽著作《东方支持黑人族裔：黑人激进派的冷战中国想象》。三是冷战知识史研究，如《美国冷战时期大众传播学研究的起源》、《冷战人类学》和《未来的准则：冷战时期美国的现代化理论》。② 四是冷战个人史和情感史研究，特别是非政治精英的冷战活动事迹、轨迹和心路历程。正如历史学者王笛教授所说，"一个人的经历可以反映整个时代的变化"。美国高校图书馆中收藏的一些完整的个人档案，如前文提到的悉

---

① Daniel L. Lykins, *From Total War to Total Diplomacy: The Advertising Council and the Construction of the Cold War Consensus*(Westport: Praeger, 2003), p. 64.

② Timothy Glander, *Origins of Mass Communications Research During the American Cold War* (Routledge, 1999); David H. Price, *Cold War Anthropology*(Duke University Press, 2016); Nils Gilman, *Mandarins of the Future: Modernization Theory in Cold War America*(Baltimore: Johns Hopkins University Press, 2003).

尼·胡克文件集和戴德华文件集，或许可以为冷战史研究提供一个独特的观察视角。

其三，利用私档，重建冷战记忆。冷战史是离我们最近的一段有着完整叙事的历史，因此也最受研究者个人经验、世界观、情感和动机的影响。除此之外，这还是一段在大多数人脑海中仍留有清晰记忆的历史。虽然冷战结束已近30年，但好莱坞电影、漫威英雄和《1984》仍在提醒着我们有关冷战的伤痛和恐惧。这些历史维度当然不应当忘记，但构成冷战之全部意义的历史叙事肯定不止于此。东西方文化乃至制度间的互相交流与相互仿效，非政府组织和个人带有进步取向的活动，都有其历史价值。这方面，徐国琦教授撰写的《中国人与美国人：一部共有的历史》是一个非常有意义的探索，可资研究借鉴。

三、避免私档利用中的 "陷阱"

同大多类型的档案一样，私档具有证据价值、信息价值、研究价值和内容价值，① 但同时亦有着档案利用过程中可能会出现的种种弊端，使用起来比官方档案更有难度。首先，私档的规范性和有效性要略低于官方档案。官方档案往往经过严格筛选，甚至有专门的历史学家委员会来为其把关。而相当数量的私档，往往是一些组织机构过往记录的汇集，个人档案的收藏情况亦良莠不齐。因此，私档不像政府档案一样，能够快速找到有效的、有证据价值的记录。其次，容易一叶障目，不见全景。这跟私档内容的繁杂细碎有关。有时候某个系列的私档也能提供一个完整的历史叙事，但因为带有机构或个人的明显特征和倾向，所以如果没有一个广阔的研究视野，有可能会得出不尽全面的结论。最后，在使用个人档案时，容易投入情感，因 "共情" 而影响客观判断。

正是由于存在上述可能的 "陷阱"，在使用私档时，尤其要有问题意识，要有宽广的视野，要与官方档案互证使用，还要始终存着疑问：是谁的视角？有何局限性？为什么可以用其解决一些问题？又有可能引发哪些新的问题？

---

① Rob Fisher, "Articles in Search of a Theory of Private Archives: The Foundational Writings of Jenkinson and Schellenberg Revisited," *Archivaria*, Vol. 67, Spring 2009.

杜鲁门总统图书馆馆藏
心理战略委员会档案评介[*]

赵继珂[**]

心理战略委员会成立于 1951 年 4 月 4 日，按照杜鲁门总统对其职能所作界定，它主要负责"制定整体国家心理战略目标、政策和项目，协调并评估美国的心理战略项目……以便更好地计划、组织和开展心理战略行动"。[①]然而，由于该机构在运作仅仅两年多之后便于 1953 年 9 月被裁撤掉，同时还因为与之相关的档案资料分散保存在美国多家档案馆中，这使得学界长期以来并没有对其予以特别关注。[②]为了打破国内学者过于依赖网络资源研究心理战略委员会的窘境，[③]助推国内文化冷战史研究深入开展，本文选择按主题对杜鲁门总统图书馆馆藏的心理战略委员会档案资料进行系统介绍。[④]

一、心理战略委员会的早期构建和不断完善

美国缘何要设立心理战略委员会？该机构的成立背景是什么？在其成立之前又有哪些机构负责美国对外心理宣传战的开展？对这一系列问题，虽然

---

[*] 本文系国家社科基金青年项目"美国文化冷战与波匈事件研究"（项目编号：16CSS031）和华东师范大学 2018—2019 年度"幸福之花"基金先导项目（人文社会科学）（批准号：2019ECNU-XFZH002）的阶段性成果。

[**] 赵继珂，华东师范大学历史学系、周边国家研究院副教授，历史学博士。

[①] U. S. Declassified Documents Online(USDDO), Role of PSB under 4/4/51 Presidential Directive Detailed, April 4, 1951, Item Number: CK2349310384.

[②] 相关研究作品如：Scott Lucas, "Campaigns of Truth: The Psychological Strategy Board and American Ideology, 1951-1953," *The International History Review*, Vol. 18, No. 2, May 1996; 史澎海：《美国心理战略委员会研究（1951—1953）》，陕西师范大学博士学位论文，2012 年。

[③] 国内学者在研究心理战略委员会时，主要是利用"美国解密档案在线系统"（USDDO）提供的档案资料，由于该数据库工作人员在对档案进行数字化过程中曾做过筛选，这导致许多有重要价值的档案并没有得到收录。

[④] 该馆重点收录了自心理战略委员会成立至杜鲁门总统任期结束这段时期的有关心理战略委员会的档案资料，它总计约 42000 页，分装在 49 个档案盒中。

国内一些学者在梳理战后初期美国对外信息文化交流机构的发展演变时，曾尝试对之做出回答，但就已有研究成果来看，主要是受档案资料限制，相关解释仍然略显单薄，甚至还有一些研究空白有待填补。杜鲁门总统图书馆收录的这部分档案资料恰巧可以对已有研究有所补充和完善，因为第 22 档案盒收录的部分档案，不仅介绍了二战以来美国心理战机构的发展演变历史，同时还有多份档案重点介绍心理战略委员会的成立背景等。鉴于本文主要是进行档案介绍，此处不对这些档案的具体内容开展过多的文本解读，读者如果对该话题感兴趣可自行查阅。

在对与心理战略委员会成立背景等相关档案资料的收录情况进行介绍之后，接下来笔者希望率先就该机构的自身建设以及它同其他部门机构进行协调合作的档案予以介绍。虽然决策层希望心理战略委员会可以承担起负责制定美国整体心理战略计划的重任，然而现实情况却是，成立初期该机构甚至对何为战略、何为心理战略都不是特别清楚。虽然战略等术语被频频提及，但对战略应该包括哪些内容、应该如何制订等却没缺少系统研究。为了更好地开展工作，该机构特别组织人员对战略话题进行了专门考察，试图回答上述系列疑难问题，同时它还结合自身使命特别对何为心理战略、心理战略的主要内容以及它在冷战中扮演的角色等进行了考察。从档案收录情况来看，该机构对战略及心理战略所作考察的档案资料基本都收录进了第 14 档案盒中；作为补充，第 15 档案盒收录的部分档案还讨论了美国心理战的目标和任务、面临的心理战形势、如何筹划心理战略行动以及怎样评估心理战略实施效果等内容。

从心理战略委员会的人员组成来看，除主任之外，其成员还包括助理国务卿、副国防部长、中情局局长、共同安全署署长以及经济合作等部门的相关领导，[①] 这无形中决定了该机构需要经常同上述多家部门和机构展开联络工作。杜鲁门总统图书馆收录有相当数量的档案是记述该机构同其他美国政府部门沟通合作的内容。具体而言，该机构与中央情报局联络的档案主要收录在第 2、13 和 39 档案盒中，内容涉及要求中央情报局提供情报支持、考察如何更好地发挥自由欧洲电台的效能等；与国务院联络的档案主要收录在第 2、3 和 26 档案盒中，重点讨论国务院如何配合开展心理战，其中，诸如心理行动协调委员会以及美国之音等机构如何落实相关心理战略计划的内

---

① USDDO, Role of PSB under 4/4/51 Presidential Directive Detailed, April 4, 1951, Item Number: CK2349310384.

容也有所收录；与国防部以及参谋长联席会议联络的档案主要收录在第 2、3、23 和 39 档案盒中；与白宫联络协调的档案专门收录在第 25 档案盒中。此外，第 2 和第 3 档案盒还收录有该机构与商务部、经济合作署等机构联络的档案，由于这些档案收录较为集中，对其具体内容不做过多赘述。

除积极同其他政府机构和部门进行联络协调外，为了确保由其制订的心理战略计划更为准确可行，心理战略委员会还积极同一些非官方机构或研究团体展开合作，此部分档案主要收录在第 4 和 5 档案盒中。内容涉及该机构与美国文化自由委员会、对抗共产党侵略委员会、福特基金会、对外教育基金会、地缘政治研究所、国际发展研究院、全国学生联合会、社会科学研究委员会以及费城世界事务委员会等的合作情况。

研究美国文化冷战史，经常会碰到的一个现象就是，整个冷战时期从来都不缺少热心美国民众自发就如何更好地开展心理战或文化冷战为美国建言献策。对心理战略委员会而言，此种现象同样存在。美国民众寄给该委员会的信件及相关的回复集中收录在第 16、17 和 19 档案盒中。来信涉及内容庞杂多样，例如，有的信件希望可以向心理战略委员会介绍新西兰和澳大利亚民众对美国的态度，有的信件则是提醒美国在开展世界贸易时不能忽视苏联的挑战，同时还有许多信件是直接对美国如何对抗共产党宣传提出建议等。

心理战略委员会如何同其他部门机构和美国民众联络协调的档案，除上述档案盒有所收录外，专门收录该机构官员活动信息的档案盒中同样有所收录。仅杜鲁门总统任期，心理战略委员会便经历了戈登·格雷（Gordon Gray）、雷蒙德·艾伦（Raymond H. Allen）和阿兰·柯克（Alan Kirk）三位主任的领导。这三位主任的活动记录及往来信件等，分别保存在第 1、41 和 45 档案盒中。此外，档案员还选择按照姓氏字母顺序将该机构其他一些重要官员的档案资料予以整理，并把它们集中收录在第 41 和 49 档案盒中。诸如心理战略委员会重要官员查尔斯·诺伯格（Charles R. Norberg）、特雷西·巴恩斯（Tracy Barnes）等的活动内容都可以从中找寻到。鉴于档案员已对这批档案明晰归档，读者查找起来较为方便，此处不再对之作过多介绍。

二、筹划、制订心理战略计划及评估其实施效果

心理战略委员会之所以对何为战略和何为心理战略进行考察，并积极同

其他政府部门、社会团体和普通民众开展合作，其终极目标无非是为了确保由其制订的心理战略计划更为准确有效，确保这些计划能够得到有效实施。对学者研究而言，前述档案资料提供的主要是辅助性信息，其最为核心的当属那些具体记述该机构制订和实施心理战略计划的档案。接下来笔者将重点对杜鲁门总统图书馆收录的该机构如何考察国际局势并据此制订相关心理战略计划的档案进行梳理，以突出展示其主要活动内容。考虑到心理战略委员会制订的心理战略计划数量众多，为了文章论述更有条理，现将之归结为以下几类予以介绍。

首先，鉴于设立心理战略委员会的首要任务是为了从心理战略层面遏制共产主义的扩张，制订针对社会主义国家的心理战略计划自然成了该机构活动的重中之重。概括而言，它针对苏联制订的心理战略计划主要包括：第一，由于美国普遍认为美苏之间首先是意识形态的斗争，这促使心理战略委员会认为应该针对苏联的敌对学说体系开展有计划和成体系的进攻，换言之，该机构认为应该针对马列主义为代表的共产主义思想体系展开"意识形态战"。为此，该机构特别制订了"学说宣传项目"，与之相关的档案主要收录在第 4 和 11 档案盒中。第二，冷战初期，心理战略委员会对美苏间可能会爆发全面战争高度警惕，并就全面敌对状态下美国应该开展怎样的心理行动进行了专门考察，与之相关的档案都收录在第 14 档案盒中。第三，鉴于斯大林年事已高，其离世可能会引发苏联权力斗争，如何最大化利用斯大林逝世的心理效果同样成了该机构考察的重要内容，它最终制订了编号为 PSB D-24 的题为"用于斯大林权力交接的心理准备项目，并对政治局的冲突特别予以考察"的文件，与此相关的档案收录在第 9 档案盒中。第四，心理战略委员会对如何对抗共产党宣传也进行了考察，虽然它未就该话题制作专门的心理战略计划，但该机构却特别对共产党宣传的整体立场、技巧以及如何对抗共产党的心理战等内容进行了研究，第 8 档案盒中的很多档案就与该话题相关。

除对苏联予以特别关注外，心理战略委员会对其他社会主义国家同样有所考察，例如，它特别针对南斯拉夫制订了具体的心理战略计划，与之相关的档案主要保存在第 9 档案盒中。对亚洲地区，心理战略委员会尤其关注朝鲜战争，并制订了应对朝鲜停战谈判的心理行动计划以及应对中朝细菌战指控的心理行动计划。其中，与应对朝鲜战争停战谈判心理战略计划相关的档案主要收录在第 36 档案盒中；而该机构考察应对中朝细菌战指控的档案则主要收录在第 37 档案盒中。

随着冷战的升级，许多社会主义国家民众因受政治因素等影响，选择逃离苏东集团国家或社会主义中国，这使得在西欧以及香港等地涌现出了大量的逃亡者群体。心理战略委员会认为，该群体对美国开展针对社会主义国家的心理战同样极为有用，并针对该群体特别制订了专门的心理战略计划。具体而言，为了最大化利用从苏东集团国家逃亡到西欧的逃亡者群体，该机构负责制订了代号为"全神贯注（Engross）"的逃亡者项目，与之相关的档案主要收录在第 13 和 33 档案盒中。档案内容不仅涉及该机构对难民、逃亡者和叛逃者群体的界定，同时还包含多项如何最大化利用该群体的具体行动建议。而对逃亡到香港等地的中国知识分子群体，该机构虽然并未像应对来自苏东集团的逃亡者群体那样制订专门的心理行动计划，但经过研究它还是提出了一些简单的利用建议。读者如果对此话题感兴趣，可以从第 5 档案盒收录的档案中找寻到一些答案。

其次，心理战略委员会还针对美国盟国制订了多项心理战略计划。20 世纪 50 年代初，西欧局势同样不容乐观，特别是在法国和意大利，共产党的力量得到快速增长，甚至有共产党执掌权柄的危险。朝鲜战争爆发之后，美国不得不将很大一部分驻欧兵力调拨至朝鲜战场，这使得西欧防卫又出现重大问题，如何调和西欧其他国家同德国的关系，以便将德国纳入到西欧防卫整体布局中成了美国迫在眉睫要解决的难题。在此背景下，心理战略委员会主导制订了针对法国、意大利和德国等的心理战略计划，试图依此来稳定西欧局势。对该机构筹划制订这些心理战略计划的档案资料，杜鲁门总统图书馆同样有所收录。具体而言，第 5 档案盒重点收录该机构针对法国制订心理战略计划的档案；第 6 档案盒主要收录该机构针对德国制订国家心理战略计划的档案；第 7 档案盒重点收录该机构制订针对意大利心理战略计划的档案。

除关注西欧盟国外，朝战爆发后，日本成为美国重要的后方基地，其重要性进一步凸显，心理战略委员会对日本的关注度快速提升，并特别制订了针对日本的心理战略计划。第 8 档案盒收录了该机构筹划制订针对日本心理战略计划的档案。此外，第 30 档案盒中还有部分档案涉及该机构筹划通过开展体育活动来促进美日合作的内容。

再次，为了遏制共产主义的扩张，心理战略委员会还针对一些第三世界国家和地区制订了专门的心理战略计划。诚如著名冷战史研究专家文安立

（Odd Arne Westad）教授所言，"深深植根于美国和苏联自身政治生活的意识形态催促着它们去干涉第三世界"，它们竭力谋求"证明自己的意识形态具有普世实用性"。[①] 该机构针对东南亚地区进行考察并制订心理战略计划的档案，收录较为分散。其中，第5档案盒收录的部分档案是考察缅甸、第7档案盒收录的部分档案是考察印度支那和印度尼西亚、第8档案盒收录的部分档案是考察马来亚、第9档案盒收录的部分档案是考察泰国。此外，第12档案盒收录的部分档案则是对东南亚整体进行考察。除开展考察活动外，心理战略委员会针对东南亚同样制订了具体的心理行动计划，与该计划筹划制订相关的档案主要收录在第24档案盒中。

针对南亚地区该机构重点考察了印度和巴基斯坦两国，与之相关的档案分别收录在第7和8档案盒中。其中，与印度相关的档案内容主要涉及美国第四点计划在该国的实施情况、美国在印度的文化教育项目以及对印度进行经济援助等；与巴基斯坦相关的档案重点介绍在该国开展的反共宣传活动。虽然该机构对这两个国家开展了一些调查活动，但它却没有针对这两个国家制订具体的心理战略计划。

有关该机构考察中东局势发展变化的档案，分散收录在第5、10和12档案盒中。经过考察，心理战略委员会认为有必要针对中东制订一项心理战略计划，以便进一步稳定该地区的局势。与该话题相关的档案集中收录在第24档案盒中。梳理杜鲁门总统图书馆馆藏心理战略委员会档案资料，可以获知该机构还对土耳其、瑞典、台湾以及香港等国家和地区展开过相关调研工作，但由于记录这些考察内容的档案资料数量较少、不成系统，本文不对之做过多介绍。

最后，对文化冷战史进行研究，经常遇到的一个难题就是如何评估这些活动的开展效能，该问题同样适应于心理战略委员会。既然该机构负责制订了如此多的心理战略计划，那这些计划究竟是如何落实的？它们是否发挥了预期效果？它们对美国文化冷战战略的整体实施又产生了怎样的影响？对这些提问，第31档案盒中的部分档案应该可以给出一些答案。该档案盒收录的档案是心理战略委员会下辖评估办公室定期评估其心理战略计划实施效果的报告，它可以部分向我们展示该机构的活动成效。需要提醒读者注意的是，在使用此部分档案资料时必须牢记，出于官僚政治考虑、特别是为了谋

---

① ［挪］文安立：《全球冷战——美苏对第三世界的干涉与当代世界的形成》（牛可等译），北京：世界图书出版公司2012年版，前言第21页。

求更多的活动经费，该机构有时可能会选择夸大其活动效果，因此，最为合理的利用方式就是将这些评估报告同其他渠道获取的资料进行比对研究，以便更为客观真实地展现这些活动的效果。

三、结语

虽然心理战略委员会最终因为难以满足美国的冷战需要而被裁撤，[①] 但不能据此就断言对该机构进行研究没有太多价值。与之相反，笔者认为对之进行研究，至少有以下几方面的意义：首先，如同前文所述，对该机构的系列活动进行研究，可以丰富和完善文化冷战史的研究，有助于完整呈现美国文化冷战史的整体发展演变脉络；其次，即使受多种因素影响，该机构的活动效能有所削弱，但它仍然帮助美国部分实现了遏制共产主义扩张的目标，就此而言，对之开展心理战或文化冷战的相关手法措施进行研究，无疑具有一定的现实参考价值；最后，通过分析美国决策层缘何最终决定撤销这个机构，同时比对研究它与后来设置的行动协调委员会的异同，更有助于我们深入认识美国文化冷战的本质。

从心理战略委员会的发展历程来看，它一直运作至 1953 年 9 月行动协调委员会成立之后才被裁撤。正因为此，艾森豪威尔总统任期的与该机构相关的档案资料都被收录到了艾森豪威尔总统图书馆中。此部分档案资料很多内容是讨论上述多项计划的后续实施情况，它同样具有非常巨大的史料价值。令人遗憾的是，笔者赴美期间因受时间限制，无缘前往艾森豪威尔总统图书馆收集此部分档案资料，这使得本文只能重点对杜鲁门总统图书馆的馆藏情况予以介绍，这不能不说是本文的一个缺陷。笔者希望以后再次访美或国内其他学者到艾森豪威尔总统图书馆查档时，可以对此部分档案资料予以搜集梳理和加以推介，以便进一步完善和丰富国内学界对心理战略委员会的研究。

---

① 由于心理战略委员会本身不具有强制力，这使得该机构在落实由其制订的心理战略计划时经常遇到执行难问题，在开展个案研究时笔者曾对该问题做过专门分析。参见赵继珂：《愿景与现实的矛盾触碰——美国心理战略委员会东南亚心理战略的筹划、实施与结果》，《东南亚研究》2015 年第 3 期。

美国的隐蔽行动研究及理论建构[*]

舒建中^{**}

左图：美国隐蔽行动研究著作《总统的秘密战：二战至海湾战争期间中情局和五角大楼的隐蔽行动》封面。

右图：论述美国通过隐蔽行动的方式介入并影响国际体育运动的力作《冷战运动会：宣传、奥林匹克运动会与美国对外政策》封面。

---

* 本文为 2017 年国家社会科学基金项目"美国隐蔽行动实施路径研究"的阶段性成果，项目编号：17BGJ064。

** 舒建中，南京大学历史学院副教授，南京大学—约翰·霍普金斯大学中美文化研究中心教授。

提　要：

自冷战格局形成以来，隐蔽行动一直是美国对外政策的重要工具，因此，隐蔽行动的历史研究成为美国学术界持续关注的课题。20世纪50年代末，美国学术界的隐蔽行动研究就已经开始起步，并经历了80年代和90年代的两个发展高潮期。进入21世纪之后，美国学术界的隐蔽行动研究再上一个新台阶，研究议题日益深化，研究领域日渐拓展，新的研究议程和研究方向不断涌现。与此同时，美国学术界还开始探索隐蔽行动研究的理论建构，力图从学理上对隐蔽行动做出解读，理论建构因此成为隐蔽行动研究的组成部分。历史研究和理论研究堪称美国学术界隐蔽行动研究的两翼，共同推动了美国隐蔽行动研究的阶段性发展。

关键词：美国　隐蔽行动　历史研究　理论建构

自冷战格局形成以来，隐蔽行动一直是美国对外政策的重要工具，正是冷战催生了美国长期性的隐蔽行动政策和计划。冷战结束后，隐蔽行动在美国对外政策和战略中依然占据独特的重要位置，是美国应对竞争对手挑战、维护全球霸权地位的重要手段。20世纪50年代末，美国学术界就开始关注隐蔽行动的研究，并经历了80年代和90年代的两个发展高潮期。进入21世纪之后，美国隐蔽行动的研究再上新台阶，研究议题日益深化，研究领域日渐拓展。① 本文旨在梳理美国隐蔽行动研究的主要成果，以期从学术研究的层面厘清美国隐蔽行动的发展脉络，展示美国隐蔽行动的研究议程和研究态势，进而为推动美国隐蔽行动的研究提供学术背景和参考。

一、20世纪中后期美国的隐蔽行动研究

20世纪50年代末至70年代是美国隐蔽行动学术研究的起步时期，其特点是关注案例研究并取得一定成果，隐蔽行动研究开始进入美国学术界的

---

① 鉴于美国隐蔽行动的研究成果汗牛充栋、不胜枚举，本文主要评述美国隐蔽行动研究中具有一定代表性或研究特色的学术性著作和论文。基于学术研究的主旨和框架，本文不涉及中情局官员和相关当事人的回忆录或类似出版物。

视野。

早在 1958 年，罗伯特·霍尔特就出版《自由欧洲电台》一书，追溯了美国秘密组建"自由欧洲电台"的历史，初步探讨了美国利用"自由欧洲电台"针对东欧社会主义国家展开的秘密宣传战。① 这是目前能够检索到的有关美国实施有组织的隐蔽宣传行动的最早论著，凸显了隐蔽宣传行动在美国对外隐蔽行动中的地位和作用。1953 年和 1954 年，美国先后在伊朗和危地马拉策动政变，成功按照美国的意愿实现了政权更迭。在此背景下，美国的海外颠覆活动引起有关学者的注意。保罗·布莱克斯托克的《颠覆的战略：操控他国政治》一书从秘密情报活动和政治战的角度，剖析了美国秘密干涉甚至颠覆他国政权的政治手腕和战略图谋。② 该书是探讨美国策动海外政权颠覆的一部早期论著。此后，策动政变和政权颠覆成为美国隐蔽行动研究的重要领域。

20 世纪 70 年代，美国中央情报局在海外实施的隐蔽行动时有披露并见诸报端，中情局在美国对外政策中扮演的角色开始引起更多的猜测；其中，美国是否是智利 1973 年 "9·11 政变" 的幕后推手成为争论的焦点，甚至引起联合国的关注。尽管美国政府的档案资料尚未解密，但依然无法阻挡学界探究政变真相的激情。理查德·法根的《美国和智利：根与枝》是第一篇从隐蔽行动的视角探讨美国与智利 "9·11 政变" 关系的论文。法根利用美国国会的听证材料及相关媒体报道，初步分析了中情局在智利的秘密干涉活动，并将其总结为美国隐蔽行动的 "智利模式"，即综合运用公开和隐蔽的方式向阿连德政府施加经济和政治压力；向智利军方提供持续的支持；通过西欧和有关拉美国家向智利反对派输送资金。③ 法根的论述尽管尚不全面，但毕竟探究了中情局与 "9·11 政变" 的关系，并从中提炼出美国隐蔽行动的模式。因此，在美国与智利 "9·11 政变" 关系的研究中，法根的论文具有开创意义，是 70 年代美国隐蔽行动研究的代表性成果之一。1979 年，斯蒂芬·韦斯曼发表《中情局在扎伊尔和安哥拉的隐蔽行动：范式与后果》，初步探讨了 20 世纪 60 年代到 70 年代中期中情局在扎伊尔和安哥拉实施的

---

① Robert T. Holt, *Radio Free Europe* (Minneapolis: University of Minnesota Press, 1958).

② Paul W. Blackstock, *The Strategy of Subversion: Manipulating the Politics of Other Nations* (Chicago: Quadrangle, 1964).

③ Richard R. Fagen, "The United States and Chile: Roots and Branches," *Foreign Affairs*, Vol. 53, No. 2, 1975.

隐蔽行动，包括在刚果策动政变颠覆卢蒙巴政府并协助蒙博托武装一路追杀逃亡中的卢蒙巴的行动过程，进而对美国隐蔽行动的实施模式及其后果进行了初步评价。[①] 该文展示了美国隐蔽行动研究在起步时期取得的新进展。

总体上讲，美国学术界在隐蔽行动研究初始阶段的研究成果相当有限，研究议题相对狭窄；不过，有关论著的面世开启了美国隐蔽行动研究的历程。

20 世纪 80 年代，美国学界的隐蔽行动研究逐步铺开，涌现出一批新的研究成果，研究领域渐次拓展，由此掀起了美国隐蔽行动研究的第一个高潮。

威廉·利里出版《危险的使命：民用航空运输与中情局在亚洲的隐蔽行动》，从一个全新的角度审视美国的隐蔽行动。该书着力阐述了中情局借助民用航空运输平台，在东南亚、东亚从事隐蔽行动的案例和历史，包括利用民用航空运输进行情报搜集、空中侦察以及准军事行动等秘密活动。[②] 在这本首次探讨民用航空公司参与中情局隐蔽行动的专著中，利里以独特的视角分析了中情局隐蔽行动的新方式，开辟了美国隐蔽行动研究的新领域。约翰·普拉多斯出版的《总统秘密战：二战后中情局和五角大楼的隐蔽行动》一书着重探讨了美国针对苏联、中国、伊朗、危地马拉、古巴、越南、印度尼西亚等国实施的隐蔽行动，并对里根政府时期美国的隐蔽行动进行了初步考察。[③] 该书是第一部较为系统地论述战后美国隐蔽行动历史演进的专著，将美国的隐蔽行动研究提升到新的水平。鲍勃·伍德沃德出版《面纱：中情局秘密战（1981—1987）》一书在简要回溯中情局历史的基础上，致力于探讨 80 年代中情局在苏联和东欧、拉美国家以及中东地区实施的隐蔽行动，特别剖析了中情局在尼加拉瓜、伊朗、利比亚的隐蔽行动，[④] 体现了美国隐蔽行动研究的新进展。作为美国隐蔽行动研究的著名学者，格雷戈里·特雷弗顿的《隐蔽行动：战后世界的干涉限度》一书是标志着 80 年代美国隐蔽行动研究取得重大进展的代表性成果。特雷弗顿除对隐蔽行动做出理论归纳

---

① Stephen R. Weissman, "CIA Covert Action in Zaire and Angola: Patterns and Consequences," *Political Science Quarterly*, Vol. 94, No. 2, 1979.

② William M. Leary, *Perilous Missions: Civil Air Transport and CIA Covert Operations in Asia* (Tuscaloosa: University of Alabama Press, 1984).

③ John Prados, *Presidents' Secret Wars: CIA and Pentagon Covert Operations since World War II* (New York: W. Morrow, 1986).

④ Bob Woodward, *Veil: The Secret Wars of the CIA, 1981-1987* (New York: Simon and Schuster, 1987).

之外，还剖析了冷战时期美国隐蔽行动的相关案例，着力探讨了美国在伊朗、危地马拉、古巴、智利、尼加拉瓜等国实施的隐蔽行动。① 该书以理论框架统领案例研究，以案例研究验证理论框架，将美国的隐蔽行动研究提升到一个新高度，是美国隐蔽行动研究走向成熟的重要标志。

除总括性分析之外，80 年代美国的隐蔽行动研究在国别考察方面同样取得新进展，美国与 1954 年危地马拉政变的研究成果就是突出代表。理查德·伊默曼的《中情局在危地马拉：干涉的对外政策》是第一部基于档案材料研究美国"成功行动"计划的论著。伊默曼从宣传战、经济战和军事援助等方面，较为系统地分析了美国"成功行动"计划及其隐蔽行动的基本策略，剖析了美国策动危地马拉政变的政策手段。② 因此，伊默曼的著作是探究危地马拉政变的一部力作，是美国隐蔽行动国别研究在 80 年代取得的重要成果。

总之，20 世纪 80 年代美国学界的隐蔽行动研究在总体论述和案例分析方面均有突破和新发展，为研究向纵深推进奠定了更加坚实的基础。

随着冷战的结束，有关美国隐蔽行动的档案资料逐步解密，进而推动美国学术界在更加广阔的领域展开探讨。因此，20 世纪 90 年代的美国隐蔽行动研究呈现出活跃的局面，其突出表现就是研究领域进一步拓展，综合性成果以及新领域的研究成果不断涌现。

在总括性研究方面，威廉·布卢姆的著作《扼杀希望：第二次世界大战结束以来美国军方和中情局的干涉活动》着力探讨了冷战期间美国实施的隐蔽行动。为此，布卢姆以时间顺序为主线，列举了 55 个美国隐蔽行动的案例，较为全面地揭示了美国以隐蔽行动秘密干涉他国事务的行径。③ 布卢姆的著作堪称冷战时期美国隐蔽行动之大全，为美国隐蔽行动研究提供了基本的线索和框架。

鉴于东欧剧变和苏联解体被视为美国冷战战略的胜利，因此，探究美国针对苏东集团实施的隐蔽行动及其与东欧剧变和苏联解体的关系，就成为美

---

① Gregory F. Treverton, *Covert Action: The Limits of Intervention in the Postwar World*(New York: Basic Books, 1987). 关于特雷弗顿对隐蔽行动的理论阐释，将在下文论述。

② Richard H. Immerman, *The CIA in Guatemala: The Foreign Policy of Intervention*(Austin: University of Texas Press, 1982).

③ William Blum, *Killing Hope: U. S. Military and CIA Interventions since World War* Ⅱ (Monroe: Common Courage Press, 1995).

国隐蔽行动研究的一个热点,相关成果标志着 90 年代美国的隐蔽行动研究取得新的突破。彼得·施魏策尔的《胜利:里根政府加速苏联解体的秘密战略》一书着重从隐蔽行动的角度剖析了美国在苏联解体中发挥的作用。为此,施魏策尔考察了里根政府针对苏联综合实施的包括秘密宣传战、隐蔽政治行动、经济战和准军事行动在内的隐蔽行动,认为正是美国周密制订和实施的秘密战略加速了苏联的解体,助推美国赢得冷战的胜利。① 作为论述冷战后期美国隐蔽行动与苏联解体之间关系的第一部专著,施魏策尔的著作回应了有关苏联解体原因的诸多争论,为相关问题的研究提供了新的视角。

包括隐蔽宣传行动在内的宣传战是美国对抗苏东集团、实施冷战战略的重要方式,因而成为冷战结束后美国隐蔽行动研究的重点领域和议题,专题研究成果应运而生。② 沃尔特·希克森的《撕开铁幕:宣传、文化与冷战(1945—1961)》一书重点考察了杜鲁门政府和艾森豪威尔政府的文化冷战战略,认为隐蔽宣传行动以及长期的文化渗透是美国力图打破铁幕的重要手段,成为美国撼动苏东集团的主要政策工具。③ 希克森以更具系统性的视角揭示了冷战早期美国隐蔽宣传行动的政策谋划与实施过程,为拓展美国隐蔽行动的研究领域、深化美国隐蔽宣传行动的研究议程注入新的动力。迈克尔·纳尔逊的《黑色天空的战争:冷战中的西方广播战》集中探讨了冷战期间西方,尤其是美国针对苏联和东欧国家实施的无线电广播战。为此,纳尔逊探讨了美国实施隐蔽宣传行动的两大平台——"自由欧洲电台"和"自由电台"——建立和发展的历史,深入剖析了美国隐蔽宣传行动的政策功能及其对苏东国家的影响,认为美国的秘密广播战发挥了不战而屈人之兵的功效。④ 无线电广播战是冷战早期美国实施隐蔽宣传行动的主要方式,通过专门考察美国的秘密广播战,纳尔逊的论著深化了美国隐蔽宣传行动的研究议题。

① Peter Schweizer, *Victory: The Reagan Administration's Secret Strategy That Hastened the Collapse of the Soviet Union*(New York: Atlantic Monthly Press, 1994).

② 关于美国宣传战的研究综述,参见翟强:《国际学术界对冷战时期美国宣传战的研究》,《历史研究》2014 年第 3 期;翟韬:《超越冷战史:美国冷战宣传研究的新趋势》,《历史研究》2018 年第 5 期。本文的综述侧重于美国隐蔽宣传行动相关的研究成果,原则上不涉及广义上的宣传战。

③ Walter L. Hixson, *Parting the Curtain: Propaganda, Culture, and the Cold War, 1945–1961*(New York: St. Martin's Press, 1997).

④ Michael Nelson, *War of the Black Heavens: The Battles of Western Broadcasting in the Cold War*(Syracuse: Syracuse University Press, 1997).

与此同时，空中隐蔽行动领域的研究成果接连问世。格雷戈里·佩德洛和唐纳德·韦尔森巴赫的《中央情报局与头顶上空的侦察：U-2侦察机和奥克卡特计划（1954—1974）》首次全面探讨了中情局利用U-2侦察机和"奥克卡特计划"对苏联和东欧国家以及中东地区实施高空侦察和隐蔽行动的历史，展现了高空侦察技术发展催生的隐蔽行动的新手段。[①] 佩德洛和韦尔森巴赫通过将高空侦察纳入中情局隐蔽行动的范畴，开辟了美国隐蔽行动研究的新领域。布莱恩·钱皮恩的《跨国隐蔽行动中隐瞒真相的航空器》一文，进一步揭示了冷战期间中情局利用美国航空公司的民用飞机从事隐蔽行动的历史脉络，认为美国利用跨国民用航空运输实施隐蔽行动的地域范围不仅包括东亚和东南亚，而且囊括了欧洲、中东、非洲和拉丁美洲等广阔区域，形成一个空中隐蔽行动的全球网络，利用跨国民用航空渠道展开隐蔽行动并服务于美国的对外政策目标已经成为中情局的常用手段。[②] 钱皮恩的论文通过展示中情局利用跨国民用航空运输从事隐蔽行动的历史，提升了美国空中隐蔽行动的研究层次，为深入剖析美国的空中隐蔽行动提供了更为全面的框架。

发展中国家是美国隐蔽行动的重点实施区域，因此，美国在发展中国家实施的隐蔽行动成为90年代美国学术界的另一个研究热点。作为美国学术界长期关注和争论的研究议题，美国与1954年危地马拉政变的研究在冷战结束后再度升温，标志性成果是皮耶罗·葛雷杰西的《破碎的希望：危地马拉革命与美国（1944—1954）》及尼克·卡拉西尔的《秘史：中情局在危地马拉行动的秘密记录（1952—1954）》。其中，卡拉西尔的著作是第一部利用中情局解密档案撰写的有关美国实施"成功行动"计划的专著。[③] 上述两部论著展示了美国学术界有关1954年危地马拉政变研究的深度和广度，体现了美国隐蔽行动的国别研究在90年代取得的新进展。

除对危地马拉政变的深入探讨之外，90年代美国隐蔽行动的国别研究还在更广阔的领域取得新的进展：萨姆·狄龙的《突击队：中情局与尼加拉瓜

---

① Gregory W. Pedlow and Donald E. Welzenbach, *The Central Intelligence Agency and Overhead Reconnaissance: The U-2 and Oxcart Programs, 1954-1974* (Washington, D. C.: Military Bookshop, 1992).

② Brian Champion, "Subreptitious Aircraft in Transnational Covert Operations," *International Journal of Intelligence and CounterIntelligence*, Vol. 11, No. 4, 1998.

③ Piero Gleijeses, *Shattered Hope: The Guatemalan Revolution and the United States, 1944-1954* (Princeton: Princeton University Press, 1991); Nick Cullather, *Secret History: The CIA's Classified Account of Its Operations in Guatemala, 1952-1954* (Stanford: Stanford University Press, 1999).

反政府武装》着力探讨了中情局在尼加拉瓜实施的隐蔽行动，尤其是中情局对尼加拉瓜反政府武装力量的隐蔽支持。小詹姆斯·帕克的《隐蔽行动：中情局在老挝的秘密战》侧重分析了中情局在老挝持续从事隐蔽行动并试图影响老挝政局的历史。弗兰克·霍洛贝的《中国海岸的袭击者：朝鲜战争期间中情局的隐蔽行动》探讨了 50 年代初期中情局在中国沿海地区实施的以袭扰和渗透为主要方式的隐蔽行动。肯尼思·康博伊和詹姆斯·莫里森的《足浴地火：中情局在印度尼西亚的隐蔽行动（1957—1958）》集中论述了 1950 年代末期中情局在印度尼西亚实施的隐蔽行动，从一个侧面剖析了美国以隐蔽行动方式介入东南亚事务的历史肇端。[①] 上述著作致力于探究中情局在特定时期针对特定国家实施的隐蔽行动，拓展了美国隐蔽行动研究的视野，提升了美国隐蔽行动研究的水平。因此，国别研究范畴的延展是美国隐蔽行动研究在 90 年代向纵深推进的重要体现。

总之，20 世纪 90 年代美国的隐蔽行动研究在总括性分析、国别和地区研究等方面均取得新进展。在隐蔽行动的特定领域，美国的学术研究呈现展开的态势；其中，隐蔽宣传行动研究和空中隐蔽行动研究取得的成果尤其突出。相较于 20 世纪 80 年代，90 年代的美国隐蔽行动研究视野更为开阔，成果更加丰硕，美国的隐蔽行动研究迎来第二个高潮期。

二、21 世纪前期美国的隐蔽行动研究

进入 21 世纪之后，隐蔽行动依然是美国学术界持续关注的研究课题，新的研究成果以前所未有的态势大量涌现，研究领域大幅度扩展。世纪之交的 2000 年，美国的隐蔽行动研究高潮迭起，相关论著密集出版，引领了 21 世纪的美国隐蔽行动研究，展现出势头强劲的研究开局。在《瓦解克里姆林宫：美国颠覆苏联集团的战略（1947—1956）》一书中，格雷戈里·米特罗维奇利用相关档案资料，较为系统地研究冷战早期美国图谋暗中破坏和颠覆苏联集团的隐蔽行动战略，强调该战略不仅涉及秘密宣传战，还包括隐蔽政

① Sam Dillon, *Commandos: The CIA and Nicaragua's Contra Rebels* (New York: Henry Holt and Co. , 1991). James E. Parker, Jr. , *Covert Ops: The CIA's Secret War in Laos* (New York: St. Martin's Press, 1995); Frank Holober, *Raiders of the China Coast: CIA Covert Operations during the Korean War* (Annapolis: Naval Institute Press, 1999); Kenneth Conboy and James Morrison, *Feet to the Fire: CIA Covert Operations in Indonesia, 1957–1958* (Annapolis: Naval Institute Press, 1999).

治战，以及以暗中破坏作为主要方式的准军事行动，认为美国的战略目的就是引发苏联集团的彻底崩溃。[①] 该书以其细致的历史考察展示了美国对苏隐蔽行动研究的新进展。在《广播自由："自由欧洲电台"和"自由电台"的冷战胜利》一书中，阿奇·帕丁顿以独特的视角详细考察了"自由欧洲电台"和"自由电台"的发展历程，着力分析了这两部电台与中情局等美国情报机构的关系及其从事的隐蔽宣传行动，揭示了秘密无线电广播在美国冷战战略中扮演的角色。[②] 通过聚焦"自由欧洲电台"和"自由电台"的隐蔽宣传行动，帕丁顿的著作不仅延续了美国学术界对隐蔽宣传行动的持续关注，而且以特定领域的详尽论述深化了美国隐蔽宣传行动的研究议程。弗朗西斯·桑德斯在《文化冷战：中情局与艺术和文学的世界》一书中，着重探讨了冷战时期中情局对西欧国家实施的宣传战和隐蔽宣传行动，诸如在西欧设立相关机构、印发宣传品、举办各种展览活动等，以公开和秘密相结合的方式对西欧展开宣传攻势，目的就是传播美国的意识形态，抵制共产主义的影响。[③] 桑德斯以中情局在西欧的宣传战作为切入点，为美国隐蔽宣传行动的研究提供了新的视角。

除总括性论述之外，21 世纪美国隐蔽行动研究的一个突出特点就是研究范畴和领域大幅度扩展，这集中体现在两个方面：一是专门领域的隐蔽行动研究强势兴起，二是国别和地区研究快速发展。从某种意义上讲，专门领域以及特定国家和地区的隐蔽行动研究引领了 21 世纪美国隐蔽行动研究的议程和研究方向，开启了美国隐蔽行动研究的新历程。

包括隐蔽宣传行动在内的宣传战一直是美国隐蔽行动研究的重大课题，在新世纪，美国的隐蔽宣传行动研究取得进一步发展。肯尼思·奥斯古德的《全面冷战：艾森豪威尔在国内外的秘密宣传战》堪称代表作。奥斯古德认为，通信技术革命为美国实施全面冷战创造了得天独厚的条件，经过巧妙伪装的宣传成为美国心理战的新工具。艾森豪威尔政府通过秘密宣传展开了一

---

① Gregory Mitrovich, *Undermining the Kremlin: America's Strategy to Subvert the Soviet Bloc, 1947–1956* (Ithaca: Cornell University Press, 2000) .

② Arch Puddington, *Broadcasting Freedom: The Cold War Triumph of Radio Free Europe and Radio Liberty* (Lexington: The University Press of Kentucky, 2000) .

③ Frances S. Saunders, *The Cultural Cold War: The CIA and the World of Arts and Letters* (New York: New Press, 2000) .

系列心理战行动，目的是在世界范围内煽动反共产主义的十字军。① 该书从一个侧面再度揭示了美国隐蔽宣传行动和宣传战的总体战略及政策手段，将美国的隐蔽宣传行动研究提升到一个新水平。约翰娜·格兰维尔的《掌控吉姆：自由欧洲电台与1956年匈牙利革命》一文依托最新的档案资料，详细考察了中情局利用"自由欧洲电台"实施"聚焦行动"，并以此搅动匈牙利政局的隐蔽宣传行动，以及"自由欧洲电台"的隐蔽宣传对苏联决策的影响。② 格兰维尔的论文以个案研究的方式深化了美国隐蔽宣传行动的研究，展示了美国隐蔽行动研究更加注重具体案例分析的趋势。A. 罗斯·约翰逊的代表作《"自由欧洲电台"和"自由电台"：中情局的岁月及其后》追溯了中情局创建"自由欧洲电台"和"自由电台"的动因和目的，深入剖析了中情局利用这两部秘密电台针对苏联和东欧国家发动的隐蔽宣传战，着力分析了中情局的广播宣传战在1956年匈牙利事件和1968年捷克斯洛伐克"布拉格之春"等事件中发挥的作用。③ 约翰逊以更加细致的案例研究展示了美国隐蔽宣传行动的历史轨迹、政策功效及其与美国冷战战略的关系，是美国隐蔽宣传行动研究进一步深化的重要成果。

除持续关注中情局的秘密广播战之外，新世纪美国的隐蔽宣传行动和宣传战研究还向纵深推进。特里西娅·詹金斯的文章《工于机巧：当前好莱坞与中情局关系透视》率先探讨了中情局与好莱坞关系的发展历程，初步分析了中情局在好莱坞扮演的角色。④ 在《中情局在好莱坞：该机构如何塑造电影和电视》一书中，詹金斯通过大量的人物访谈以及对好莱坞相关影视作品的剖析，深刻揭示了中情局通过参与影视作品的设计和制作、提供资金支持等方式，利用好莱坞及其影视作品展开隐蔽宣传行动和宣传战的政策策略和手段。⑤ 该书是第一部系统探讨中情局与好莱坞关系的著作，将美国隐蔽宣

① Kenneth A. Osgood, *Total Cold War: Eisenhower's Secret Propaganda Battle at Home and Abroad* (Lawrence: University Press of Kansas, 2006).

② Johanna Granville, "Caught with Jam on Our Fingers: Radio Free Europe and the Hungarian Revolution of 1956," *Diplomatic History*, Vol. 29, No. 5, 2005.

③ A. Ross Johnson, *Radio Free Europe and Radio Liberty: The CIA Years and Beyond* (Stanford: Stanford University Press, 2010).

④ Tricia Jenkins, "Get Smart: A Look at the Current Relationship between Hollywood and the CIA," *Historical Journal of Film, Radio and Television*, Vol. 29, No. 2, 2009.

⑤ Tricia Jenkins, *The CIA in Hollywood: How the Agency Shapes Film and Television* (Austin: University of Texas Press, 2012).

传行动的研究范畴延伸至影视领域。

美国隐蔽宣传行动研究在新世纪取得的另一个重大进展就是阿尔弗雷德·赖施的专著《冷战中的热销书：中情局资助的铁幕后西方图书秘密推销计划》。赖施利用美国的相关档案资料，详细剖析了中情局针对苏联和东欧国家实施的秘密图书计划的起源、动因及其实施途径和手段，认为中情局的秘密图书计划对苏东集团产生了巨大的宣传效果和心理影响，对美国等西方国家赢得冷战中的意识形态胜利发挥了关键作用。[1] 通过详尽的历史考察，赖施第一次深度透视了中情局的秘密图书计划，并将图书宣传纳入美国隐蔽行动的研究范畴，从而开辟了美国隐蔽宣传行动研究的新领域。

在空中隐蔽行动研究方面，美国学界的探讨继续推进。柯蒂斯·皮布尔斯的《幻影斗士：针对苏联的空中隐蔽行动》不仅论述了美国针对苏东集团实施的空中侦察和监视活动，而且探究了美国针对苏联和共产主义国家实施空投间谍和颠覆活动的内幕，认为空中隐蔽行动是美国隐蔽行动战略的重要组成部分。[2] 皮布尔斯的著作更加完整地剖析了美国空中隐蔽行动的类型和手段，深化了美国的空中隐蔽行动研究。迪诺·布鲁焦尼的新作《天空中的眼睛：艾森豪威尔、中情局与冷战空中谍报活动》依托解密的档案资料，探讨了艾森豪威尔政府时期中情局利用空中隐蔽行动进行冷战对抗的历史肇端，内容涉及美国的高空侦察和卫星侦察，认为艾森豪威尔时期奠定了美国空中和太空侦察体系的基础。[3] 除高空侦察之外，布鲁焦尼还将卫星技术及其运用纳入美国空中隐蔽行动的研究范畴，揭示了中情局谍报活动及隐蔽行动的新手段，推动卫星侦察及其秘密活动成为美国隐蔽行动研究的新领域。蒙特·里尔的著作《间谍兄弟：U-2侦察机与中情局秘密战》借助最新解密的档案资料，详细考察了U-2侦察机50余年的间谍飞行史，认为U-2侦察机是中情局实施的最大规模的谍报技术发展工程，是情报领域的一场革命。[4] 该书全景分析了U-2侦察机从诞生到退役的历程，深入剖析了中情局利用

①　Alfred A. Reisch, *Hot Books in the Cold War: The CIA-Funded Secret Western Book Distribution Program behind the Iron Curtain* (New York: CEU Press, 2013).

②　Curtis Peebles, *Twilight Warriors: Covert Air Operations against the USSR* (Annapolis: Naval Institute Press, 2005).

③　Dino A. Brugioni, *Eyes in the Sky: Eisenhower, the CIA, and Cold War Aerial Espionage* (Annapolis: Naval Institute Press, 2010).

④　Monte Reel, *A Brotherhood of Spies: The U-2 and the CIA's Secret War* (New York: Doubleday, 2018).

U-2侦察机从事全球谍报活动的内幕，是专门研究中情局与U-2侦察机谍报活动的最详尽的论著，展示了美国空中隐蔽行动研究的最新成果。

借助潜艇的独特优势展开海底隐蔽行动是美国冷战博弈的一种新方式，但这一议题在美国的隐蔽行动研究中却长期缺位。2009年，彼得·萨根的《追踪红色之熊：冷战期间美国针对苏联的潜艇隐蔽行动》探究了冷战期间美国利用潜艇针对苏联展开的隐蔽行动，包括情报搜集和谍报活动的历史，详尽论述了美国实施海底隐蔽行动的路径和方式。① 萨根的著作是第一部系统剖析美国利用潜艇在大洋深处实施海底隐蔽行动的专著，填补了美国隐蔽行动研究的一个空白，开辟了美国隐蔽行动研究的新领域。

利用大学校园和学生组织招募人员并从事隐蔽行动是一个长期被忽视的研究课题，在21世纪，美国的隐蔽行动研究在这一领域取得突破性进展。菲利普·兹韦林主编的《校园中的中情局：学术自由与国家安全论文集》揭露了中情局通过提供秘密资金支持，以人员招募、课程设置等方式，假借学术自由的名义，在美国国内以及其他国家的大学校园中展开冷战和反共产主义宣传以及其他隐蔽行动的内幕。② 这是首部论及中情局在大学校园中组织实施隐蔽行动的论著。卡伦·佩吉特的《爱国的背叛：中情局招募美国学生参与反共十字军的秘密行动》一书着力揭示了中情局借助美国学生联合会和国际学生联合会等学生组织，招募人员并从事反共产主义活动的内幕，列举了中情局利用学生组织在匈牙利、苏联以及东南亚国家展开反共宣传的案例。③ 通过透视中情局依托学生组织这一平台开展的秘密宣传等隐蔽行动，佩吉特的论著为深入了解中情局的隐蔽行动方式和手段提供了新的佐证。

利用国际体育运动会展开秘密的宣传战和政治战是21世纪美国隐蔽行动研究的一个新领域。托比·赖德的《赫尔辛基的政治战：美国隐蔽战略与自由东欧运动员联盟》一文，揭示了美国对由东欧国家流亡者组成的自由东欧运动员联盟的秘密资助，以及暗中支持其参加1952年赫尔辛基奥运会的隐蔽行动，认为这是美国运用隐蔽政治战影响国际体育运动并实施冷战战略

① Peter T. Sasgen, *Stalking the Red Bear: The True Story of a U. S. Cold War Submarine's Covert Operations against the Soviet Union* (New York: St. Martin's Press, 2009).

② Philip Zwerling, ed., *The CIA on Campus: Essays on Academic Freedom and the National Security State* (Jefferson: McFarland & Company, 2011).

③ Karen M. Paget, *Patriotic Betrayal: The Inside Story of the CIA's Secret Campaign to Enroll American Students in the Crusade against Communism* (New Haven: Yale University Press, 2015).

的典型案例。① 该文是第一篇探讨美国隐蔽行动战略与国际体育运动之间关系的论著，标志着美国的隐蔽行动研究延伸到国际体育运动领域。赖德专门论述美国通过隐蔽行动的方式介入并影响国际体育运动的力作《冷战运动会：宣传、奥运会与美国对外政策》认为，早在50年代初期，国际奥运会就成为美国冷战博弈的竞技场，美国充分利用国际奥运会展开公开和隐蔽的反共产主义宣传战，借此遏制苏联和国际共产主义的影响。② 该书首次系统分析了美国利用国际奥运会秘密展开冷战宣传战的发展轨迹，再度将国际体育运动会纳入美国隐蔽行动的研究范畴，是21世纪美国隐蔽行动研究向纵深推进的代表性成果。

准军事行动是隐蔽行动中最具争议性的方式，因此厘清美国准军事行动的发展历程成为美国隐蔽行动研究的重要课题。皮耶罗·葛雷杰西的《冷战期间中情局的准军事行动：一项评估》一文，系统梳理了冷战期间中情局实施的诸多准军事行动，并据此总结了美国准军事行动的成败得失及其原因。③ 该文是从总体角度审视美国准军事行动的最新成果，展示了美国准军事行动研究的新进展。

在国别和地区研究方面，21世纪美国的隐蔽行动研究成果丰硕，研究议题和研究水平均达到一个新高度，是这一时期美国隐蔽行动研究的亮点之一。

中东地区是美国全球冷战战略中的重点区域，美国在中东地区实施的隐蔽行动亦是美国隐蔽行动研究关注的话题。道格拉斯·利特尔的《不可能完成的使命：中情局及其在中东的隐蔽行动狂热》一文追溯了美国中东隐蔽行动政策的起源，纵论了自第二次世界大战结束以来中情局在伊朗、叙利亚、埃及、约旦、阿富汗、黎巴嫩等中东国家实施的诸多隐蔽行动，总结了美国中东隐蔽行动的经验教训。④

基于特殊的地缘政治地位，中情局在拉美地区的颠覆活动始终是美国隐

① Toby C. Rider, "Political Warfare in Helsinki: American Covert Strategy and the Union of Free Eastern European Sportsmen," *The International Journal of the History of Sport*, Vol. 30, No. 13, 2013.

② Toby C. Rider, *Cold War Games: Propaganda, the Olympics, and U. S. Foreign Policy* (Urbana: University of Illinois Press, 2016).

③ Piero Gleijeses, "The CIA's Paramilitary Operations during the Cold War: An Assessment," *Cold War History*, Vol. 16, No. 3, 2016.

④ Douglas Little, "Mission Impossible: The CIA and the Cult of Covert Action in the Middle East," *Diplomatic History*, Vol. 28, No. 5, 2004.

蔽行动研究的重点。迈克尔·格罗的著作《美国总统与拉丁美洲干涉：寻求冷战期间的政权更迭》探讨了冷战期间中情局在危地马拉、古巴、多米尼加、智利、尼加拉瓜、格林纳达等拉美国家实施隐蔽行动并寻求政权更迭的轨迹，总结了美国的政策动因。① 美国策动的智利"9·11 政变"一直是美国学术界长期关注的议题，围绕美国是否决意颠覆阿连德政府的争论异常激烈。克里斯蒂安·古斯塔夫森的《敌意：美国在智利的隐蔽行动（1964—1974）》一书借助新的档案资料，详细考察了中情局针对智利阿连德政府实施的隐蔽行动，认为美国的隐蔽行动是导致智利政变的关键诱因。② 该书是智利"9·11 政变"研究的最新成果，进一步厘清了美国在智利实施隐蔽行动的基本线索和政策手段，从而将美国隐蔽行动的国别研究推向更高水平。

2013 年，肯尼思·康博伊的《柬埔寨的战争：冲突的军队与中情局的隐蔽行动》详细揭示了自第二次世界大战结束到 20 世纪末期中情局对柬埔寨国内反共产主义势力的秘密援助和支持，特别分析了中情局在柬埔寨实施的谍报活动以及准军事行动等隐蔽行动。③ 基于详尽的历史考察，康博伊的著作成为研究中情局在柬埔寨实施的隐蔽行动的力作，同时从一个侧面再度展示了美国利用隐蔽行动干涉东南亚国家事务的历史进程和政策手段。

2018 年，塞斯·琼斯的《隐蔽行动：里根、中情局和波兰冷战》根据相关资料考察了中情局与波兰剧变的关系，披露了一段鲜为人知的史实：1982 年 11 月，里根总统批准中情局设计制订的"助力行动"计划（Operation QRHELPFUL），实施针对波兰的隐蔽行动。其主要内容和实施手段包括：由中情局向波兰反对派力量团结工会提供秘密资金支持，帮助其组织示威活动、印制反政府材料、开展广播宣传等；中情局还在波兰招募人员，建立隐蔽行动网络，暗中策应反对派力量。"助力行动"计划的实施助推了波兰剧变，颠覆了波兰的社会主义政权。④ 该书是第一部专门探究美国在波兰实施隐蔽行动、搅动波兰剧变的论著，具有开创性意义。

---

① Michael Grow, *U. S. Presidents and Latin American Interventions: Pursuing Regime Change in the Cold War* (Lawrence: University Press of Kansas, 2008) .

② Kristian Gustafson, *Hostile Intent: U. S. Covert Operations in Chile, 1964－1974* (Washington, D. C. : Potomac Books, 2007) .

③ Kenneth Conboy, *The Cambodian Wars: Clashing Armies and CIA Covert Operations* (Lawrence: University Press of Kansas, 2013) .

④ Seth G. Jones, *A Covert Action: Reagan, the CIA, and the Cold War Struggle in Poland* (New York: W. W. Norton & Company, 2018) .

同年，罗杰·琼斯的《冷战初期中情局与中国的第三种力量运动：野心勃勃的美国梦》一书详细论述了 20 世纪 50 年代中情局以香港和日本为基地，试图利用所谓的"第三种力量"，针对中国实施渗透和颠覆活动的隐蔽行动及其失败的命运。[①] 该书是第一部探讨中情局秘密支持"第三种力量"对华实施隐蔽行动的专著，从一个侧面揭露了美国对华实施冷战战略的隐蔽政治手段和伎俩，为进一步剖析美国扰乱和颠覆新生的中华人民共和国的图谋提供了新的视角，是美国对华隐蔽行动研究的最新成果。

　　总之，在继承和延续前期研究成果的基础上，21 世纪的美国隐蔽行动研究有了更为深入的发展。首先，在国别和地区研究方面，有关美国针对苏东国家以及发展中国家实施的隐蔽行动的研究取得新的成果，一批更加细致的论著相继问世。其次，在特定领域方面，有关美国隐蔽宣传行动、空中隐蔽行动的研究进一步深化，新的研究成果层出不穷。更为重要的是，21 世纪美国的隐蔽行动研究开拓了诸多新的领域，其中，中情局在影视、学术、体育以及图书出版领域的隐蔽行动进入研究视域，极大地带动了美国的隐蔽行动研究，美国在特定领域实施的隐蔽行动成为研究热点，这也是 21 世纪美国隐蔽行动研究的最大特色，预示着美国的隐蔽行动研究将在更高层次和更大范围中取得新的发展。

三、美国隐蔽行动研究的理论建构

　　在对美国隐蔽行动展开历史和案例研究的同时，美国学术界还开始探索隐蔽行动研究的理论建构，力图从学理上对隐蔽行动做出解读。总体上讲，美国隐蔽行动研究的理论建构大致经历了三个阶段，即：奠基阶段（20 世纪 70 年代），发展阶段（20 世纪 80 年代到 90 年代）和深化阶段（21 世纪前期）。因此，理论建构亦成为美国隐蔽行动研究的重要组成部分。

（一）奠基阶段

　　随着隐蔽行动研究的发展，美国学界及相关研究者开始思考隐蔽行动研究的理论建构问题，并在 70 年代取得初步进展。1974 年，维克托·马尔凯蒂和约翰·马克斯的《中情局与情报膜拜》一书，除追溯从杜鲁门到尼克松政府时期的美国隐蔽行动之外，还专设章节讨论隐蔽行动理论及相关问题。

[①]　Roger B. Jeans, *The CIA and Third Force Movements in China during the Early Cold War: The Great American Dream* (Lanham: Lexington Books, 2018).

马尔凯蒂和马克斯认为，隐蔽行动就是试图通过隐蔽手段影响甚至干涉别国内政，隐蔽行动的策略可以归纳为八种方式：（1）政治指导与劝告；（2）对个人的资助；（3）对政党的经济和技术援助；（4）对私人组织（包括工会、商会以及公司等）的支持；（5）秘密宣传；（6）对个人的秘密训练；（7）经济行动；（8）旨在推翻或支持一国政权的准军事行动和政治行动。马尔凯蒂和马克斯强调，在隐蔽行动的诸多方式中，秘密宣传和准军事行动具有特别重要的地位。[1] 该书从情报的角度初步探讨了隐蔽行动的政策含义，并据此列举了隐蔽行动的方式。尽管马尔凯蒂和马克斯对隐蔽行动含义和类型的归纳不是严格意义上的学理分析，但却为隐蔽行动的理论研究提供了可资借鉴的思考路径。

在美国隐蔽行动研究的理论建构中，哈里·罗西兹克堪称是一位拓荒者。1975 年，罗西兹克的文章《透视美国的秘密行动》明确指出，隐蔽行动的基本特征就是没有显而易见的官方卷入，此即所谓的"貌似否认"。罗西兹克认为，隐蔽行动包含三种方式：宣传战、政治战和准军事行动。[2] 通过揭示隐蔽行动的基本特征和类型框架，该文对美国的隐蔽行动做出了学理层面的初步探讨。罗西兹克的著作《中情局的秘密行动：谍报活动、反谍报活动和隐蔽行动》是第一本从案例和理论相结合的视角分析冷战早期中情局秘密行动的论著。罗西兹克认为，隐蔽行动是以非战争的方式影响和塑造他国国内权力结构的行动，总体上可分为三个范畴：秘密宣传战和心理战、政治行动、准军事行动。罗西兹克强调，实施隐蔽行动的逻辑基础就是"貌似否认"的假定。与此同时，罗西兹克还对美国实施的隐蔽行动提出一系列质疑，诸如隐蔽行动与国际道义的关系、隐蔽行动与干涉他国内部事务、隐蔽行动在开放社会中的地位等问题。[3] 该书首次对隐蔽行动的含义、类型及其政策逻辑做出具有开创性意义的学理阐释，既是美国隐蔽行动研究的早期代表性成果，又是美国隐蔽行动理论建构的奠基之作，不仅推动了美国隐蔽行动研究的兴起，而且开启了美国隐蔽行动理论探索的进程。

（二）发展阶段

进入 80 年代后，美国隐蔽行动的理论研究渐次铺开，一批新的研究成

---

[1] Victor Marchetti and John D. Marks, *The CIA and the Cult of Intelligence* (New York: Knopf, 1974) .

[2] Harry A. Rositzke, "America's Secret Operations: A Perspective, " *Foreign Affairs*, Vol. 53, No. 2, 1975.

[3] Harry Rositzke, *The CIA's Secret Operations: Espionage, Counterespionage, and Covert Action* (New York: Reader's Digest Press, 1977) , pp. 151–153, 252–273.

果接连面世，美国隐蔽行动研究的理论建构迎来第一个高潮期。

格雷戈里·特雷弗顿是美国隐蔽行动历史研究的重要学者，更是美国隐蔽行动理论研究的重要开拓者之一。在《隐蔽行动：战后世界的干涉限度》一书中，特雷弗顿以"隐蔽行动的政治文化"为题，强调自第二次世界大战结束以来，隐蔽行动已经成为美国政治文化中制度化的组成部分。为此，在延续罗西兹克研究路径的基础上，特雷弗顿着重对隐蔽行动的范畴和类型做出新的阐释。特雷弗顿认为，宣传行动就是以秘密资助媒体的方式达到隐蔽行动的目标；鉴于宣传具有被转载的"乘数效应"，宣传行动因此在隐蔽行动占据了特殊的重要地位。关于政治行动，特雷弗顿指出，政治行动的目的就是通过向特定团体（诸如政党、劳工组织等）提供秘密资金，以便改变目标国的政治力量对比，进而实现隐蔽行动的目标。关于准军事行动，特雷弗顿强调，准军事行动的目的往往是颠覆政权，因而是获致政治目标的特殊方式；在所有的准军事行动中，向特定集团提供秘密的资金支持和军事援助是必不可少的要素。[1] 通过范畴归纳，特雷弗顿在学理上进一步圈定了隐蔽行动理论的研究框架，标志着美国隐蔽行动研究的理论建构取得新的进展。此外，特雷弗顿的《隐蔽干涉的道义问题》一文着重分析了围绕隐蔽行动的道义争论，认为隐蔽干涉他国事务有违民主自由的价值观，将引发严重的道义问题。为此，特雷弗顿呼吁确立隐蔽行动的标准，将审慎和道义原则同美国的对外政策目标结合起来。[2] 至此，继罗西兹克质疑隐蔽行动的道义问题之后，特雷弗顿明确提出构建隐蔽行动的道义标准，展示了将美国隐蔽行动的理论研究引向深入的尝试。

1989 年，洛赫·约翰逊发表《隐蔽行动与问责：美国秘密对外政策的决策》一文，除探讨美国隐蔽行动的决策和监督程序之外，还对隐蔽行动的概念和类型进行了新的归纳和整理。在约翰逊看来，隐蔽行动的称谓名目繁多，诸如"寂静的行动"、外交和公开战争之间的"第三种选择"、特别行动等。尽管术语不同，但隐蔽行动的目标始终如一：秘密影响海外事态，支持美国的对外政策。因此，所谓隐蔽行动，就是通过秘密干涉他国事务以寻

---

① Gregory F. Treverton, *Covert Action: The Limits of Intervention in the Postwar World* (New York: Basic Books, 1987), pp. 12–27.

② Gregory F. Treverton, "The Ethics of Covert Intervention," *International Journal*, Vol. 43, No. 2, 1988.

求实现美国的对外政策目标。① 同年，约翰逊的力作《美国的秘密权力：民主社会中的中情局》一书强调，仅仅依靠政策解读不足以厘清隐蔽行动的全貌，随着美国隐蔽行动实践的演进，对隐蔽行动进行理论化研究已势在必行。为此，约翰逊将隐蔽行动分为四种类型：宣传行动、政治行动、经济行动和准军事行动。宣传行动亦称心理战，包括由美国新闻署组织实施的公开的宣传战，以及主要由中情局秘密实施的隐蔽宣传行动（涉及白色宣传、灰色宣传和黑色宣传三种方式）。隐蔽政治行动的主要方式就是贿赂外国官员及相关人物，尤其是扶植具有潜在影响力的代理人。隐蔽经济行动就是运用经济手段，秘密扰乱并破坏目标国的经济。准军事行动类似具有一定规模的秘密战争，是中情局在他国实现政权更迭的主要方式。② 至此，在梳理隐蔽行动的术语和内涵的基础上，约翰逊率先提出了隐蔽行动研究的理论建构问题，致力于从理论上对隐蔽行动的类型做出分类，并将隐蔽经济行动纳入隐蔽行动理论研究的范畴，进一步拓展了美国隐蔽行动研究的理论框架，更趋完整的类型划分是美国隐蔽行动研究的理论建构取得重要进展的标志。基于此，约翰逊成为美国隐蔽行动理论建构的领军人物。

冷战结束后，美国的隐蔽行动研究迈入高速发展期，美国隐蔽行动的理论研究的新成果应运而生。洛赫·约翰逊于 1992 年发表的《论隐蔽行动分界线的划分》一文，根据风险水平创造性地提出隐蔽行动依次递进的四阶段升级模式：第一阶梯为常规情报活动，其主要方式是通过驻外使领馆进行公开或秘密的情报搜集。第二阶梯为适度隐蔽介入阶段，其特点就是隐蔽宣传行动和隐蔽政治行动（主要是政治策反）的启动。第三阶梯为高风险隐蔽行动阶段，其主要特点是隐蔽宣传行动围绕更具争议性的议题展开；隐蔽经济行动逐步启动，以期扰乱目标国的经济；准军事行动纳入行动议程。第四阶梯为极端隐蔽行动阶段，除继续实施高强度的隐蔽宣传行动和隐蔽政治行动之外，隐蔽经济行动明显升级且更具暴力色彩，在目标国实施暗杀行动和制造政变则是隐蔽行动第四阶段的突出特点。③ 约翰逊的隐蔽行动升级模式阐

① Loch K. Johnson, "Covert Action and Accountability: Decision-Making for America's Secret Foreign Policy," *International Studies Quarterly*, Vol. 33, No. 1, 1989, pp. 81–84.

② Loch K. Johnson, *America's Secret Power: The CIA in a Democratic Society* (New York: Oxford University Press, 1989), pp. 17–29.

③ Loch K. Johnson, "On Drawing a Bright Line for Covert Operations," *American Journal of International Law*, Vol. 86, No. 2, 1992, pp. 285–291.

明了隐蔽行动的发展阶梯和递进过程，剖析了隐蔽行动诸多手段在不同阶段的运用方式，从而为分析隐蔽行动的实际运作提供了可操作性的理论平台，深化了美国隐蔽行动的理论研究，标志着美国隐蔽行动研究的理论建构在20世纪90年代取得最具代表性的研究成果。

作为美国20世纪基金会研究团队隐蔽行动研究报告的起草人，艾伦·古德曼和布鲁斯·伯科维茨的《需要知道：20世纪基金会研究团队关于隐蔽行动和美国民主的报告》一书对美国隐蔽行动做出进一步的理论梳理。古德曼和伯科维茨认为，隐蔽行动是旨在影响外国政府、个人、事件或组织的所有行动。古德曼和伯科维茨将隐蔽行动划分为六种类型：准军事行动、政治影响行动、宣传和假情报行动、经济行动、培训并支持外国军事和警察力量、构建隐蔽行动基础设施。[1] 此外，古德曼和伯科维茨还列举了支持和反对隐蔽行动的各种观点。支持隐蔽行动的观点包括：作为美国对外政策的工具，隐蔽行动是外交和军事行动之间的"中间选择"；隐蔽行动可以避免官僚机构的决策延宕和政治争论，具有快速应对的特点；从长远来看，隐蔽行动具有战略影响力。反对隐蔽行动的观点则认为，隐蔽行动不符合美国的政治过程，且在国内外均面临诸多不可预料的因素，难以确保隐蔽行动始终处于秘密状态；尽管隐蔽行动可能取得短期效果，但从长远看将损害美国的对外关系。[2] 该书对美国隐蔽行动理论建构的意义在于，不仅扩展了美国隐蔽行动的类型划分，将隐蔽行动基础设施纳入隐蔽行动研究的范畴，而且还初步归纳了有关隐蔽行动的观点争鸣，为隐蔽行动的理论思考提供了更加丰富的视角。

罗伊·戈德森的力作《肮脏的诡计或制胜的王牌：美国的隐蔽行动与反间谍活动》认为，所谓隐蔽行动，就是指一国政府或集团在不暴露自己的情况下影响其他国家或地区事态发展的努力与尝试。为此，戈德森将隐蔽行动划分为四大类型：宣传行动、政治行动、准军事行动和情报支持。[3] 戈德森

---

① Allan E. Goodman and Bruce D. Berkowitz, *The Need to Know: The Report of the Twentieth Century Fund Task Force on Covert Action and American Democracy* (New York: The Twentieth Century Fund Press, 1992) , pp. 30–33.

② Allan E. Goodman and Bruce D. Berkowitz, *The Need to Know: The Report of the Twentieth Century Fund Task Force on Covert Action and American Democracy* (New York: The Twentieth Century Fund Press, 1992) , pp. 41–47.

③ Roy Godson, *Dirty Tricks or Trump Cards: U. S. Covert Action and Counterintelligence* (Washington, D. C. : Brassey's, 1995) , pp. 2–3.

强调隐蔽行动的目的主要有三：一是影响目标国或特定跨国集团的权力平衡；二是影响目标国或特定跨国集团的舆论环境；三是诱使目标国或特定跨国集团采取特别行动。为确保隐蔽行动获致成功，隐蔽行动必需辅之以相应的外交、军事和经济措施，实现总体政策的相互协调。[①] 概括地讲，戈德森从两个维度发展了美国的隐蔽行动理论：一方面将情报支持纳入隐蔽行动的研究范畴，推动了隐蔽行动类型划分的理论建设；另一方面进一步归纳并阐述了隐蔽行动的政策目的，强调隐蔽行动同外交、军事和经济措施的协同实施，从而摆脱了单纯考量隐蔽行动的研究局限，拓展了隐蔽行动的研究视野。因此，戈德森的论著将美国隐蔽行动的理论建构提升到新的层次。

伊丽莎白·安德森的论文《安全困境与隐蔽行动：杜鲁门年代》力图对隐蔽行动做出新的理论解读。安德森认为，隐蔽行动是指在无法运用公开方式的情况下，利用秘密手段实现国家利益和对外政策目标的选择；隐蔽行动与其他对外政策工具的不同之处就是其秘密性。安德森强调，隐蔽行动的缘起同国家间关系的安全困境密切相关，隐蔽行动的实施可能带来两个相互矛盾的后果：一是激化安全困境驱使下的国家间冲突；二是以其独特的秘密方式避免安全困境。因此，运用"安全困境"理论可以揭示隐蔽行动与对外政策的新关系。[②] 安德森的理论创新在于运用国际关系的"安全困境"理论对隐蔽行动做出新的阐释，从而为隐蔽行动的理论建构提供了新视角，开辟了隐蔽行动理论研究的新路径。

（三）深化阶段

与 21 世纪美国隐蔽行动研究高潮迭起相呼应，美国隐蔽行动研究的理论建构亦进入大发展的时期，研究议题大幅拓展，研究水平大为提升，研究深度明显增强。

2000 年，在《中情局的黑色行动：隐蔽行动、对外政策与民主》一书中，约翰·纳特对隐蔽行动进行了新的理论探讨。纳特首先解读了隐蔽行动的含义，认为隐蔽行动是试图改变他国的政策决策、政治制度或权力结构的计划和行动，隐蔽行动的实施者则以某种形式隐藏或伪装，即使暴露，亦可予以否认。关于隐蔽行动的范畴，纳特将其归纳为五种类型：资源发展（包

---

① Roy Godson, *Dirty Tricks or Trump Cards: U. S. Covert Action and Counterintelligence*(Washington, D. C. : Brassey's, 1995) , pp. 121, 134.

② Elizabeth E. Anderson, "The Security Dilemma and Covert Action: The Truman Years, " *International Journal of Intelligence and CounterIntelligence*, Vol. 11, No. 4, 1998, pp. 404-406.

括人力资源网络和基础设施网络）、政治行动、宣传和假情报；经济战、准军事行动。① 纳特有关隐蔽行动理论解读的最大新意是将内涵更加广泛的资源网络的发展纳入隐蔽行动的范畴，从而为美国隐蔽行动的研究提供了更加宽阔的视角和理论框架。

2004 年，威廉·多尔蒂的《行政秘密：隐蔽行动与总统》一书除追溯从杜鲁门到克林顿历届美国总统与隐蔽行动的关系之外，着力探讨了隐蔽行动的基本方式。对于隐蔽行动的概念，多尔蒂做出了最简明扼要的解读，认为隐蔽行动就是影响行动，即通过多层次相互协调和相互衔接的秘密行动，影响目标国的行为或目标国的舆论环境。② 关于隐蔽行动的方式，多尔蒂提出了新的见解。在多尔蒂看来，传统隐蔽行动主要包括三种类型：宣传行动、政治行动和准军事行动。随着计算机系统的出现和广泛应用，一种新的隐蔽行动方式应运而生，这就是信息战。③ 通过概念界定，多尔蒂阐述了隐蔽行动的核心要义——影响他国的行为和局势。多尔蒂将以计算机系统为载体的信息战归纳为隐蔽行动的新方式和新工具，明显拓展了美国隐蔽行动理论研究的范畴。因此，多尔蒂的著作为美国隐蔽行动研究的理论建构增添了新的内涵，推动了美国隐蔽行动理论研究的新发展。

同年，洛赫·约翰逊和詹姆斯·沃茨主编的《战略情报：透视秘密世界的窗口，一部选集》明确地将隐蔽行动纳入战略情报的范畴。该书首先对隐蔽行动做出了一个权威性的界定，强调隐蔽行动是指一国政府所执行的秘密影响和操控国外事态的行动；隐蔽行动的要旨就是间接性、非归属性和秘密性，政府的角色既非显而易见，亦未公开承认。此外，该书还对隐蔽行动的争鸣做出回应，认为反对的观点将隐蔽行动视为美国对外政策的沼泽地，支持的观点则依据正义战争理论为隐蔽行动辩解。④ 该书最大的特点就是对隐蔽行动的属性做出了清晰的归纳，从而为判断隐蔽行动提供了更为明确的理论导向和分析路径。而且，该书将正义战争理论引入隐蔽行动的理论研究范

① John J. Nutter, *The CIA's Black Ops.: Covert Action, Foreign Policy, and Democracy*(New York: Prometheus Books, 2000), pp. 73–91.

② William J. Daugherty, *Executive Secrets: Covert Action and the Presidency*(Lexington: The University Press of Kentucky, 2004), p. 12.

③ William J. Daugherty, *Executive Secrets: Covert Action and the Presidency*(Lexington: The University Press of Kentucky, 2004), pp. 71–72.

④ Loch K. Johnson and James J. Wirtz, eds., *Strategic Intelligence: Windows into a Secret World, An Anthology*(Los Angeles: Roxbury Publishing Company, 2004), pp. 253–286.

畴，正义战争与隐蔽行动的关系成为新的理论争论点。

2006 年，马克·洛温塔尔的新作《情报：从秘密到政策》出版，其中第八章专门探讨了隐蔽行动。除延续传统方式将隐蔽行动划分为宣传行动、政治行动、经济行动和准军事行动之外，洛温塔尔着重论述了隐蔽经济行动的含义和实施手段，认为经济手段是隐蔽行动有效展开的重要支撑。[①] 与此同时，洛温塔尔还探讨了隐蔽行动引发的相关问题——理想主义和现实主义的争论。理想主义认为，秘密干涉他国内部事务违反了国际关系的基本规范，将隐蔽行动视为对外政策的"第三种选择"是毫无道理的。现实主义则宣称，隐蔽行动是维护国家利益的手段，有关国家从事隐蔽行动的实践亦证明了隐蔽行动的必要性。除道义问题之外，洛温塔尔还提出另一个问题——隐蔽行动的效果评估。鉴于影响隐蔽行动的因素纷繁复杂，因而很难设计评估隐蔽行动的标准和规则。[②] 总体上讲，洛温塔尔的分析具有两大亮点：一是对隐蔽经济行动的含义和实施手段做出了新的阐释，拓展了隐蔽经济行动的研究框架；二是初步探讨了理想主义和现实主义围绕隐蔽行动的争论，并提出隐蔽行动的评估问题。因此，洛温塔尔的论述丰富了美国隐蔽行动的理论研究，将隐蔽行动的争论纳入理想主义和现实主义的范畴，是提升隐蔽行动理论研究层次的新尝试。

洛赫·约翰逊集美国战略情报研究之大成，主编了五卷本的《战略情报》，其中第三卷题为《隐蔽行动：藏匿在秘密对外政策的面纱之后》。该文集的作者囊括了美国隐蔽行动研究的诸多名家，分别从隐蔽行动的发展历程、隐蔽行动中的国际权谋、隐蔽宣传行动效果评估、隐蔽行动与外交等不同角度，对隐蔽行动做出了多维度的考察。[③] 该书集中展示了美国隐蔽行动理论研究的主要领域和核心议题，是 21 世纪美国隐蔽行动理论研究取得的标志性成果。

总之，自 20 世纪 70 年代以来，美国隐蔽行动研究的理论建构逐步发展，形成一套初具规模的隐蔽行动研究理论体系，既标志着美国隐蔽行动研

---

① Mark M. Lowenthal, *Intelligence: From Secrets to Policy* (Washington, D. C. : CQ Press, 2006), pp. 157-164.

② Mark M. Lowenthal, *Intelligence: From Secrets to Policy* (Washington, D. C. : CQ Press, 2006), pp. 165-172.

③ Loch K. Johnson, ed. , *Strategic Intelligence: Covert Action, Behind the Veils of Secret Foreign Policy* (Westport: Praeger Security International, 2007) .

究的理论建设取得巨大进展，同时为隐蔽行动的历史和案例的研究提供了理论指导。概括地讲，美国隐蔽行动研究的理论建构主要体现在三个方面：首先，隐蔽行动的概念界定基本实现理论化。隐蔽行动的概念界定是隐蔽行动研究的起点和基础，尽管美国学术界对于隐蔽行动的概念存在不同理解，但核心共识却在争论中逐步形成，即隐蔽行动的要义就是秘密影响海外事态，支持美国的对外政策。核心概念的界定奠定了隐蔽行动研究的理论基础，为隐蔽行动研究的发展提供了基本的理论依据。其次，隐蔽行动的类型模式基本框定。作为隐蔽行动理论体系的主干，美国学术界归纳了隐蔽行动类型模式和隐蔽行动升级模式。尽管对隐蔽行动类型的划分各有千秋，但隐蔽行动的四大基本类型——隐蔽宣传行动、隐蔽政治行动、隐蔽经济行动和准军事行动——却在争论的过程中获得学术界的公认。因此，隐蔽行动类型模式和隐蔽行动升级模式为隐蔽行动研究确立了基本的研究范畴和框架，为隐蔽行动研究的发展提供了清晰的分析路径和研究思路。最后，隐蔽行动理论与国际关系理论的互动格局初步形成。为进一步从理论上解读隐蔽行动的政策和实践，美国学界试图援引“安全困境”理论、正义战争理论等国际关系理论，对隐蔽行动做出更加深透的理论阐释。诚然，运用这些理论解读隐蔽行动的说服力有待探讨，依据正义战争理论为隐蔽行动进行辩解更是值得商榷，但所有这些均体现了美国学术界深化隐蔽行动理论建构的尝试，为在更高和更深层次上展开隐蔽行动研究提供了理论引领和分析架构。理论是指导实践的工具，理论研究和历史研究的有机互动无疑将推动隐蔽行动研究取得更大发展。

冷战时期
中国对东欧国家称谓的演变
——以《人民日报》为样本的历史考察和计量分析*

欧阳湘**

左图：1947 年 1 月 28 日《人民日报》第 4 版文章：《新民主国家介绍：意大利》。

右图：1955 年 6 月 1 日《人民日报》第 4 版文章：《苏联和人民民主国家的儿童生活》。

———————————

* 本文系国家社会科学基金一般项目"广交会与当代中国对外开放研究"（项目号：18BDJ075）的阶段性成果。

** 欧阳湘，广东省委党校广东党建研究所副研究员，主要从事中共党史、当代中国史研究。

提　要：

第二次世界大战结束后，以苏联为首的社会主义阵营形成。通过对"《人民日报》图文数据库"的计量分析可知，冷战时期中国对属于苏联阵营的东欧国家的称谓，在国家与社会性质方面经历了"新民主国家""人民民主国家"和"社会主义阵营"三种表述；从国家关系特别是党际关系来看，曾定位于"兄弟国家"和"修正主义国家"，最后归于中性的东欧国家。通过对冷战时期中国对东欧国家称谓的演变进行历史考察和分析，可窥见当代中国历史和国际共运史发展的某些变化，并深化有关历史问题的认识。

关键词：中国　《人民日报》　苏联　东欧国家　冷战时期

第二次世界大战结束后，社会主义国家纷纷建立，形成了以苏联为首的社会主义阵营。这一阵营除苏联和中国外，还包括中东欧的民主德国、波兰、匈牙利、保加利亚、捷克斯洛伐克、罗马尼亚、阿尔巴尼亚、南斯拉夫，亚洲的蒙古、越南和朝鲜，共 13 个国家。中华人民共和国作为社会主义阵营的成员，与其他的社会主义国家关系密切。值得我们特别关注的是，中国对苏联等社会主义阵营国家，特别是东欧国家的称谓不断改变，后人在查阅史料时对这些各不相同的表述可能颇觉混乱。本文拟根据"《人民日报》图文数据库 1946—2007"（以下提到的《人民日报》均检索自该数据库，不一一注明）所刊文章中相关词汇使用频率的变化进行计量分析，从一个侧面观察冷战时期中国对苏联东欧国家称谓的历史变迁，并试图做出初步的分析。[①]

一、新民主国家、人民民主国家与社会主义阵营

从国家与社会性质来说，《人民日报》在冷战时期对苏联和东欧国家的

---

① 考虑到中国与朝鲜、越南、蒙古除政治与意识形态外，还有地缘、历史等特殊关系。至于美洲的古巴，独立较晚，冷战时期与中国联系少。故本文的考察主要集中于东欧国家，包括部分中、南欧国家，但冷战时期通称"东欧"，本文也不严格区分。所谓冷战时期，开始于 1946—1947 年，恰系《人民日报》的创刊时期。

称谓经历了"新民主国家""人民民主国家"和"社会主义阵营"等三种表述。

（一）新民主国家（中华人民共和国成立前后）

所谓"新民主国家"，是指第二次世界大战后在苏联影响下成立的新兴国家，是相对于原有资本主义的"旧"民主国家而言，但与已宣布建成"社会主义"的苏联又还有较大的差距。

据检索《人民日报》，最早称东欧国家为"新民主国家"的文章是1947年1月16日的《东欧·东南欧新民主国家日益壮大　积极进行经济复兴建设　捷克完成大工业国有　南国修复铁路》（"本报资料室"编）。同日及稍晚陆续刊登的"新民主国家介绍"包括波兰、罗马尼亚等国。值得注意的是，《人民日报》曾将意大利当作"新民主国家"进行介绍：意大利共产党、社会党等组织民族阵线，推翻了墨索里尼政权，组织联合政府，左翼在其中占了优势。意大利共产党是目前意国最有威信的政党。在历次民主运动中，意共都起着领导作用。① 后来，意大利并没有成为社会主义国家。1947年《人民日报》还刊登了《新民主国家在前进中》（6月8日）、《新民主国家发挥惊人建设力量》（6月23日）、《东南欧新民主国家经济计划顺利实施》（7月13日）、《新民主国家加强团结》（7月22日）等；反映"东南欧各新民主国家"发展情况的文章：《文化空前发达》（8月21日）、《继续发展互惠贸易》（10月5日）；关于"新民主国家加强团结"的文章：《铁托访问保加利亚　丁尼斯访罗马尼亚》（11月30日）、《波民主青年联盟开会　中国解放区青年代表亦参加》（12月24日）等。

1948年《人民日报》登载的7篇文章主要介绍东欧新民主国家的建设和土改成就，例如：《东南欧各新民主国家计划经济获伟大成就》（1月6日）、《东南欧新民主国家巩固内部大力建设》（2月22日）、《欧洲新民主国家舆论斥杜鲁门战争叫嚣》（3月28日）、《东欧新民主国家携手共进　捷保签订互助条约　波罗保与南国缔贸易协定》（4月29日）、《东欧新民主国家劳动竞赛工业生产都超过计划　捷克农户平均获土地一至五公顷》（5月24日）、《东欧各新民主国家互助合作发展生产》（6月9日）、《东欧新民主国家土改后　改良种子使用农业机器耕种面积扩大产量增加》（8月9日）等。

到中华人民共和国成立前后，《人民日报》登载的题含"新民主国家"

---

① 本报资料室：《新民主国家介绍：意大利》，《人民日报》1947年1月28日。

的文章已明显减少。1949年有3篇：《新民主国家职工会统计》（5月27日）、《苏联经济文化建设飞跃发展　人民充满信心迈向共产主义大道　东南欧新民主国家建设稳步前进》（8月16日）、《世界工代大会我代表团返国　中共北平市委开会欢迎林锵云等畅谈苏联帮助新民主国家建设的国际主义精神》（9月27日）。1950年登载了两篇：《周外长致联合国照会　京各界坚决拥护　感谢苏联及新民主国家对我支持》（1月24日）、《政务院文教委编印参考资料丛刊〈介绍苏联及新民主国家文教经验〉》（2月12日）。1952年10月17日的《苏联共产党第十九次代表大会的国际意义》是最后一篇提及"新民主国家"的文章，文中援引毛泽东1949年在《论人民民主专政》的说法："请大家想一想……假如没有各新民主国家的出现……我们能够胜利么？显然是不能的。胜利了，要巩固，也不可能。"参见表1。

表1　《人民日报》题含"新民主国家"称谓文章分年统计表（1947—1952）

年份	篇数	年份	篇数	年份	篇数
1947	12	1948	7	1949	2
1950	2	1951	0	1952	1

（二）人民民主国家（中华人民共和国成立初期）

到中华人民共和国成立前后，"人民民主国家"逐步取代"新民主国家"，成为《人民日报》对东欧国家的统称。

1. 纵向统计与观察

中华人民共和国成立前，"新民主国家"与"人民民主国家"这两种称呼有一个并存的时期。早在1948年12月28日，《人民日报》就刊登了新华社编发的《人民民主国家间的友谊与合作》。1949年，《人民日报》对"人民民主国家"的使用越来越普遍，如《人民民主国家的经济发展》（2月22日）、《人民民主国家的经济进展》（3月12日）、《苏联妇女反法西斯委员会书记谈话　东南欧人民民主国家妇女参加国家建设获辉煌成绩》（3月14日）、《东欧人民民主国家社会性质是战后无产阶级专政新形式》（苏联科学院专题研究报告，5月19日）、《美帝在巴黎建立谍报中心　阴谋反对人民民主国家》（7月11日）、《苏联与人民民主国家的经济合作》（巴罗莫夫，7月22日）、《苏联与人民民主国家的经济关系》（M.巴罗莫夫，8月24、25、26日）、《走向社会主义的人民民主国家》（尤津，9月2日）。

中华人民共和国成立后，在《人民日报》中"人民民主国家"的使用更为广泛。如《波捷等人民民主国家开始和平日大示威 号召提前完成生产计划加强和平力量》（10月3日）、《人民民主国家进一步加强友谊与合作 匈牙利朝鲜捷克波兰相继与我国建立邦交 周外长分别答复表示欢迎》（10月8日）、《苏联及人民民主国家报纸热烈关心与欢迎新中国诞生 一致拥护与我建立外交关系》（10月8日）、《全世界人民欢呼新中国诞生 整个东方从此进入了新时代 苏联及人民民主国家已与我建立邦交》（10月9日）。1950年以后，《人民日报》题含"人民民主国家"的文章进一步增多，但相关文章的数量也有起伏。参见表2。

表2 《人民日报》题含"人民民主国家"称谓文章分年统计表（1948—1961）

年份	篇数	年份	篇数	年份	篇数
1948	1	1949	20	1950	33
1951	14	1952	63	1953	40
1954	14	1955	48	1956	36
1957	12	1958	1	1959	1
1960	0	1961	2	总计	285

2. 横向统计与分析

《人民日报》中标题含"人民民主国家"的文章多为系列报道，甚至是同题文章，其出现频率与国内外形势有密切关系。1950年题含东欧"人民民主国家介绍"的三篇文章分别介绍罗马尼亚（4月19日）、波兰（4月27日）和捷克斯洛伐克（5月18日）。下面选择出现频率较高的文章进行观察。

第一，"苏联和人民民主国家的建设"的同题文章，介绍苏联和各人民民主国家各领域的建设成就。1950年代中期《人民日报》登载了32篇文章，最早的一篇出现在1955年5月31日，后陆续刊登，题为"人民民主国家的经济建设""苏联和人民民主国家的生产建设"的文章各有6篇，此外还有题为"苏联和人民民主国家的××建设""××事业"的文章，分别介绍这些国家政治、经济、文化和教育等方面成就。

第二，题为"苏联和人民民主国家的生活"的文章达62篇之多，这些文章从不同角度介绍和歌颂"苏联和人民民主国家的生活"，如《人民民主国家经济日趋繁荣 工农生活水平逐步提高》（1949年12月1日）、《苏联和欧洲人民民主国家劳动人民的幸福生活）（1953年5月1日）、《苏联和人民民主国家儿童过着幸福的物质和文化生活）（1953 年 6 月 1 日）、《在生产发展的基础上逐步提高人民的生活水平 东欧人民民主国家逐年增建新的住宅）（1954 年 2 月 25 日）、《苏联和人民民主国家的儿童生活）（1955 年 6 月 1 日）等。此外还有《国际保卫儿童大会继续听取报告 资本主义国家儿童生活状况恶化 苏联人民民主国家妇婴卫生已获显著成就》（1952 年 4 月 15 日），通过对比资本主义国家和苏联人民民主国家的生活来歌颂和宣传社会主义国家的成就。

《人民日报》刊登大量文章介绍和歌颂"苏联和各人民民主国家"的幸福、美好的生活，显示了中国人民对社会主义社会美好生活的憧憬，向苏联、东欧等社会主义国家学习的意愿。

（三）社会主义阵营（20世纪五六十年代）

到 20 世纪 50 年代中期，《人民日报》中"社会主义阵营"的提法逐渐普遍化。从"新民主国家""人民民主国家"进一步发展提升，其结果是"社会主义国家"，但《人民日报》的相关报道和文章多用于国内，不便于量化研究。"社会主义阵营"与"资本主义阵营"对立，也体现了国家与社会性质，且无歧义，便于检索。

1. 纵向统计与观察

《人民日报》报道和文章中最早题含"社会主义阵营各国"的是 1949 年 9 月 29 日登载的《匈京审讯表现人民意志 社会主义阵营强固无敌 苏匈波捷奥报纸评匈叛国案宣判》。大体上，在 1956 年社会主义改造基本完成之前，《人民日报》登载的题含"社会主义阵营"称谓的文章不多，如表 3 所示：1950 年和 1954 年，挂零；1951 年只有 1 篇，《罗马尼亚〈火花报〉评我破获美间谍案 美帝国主义破坏社会主义阵营各国后方的阴谋遭到无情打击》（8 月 24 日）；1952 和 1953 年各登载了两篇；1955 年 1 篇；1956 年仍只有 1 篇，《蒙古政府就苏联政府宣言发表声明 社会主义阵营将更加巩固》（11 月 4 日）。《人民日报》中"社会主义阵营"一词出现频率较高的年份是 1957、1958、1959 和 1960 年，四年合计达 139 篇，占 20 世纪五六十年代《人民日报》题含"社会主义阵营"称谓文章总数的三分之二以上；1961 和 1963 年也都有接近 20 篇；1965 年有 4 篇：《朝鲜和阿尔巴尼亚人民义愤填膺声讨美国侵越罪行 美帝对越南的挑衅就是对社会主义阵营的挑衅》（2 月 14 日）、《五大洲人民反美援越怒潮势不可当 越南举国同仇敌忾决心击败侵略者 越祖国战线呼吁社会主义阵营各国采取坚决反美行动》（3

月 6 日)、《朝鲜〈劳动新闻〉热烈祝贺我国人民巨大成就 中国爆炸又一颗原子弹成功 加强了社会主义阵营的威力》(5 月 17 日)、《武元甲副总理致电林彪副总理祝贺我第二次核试验成功 中国国防和科学事业连续取得大进展 加强了整个社会主义阵营的防御力量》(5 月 18 日)。《人民日报》1965 年登载的这 4 篇题含"社会主义阵营"一词的文章谈及的是与中国友好的阿尔巴尼亚、朝鲜和越南,而非东欧国家。参见表 3、表 4。

表 3 《人民日报》题含"社会主义阵营"称谓文章分年统计表 (1949—1965)

年份	篇数	年份	篇数	年份	篇数
1949	1	1950	0	1951	1
1952	2	1953	2	1954	0
1955	1	1956	1	1957	29
1958	42	1959	30	1960	38
1961	17	1962	5	1963	19
1964	5	1965	4	总计	197

2. 横向统计与分析

根据文章的关键词分类可以发现,20 世纪五六十年代《人民日报》题含"社会主义阵营"一词的文章主要有三大主题:(1) 社会主义阵营主要是诉之"团结",在总计 197 篇文章中有 77 篇,其中最早的一篇是 1957 年 2 月 1 日登载的《"真理报"评论苏捷联合宣言 社会主义阵营更加团结更加壮大和巩固》。"社会主义阵营团结"类的文章多系对其他国家的报道,也有少数提到中国,如《周总理欢宴捷政府代表团 两国总理强调加强中捷友好关系和社会主义阵营团结》(1957 年 3 月 11 日);还有的文章通过资本主义国家共产党领导人来表述"社会主义阵营的团结",如《法阿两党决定加强兄弟关系 谴责一切危害社会主义阵营团结的机会主义倾向》(1957 年 7 月 6 日)。(2) 两大阵营斗争也是题含"社会主义阵营"文章的主题。中苏关系破裂后,《人民日报》中题含"社会主义阵营"的文章多系指控美国打压社会主义阵营、苏联对美妥协、出卖社会主义阵营,以及中国与朝鲜、越南和少数东欧国家(主要是阿尔巴尼亚)的关系。(3) 经济建设和文化教育等方面内容。如表 4 所示,主题是社会主义阵营"成就""合作""建设"的文章较多,但不完全是经济文化建设;题含工业(《中越签订经济技术援助协定 我国帮助越南建设四十九个工业企业》,1959 年 2 月 19 日)、文化

（《匈中苏三国党和政府代表会谈公报 扩大政治经济文化合作和发展兄弟国家之间的联系 坚决制止削弱社会主义阵营团结和堡垒作用的企图》，1957年1月12日）和教育（《苏共中央通过关于目前宣传任务的决议 教育人民忘我劳动加强社会主义阵营》，1960年1月13日）的文章仅各一篇。经济建设和文化教育等主题的弱势话语地位说明社会主义阵营之间的合作缺乏"实惠"的内容。参见表4。

表4 《人民日报》题含"社会主义阵营"称谓文章的关键词分类统计表

关键词	篇数	关键词	篇数	关键词	篇数
社会主义阵营团结	29	社会主义阵营的团结	18	社会主义阵营+团结	32
+巩固	15	社会主义阵营+力量	25	社会主义阵营+胜利	16
祝贺	13	反对	10	支持	9
声明	12	谴责	10	侵略	14
+美国	32	+美帝	15	+阴谋	9
帝国主义	28	斗争	13	友谊	23
社会主义阵营+成就	16	经济	19	贸易	5
社会主义阵营+合作	18	建设	15	援助	7
生产	4	农业	2	工业、文化、教育	各1

二、从兄弟国家、"苏修"集团到苏联东欧国家

从国家关系特别是党际关系来看，《人民日报》对苏联与东欧国家的称谓经历了亲密关系的"兄弟国家"到敌对关系的"苏修"集团的变化，最后归于中性的苏联与东欧国家。

（一）兄弟国家（20世纪50年代末60年代初）

"兄弟国家"是对同盟或友好国家的常用称呼，包括社会主义国家和民族主义国家，结合社会性质上的判断就是"同志加兄弟"。社会主义阵营共13个兄弟国家，其中南斯拉夫比较少与其他国家一起参加活动。① 当然也有例外，如1957年的《胡志明将访问九个兄弟国家》（7月2日）一文中所列的名单没有苏联，有南斯拉夫。与兄弟国家不是同的是，"兄弟党"包括非

---

① 关于中南关系，参见肖宗志：《试论中国与南斯拉夫关系的演变及成因》，《党史研究与教学》1999年第3期。

执政的资本主义国家共产党。

1. 纵向统计与观察

在《人民日报》数据库中，题目包括"兄弟国家"一词的文章或报道共388条。其中《利比亚国王表示要修改英利两国不平等条约并坚决谴责对兄弟国家埃及的侵略》（1956年11月28日）和《索马里不断发展同阿拉伯兄弟国家的关系　决心团结一起共同保卫红海地区安全》（1977年8月9日），涉及的是阿拉伯"兄弟国家"，与中国和社会主义阵营无关。《人民日报》题含"兄弟国家"称谓的文章中涉及中国与苏联、东欧国家关系的总计386篇。从年份分布情况来看，1959、1961年超过80篇，1960年72篇。这就是说，"兄弟国家"称谓在《人民日报》中出现频率的高峰是1960年前后，即中苏论战的初期，而不是中苏关系好、社会主义国家关系融洽的20世纪50年代中前期。其中，最早出现"兄弟国家"一词的文章是《各兄弟国家报纸庆祝"七一"》（1951年7月5日），提到苏联的《消息报》《劳动报》和《共青团真理报》等，捷克斯洛伐克的《红色权利报》《人民报》《劳动报》和《自由谈报》，以及罗马尼亚的《火花报》。最晚的一篇文章是《阿尔巴尼亚报纸热烈欢迎周总理访问　阿中两国两党并肩进行崇高斗争　两国友好合作关系是兄弟国家关系的光辉典范》（1964年1月21日）。参见表5。

表5　《人民日版》题含"兄弟国家"称谓文章分年统计表（1951—1977）

年份	篇数	年份	篇数	年份	篇数
1951	1	1952	0	1953	5
1954	6	1955	7	1956	15
1957	38	1958	47	1959	85
1960	72	1961	81	1962	27
1963	1	1964	1	1977	1

2. 横向统计与观察

从《人民日报》题含"兄弟国家"称谓的同题（或部分相同）文章来观察（参见表6），其中《兄弟国家在前进》最多，共18篇，主要是各国社会主义建设成就的报道或评论。除1960年7月和12月各一篇《兄弟国家在前进》外，其余均在1961年，最多的1月份达5篇。每篇《兄弟国家在前进》介绍3—8个不等国家的社会主义建设成就。如有苏联，则列在首位。

除东道国中国不列、"修正主义国家"南斯拉夫不计外,其余 11 个社会主义国家均有宣传报道。

《兄弟国家的先进科学技术》篇也集中刊载于 1960—1961 年间,主要介绍苏联等国的先进科技,其中农业生产技术比较多,如火箭能除草、驱散冰雹、刺激牲畜生长得快、促进植物迅速生长等等。

关于兄弟国家间的支援和援助问题,主要是苏联援助其他兄弟国家的报道。受援助最多的国家是朝鲜、匈牙利,以及罗马尼亚、波兰;其他国家除接受苏联援助外,也援助其他兄弟国家。

关于"兄弟国家友好往来的报道,包括党政代表团互访、在兄弟国家的节日前后互致贺电、兄弟国家的社会主义建设成就、在外交和国际问题上统一立场、相互声援、维护社会主义阵营的团结、反对以美国为首的西方国家等等,如支持中国在台湾问题上的立场,反对美蒋勾结等。

表6 《人民日报》题含"兄弟国家"称谓文章的关键词分类统计表

关键词	篇数	年份
兄弟国家在前进	18	1960—1961
兄弟国家的先进科学技术	8	1960—1961
苏联大力帮助兄弟国家	3	1956、1957、1959
兄弟国家支援或援助朝鲜	8	1953—1956
兄弟国家人民盛大庆祝我国建国十周年	9	1959
兄弟国家热烈庆祝我国国庆	4	1958
……兄弟国家报纸……	17	1951—1960
……兄弟国家农业……	9	1959—1962
兄弟国家电贺我"八一"建军节	13	1960—1962
团结	25	1957—1961
援助	16	1953—1961
支援	8	1953—1960

(二) 修正主义国家和苏修集团 (20 世纪六七十年代)

"修正主义"是打着马克思主义旗号反对马克思主义的社会思潮和政治势力,最初被认定为修正主义国家的是南斯拉夫。例如,《从纳吉的反革命案件中看南斯拉夫修正主义》(1958 年 6 月 18 日)说:"南共领导集团也以修正主义国家的盟主自居"。赫鲁晓夫上台后大力批判苏共前领导人斯大林和"斯大林主义",并且干涉社会主义国家的内部事务,特别是公开联美反华,表现了大国沙文主义和"老子党"作风。中国共产党和中国政府鉴于苏联已背离社会主义路线,改称苏联为"现代修正主义""苏修社会帝国主义",追随苏联反华的东欧国家也就被归入"修正主义国家"集团。

《人民日报》题含"修正主义国家"称谓的文章只有一篇《保加利亚〈人民军报〉载文指出 南共修正主义国家学说谬论是帝国主义的主要思想武器》(1958年6月6日)。《人民日报》以"苏修集团"和"苏修叛徒集团"称呼以赫鲁晓夫、勃列日涅夫为首的苏共中央领导层,但注意区别对待,将苏共广大党员和苏联人民视为反"苏修集团"的力量。在20世纪六七十年代,《人民日报》登载题含"苏修集团"一词的文章146篇,最早的是《中国日本马来亚和马尔加什代表痛斥苏修集团分裂阴谋 亚非作家要高举革命红旗大反一切牛鬼蛇神 开罗分裂会议的"决议"是完全非法的、可耻的、荒唐的》(1966年6月22日),最晚的是《"泰国人民之声"电台指出 苏联人民日益不满苏修集团反动统治 阿〈人民之声报〉揭露苏联掠夺保加利亚》(1976年10月8日)。《人民日报》题含"苏修集团"称谓的其他文章142篇,内容也差不多。所谓"分裂"是指背叛世界革命、破坏亚非人民反帝事业,与共产党执政的社会主义阵营无关。

放宽检索条件可以发现,《人民日报》中"文章正文"含"修正主义集团控制的国家"用语的有两篇,但都没有列举"修正主义集团控制的国家"的具体范围。其中《"物质刺激"是资产阶级的糖弹》(1968年6月24日)批判"那些被修正主义集团控制的国家,无一例外地都是用'物质刺激'的手段来腐蚀工人阶级的革命斗志";《阿根廷〈不妥协报〉强烈谴责苏修对我进行武装挑衅 坚决支持中国人民反击侵略者 光荣的苏联工人阶级迟早要发动二次革命把苏修叛徒清除出克里姆林宫》(1969年6月26日)则指责苏联用"新殖民主义的方法剥削那些由修正主义集团控制的国家"。但都没有列举"修正主义集团控制的国家"的具体范围。

《人民日报》中正文项含"东欧修正主义"称谓的文章有7篇,最早的《看,苏修集团拜倒在美帝脚下的奴才相! 莫斯科举办展览会大肆宣扬美苏合作,贩卖美国"生活方式" 苏修头目柯西金等到场吹捧,广大苏联人民表示十分愤慨》(1967年6月3日)谈及苏联和一些东欧修正主义领导集团的有关组织参展活动。《苏修叛徒集团内外交困,走投无路 悍然出兵占领捷克斯洛伐克》（1968 年 8 月 23 日）则说，苏修叛徒集团纠集波兰、东德、匈牙利和保加利亚的修正主义集团，侵入捷克斯洛伐克；"捷修集团"采取"不抵抗"政策。苏、东关系是苏修把东欧国家变为他们的附庸国和殖民地，东欧的修正主义集团则极力想摆脱苏修的控制。最晚的《在阿尔巴尼亚劳动党第六次代表大会上霍查同志作的关于党中央委员会工作报告》写到，在苏联修正主义者的背叛和资产阶级的反共宣传所造成的形势下，南斯拉夫的"自治体系"被当作建设社会主义的最佳途径，在东欧修正主义国家中也有其同情者。

应当指出，中国出于团结社会主义阵营的考虑，对东欧国家实行以争取缓和为主的政策，或者说确立分化修正主义集团、集中一切力量孤立和打击苏修的对东欧方针，分化属于苏联势力范围的罗、德、波、捷、匈、保等东欧六国。[①] 因此，《人民日报》也较少使用"修正主义国家集团"一词指称东欧国家。不过，在内部场合有将苏联及追随其反华的东欧国家归入"苏联、东欧修正主义集团"或"苏联及修正主义集团控制的东欧国家"的情况。下面以广交会和外贸方面的档案史料作印证和补充。

据广东外贸局报告，"修正主义集团控制的国家"插足香港和东南亚市场，其统计口径明确将"阿尔巴尼亚除外"，被点名的有苏联、捷克、民主德国、匈牙利、保加利亚等国家，主要活动包括：波兰驻广州领事到香港进行贸易活动，捷克以商人名义在香港派驻代表，波兰设立办事处，苏联派来商务代表。[②]外贸部决定进行针锋相对的斗争，并视其对华态度区别对待，"分化它们"。对罗马尼亚，在贸易协议外进行了较多的补充贸易。对波兰，在贸易上适当争取。对苏、蒙、匈、保、捷、德六国，有区别地进行针锋相对的斗争。在东欧几个国家中，1962 年捷克表现最坏，1963 年民主德国表现最坏。中国分别采取"冷"和"拖"的办法，有意将对它们贸易议定书的签字拖到最后。[③]广东外贸局 1964 年的报告认为，"以苏联为首的修正主义集团"纠合印度商人，对我国出口商品进行捣乱。关于修正主义集团的活动

① 参见李丹慧：《关于 1960 年代中国与东欧五国关系的若干问题——来自中国档案文献的新证据》，《俄罗斯研究》2011 年第 4 期；《分朋引类：中国分化苏联东欧集团再探讨（1964—1965），《冷战国际史研究》第 22 辑，2016 年冬季号。

② 广东省外贸局：《修正主义集团控制的国家在香港及东南亚市场的贸易活动情况》（1963 年 9 月 29 日），广东省档案馆：324-2-48。

③ 中国社会科学院、中央档案馆编：《1958-1965 中华人民共和国经济档案资料选编》（对外贸易卷），北京：中国财政经济出版社 2011 年版，第 148 页。

情况，除泛指的"苏、东欧修正主义集团"外，还具体列举了苏、罗、匈、波、捷等国的活动，提到了南斯拉夫。[①]

由此可见，"修正主义国家集团"大致包括除阿尔巴尼亚之外的几乎所有东欧国家。

（三）苏联东欧国家（20世纪70年代后期以来）

从20世纪70年代中期开始，《人民日报》对苏联、东欧（社会主义）国家的报道摆脱了过于"亲密"或"敌对"的感情色彩，回归苏联、东欧国家原本的中性称谓。

1979年前，《人民日报》总计登载了52篇题含"东欧国家"称谓的文章，阶段性较为明显，又可细分小的阶段。早在1949年9月6日，《人民日报》刊文《苏联与东欧国家间的经济互助委员会》，指出该会为人民民主国家间及他们与苏联之间经济合作发展中的巨大前进提供了明证，也使合作升到更高的水平。"东欧国家"的称谓早就在《人民日报》上出现，只是没有成为主流，前述"人民民主国家""兄弟国家""社会主义阵营"和"修正主义国家"的表述中也常有兼用"东欧国家"称谓的情况。20世纪50年代，《人民日报》中题含"东欧国家"称谓的文章体现了社会主义阵营的团结和两大阵营的对抗。在联合国安理会选举中，美国要使菲律宾强占东欧国家席位；美国还制造所谓"东欧国家问题"，在东欧国家中扶植反政府势力，意图将东欧国家纳入其"大西洋公约"体系。20世纪60年代中后期，随着中苏关系破裂，东欧国家在中苏之间选边站，多数（阿尔巴尼亚除外）加入亲苏反华行列。中国与东欧国家的关系也随之冷淡。《人民日报》主要关注东欧国家人民的反苏、反修倾向，例如《光荣属于毛泽东！东欧国家人民纷纷表达对毛主席的无限敬仰》（1966年10月21日）。关于这些国家人民敬仰毛泽东的类似文章还有数篇，这些文章有"文革"的极左色彩。20世纪70年代，揭露苏联与东欧国家的矛盾成为《人民日报》报道的重点（参见表7），最早的是《新沙皇在东欧横行霸道 苏修极力推行社会帝国主义政策，利用华沙条约组织和"经互会" 对一些东欧国家进行控制、掠夺和侵略，妄图建立沙皇式的殖民帝国》（1969年3月5日）。最晚的《东欧五国经济发展出现明显缓慢的原因何在？苏联提高对东欧国家出口石油价格并扬言要冻结石油供应》（1979年5月10日）的发表时间已是中国共产党十一届

---

① 广东省外贸局：《苏修集团在各地对我省出口商品捣乱情况》（1964年2月4日），广东省档案馆：302-1-223。

三中全会之后，文章兼具客观分析与揭露矛盾的双重意味，具有过渡性质。

表7 《人民日报》揭露苏联、东欧矛盾的文章一览表

来源	主题	时间
新华社讯	新沙皇在东欧横行霸道	1969 年 3 月 5 日
挪威《阶级斗争》报	苏修通过"经互会"剥削东欧国家	1974 年 4 月 10 日
芬兰马列主义小组机关刊	苏修掠夺东欧国家和发展中国家	1974 年 5 月 22 日
瑞典《火炬》杂志	苏联利用"经互会"控制剥削东欧国家	1974 年 7 月 9 日
意共《新团结报》	苏联社会帝国主义残酷掠夺东欧国家	1974 年 11 月 5 日
新华社讯	苏修对东欧各国加强盘剥转嫁经济困难	1975 年 3 月 16 日
新华社讯	苏修竭力利用原燃料供应加紧压榨东欧国家	1975 年 3 月 20 日
阿尔巴尼亚《团结报》	苏联社会帝国主义对东欧国家进行文化侵略	1975 年 3 月 28 日
无	苏修通过"经互会"控制和压榨东欧国家	1975 年 9 月 12 日
阿尔巴尼亚通讯社	苏修加紧掠夺东欧国家	1976 年 2 月 9 日
阿尔巴尼亚《人民之声报》	苏修剥削和奴役东欧国家	1976 年 3 月 3 日
阿尔巴尼亚《人民之声报》	新沙皇力图全面控制东欧国家	1976 年 4 月 23 日
新华社讯	苏联加紧在军事上控制东欧国家	1976 年 9 月 17 日
新华社讯	苏联在"一体化"幌子下加紧剥削东欧国家	1976 年 9 月 19 日
西德共产主义联盟理论刊物	苏联利用"经互会"掠夺东欧国家	1976 年 9 月 24 日
阿尔巴尼亚《团结报》	苏修以"共同建设"为名剥削掠夺东欧国家	1976 年 11 月 2 日
阿尔巴尼亚《人民之声报》	苏联掠夺东欧国家的胃口愈来愈大	1976 年 12 月 5 日
新华社讯	苏联和东欧国家外债迅速增长	1977 年 1 月 14 日
奥地利《新闻报》	苏联通过不平等贸易剥削东欧国家	1977 年 1 月 24 日
路透社	苏联再次抬高对东欧石油出口价格	1977 年 1 月 24 日

来源	主题	时间
英国《阶级斗争》月刊	苏联加紧掠夺东欧国家	1977 年 2 月 21 日
阿尔巴尼亚报纸	苏联利用经互会剥削和控制东欧国家	1977 年 3 月 19 日
新华社讯	苏联同东欧国家之间控制与反控制斗争	1977 年 6 月 6 日
新华社讯	东欧国家重视发展本国动力工业	1977 年 10 月 20 日
新华社讯	东欧国家利用本国能源减少依赖进口	1977 年 12 月 10 日
西德《每周报告》	苏联抬高出口价格捞东欧国家一把	1978 年 7 月 1 日
新华社讯	东欧五国经济发展缓慢原因何在？苏联提高对东欧国家出口石油价格并扬言冻结供应	1979 年 5 月 10 日

中国改革开放后，20 世纪最后 20 年《人民日报》发表的题含“东欧国家”称谓的文章报道计 60 篇，其重点内容大致有如下五个方面。

一是将苏联、东欧国家当作一个整体，或显示其共同面对的经济、政治与社会问题和困难，包括经互会、华沙条约组织的活动与改革、各国的经济状况与改革进程等，以及苏联东欧作为一个整体参与国际与地区事务。此类文章、报道共 12 篇，截止于 1990 年“苏东剧变”之前。二是东欧国家与苏联以外的国家发展关系，主要与西方国家发展关系，总计 11 篇，包括东欧国家加入欧盟和北大西洋公约组织、美国和西方国家的援助等问题，主要发表于 20 世纪 80 年代末 90 年代前期。三是中国与苏联、东欧国家关系，共 14 篇，分布在 20 世纪 80 年代中期至 90 年代中期，主题是“中国充分尊重东欧国家的内外政策、自主选择的社会制度和发展道路”“中国愿同东欧国家发展长期稳定友好合作关系、就双方感兴趣的地区和国际问题广泛交换意见”。其中最早的一篇是《李鹏在国家经委等三个单位召开的工作会议上说 中国将发展与东欧国家经济技术合作》（1985 年 10 月 20 日）。四是苏联与东欧国家关系，有 5 篇相关文章，如《苏报载文表示要学习东欧国家经验》（1983 年 4 月 2 日）、东欧国家就苏联某项外交政策表态（主要是支持）、苏联关心东欧领导受政治迫害等。五是东欧国家整体或部分国家的情况，总计 17 篇，如《东欧国家面临能源困难》（1979 年 8 月 6 日）、东欧国家的动荡和政权更替、东欧国家面临的失业与贫困问题、东欧国家经济改革及其成效、东欧国家在地区和国际问题上的立场等。相关文章发表的时间跨度主要是 20 世纪 80 年代中期到 90 年代中前期。冷战结束后，《人民日报》较少沿用"东欧国家"称谓，而采用"中东欧国家"的概念。含"中东欧国家"称谓的文章报道数量较多，中欧地区的奥地利等资本主义国家位列其中。参见表 8。

表 8　《人民日报》题含"中东欧国家"称谓文章分年统计表（2000 年以前）

年份	篇数	年份	篇数	年份	篇数
1949	1	1955	1	1956	6
1957	2	1958	1	1962	1
1963	2	1964	4	1966	3
1967	1	1968	2	1969	1
1974	4	1975	5	1976	8
1977	8	1978	1	1979	2
1980	2	1981	5	1982	1
1983	1	1984	1	1985	4
1986	4	1987	5	1992	5
1993	2	1988	3	1989	2
1990	12	1991	6	1994	4
1995	1	1996	1	2000	112

三、对东欧国家称谓演变的历史分析与思考

在外交上赋予某些国家特定的称谓，反映了国家间友好合作的程度以及双方共同利益的多寡。从外交关系的称谓可见两国关系稳定程度、信任程度和合作领域的不同，以及两国在国际事务中结盟的可能性。[①]冷战时期中国对东欧国家称谓的演变反映的国家利益与立场更为复杂。

（一）国际关系与中国外交政策之沿革

中苏关系的发展演变对中国的发展与国际格局有着极其深刻的影响。中华人民共和国成立后，中共与苏共两党、中苏两国经历了大约 10 年的友好

---

① 参见管清友：《从国家间关系的称谓看国家间合作程度》，《社会观察》2005 年第 3 期。

合作时期。从 20 世纪 50 年代末开始,两党在国际共运、社会主义国家的相互关系等原则问题上出现严重分歧,中苏论战引发矛盾全面激化。到 60 年代,中苏两党关系中断、两国发生武装冲突。1978 年以后,中国开始改革开放,苏联随后也调整对外政策,80 年代中苏两国实现"不结盟、不对抗、不针对第三国"的关系正常化。

中国与东欧国家关系直接受制于中苏关系的冷暖起伏,但又有自己的特点。《人民日报》对东欧国家称谓的演变反映了中苏、中国与东欧国家关系以及社会主义阵营兴衰、分合的轨迹。社会主义阵营与以美国为首的资本主义阵营之间的对峙与妥协是冷战时期的主要内容。南斯拉夫虽系社会主义国家,但因为和苏联有矛盾,早就被逐出社会主义阵营。20 世纪 60 年代,由于中苏论战,社会主义阵营实际上不复存在。至 1990 年前后苏联解体、东欧剧变,社会主义阵营宣告瓦解。

《人民日报》对东欧国家称谓的演变也反映了中国探索社会主义道路的基本轨迹。中华人民共和国成立之初,中国在苏联援助下,学习苏联经验,开始进行社会主义革命与建设。20 世纪 50 年代中期,中国开始反思苏联模式,探索适合中国国情的社会主义道路,但由于党在指导方针上出现严重失误,最终发生"文革"那样全局性、长时间的严重错误。从 1978 年中国共产党十一届三中全会开始,中国全面纠正"左倾"错误,实行改革开放政策,对时代主题的判断也从"战争与革命"转向"和平与发展"。比对改革开放前后《人民日报》对苏联、东欧国家报道重点之异同,可以清楚地观察到这种转换。

(二) 舶来话语与中国制度的同步观照

中国对东欧国家称谓的演变有外国"源头"。一是称谓的表述来源于海外。本文提到的两组称谓均系"舶来品",包括苏联等国的官方宣传和西方学者的评论观点,有的文章还对相关称谓进行考证,追溯其海外渊源。两组称谓的改变几乎与外国评论的变化同步。二是报道和评论编译自海外。《人民日报》关于苏联、东欧国家的报道和评论多系原汁原味直接引述外方观点,有的甚至是苏联官员或其他外国学者的署名文章,即使是体现中方政策取向的材料也均"有所本"。如表 7 所示,"文革"期间揭露苏联与东欧国家的控制与反控制、苏联东欧国家人民反抗"苏修"的材料多译自外国新闻与评论,或根据外电编辑而成,其来源也包括资本主义国家的左派媒体。

对东欧国家称谓的表述及其演变,特别是关于国家性质的"新民主国家""人民民主国家"和"社会主义国家"的称谓,有明显的递进关系,几乎与中国共产党的建国目标和中华人民共和国的国家、社会性质的演变同步发展。例如,"新民主国家"是相对于旧民主国家而言,其差异几乎等同于新民主主义革命之于旧民主革命。从实践看,第二次世界大战胜利后,新民主主义或"新民主国家"政权成为中国共产党的建国目标。在《人民日报》中,东欧国家恰系"新民主国家"。1949 年中华人民共和国成立,明确人民民主专政的国家性质。与此相应,在《人民日报》的报道和评论中,"人民民主国家"也取代"新民主国家"。到 20 世纪 50 年代中期,"社会主义阵营"称谓在《人民日报》中的普遍使用也与"三大改造"基本完成和社会主义制度建立同步。

总之,《人民日报》是中共中央机关报,很大程度上反映了中国内政外交的基本思路,中国政府的对外文件多通过《人民日报》公之于众(特别是在改革开放前)。当然,官方的"表达与实践"之间可能存在一定落差,媒体的报道也不可能完全反映高层决策的内幕;同时,由于受制于样本选择的主观性,通过文章标题的检索难免有以偏概全的局限。①但通过对冷战时期中国对东欧国家称谓及其变化的历史考察和计量分析,可从一个侧面观察中国外交政策与国际关系变化的原因、背景及相互关联,并进行动态分析,进而可佐证某些历史问题,甚或启发一些思考。

---

① 参见张颖、潘敬国:《中外关系对建国初期新中国外交方针变化的计量分析——以〈人民日报〉为样本》,《国际论坛》2013 年第 2 期。

建交前后美中关系亲历记
——美国资深外交官、前驻华大使芮效俭访谈录（一）

刘磊访谈并整理

刘磊教授与受访者美国第五任驻华大使、顶级智库伍德罗·威尔逊国际学者中心基辛格中国与美国研究所首任所长、著名中国问题专家芮效俭的合影。

【采访者按语】芮效俭（J. Stapleton Roy）先生于1935年出生于中国南京，其父当时为美国传教士、金陵大学教师。此后芮效俭一直在中国生活和学习，辗转南京、重庆、上海等地，1950年7月最终回到美国，先后就读于宾夕法尼亚大学和普林斯顿大学，1956年毕业后入职美国国务院下属的情报分析部门，最初担任情报分析员。此后又赴台北进修中文一年，1959年前往美国驻香港总领事馆工作，1962年调往台北，任美国驻"中华民国"大使馆政务官。1965年，芮效俭被派往联邦德国学习俄文，学成后前往莫斯科，任美国驻苏使馆二等秘书。1972年，调回美国任国务院欧洲事务司副处长，1974年又去国家战争学院进修一年，1975年回到国务院任远东司中蒙处副处长。1978年上半年被派往北京，任美国驻华联络处副主任，协助联络处主任伍德科克（Leonard F. Woodcock）全程参与美中建交谈判。1979年中美建交后，转任美国驻华使馆副馆长。1981年调任泰国，1984年升任驻新加坡大使。1986年调回国务院任副助理国务卿。1991年，被老布什总统任命为驻华大使，到1995年又被调任驻印度尼西亚大使。1999年回国，升任国务院负责情报分析事务的助理国务卿。2001年退休后进入基辛格事务所工作。2008年，进入美国顶级智库之一的伍德罗·威尔逊国际学者中心，创建该中心的基辛格中国与美国研究所并任首任所长，目前依然在威尔逊中心担任资深研究员，从事东亚事务及美中关系研究。

芮效俭长期在美国外交一线工作，掌握多种语言，具备情报分析和外交实务的丰富经验和全面能力，曾给舒尔茨和贝克两位国务卿做过特别助理，为里根总统接见外国领导人撰写谈话要点，对当代美国外交政策包括美中关系也持有理性、客观、务实而专业的看法，从自己的视角关心和维护美国利益。本次访谈先着重回顾一段美中关系发展的关键历程，从历史亲历者的眼中观察美中关系的过往，有助于认识当下的形势。

时间：美国东部时间2019年5月23日上午10点到11点半。

地点：美国首都华盛顿宾夕法尼亚大道1300号，伍德罗·威尔逊国际学者中心芮效俭办公室。

受访人：芮效俭。

采访人与记录人：刘磊，中国海洋大学国际事务与公共管理学院副教授、威尔逊中心富布赖特访问学者。

一、美中建交前的访华经历与观察

（1976 年 4 月—1978 年 4 月）

访谈开始，芮效俭大使首先饶有兴趣地回忆了自己于 1956 年加入国务院工作到 1976 年首次以美国外交官身份访问中国之前的经历（具体内容参见采访者按语的介绍），然后开始重点讲述自己以外交官身份再次来到中国的早期经历。自 1950 年离开中国以后，到 1976 年 4 月，他以国务院外交事务代表的身份陪同美国议员访华代表团首次访问中国。据其介绍，美中建交之前，为促进双方相互了解，在 1973 年美中互设联络处之后，双方还达成协议，每年互派一个一定级别的官方代表团访问对方。自 1973 到 1978 年，美国每年派一个联邦国会议员为主的代表团（有的时候是参议员团，有的时候是众议员团，里面加入少数职业外交官）访问中国。芮效俭连续参与了1976、1977、1978 年三次议员访华团活动。

1976 年 4 月，美国议员访华团访问中国时，与中国政府及解放军官员进行了交谈，有两个细节给芮先生留下深刻印象。他们会见的最高政府官员是时任国务院副总理张春桥，当时纪念周恩来总理的"四五运动"刚结束没多久，张春桥还向美国代表信誓旦旦地表示"中国的局势一切都在掌控之中"。在与解放军代表会谈时，美方问及"军备控制"的问题，中国军方领导人的反应竟然是没有听说"军控"这个概念。美方再问及，如果你们的核导弹意外发射，你们有什么应对办法吗？中国军方的回应是，"我们不会意外地发射核导弹"。芮效俭笑着解释说，"他们当时没有正确地理解我们的问题；他们没有理解军备控制的话语"。一般来说，万一某核国家核导弹发生意外发射的情况，会紧急通知另外一国或多国，及时沟通和解释，避免误判（美苏之间是有类似机制的）。关于军控的议题，他认为，直到美中建交之后，中国才开始了解和学习这一问题，美中之间开始在军事领域建立日常联系。

在 1976 年 4 月的这次访问中，美国访问团还参观了一些学校，还有小学生给他们唱歌，歌词里唱的是"邓小平是地地道道的走资派"，当时"四人帮"还在掌权，邓小平是"坏人"。后来在 1977 年 4 月和 1978 年 4 月，芮效俭又接连随团访华。他回忆道，1977 年那次有 12 位参议员组团访华。这次的访问，政治氛围有了很大不同。1977 年这次访问时，华国锋在掌权，"四人帮"变成了"坏人"。1978 年再访问的时候，邓小平又恢复了权力，变成了"好人"。因此这三年中的每一年，中国的政治路线都是完全不一样的。

二、参与美中建交谈判的经历与观察

（1978 年 6 月 12 日）

1978 年 6 月，芮效俭被调任美国驻北京联络处副主任，成为伍德科克主任的主要副手，开始参与美中建交谈判。关于这一问题，芮效俭首先谈及1977 年夏天，卡特（Jimmy Carter）政府国务卿万斯（Cyrus R. Vance）访问北京，其主要目的是探查美中建交后，美国与台湾建立半官方联系的可能性——一种低于大使级、类似领事级的关系。芮效俭本人没有参加这次访问，但支持这一要求，并参与撰写为万斯访问准备的文件。① 芮大使进一步提到，到 1978 年 5 月，卡特总统国家安全事务助理布热津斯基（Zbigniew Brzezinski）访华，才推动开启了美中建交谈判。美中之间秘密进行的建交谈判是从 7 月 5 号开始的，美方的首席谈判代表是伍德科克，中方则是外长黄华。

谈及谈判的主要问题，芮大使讲到，谈判开始之初，卡特政府已经决定接受中方之前提出的美国与台湾"断交、废约、撤军"三项基本条件。但美方也要保持和发展与台湾的非官方关系。美方把美台经济关系与安全关系，包括军售问题分开来讨论。第一次会谈时，美方只阐述一个问题，希望一个一个问题来讨论。他们期待中方能就美方阐述的每一个问题给予一对一的答复。中方予以拒绝，相反要求美方一并提出所有问题的具体立场，然后中方再予以答复。此后，美中谈判代表团每个月见面会谈一次。从 7 月、8 月、9月直到 10 月，先进行了四次。美方完成了所有问题立场的阐述，11 月将进行下一次会谈，按期待的议程应该在此次会谈中得到中方的回复。然而，在这次会谈之前，美方得到通知，黄华生病了。黄华不会出席这次会谈，将由副外长韩念龙作为中方首席代表来与美方会谈。美方对此产生了疑惑，不知如何理解这一情况。因为美方并未收到中方回复，相反由副外长代替外长来谈，在他们看来这是降低谈判级别的行为，美方十分失望。他们无法确定黄华是真的生病了，还是这是中方的一种外交表态。

---

① 这一要求被中国政府拒绝，万斯访问并不成功。

芮效俭接着讲述到，在与华盛顿汇报和交流后，美方代表团决定继续进行谈判。经过这一插曲，11 月的会谈被拖延到了 12 月初，但会谈还是在 12 月 4 日进行了。这次会谈中，美方首次受到了中方的回复。他们认为中方的回复"基本上是积极的"，这是一个好现象，接下来要敲定一些细节。会谈结束之时，韩念龙告知美方，邓小平很快将亲自接见他们，但没有当即给出具体时间。美方就只能等待中方关于邓小平接见的通知。关于等待这一通知的过程，芮效俭讲述了自己生活相关的一个小细节。联络处的多数职员并不知道伍德科克主任等少数高级官员在进行这次秘密谈判，芮效俭的妻子也不知道。按计划芮效俭要与妻子在 12 月中旬前往中国南方旅行。伍德科克不希望芮效俭这个时候离开，因为邓小平随时可能会见他们。芮效俭只能向妻子解释工作太忙，这次无法出行。

最终在 12 月 12—15 号，伍德科克一行与邓小平进行了几次会面。第一次会面，接着韩念龙那次会谈的进程，敲定了多数细节，美方还先提供了建交公报草稿。第二次会面，中方提出了建交公报的修改意见，希望发表一个类似《上海公报》的长篇公报，而美方则希望简短一些。邓小平还坚持继续加入《上海公报》中对霸权主义的表述。关于结束"美台共同防御条约"的问题，美方希望按照"条约"本身的规定来终结，任何一方希望退出"条约"，需要提前一年告知另一方，因此需要再过一年才能正式废约。邓小平接受了这一点，但提出"要求美国终止向台湾出售武器"的要求。美方根据华盛顿的指示表示，美中建交后一年以内，美国不会向台湾出售武器。但美方的意思是一年以后还会继续向台湾出售武器。在向中方解释这一问题的时候出现了困难和误解。邓小平当时对美方的表态表示了接受和认可。但会后，美方无法确定邓小平是否完全理解了美国的意思，因此华盛顿指示代表团回去再向邓小平确认美国的意思。邓小平听明白美方的进一步解释后，非常失望和不愉快，表示无法接受。关于这一问题，伍德科克明确向邓小平表示，目前这一问题是无法解决的，但建交之后再继续处理这一问题，要比没有外交关系的情况下来谈更有利些。邓小平赞同了伍德科克的这一看法。最终结局是，美中是在没有解决美台军售问题的背景下，先达成了建交协议，并最终实现建交。

不过在如何处理这一问题的表述方面，双方继续出现分歧。邓小平希望美国不要公开提及将继续向台湾出售武器的话题，但卡特不能接受邓小平的这一提议，因为卡特政府终结与台湾的共同防御条约并撤出军队已经遭受国内不少批评，断不能结束对台军售。邓小平后来表示，如果美国公开表示继续向台湾出售武器，中方也将公开声明反对美国的这一做法。后来双方只得同意就这一问题各自做出相应声明。

关于交换建交协议文本的时间，定在 12 月 15 日，那是北京周六的早上，华盛顿周五的晚上。华盛顿发来指示的时候是华盛顿 14 日的上午，北京 14 日的夜里。芮效俭第一时间在住所收到指示，当即骑自行车（笑谈：联络处司机晚上不工作）赶到联络处办公室，叫醒伍德科克（在建立大使馆之前，美国联络处主任住所兼作联络处办公室，规模很小，其他职员都住酒店）传达信息，二人确认后，芮效俭然后又骑自行车赶到中国外交部，递交文件，最后回到住所已经是凌晨四点钟。芮效俭告诉刚被吵醒的妻子说，再过四五个小时，就要宣布建交了。[①]

三、谈建交前后美中交往相关的其他几个外交与内政问题

1979 年 1 月 1 日，美中建交之后，就接着在当月发生了邓小平对美国的历史性访问这一重大事件。关于这一事件，芮效俭介绍了一些背景。他指出，这是一个转折时期，当时华国锋依然是党的最高领导人兼中国总理，但邓小平则掌握真正的权力。他接着谈到在当时观察到的一些迹象。当邓小平第一次接见美国谈判代表团时，陪同的有黄华、唐闻生、王海容以及翻译施燕华。邓小平第二次会见时，就不再有唐闻生和王海容了，换成了韩念龙与章文晋，这两位与邓小平的关系都很好。芮效俭认为这是一个政治信号，唐闻生与王海容都是左派人物的代表，而韩念龙与章文晋都只是职业外交官，没有明显的政治属性。

关于中国高级领导人访美的问题，在谈判的最后即达成建交协议之后，美方首先提议在建交后请中国派遣高级领导人访问美国。美方的真实意图就是邀请邓小平本人访美，但他们不方便明说。恰恰他们是在跟邓小平会谈的时候提出这一邀请，邓小平代表中方答应了，实际上就是他自己答应前往。而这正符合美国的意愿，因为他们早已认定邓小平才是最高决策人。芮效俭提到，早在 1978 年秋天的时候，美方外交人员就在北京街头通过大字报的

---

① 历史上的 1978 年 12 月 15 日（北京时间），中美双方分别发表公报，宣布两国将于 1979 年 1 月 1 日正式建立大使级外交关系。

主题观察出中共高层主要是邓小平与华国锋之间存在政治斗争，关于走什么路线的问题，包括最终导致启动中国改革开放的中共十一届三中全会召开的一些迹象。

此外，关于1979年4月的"与台湾关系法"的问题，芮效俭表示，在谈判的过程中，美方就已告知邓小平与黄华，美国将必须采取一些法律措施来保证美国与台湾的非官方关系。而关于具体的法律措施，美方并不打算与中方讨论，因为他们认为这是美国国内法律问题，美方也不会告诉中方，他们将决定具体怎么做。至于国会对美中建交的看法，早在谈判之初，卡特政府只向参众两院两党的少数高层领袖透露过美中正在进行建交谈判，并准备接受中国"断交、废约、撤军"三个条件，同时对其他绝大多数议员保密，因为他们预料会遭受不少（亲台）议员的批评，这样卡特政府将失去谈判的国内政治基础。所以说，国会多数并不知情。"与台湾关系法"是在建交公报宣布以后，国会才开始准备的。

芮效俭特别提到，美中建交谈判除了在国内保密，卡特政府还特别向亚洲盟友日本保密，因为他们认为日本无法保守秘密，根据日本的政治习惯，如果提前秘密通知日本首相，日本首相无法保证自己不向自己的内阁成员透露消息，如果这样，随后全世界都会知道了。此外，卡特政府对台湾当局更加保密，直到最后一刻才通知他们。因为台湾在美国国会议员中有很大影响力。关于美日台关系，芮效俭指出，日本当年对基辛格秘密访华敲定尼克松访华而未知会自己十分沮丧和失望。最终促使日本在尼克松访华之后，先于美国同中国恢复邦交。但日本并不愿意看到美国与中国建交、与台湾"断交"，因为他们还寄希望于继续依靠美国与台湾的"外交关系"来保护日本在台湾的诸多利益。因此，卡特政府要极力避免日本破坏美中建交谈判，对日本严格保密。

建交后的另一个具体问题是美国驻华联络处升级为大使馆，原来的办公室不足以服务于大使馆的地位与工作需要，美国政府需要重新选址。原来联络处人员30多人，建交后人员肯定要增加。美国先选用了以前波兰的一个领事馆馆舍，后来又找了以前巴基斯坦用过的使馆馆舍，加上前联络处办公室，一共三处房产共同组成使馆，联络处办公室后来成为单独的大使官邸。在过渡期间，幸运的职员可以住到北京饭店，其他的只能住前门饭店，直到中国政府提供了外国外交人员公寓。

根据美国政府惯例，驻外使领馆都由美国海军陆战队保护。在建交前的联络处时期，是由国务院警卫人员来保护联络处。关于美国驻华使馆的内部保卫问题，美国经过艰难交涉，获得中国同意派遣海军陆战队来保卫美国使馆，具体规定是在使馆内部区域，美国海军陆战队队员可以穿制服并携带武器，但在使馆之外不得穿制服或携带武器。此处，芮效俭还讲了一个小故事，当年海军陆战队队员在住所组织聚会，声音过于吵闹，曾导致中国政府一度要求美国撤回海军陆战队队员。

接着，在被问及卡特政府决定与中国建交的原因的问题时，芮效俭回忆指出，这主要是应对苏联威胁的考虑，如果没有与中国建立外交关系，美国难以利用与中国的关系来应对苏联。当时没有苏联问题，美中建交难以实现。这是1971—1972年美中关系取得突破的延续。特别是1973年越南战争结束后，大多数东亚国家开始与中国建交，尚未建交的美国成为孤立的一方。对美国来说，最为困难的是台湾问题，没有任何一个国家如同美国一样与台湾有着如此特别的关系。他曾经在台湾见证法国与中国建交的历史，当时法国耍了一个手段。法国并没有与台湾"断交"，但与中国建交了，而蒋介石政权是不能容忍在北京有大使馆的国家在台北也有"大使馆"，实际上迫使台湾当局被迫与法国"断交"。而到70年代的美国尼克松（Richard M. Nixon）、福特（Gerald Ford）与卡特政府都理解这一点，美国不能继续孤立于中国的外交关系之外。

关于卡特总统的表现，芮效俭给出了自己独特的评价，他认为卡特很好地处理了与中国的关系。当时国务院给卡特提供了三个选择建议，其中第一个政治上最难，那就是接受中国三个条件，建立完全的外交关系；其他较低层次的选择不是完全的外交关系，只是不同程度升级一下联络处地位。卡特展现了政治勇气，选择了完全的外交关系。如果不是卡特完成了这一决策，无法确定接下来的里根是否有勇气这么做，因为里根曾宣称要恢复与台湾的官方关系。因此，卡特在上任的前两年里就实现了美中建交的政治目标，取得很好的成果。芮效俭提到，卡特被美国人认为是历史上最失败的总统之一，但他认为这种说法是不准确的。芮效俭强调，卡特在任期的前两年就取得三大成就：第一是与中国建交；第二，促成《巴拿马运河条约》，将运河交还巴拿马；第三，成功调停埃及和以色列的关系，在戴维营实现埃以和平。

至于卡特为何连任失败，芮效俭认为，首先，卡特与国会的关系很糟糕，国内政治搞得不好。再一个原因就是拯救伊朗美国人质的行动失败。而里根当时准确回应了美国民众的国内需求。芮效俭笑谈，里根上任后，展现了惊人的记忆力。芮效俭作为国务院专业官员曾参与给里根撰写接见外国客人的谈话要点，他能不看笔记，准确地原话复述，因为他以前是电影演员，善于记台词（大笑）。最后，芮效俭就当下特朗普政府的对华政策、美中关系谈了一些温和理性的看法。

芮老先生目前已经 84 岁高龄了，虽然早已从政府退休，但依然在从事智库研究工作，身体结实、精神矍铄、和蔼可亲、思路清晰、十分健谈。曾不止一次热情回应我的采访请求，就美中关系的历史与现状，分享他的历史记忆与现实观察及思考。我们曾开玩笑般地约定，如果他以后撰写回忆录，就由我来翻译成中文。在此，作为采访者，我诚挚感谢芮老先生接受访谈，并祝愿他健康长寿，生活愉快，并继续关注美中关系，研究工作更有成效。

非洲丛林中的新使命

——马法贤老人访谈录（十五）

李丹慧、周娜访谈并整理

病中的马法贤老人与夫人张素兰老师在读《冷战国际史研究》
杂志刊登的《非洲丛林中的新使命——马法贤老人访谈录》。

受访者：马法贤，山东省寿光县（今寿光市）人，1926 年 5 月出生，1940 年 3 月参加八路军，1978 年 5 月离休，2019 年 2 月去世。离休前为南京军区上海警备区守备二师副师长。

采访人：华东师范大学冷战国际史研究中心研究人员李丹慧、周娜。

时　间：2015 年 8 月 9 日。

地　点：上海市上海警备区第五干休所马老家中。

赞军第十七步兵团（营）进攻实兵战术演习训练实施暨见闻（一）
（1974 年 8—10 月）

中国军事专家组按时进入战术演习营地准备进行教学

按照赞军陆军总部正式通知，步兵团（营）进攻实兵战术演习的训练工作 8 月 19 日正式开始。

中国军事专家组于 8 月 18 日上午 9 点由卢萨卡木龙古稀生活住处出发，上午 10 时顺利进入步兵团（营）进攻实兵战术演习场地内的生活区。刚刚下车，看到一群赞军士兵在赞军上尉龙古的带领下，正在忙乱地工作着。有的在搭帐篷，有的在接水管，有的在挖厕所，也有的用推土机修建道路。看样子开训前的生活设施准备工作还没有就绪。但是，参加步兵团（营）进攻实兵战术演习训练的赞军校尉军官和中国军事专家组都来了，第一个问题首先就是住在哪里，并保证吃上午饭。

这时，我们看到战术演习场地内生活区中国军事专家组的生活设施没有安排就绪，在找翻译同志问明军专组搭帐篷的位置后，就各自分头忙碌起来。大家有的平整场地，有的去领取床上用品和生活用具，有的帮助炊事员挖野营灶头、拾柴、提水，有的架设伙房的帐篷。一阵忙碌之后，帐篷、行军床、被子等分配好了，中午的野餐也做好了，我们按时吃到了中饭。吃过野餐后，军专组大部分同志继续做上午未完成的那些平整土地、除杂草、整理帐篷等工作。为了做好明天（19 日）开训的现场准备工作，军专组温组长和我，还有炮兵组唐副组长、翻译四人，到战术演习场地北端勘察地形，进一步明确了步兵团（营）进攻出发地点，团（营）前进指挥所的位置，团（营）炮兵观察所的位置等。一切进行得很顺利，下午 5 时 30 分我们返回到生活区。

晚上 7 时整，赞军上尉龙古，来到我们住地的帐篷内告知我们说：参加步兵团（营）进攻实兵战术演习的军官都已到齐了，共有 30 余人。米安达上校因为在城里有事，今天晚上不能前来了，明天早上赶来。我说：你们是否可以给我们一个参加战术演习战术想定作业的人的名单？并注明每个军官在战术演习中担任什么职务？龙古上尉很谨慎地说：这个问题我不能回答，等到明天米安达上校前来时，由他告知你们。我又对其说：明天上午 9 时，我们大使馆首席军事专家将前来战术演习场地，并且准备在这里住一段时间，希望你们安置一下他住的帐篷。这个问题我们事先已预告了你们。龙古上尉说：好的！我们明天再搭帐篷。龙古上尉离去后，我在默想：步兵团（营）进攻实兵战术演习准备了半年多，明天就开训了，这是一个大事儿，赞方负责实兵战术演习具体组织领导工作的这位上校米安达，竟借故不在开训前和我们协商一下如何开训的问题。按照计划，开训的第一步是训练团营军官，由中国军事专家组在现地组织他们进行步兵团进攻战术基本想定作业，然后再由这些参训军官按照战术想定作业的要求，去具体组织步兵团（营）进攻战术演习的分练和合练，直到完成步兵团（营）进攻的正式战术演习。这是一件非常重要的大事。赞军米安达上校既是组织者又是受训者，在开训之前的今天，他竟不前来看开训前的准备工作如何，也不准备对参加第一步训练的校尉军官作开训前的动员，也不问一下中国军事专家组关于开训一事还有些什么问题要解决，甚至连参训的军官名单也不给提供。这种种情况表明，这位赞军上校的表现可以算作是一种失职行为了。把战术演习这么重大的任务当作儿戏，真是不应该了。

中国军事专家组组训赞军参加战斗演习的团营军官教学日记

1974 年 8 月 19 日（星期一），战术演习场生活区中赞两方商定的步兵团（营）进攻战术演习计划安排正式开始实施。这在赞军建军史上是一个重大的日子，为什么赞军陆军司令钦库利少将不前来到对参训军官们动员一番呢？为什么赞军步兵团（营）进攻实兵战术演习的具体负责人、这次战术演习的导演组负责人，而且又是参加军官训练的主要学员米安达上校不按时到场呢？中国军事专家组是教学者，不是训练的具体组织者，是客方，不是主方。战术演习训练工作的一切安排，要由赞军方面最后决定并负责具体组织实施。

我是负责步兵团（营）进攻实兵战术演习合成军方面教学任务的，具体负责参加赞军战术演习的团营军官的战术原则和战术想定作业课目。开训第一课按原定计划是步兵团（营）进攻战术原则讲解，由于战术演习负责人米安达上校没有到场，但又不能因此推迟开课时间，我适当地调整了一下教学内容。第一天先不讲步兵团（营）进攻战术原则，先带领参训军官到现场介绍地形方位和战术方位，以及战术基本想定的内容。这样一边实施教学，一边等待米安达上校的到来，以推动他参加团营军官教学班的学习。

8月20日（星期二），战术演习场生活区。

中国军专组开始对赞军校尉军官讲授步兵团进攻战术基本原则，预定训练时间3天。参加步兵团进攻战术演习的校尉军官共计20人。其中上校1人，中校2人，少校6人，上尉7人，中尉4人。每天按照上午讲解，下午集体讨论的方式进行。由我负责讲授，由赞军米安达上校组织讨论。

从8月20日上课的情况看，赞军这些校尉军官听课认真，精神集中并记笔记。下午讨论时个个都争先发言，学习热情较高，并且很客观地提出了一些学术方面的问题。他们共提出了14个问题，我利用最后一个小时的时间，综合性的做了概要的解答。从表现上看，他们对讲授的课目内容感到满意。在结束时，米安达上校讲了几句表示感谢的话。我感觉这天的步兵团进攻战术原则第一课进行得比较顺利，有了一个良好的开端。

8月21日（星期三），战术训练场生活区。

这天上午讲授的战术题目与前一天讲授的内容相同，下午仍然是讨论会。看当日受训军官的表现，与上一天一样，听课认真，讨论发言积极。学习状况比较正常，我感到心情愉快。

不过，21日这天出现了一个意想不到的问题。赞军战术演习主要负责人米安达上校曾在上午和下午学习休息时间，两次向我提出说：中国茶好喝，参加学习的军官要求喝点儿中国茶。

我当时说：赞军朋友要求喝点中国茶，这是一个很友好的表现，现在我们这里还没有中国茶，我向我们大使馆反映一下再做出安排吧！我就这样应付了一下，既不能拒绝，又不能明确答应。我还想：这位上校为什么在进行战术学习时间向我提出要喝中国茶呢？两年来的接触，他应当知道中国军专组的物质生活是艰苦的，除生活费外，没有任何物质供应，更没有中国茶。赞军方面对中国军事专家组，除了住房、床上用具、水电费外什么物品也没有解决。这位上校军官是否知道，现在正在野营训练场内接受训练，在此时要求中国军事专家供应中国茶，应是一个无礼的要求，在外事场合下失掉了一个赞军高级军官的尊严。按说他们在中国军事专家给他们上课的时候有所表示，送上一杯汽水，也不算过分。可是我两年来在对赞军军官的教学中，还未得到过一杯汽水的招待。但是，既然赞军方面已经提出了，我们就应该当个事情来办。我们军事专家组的确无能为力，只好向来到战术演习营地的我大使馆首席军事专家张延年同志汇报，想个办法如何回答这位上校提出的不应提的要求。张延年同志听了我的汇报后也感到意外，并且感到很为难。事情不算大，但难以解决，这又是一个外事场合，不能直接拒绝。如何办呀！想来想去想了一个既不拒绝又不圆满答复的办法，即通过翻译告诉米安达上校，请他准备一个大水桶或大水壶，第二天上课时盛上开水，将茶叶放在里边，请大家品评一下中国名茶的味道，就这样回答了这位上校的要求。

（两年半来，在与赞军朋友的接触中，我们了解到赞方有一个向人要东西的习惯，这次向我们要中国茶喝，就是这个习惯的一种表现。我们称这是一个民族特点，不好做任何评论。如果是一个中国人，在这种外事场合下是不会发生这种现象的。）

8月22日（星期四），战术演习场生活区。

对赞军参加步兵团（营）进攻实兵战术演习的团营军官战术训练已进行了四天，完成了步兵团进攻战术基本原则的学习。从四天的学习情况看，赞军军官的学习表现是好的。参加战术学习的团营军官学习认真，他们对战术学习要求很严格，和我们的关系也密切。从各方面看都是比较顺利的。从次日起，将开始讲授步兵团进攻战斗中，炮兵、工兵及后方勤务保障方面的专业原则和要求，尔后再组织想定作业。上述这一训练步骤的教学，完全由中国军事专家组织教学，赞军参加战术演习训练的团营军官，包括战术演习导演组成员在内都是学员。这一步完成后，由赞军导演组按预定的教学训练实施计划，负责组织实施。中国军专组不直接负责第二步、第三步的训练工作，而是采取跟班观察的方法，了解训练实施情况；发现需要改进的问题后，也不直接向战术演习导演组和参训分队提出，而是由军专组正副组长在训练协商会上，适当提出我们的建议。这种跟班训练的方法是遵照中国国内制订的外训方针中的原则所确定的，这条原则就是，中国军事专家组在协助外军训练时，不直接介入参训部队的组织指挥问题；军专组的主要任务是训练外军军官和士官，培养和提高这些军官、士官的自训能力。

坚持跟班观察的协助方法，是中国军专组必须坚决坚持的工作方法，这是一个重要原则。

步兵团（营）进攻实兵战术演习第四次训练协商会议

步兵团进攻实兵战术演习的第一步训练工作在顺利地进行之中。为了便于第二步训练工作的进行，以及便于及时构筑战术演习场内敌我前沿阵地的工作，我们军专组在内部做了一些研究，决定在8月23日晚上8时正，由中国军事专家组温组长和赞军战术演习工作具体负责人、赞陆军总部参谋主任米安达上校进行一次训练会谈。会谈的基本内容有三：

（1）分析开训一周的团营军官训练情况。

（2）提出下一步构筑战术演习阵地工事的建议。

（3）建议共同实地勘察一下构筑工事的地点。

中赞两方关于训练问题的会谈结束后，翻译蔡雨生同志告诉我，赞军米安达上校，在这次会谈中态度不大正常，似有节外生枝之感，军专组要谨慎从事。这位上校向我们提出了一些不合实际情况的问题，我们都当即做了说明（我因组织对赞军团营军官进行上课，这次会谈没有参加）。下边是米安达上校在会谈时提出的问题，以及蔡雨生翻译向我做的这次训练协商会议情况的介绍。

其一，米安达上校提出：你们团营战术专家（指的是我）叫我们晒战术作业标图用的你们放大的一万分之一的地图，当时交代我们只晒十份，现在你们都要去了。我们当时机动了一下，多晒了五份，现在就只有这五份，团营军官标图作业能够用吗？他这就是把进行战术想定作业时团营军官标图用的素图不够用，影响到团营军官训练的责任推给了我们。这种做法的确是太不应该了。翻译蔡雨生当即驳回了米安达上校的说法，指出：在6月的某日，我们马副组长曾向你们龙古上尉交代过这一问题。当时说的是，这份放大的地图，是组织步兵团（营）进攻实兵战术演习训练时训练团营军官用的，我们军专组需要十份，你们需要多少由你们自己确定。将来进行战术演习想定作业时，参加训练的团营军官每人一份，具体数字由你们自己计算一下，由你们自己确定。经我们的翻译蔡雨生同志这么一说，米安达上校无言以对了。

其二，米安达上校再次提出：参加步兵团（营）进攻实兵战术演习的第三营，8月底准备进入这个战术演习场地，当时向你们马副组长提出建议，要求给我们说一说，我们第三营住在什么地方合适？马副组长叫我们自己考虑。我们现在还是想请你们为我们提出第三营住在什么地方好些？还是想听听你们的建议。翻译蔡雨生同志当即告知他，关于你们步兵第三营在战术演习场内的住地安排问题，我们马副组长已对龙古上尉说过了，他可能没有告诉你，我再告知你一下：我们马副组长说，步兵第三营的生活住地可在团前进指挥所的西北侧，只要离开122榴弹炮实弹射击的弹道就可以了。这样回答后，这位上校又没什么话可说了。

其三，米安达上校又提出：关于研究看地形准备构筑工事的问题，我们是很早就有这个打算的。在开训之前，我们调来了一个工兵排，准备构筑战术演习场的工事，因为没有你们的计划安排和建议，我们就叫这个工兵排回去了。翻译蔡雨生同志向我介绍到这里很气愤地说：米安达上校真有点不讲道理了，有点忘记了他的身份，也忘记了这是中赞两军人员的协商会谈的时刻，任由自己胡言乱语。他说的这些不符合事实的话，实意在指责我们，真有点想无理寻端找事，制造是非了。在这种场合下，我们温组长还是在极为友好的气氛中，耐心地向这位上校做了解释和说明。温组长对米安达上校说：你们的司令确定8月19日开训。我们提出，中国军事专家组要提前一周进入战术演习场地做教学的具体准备工作。你们不同意我们的建议，叫我们等待你们的通知。我们等到8月17日，你们才通知我们8月18日进入战术演习场。我们8月18日上午到达了战术演习场，却看到战术演习场内连住的帐篷还未搭好，什么生活设备都没有。我们的专家们一下车就参加劳动，平整生活住处搭帐篷的地面，协助搞各种生活设备，直到晚上8：30才告一段落。在劳动上我们没有得到任何人的协助，完全是我们自己办理的。你们通知8月19日正式开课，可是就如何开课的问题，我们却找不到一位赞方的人和我们进行协商。我们只好一边开课，一边等你前来，因为有些训练安排是由你做出决定才能实施的。我们只是负责教学，不负责组织方的安排工作。我们温组长接着又说：你们派来构筑战术演习阵地工事的这个排，我们今天才知道，过去你们并没有告诉我们，也没有向我们介绍任何情况，也未向我们提出任何建议，你说的前边那些情况我们一无所知。经我们这么一理论，这位上校感到理屈词穷了，一句话也回答不上来。会谈到了这种地步，没法再交谈下去了，需要缓和一下，再确定一个时间另行协商。这次会谈没有达到预定要解决一些问题的目的。

我听了翻译蔡雨生同志向我介绍那晚中赞两方训练协商会谈的情况后，感到赞军这位上校在训练协商会上的态度和言行，是一种失礼的表现，是一种缺乏明智的行动，是一种不友好的表现。特别是他竟歪曲事实，把一些与事实不符的情况当作正理，在会上指责我们，这完全是一种制造是非转嫁于人的行为。这些不正常的言行，被我们一一驳倒是完全必要的。特别是属于颠倒是非、歪曲事实当作正理来指责我们的这些言语，必须给予适当的回答。我想：在外事活动中迁就姑息是不行的。要将中国军事专家组的态度严肃认真地向这位赞军代表人物表达出来，在原则上寸步不让，据理反驳是必要的。由于在这次训练协商会谈中出现了这么一段不应当出现的插曲，它直接影响到了会谈的实际效果，对今后中赞双方在训练上的协作，也会产生一些负面影响。但是，我们当时想的是，要提高政治警惕性，各方面谨慎从事，从各方面注意发现赞军的动态。为了增进中赞友谊，团结赞军朋友，搞好这个重大的步兵团（营）进攻实兵战术演习任务，我们仍要本着过去一贯坚持的态度：求同存异、友好为重，积极主动灵活地做好与赞军友好的工作，从各方面不断地去发展中赞之间的战斗友谊。这是我们外训工作中的大目标，不要对赞方产生埋怨情绪，不要使我们自己松劲，要在这种情况下，鼓足干劲，加倍努力，倾尽全力，协助赞军顺利完成步兵团（营）进攻实兵战术演习的重大任务。

步兵团（营）进攻战术方位定点勘察记

1974年8月23日晚上，中国军事专家组温组长和赞军战术演习训练负责人米安达上校进行了战术演习训练问题的交谈。关于共同明确当前步兵团（营）进攻敌我战术方位，以及需要构筑工事的地点以早点施工等事项，由于赞方上校在协商会上节外生枝地提出了一些不应提出的问题，遭到我们的据理反驳，因而使双方未能就勘察战术方位、构筑战术演习阵地工事的问题达成统一行动的协议。为了不影响到训练进度，大使馆首席军事专家张延年同志和军专组正副组长商定，军专组单方进行战术演习战术方位勘察，由赞军导演组派出一人随同前往，并且做战术方位定点勘察的记录，以备返回后向他们的战术导演组负责人汇报我们单方战术方位勘察中明确的问题，不再开会另议。

这次战术方位勘察的目的有二：一是在现地明确敌防御前沿上工事构筑的位置和要求。明确122榴炮、82迫击炮实弹的射击的目标。二是熟悉战术方位和地形方位，为下一步团营军官进行现地想定作业，做好教学准备。

参加这次勘察的人员有，我大使馆首席军事专家张延年，军专组正副组长，炮兵专家、工兵专家及翻译二人；赞军战术演习导演龙古上尉参加。

8 月 24 日，中国军事专家组全体同志在张延年同志的带领下，对战术演习场战术方位进行勘察。从上午 7 点开始，一直勘察到中午 12：30 分，时达 5 个半小时没有休息，大家感到很疲劳。天气热，流汗多，又没有水喝，腿也有些痛了，浑身没有劲。由于处在太阳的直射下，我的头昏病又开始反映出来，头昏、恶心、腿软，行动感到吃力。我振作精神坚持着，一直到返回生活区才逐步恢复了常态。

这次勘察虽然有些累，但勘察的效果还是很好的。进一步明确了敌我战术方位和地形方位，确定了实施实弹射击的目标地区，提出了敌防御前沿阵地上和我方的团（营）进攻出发地位上工事构筑的要求，研究了向敌人防御纵深支撑点进攻的具体部署。比较好的达到了预定的勘察目的。这次勘察，大家虽然都感到十分疲劳，但工作热情很高，劲头很大。大家时而走路观察，时而停步交谈讨论，表现出了认真负责的精神。当勘察基本完成时，最后为了再登高看一下步兵团（营）进攻战术演习场地的全貌，进一步再修改一下不够明确的战术方位，我们又爬上了最高的一座山峰。我们站立在高山的顶峰上，环视周围大自然的春色景象，尽是黄澄澄绿葱葱的一片林海美景。这样的大自然美景顿时使我感到，当地的春天来临了（我们处在赤道以南，当地的春季是 9 月至 11 月间）。我国这时是秋季时节。

步兵团（营）进攻实兵战术演习团营军官学习概况

协助赞军组织步兵团（营）进攻实兵战术演习第一步训练——训练团营军官，预定 8 月 31 日结束，还有三个训练日。这三个训练日主要的训练内容是，步兵（营）团进攻基本想定现地作业。根据当时学习进展的情况，我们感到训练时间有些紧张。因为 31 日是星期六，按照赞军军官的生活习惯，星期六下午基本上就不进行任何活动了，进行训练则更难，如果硬性坚持，也只能流于形式。根据这种情况，星期六上午结束想定现地作业比较合适。

再者，我又考虑到赞军参加团营军官训练的对象，除以前确定的 20 名校尉军官外，又加上了一些年龄很小的少尉军官。赞军负责人说，这是战术演习团司令部的参谋人员。这些人从未参加过任何的步兵连以上的战术训练，对战术理论和司令参谋业务常识没有基础；再加上参加训练的尉级军官大多数缺少识图用图常识，他们不懂地图比例尺的使用，不会识别地图坐标，连地图上的曲线是什么作用也不知道，在地图上找不到战术方位。这也难怪他们，因为他们没有学习过司令部业务。到这时是没有时间再学这些业务课目了，只能基本辅导一下，使他们达到能识别所使用的地图就行了。

根据以上这些情况，战术想定作业要在星期六上午结束似乎不大合适。为了提高战术想定作业的效果，最好是再延长两天，这是一个教学者的责任心所在。因此，8月29日下午3时，我利用团营军官进行讨论的时间，与赞军战术演习负责人进行交谈，协商是否可按原定训练计划再延长两天。当我刚刚提到实际性问题时，突然听到空中有轰轰的直升机声，米安达上校说陆军司令来了，我和米安达上校的交谈于是就此停止。

赞军陆军司令钦库利和中国军事专家交谈步兵团（营）进攻实兵战术演习问题

1974年8月29日，中国军事专家组对参加实兵战术演习团营军官的训练已进入战术基本想定现地作业阶段。当日上午我们介绍了战术基本想定情况后，下午在教室内，以讨论的方式研究步兵团（营）团长如何定下进攻决心？这些准备担任战术演习职务的校尉军官们对学习很感兴趣，讨论时发言热烈，并有些不同程度的争论。在即将结束讨论时，我做了小结性发言。当我准备宣布下课时，赞陆军司令钦库利少将走进了教室，对这些参训军官讲了话，提出了要求后宣布下课。

当我下课返回到军专组住的帐篷内准备休息一下时，赞军一个军官走进帐篷对我说：陆军司令请你到他住的帐篷内去有事研究。我和翻译同志走进钦库利将军的帐篷会客室时，他很热情地站起来与我握手，向我问好，接着就坐下来和我交谈起来。这位司令直截了当地说：你们要加强联系，共同配合起来，把这个步兵团（营）进攻战术演习训练搞好。要互相通气，互相交流情况，今后每天都要碰头一次，每周共同在一起小结一次，要注意团结。我听到这里，就突然感到这位司令对我说话的味道不对头。一个外国军队的司令，怎么对中国军事专家提出要我们注意团结的问题呢？这是个什么情况？这是赞军领导对中国军事专家组的警告语，是可能要出现什么问题的征候，我们要提高警惕性。我很和气地对这位赞军司令说：我们大使馆的首席军事专家张同志和我们军专组组长温同志，今天上午到国民服务队训练场那里去了。据他们临走时说，当天下午返回。你提出的问题，我当立即向他们两位领导人汇报。为了搞好步兵（团）进攻战术演习训练，是应当双方密切配合起来。当前我们配合的还是好的，米安达上校很主动，对训练抓得也很紧，我们也感到工作还算顺利，希望司令放心。这位司令接着又说：我们准备在 9 月 6 日，在这里会见首席军事专家张同志。我说：我一定很快将你的意见转告给他们。这位司令说：好的。接着就说他要回去了，晚上还要开会。就走出了会客室，上了直升机返回卢萨卡了。时间是下午 5 时半。

钦库利司令走后，我在想：这位司令乘直升机下午 2 时半前来战术演习场，5 时半离去。专程前来，只待了三个小时。匆匆而来，又匆匆而去。这是为了什么？这位司令又对我说了一些他不应说的话，值得我们注意，更要提高警惕性，要密切注意战术演习场内赞军人员的动态。

（赞军陆军司令钦库利向中国军专组提出要注意团结的问题，这是一种对中国军专组的指责，其动机如何？难以弄清，引起了我们的警惕。）

步兵团（营）进攻实兵战术演习第五次训练协商会议

1974 年 8 月 29 日下午 2 时半，赞军陆军司令钦库利少将突然乘直升机前来步兵团（营）进攻战术演习场，在这里停留了三个小时，于下午 5 时半匆匆离去。

当这个陆军司令乘直升机离开地面的时候，我大使馆首席军事专家张延年同志和我们军专组温组长也乘车返回到战术演习场，这真是一个不巧的事。

当张延年同志进入帐篷后，我就向他汇报了钦库利将军前来战术演习场的种种情况。张延年同志也感到似有要发生意外事情的征兆，提示说：谨慎从事，认真对待，要切实在现场内注意赞军人员的动向。由于此前 8 月 23 日晚中国军事专家组和赞军战术演习导演组负责人米安达上校进行战术演习训练问题的交谈时，对第二步训练工作的安排问题未取得一致意见，需要再进行协商会谈，于是便确定于 8 月 29 日晚同米安达上校协商下一步训练的问题。

这次战术演习训练协商会谈由我大使馆首席军事专家张延年同志主持，双方参加会谈的人有，我方：张延年同志，军事专家组正副组长，翻译陈哲君、蔡雨生。赞方：赞陆军总部参谋主任、战术演习导演组负责人米安达上校，战术演习导演成员龙古上尉。会谈整整进行了三个小时，我方同赞军方面进行这样长时间的交谈，两年来还是头一次。会谈气氛严肃，双方讨论认真并时有争论，但态度还是冷静温和的，因为都知道这是一种外事场合，都十分注意中赞友好这个前提。会谈开始后，首先由张延年同志对这次训练会谈的目的、研究的内容、协商的方法等进行了说明，作为这次训练协商的开头；接着由温涌组长提出了步兵团（营）进攻战术演习第二步训练工作的建议。这些建议是如下。

第一，步兵连以下的战术基本训练，应在9月底以前全部完成，赞军应组织自训。步兵连以下战术训练的重点，应是单兵进攻、班进攻、连进攻。为了搞好步兵连以下的战术基本训练，应结合战术演习想定，组织一次由步兵连正副连长参加的指挥员现地战术作业，时间以4—5天为宜。

第二，步兵团（营）进攻战术演习场地内，按照战术演习的要求，在敌人防御前沿阵地上，要构筑一些防御工事，在敌人防御前沿前，要设一道由鹿柴、铁丝网等组成的障碍物。在我方的进攻出发地，我团（营）前进指挥所的位置上也要构筑一些简易工事，这些工事最好要在9月上旬构筑完毕。

第三，赞方提出，在步兵团（营）进攻演习时，步兵武器和高射炮、榴弹炮、迫击炮等都要进行实弹射击，这样会增大战术演习效果。但因训练时间短，组织工作也较复杂，不宜搞的过多。我们研究的初步意见是：在向敌人进行研究炮火准备时，122榴炮连对A村进行实弹射击，使用炮弹200发；82迫击炮向独立的棕榈树附近地区进行实弹射击，使用炮弹300发。分为两次火力急袭进行，每次火力急袭时间为5分钟。75无后坐力炮在两次火力急袭的空间，向敌防御前沿上的重要目标进行5分钟的直接瞄准射击，主要任务是消灭敌防御前沿重机枪和反坦克火力点，使用弹数30发以内。另外，在向敌实施炮火准备时，指定一个加强步兵排，向敌防御前沿实施实弹射击。

当团第二梯队进入战斗时，37高射炮对空中目标实施实弹射击。射击的目标使用气球，使用弹数×××发。在我们军专组温组长介绍完毕之后，赞军上校米安达立即表示态度说：温组长提出的这些建议很好，我们已经有了底。但是，应当早点和我们研究就好了，我们已经等了很久。我过去曾向你们问过几次，你们都说以后再说，现在看有点晚了，我应当马上起草计划。我当时就想：米安达上校说的这些埋怨的话，完全是自己捏造的谎言，却作为一种正理来指责我们，真是有失赞军的形象。目前中赞两方人员协作组织的战术演习训练正在顺利进行中，这个赞方代表这么无中生有的胡乱指责，如果遇到不顺利的时候，他又会怎样呢？会翻脸不认人！这位赞军上校又说：关于构筑工事的问题，最好明天在现地再明确一下，我们好组织施工。（实际上，早在8月24日中国军专组就约他共同到战术演习场，在现地明确一下构筑工事的问题，但他拒绝参加，现在又提出要去勘察！另外，龙古上尉参加了现地勘察，我们曾建议他向米安达上校汇报。）接着，米安达上校又说：我们打算装甲车也要进行实弹射击，空军也要投掷各种炸弹，你们可以提出意见。另外，37高射炮连可以单独进行实弹射击，不一定结合步兵团（营）战术演习的情况。

在这次训练协商会议上，赞军上校米安达缺乏协商精神，他的带有指责味道的发言，实质上批评了中国军事专家组提出的建议，即中国专家建议的提出已经晚了，给他们的工作造成了被动。这是一种无理的指责。而且，即便是有理也不能当面指责，他忘记了自己的身份是一个赞比亚人，而我们是中国人，双方是平等的，是不能胡乱说三道四的，更不能自己捏造事实，来说明他的主动性。批评中国军事专家组的工作进展迟缓，这是歪曲事实。我们军专组长在这次协商会议上提出的第二步训练安排的建议晚了吗？没有晚，非常及时。这位赞军上校完全是一种无理取闹的行为，影响到了战术演习训练工作的正常进行。从这位上校的表情上看，其内心似有敌意，他的这种粗鲁的强硬言行，在一个外事场合下，已经达到了争斗的地步。我们要坚持不卑不亢的一贯态度，要对赞军表明立场，纠正不实之词，逐一进行批驳。我们大使馆首席军事专家张延年同志极为耐心地听完了米安达上校发表的这些不友好的言论，随后以中国人的风度，态度和气地说：上校的意见我们可以研究。关于上校刚才提出的问题，我提点看法，作为中赞两方协商交谈的参考。步兵团（营）进攻战术演习，你提出使用空军和装甲车队，这是你们自己的安排。我们认为，你们的战斗机是美国制造的，装甲车是苏联出产的，而我们对这些兵器的战斗技术性能不了解。你们提出在这次战术演习中进行空中投弹和装甲车实弹射击，我们不好提出意见，可由你们自己决定。或由你们先提出一个计划，我们也可参加议论一下，将共同议论的意见，充实在战术演习计划里边去。

张延年同志又说：步兵团（营）进攻战术演习训练的第一步——训练团营军官。这是战术演习训练的重点，要切实抓好这一训练，要分析一下团营军官训练的效果。战术演习训练的第二步训练安排，我们在8月27日就向你们提出建议，希望早点研究一下，可是一直等到今天才研究。你们的陆军司令提出，我们双方要加强联系，多协商问题，提出每天碰头一次，每周全面交谈一下，这是很有必要的。你认为什么时间比较合适？你可以提出具体意见，我们双方共同商定。

这位赞军上校听了张延年同志的发言后，显示出不满的情绪，说：空军进行实弹投掷的协同计划，你们可以提出建议，不久就有空军人员前来研究这个问题。关于研究战术演习训练第二步计划问题，我在进入战术演习场那天就和你们提出了这个建议，可你们说以后再说。

这位赞军上校说的都是假话！是谎言！但他没有说向谁提出的建议。事到这种地步，我们不便再追问，就适可而止了。

这时，米安达上校的言行已经不是在和中国军事专家组协商训练问题，简直是有点儿无理取闹了。但是作为中国军事专家的我们，面对赞军上校的这种表现，该如何办呢？我们要坚持两年来对赞军一贯的原则：一切从团结友好出发，增强中赞两方人员之间的友谊，共同完成双方确定的训练任务。坚持不卑不亢的态度，坚决贯彻外训方针原则。坚持在步兵团（营）进攻战术演习中，不介入任何组织指挥问题，不提出其他国家制造的武器使用问题。同时注意灵活的工作方法，处处争取主动。这样，张延年同志又极其耐心地指出：我们互相之间是真正的朋友，开门见山的研究问题也是应当的。我们共同的任务是在目前这个训练场地密切地配合起来，共同完成卡翁达总统所提出的这个步兵团进攻实兵战术演习的任务。有些问题还可以再作研究，我们今天晚上的这次训练协商交谈，建议告一段落，一些未尽事项，以后再作交谈。米安达上校听了张延年同志的这个建议后，表示同意，就宣告散会，分别离去。事后考虑，这一次训练协商会谈的效果如何？总的说是可以的。在这次交谈会上，基本上明确了战术演习第二步训练工作安排。从这次训练协商交谈中看出，这位赞军上校指责中国军专组的情绪还未消除，应引起我们的警惕。这位赞军上校为什么在我们大使馆首席军事专家张延年面前这么张狂？恶气逼人？我想：这位赞军上校的所作所为不是他个人的任意发挥，他很可能是在赞军陆军司令钦库利少将的授意下向我们表演的。有无根据？回忆一下赞军陆军司令钦库利的言论就可找到根源。

赞军上校米安达在8月31日训练交谈会上的狂言乱语

1974年8月29日下午，赞军陆军司令钦库利少将前来步兵团（营）进攻战术演习场视察训练情况。在离开前，这位司令向中国军事专家组提出建议说：为了赞中两方共同搞好步兵团（营）进攻战术演习的训练，建议赞中两方负责人每天都要协商一次，交谈一下训练情况。这个建议是钦库利将军正式向中国军专组提出的。我们虽然感到关于战术演习训练情况的交流不必天天碰头，但还是要尊重赞军领导的意见。为了落实这个建议，我们军专组正副组长于 8 月 30 日向赞军战术演习导演组负责人米安达上校提出，中赞双方交流一下训练情况，什么时间进行？采取什么方式进行？这位上校说：为了交流训练情况，在什么时间，用什么形式都可以。这个回答并没有明确我们提出的问题，而我们也不好主动向他提出召开中赞双方训练碰头会的具体时间和地点。毕竟我们是客人身份，不能反客为主。由于米安达少校没能主动向我们提出召开训练碰头会的建议，为了落实赞军陆军司令的建议，8 月 31 日下午，我们军专组便派翻译同志主动去和他约定一个具体时间，双方凑在一起，交谈一下当天训练的情况和当前需要协商解决的问题。

我们军专组的翻译蔡雨生同志对米安达上校说：你们司令指示我们在每天下午或晚上凑在一起交谈一下当天的训练情况，你看什么时间合适？这位上校很不高兴地说：我们每天要交谈情况的提议是我向司令提出的，这不是司令的指示，而是我的指示，我现在正在起草工作计划。他的这个意思就是，现在他没有时间。可能是感到说了一句不合适的话，于是接着他又说：就在下午 5 点 10 分吧！地点在军专组的饭堂内。

下午，中国军专组正副组长和中国驻赞比亚大使馆首席军事专家张延年同志，以及米安达上校按时到齐后，张延年同志叫我先把组织营团战术想定作业的情况介绍一下，作为中赞两方人员交谈问题的开头。我说：营团军官战术想定现地作业从昨天开始，现已进行了两天，预计明天可结束这一训练。这是一个综合性的最基本的战术训练。从这两天的学习情况看，总的情况是好的。由于参加学习的军官们军事基础不同，在学习中产生了两种情况。一部分军官学习的效果比较好，一部分军官学习的效果比较差。这些学习较差的军官，不是他们不愿积极学习，主要是接受能力的原因。他们不能全部理解所教的内容，在进行现地想定作业时更显得困难。再者参加学习的人数，第二天比第一天减少。今天导演组人员一个也没有参加，这是一个不足之处，看情况将来还要补课，不然到组织战术合练时，会增加很多困难。

我刚刚说完，赞军这位上校就接着说：很抱歉，我们目前工作很多，今天参加战术想定现地作业的人少了一些。但战术想定作业的情况我是了解的。×××少校在战术想定现地作业时下达团长口述战斗命令做得比较好，他有一些军事基础。但有人学习效果较差，不是学习不认真，而是军事基础较差。这些人都是些少尉、中尉，他们学一些连一级的战术还可以，要学到营一级以上的战术，就比较困难了。

这位上校紧接着就转了话头，开始向中国军事专家们申明他需要申明的问题了。他向中国军事专家们狂妄地说：我是陆军司令的代表，是代表司令在这里主持战术演习训练工作的。关于战术演习训练的问题，可以和我研究，我不在场时，你们可以直接找我的代表×××少校和龙古上尉，不要误了工作。他又说：他是制定政策的人，其他的人都是执行者。前天晚上他还说：他是这个营地的最高领导人，他有至高无上的尊严。一切人都要服从他，一切问题都要通过他并由他做出决定。在这个外事场合下，在中国军事专家们面前，这位不自量力的赞军上校发神经了，竟然毫不顾及中赞两国友好关系的影响，在中赞双方举行的训练交谈会上说出这些不友好的狂言乱语，这的确是影响到了赞比亚人的尊严和赞军高级军官的形象。太过分了！他想在中国人面前宣告他的尊严和权威，这是起不到效果的。

但是，张延年同志在这样粗鲁的对象面前，态度非常冷静，仍以不亢不卑的外交家的风度，耐心和气地对其说：今晚上的训练交谈会我们就谈到这里，有些问题以后再议。这次训练交谈会就这么收场了。会后我想：这位上校是想无理取闹，是想挑起事端，我们要特别警惕之。这位上校为什么在中赞双方训练交谈会上，这样强硬蛮横地向我们宣布他的尊严呢？我再次领会到，他是得到赞军那位陆军司令的支持的。或者说，这位上校的恶言恶语，就是他们司令的授意。这一些不正常的表现，就是当时步兵团（营）进攻实兵战术演习的新动向。

步兵团（营）进攻实兵战术演习第六次训练协商会议

1974年9月11日上午9时，我们军专组正在帐篷内开会，突然听到空中嗒嗒的直升机声音，走出帐篷一望，就知道这是赞军陆军司令钦库利少将前来视察战术演习训练了。这位司令的前来，9月10日赞军战术演习导演组已通知了我们。大意是：他们的陆军司令11日上午要来战术演习场地视察训练情况，并且要接见中国军事专家组的人员。当时我们听到"接见"这个词就感到不顺耳，为什么叫接见中国军专组？我们并没有提出什么问题要与他研讨啊。这位司令和中国军专组打交道已有两年半的历史了，双方经常接触，交谈情况。这次预先告知，还专门提出他要接见我们军专组，其中有何特别意义？这只能表明，这位陆军司令要在中国军事专家面前摆官架子了，这种行为实不应当。何况，我们大使馆首席军事专家张延年同志就住在这里，这位司令早就知晓。我内心在想：你们叫"接见"，但我们称这是中赞两方召开的战术演习训练问题第六次协商会议！

大概10时左右，钦库利少将在米安达上校的陪同下来到了中国军专组的住处。张延年同志、军专组长温涌同志和我走出帐篷，友好地表示欢迎。

中赞两方人员在帐篷内坐定后，这位陆军司令首先以主人的身份照例向我们问好。接着，他说：上星期四（9月5日）在你们大使馆内，与你们大使交谈了关于步兵团（营）进攻实兵战术演习的训练问题，主要研究了这次步兵团（营）进攻战术演习的目的和演习时间的安排。你们的大使提出，正式进行的战术演习搞一天，时间长了一点，这一方面会增加演习部队的疲劳，影响参观效果；另一方面，安全上也容易出问题。接着他又说：我先去看看部队，之后咱们再坐下来谈谈吧！咱们是否约定在下午1点30分再交谈交谈？待张延年同志表示同意后，这位司令客套一番后即离去。

我们军专组全体同志吃过午饭后没有午睡，就坐在专作吃饭和开会用的大型帐篷内，一边聊天，一边等候钦库利少将的前来。大家不约而同地互相提问说：这位陆军司令今次要来向我们谈些什么？我们应当向他提出些什么问题？张延年同志说：我们这回主要是听听赞军司令对这次步兵团（营）进攻实兵战术演习的组织工作有些什么具体打算，不准备提出什么问题。这时，有的同志也说：根据过去我们和赞军协商交谈情况，他们一贯的做法是不轻易表达自己的想法，只是我们说，他们听，听完后没有任何态度就宣告散会。名义上是双方协商，实际上只单方面听取我们的建议。我们也不知道他们是同意还是不同意我们那些意见。甚至，他们把计划都改了也不告知我们。在这种情况下工作可真难呀！

这次训练会谈我们没有什么可说的，我们要提出的建议都提完了，现在要听听赞军还有什么新的打算和措施。如果赞方人不主动谈问题，仍叫我们提出什么建议，我们推不掉时，就向这位司令提出，这次战术演习中使用空军并投实弹是如何设想的？请他做介绍。

我们军专组全体同志和张延年同志在预定的召开协商会议的帐篷内，一边交谈一边等待，这样一直等到下午2时，这位陆军司令和几个校官才来到了我们饭堂帐篷内。双方照例客气一番后，这位司令就对我们大使馆的首席军事专家说：你们看看有些什么情况要说？其意思是让我们张延年同志向他汇报训练情况。这种做法可是把位置摆错了，我们自然不会叫他如意。为了维护训练协商会谈这个场面，张延年同志另找了一个话题，向这位司令说：进行刺杀训练的护具已运到达市了（指坦桑尼亚的达累斯萨拉姆市），请司令考虑对刺训练应如何安排？这位司令说：我们派飞机前去坦桑尼亚达累斯萨拉姆市将其运回，最近就组织训练，要赶上这个刺杀队在国庆节庆祝活动中表演。训练的地点就在这个战术训练场地内。你看如何？这位司令没等到我们首席军事专家表示态度就又接着说：我代表总统向你表示感谢。组织战术演习是赞中两国之间的战斗友谊。目前，莫桑比克的独立不久即可实现。这样，我们更是反帝、反殖斗争的最前线国家了。中国为了世界和平做出了重大牺牲，中国是我们真正的朋友……

　　张延年同志听这位司令光说这些成套的话，而对当前进行的步兵团（营）进攻实兵战术演习训练问题只字不提，就直截了当地对他说：你们在这次战术演习中准备使用空军，但不知是如何使用？有何具体计划安排？能否告知我们一下？这三个问号，就算将了这位司令一军。司令听了这个突然的提问后，随机应变地解释说：关于战术演习使用空军问题，本来想争取一下张同志的意见，因为陆军空军配合问题是一个很复杂而又很重要的问题，我们内部正在做研究，我很想听听你们的意见。你们如果不了解飞机战术、技术性能的话，我请米安达上校将有关情况向你们作介绍。卡翁达总统也说过，关于空军参加步兵团（营）进攻战术演习的问题，也要和中国军事专家组密切合作。这位司令面对我们首席军事专家，以拒绝回答我们提出的问题的方式，反过来要求中国军事专家就如何使用空军的问题向他们提出建议！在外交场合下，这实际已形成了针锋相对的局面。张延年同志很自然且又灵活地说：空军参加步兵团（营）进攻实兵战术演习，一方面可以锻炼陆空配合作战的协同问题，另一方面可以增大战术演习效果。我们感到实施空军参加战术演习的计划有困难的原因是，对准备参加演习的飞机的型号和性能都不了解，关于建议什么的也就无从提起。这个问题可以再作计议。这样，我们首席军事专家做了个既不接受又不否定的回答。这位司令又说：关于参加战术演习的战斗机的性能、特点，我可以叫空军军官向你们作介绍。我们的战斗机都是赞比亚人驾驶的。卢萨卡机场指挥台上，虽然有印度人，但有六个人是赞比亚人，我们赞比亚人完全可以操纵。我们听来听去，这位司令还是想叫我们首先提出在实兵战术演习中如何使用空军的建议。但事实上，中国国内对外训指示上有个要求，即：中国军事专家组在国外协助外军训练时，对其他国家的武器装备不提出如何使用的建议，更不参加实施训练的活动。

　　由此，张延年同志又说：是否先由米安达上校和空军研究一下，提出一个陆空协同的初步意见后，我们再做具体研究？这时我们已经了解到，关于战术演习中使用空军的问题，他们已经有了一个计划。但是赞军方面不愿意告知我们，反而硬性坚持叫我们先提出使用空军的建议。这种做法是缺少诚意的，是一种虚假行为，不知道他们的具体动机为何？

这时，我们首席军事专家张延年同志还是坚持表示，我们可以考虑参加研究，但要求赞方先提出一个初步计划。这个意见也是硬性的。这位陆军司令没法再提什么了，只好说：关于战术演习中陆空协同的问题，先由米安达上校和空军研究后提出一个使用空军的协同计划，再与你们做具体研究。我要说的就算完了，你们看还有什么问题？张延年同志说：就谈到这里吧！最后，双方又客套了一番，这位司令带着几个赞军校官离去。

这次战术演习训练协商会议结束后，我们军专组的同志议论说：这位司令专程前来，声言要接见我们军专组，其目的就是想叫我们先提出战术演习中如何使用空军的意见。赞比亚的飞机不是中国造的，我们是不能提出如何使用空军的建议的。何况这位司令是以赞军领导人的身份，前来听取中国军专组向他汇报战术演习训练情况的，而我们军专组不能向他们直接汇报训练情况，有问题可以协商交谈，必须是双方对等的，必须是协商的方式和态度研究问题。我们要坚持原则，求同存异，不能做有失原则性的迁就。

这次训练协商会议取得了什么效果？与上一次训练会议一样，同样未取得实际的效果。以后战术演习训练如何进行下去呢？按照原先的协议进行，仍然坚持不介入实兵战术演习训练中的组织指挥问题，要把好这一关。这次我大使馆首席军事专家张延年同志和赞军陆军司令钦库利少将的实兵战术演习协商会谈，我感到有成功的另一面，这就是我们坚持了原则，争取了主动。

关于协助赞军修改战术演习实施计划的讨论

中国军事专家组协助赞军组织步兵团（营）进攻实兵战术演习训练的工作，已进入第二阶段。在这一阶段，中国军专组的主要任务是：协助赞军战术演习导演组，研究步兵团（营）进攻实兵战术演习训练的各种计划；并以适当的方式，协助赞军各分队进行战术、技术基础训练，为战术演习第三阶段——合练，创造条件。

当时我们军专组感到，退入第二线之后，协助赞军导演组制订战术演习各种计划遇到了一些新的困难。其中主要的困难是：我们向赞陆军总部——

介绍了我们关于组织步兵团（营）进攻战术演习用的全部训练计划和建议，但是赞军方面迟迟没有向我们作正式表态，他们的具体态度如何我们一无所知。在这种情况下，我们如何协助赞军做好战术演习训练工作呢？要等待一下吗？这样做不行！因为战术演习训练的时间紧迫，不允许拖延。因此，我们要采取积极措施，争取主动。

1974年9月4日下午，我们军专组正副组长在张延年同志的主持下，研究了一些如何协助赞军实施战术演习训练的问题。情况大致如下。

第一，步兵团（营）进攻实兵战术演习编组，根据赞军军官流露的情况看，只有一个步兵营参加实兵战术演习，他们过去坚持的要编三个步兵营的打算自行取消了。现在的问题是，要一个步兵营的兵力来完成一个步兵团（营）进攻的实兵战术演习的任务。初步设想：担任团进攻主攻方向上的步兵营，使用三个连（赞军编制为一个步兵营四个步兵连）；担任助攻方向上的步兵营和担任迂回穿插的步兵营，各使用一个班的兵力。这两个班，从步兵第三连内抽出。另外一个步兵连作为步兵团（营）进攻的第二梯队营。这样，步兵第三营的兵力都用光了。担任假设敌的任务由谁承担呢？只好建议赞方再设法另调一些人员担任。

第二，122榴弹炮连的实弹射击方向，直接指向1122高地（五三71）上的炸点显示人员（工兵）位置，这是没有安全保障的。因此确定将122榴炮连的炮位向西边再移动一下，保障弹道底下没有步兵和工兵人员。明确双管37高射炮实弹射击开始的方向，角度为90度，自左向右散布，最大散布面为180度。

第三，步兵团第二梯队，从1122高地（五三71）东侧展开后，其主力应指向1125高地（五二71）。装甲车队在团第二梯队战斗队形之后支援战斗。在围歼1125高地（五二71）敌人时，不要西渡芬斯韦河。

第四，进行正式战术演习时，战斗情况时间推演确定如下。

（1）上午9时实施炮火准备。

（2）上午9时15分，向敌发起冲击。

（3）上午10时，团第二梯队由B村（五三72）以南进入战斗。

（4）上午11时，向1125高地（五二71）、1165高地（五一71）实施围攻。

（5）预定上午11时30分结束战斗。

我们军专组内部经过了半天的讨论研究，明确了以上问题，感到心中有了数。协助赞军对战术演习实施计划的修改，有了依据。

张延年同志最后指出：我们在战术演习训练工作中与赞军导演组的配合方面，要争取主动，利用一切可以利用的条件和机会，尽上我们最大的努力。

步兵团（营）进攻实兵战术演习训练计划安排

第一周——第二周（8月19—31日）

训练题目：步兵团（营）进攻战术原则，指挥员现地战术想定作业。

训练对象：赞军战术演习导演组担任战术演习任务的营团职军官。

第三周（9月2—8日）

（1）参加战术演习的各分队开始进行战术技术单兵单枪基础训练，由赞军自己组织实施。

（2）战术演习导演组进行战术演习各种材料的准备。

第四周（9月9—15日）

（1）步兵分队：主要进行班排进攻战术基本训练。

（2）炮兵分队：主要进行单炮射击训练。

（3）装甲车分队：主要进行单车战术训练。

（4）战术演习导演组继续进行战术演习各种材料的准备。

第五周：（9月16—22日）

（1）战术演习导演组完成战术演习的演习计划起草工作。

（2）步兵分队主要进行连进攻战术基本训练。

（3）炮兵分队主要进行连射击训练。

（4）装甲车分队主要进行进攻战斗单车练习。

第六周（9月23—29日）

各分队训练内容同第五周。

第七周（9月30日——10月5日）

步兵团（营）进攻战术演习合练预习。

第八周（10月6—12日）

步兵团（营）进攻战术演习合练与检查。

第九周（10月13—19日）

步兵团（营）进攻战术演习合练与检查。

第十周（10月20日—— ）

步兵团（营）进攻战术演习表演的准备和实施。

以上战术演习训练计划要点的安排，是赞军战术演习导演组根据中国军专组提出的战术演习训练实施计划略加修订而形成。

附：

赞军步兵团（营）进攻战术演习导演组和步兵团团营军官名单

（这个名单其实是虚设的，没有实际人员参加。这个步兵团进攻实兵战术演习，根本没有正副团长和参谋长，也没有团司令部参谋人员。）

步兵团进攻战术演习导演组和步兵团团营军官名单：

（一）战术演习导演组名单

米安达上校

纳特韦少校

龙古上尉

（二）步兵团军官名单

团长锡卡仁韦中校（虚假）

副团长卡伦给少校（虚假）

参谋长姆白韦少校（虚假）

炮兵主任契杜西少校

后勤主任莫登达少校

通讯主任希姆旺柴少校

工兵主任谢席布鲁上尉

……

关于在战术演习中试用燃烧靶问题的讨论

关于试制战术演习中准备使用的燃烧靶子的问题是怎么产生的呢？这是在 6 月，即 3 个月以前动议的一件事。赞陆军参谋长米明杰准将和我们交谈军训情况时向我们提出，要在步兵团进攻实兵战术演习中，加上燃烧靶子这个实弹射击目标，这样会增大战术演习参观效果。我们当时的确不知道有这种作表演用的射击靶子，也不想再增加什么表演花样，就对这位参谋长说：我们过去没有使用过这种靶子。意思就是，向他表示不愿研制这种射击靶，因为没有一定成功的把握，并且容易出事故。这个参谋长又向我们说：我

1971年在中国学习时，在北京地区的一个部队进行射击表演时使用过这种射击燃烧靶，效果很好。他的意思还是坚持叫我们试制。如何试制法？因没有一点儿资料作基础，从何处着手呢？我们感到有困难。

当1974年6月我返回北京，向总参有关领导汇报步兵团进攻实兵战术演习基本想定材料时，通过总参外事局了解到，表演用的燃烧靶子是北京军区驻廊坊的一六九师搞的。为了解决试制燃烧靶子问题，我在外事局李参谋的陪同下，专程去廊坊一六九师参观学习，并向他们要了一份制作多种燃烧靶子的说明书，带回来作为试制各种燃烧靶子的基本根据资料。试制燃料靶子的任务交给了我们军专组负责军械技工训练的一位副组长张维杰同志。该同志根据一六九师提供的燃烧靶制作说明书，通过自己的创造性劳动，设想了四种燃烧靶型，有磷靶、汽油靶、玻璃靶、气球靶。这四种靶子的共同特点是，各种枪弹打上去都能引起燃烧。不过制作起来，有的简单容易，有的比较复杂，都容易发生伤亡事故。另外，制作燃烧靶用的材料比较难找到。根据当时组织步兵团进攻实兵战术演习训练的时间紧迫，器材缺乏，安全难以保障的情况，燃烧靶不宜多搞，只搞一种靶型就可以了。这是我的想法，并在数次议论中表达了这些看法。

1974年9月6日，我大使馆首席军事专家张延年同志前来我们军专组听取张维杰同志介绍燃烧靶的试制方案，同时组织大家讨论试制的靶型。制作燃烧靶问题在军专组内已酝酿过多次，因此参加这次讨论的人，除我以外都没有不同意见，皆坚持几种靶型都要试作，只有我主张搞好一种靶型就可以了。我补充发言说：我6月份去廊坊一六九师参观时，北京军区司令部外事科同志对外事局李参谋说：这种器材的制作方法我们没有对外介绍过。他们的这个意思就是，向国外介绍是否合适？我又说：我从北京离开前，向外事局赵副局长请示是否可以在赞比亚试制这种靶子时，赵副局长说：不要全部制作，可以选择试制。

当我提出这些情况后，其他同志都没有发表什么意见。张延年同志做了总结性的发言，他说：还是都做些试验吧！问大家意见如何？大家说没有新的意见，这就算确定了。并且确定由军专组温组长具体负责和赞军总部有关朋友交谈关于燃烧靶制作的计划，建议赞方组织一个研制小组，与我们共同负责完成燃烧靶的试制工作。

从赞军上校米安达向中国军事专家组介绍空军参加

步兵团（营）进攻实兵战术演习谈起

中赞两方人员在共同进行军事训练工作中，互相间进行交谈训练问题，两年半以来，形成了一个习以为常的方式，每次交谈、会谈都是由中国军事专家组首先提出问题或建议，赞方听后大多数是对我方的提议不表示任何明确的态度，只是说没有意见，很少听到他们的具体看法。这样的协商交谈，没有起到真正交谈的作用。但是，他们没有意见并意味着他们就完全同意了我们的意见或建议，而是先听下来，他们再在内部作研究。哪些意见他们认为可以接受，就按我们的意见办；哪些意见他们认为不可以接受，就改变做法自行其是，也不通知我们。这样的事是常常遇到的，次数多了就见怪不怪了。

在这次组织步兵团（营）进攻实兵战术演习训练中，赞军向我们提出，在战术演习时，要使用空军参加战术演习并准备进行空中实弹投掷。提出使用空军参加战术演习的口气不是建议而是硬性通知，并且还叫我们首先提出如何使用空军协同演习的建议。这是一个没有想到的问题，米安达上校提出后，我们认为不应当在战术演习中使用空军，不要把这个步兵团（营）进攻实兵战术演习，搞得过于复杂化了。如果计划不周全，会出重大问题的。但当时我们又不好直接说不同意他们使用空军参加战术演习，我们大使馆首席军事专家张延年同志震惊地问道：你们打算在战术演习中使用空军是如何设想的？具体打算怎么使用？这位上校有点不高兴地说：首先由中国军事专家提出使用空军的建议。我们坚持不了解飞机的战术、技术性能，是不好提出什么建议的，而仍坚持由赞方先介绍一下决定使用空军参加战术演习的打算。按说这也是一般的做法，但这位上校仍然一字不提任何情况，硬性地要求我们提出在战术演习中陆空协同演习的建议。这是一种无理的要求，他无权对中国军事专家组发号施令。由此，遭到我们拒绝是理所应当的。

1974年9月11日上午9时，在战术演习场地，赞陆军司令钦库利少将和中国军专组交谈训练问题时，张延年同志直截了当地建议这位司令向我们介绍他们使用空军参加战术演习的打算。钦库利少将在被动的情况下回答了我们的建议，从表象上看他是非常勉强的。与赞军打交道两年多来一直是我们说他们听的习惯方式改变了，我们要听听赞军决定在战术演习中使用空军的计划安排。

9月13日上午9时，赞军上校米安达按照他们司令的安排，前来我们军专组生活住地——木龙古稀，向我们介绍在战术演习中使用空军的打算。这位上校向我们谈了些什么呢？一句话概括就是：简单空洞，没有实际内容，就连我们提出的要他们介绍一下飞机是什么型号的、它的战术技术性能如何，也一字不提，真令人难以理解。事后分析其原因，他是要向我们保密。既然向我们保密，在战术演习中为什么叫我们提出使用空军的建议呢？可以看出，他们的目的其实就是：万一在战术演习中发生了重大问题，这位陆军司令和上校即可把责任全部推到中国军专组身上。这是一个极不友好的行为，要切实提高警惕性，切勿上当。我们的态度也很明确，关于在实兵战术演习中使用空军的问题，我们不能提出任何建议，坚持按照双方确定的战术演习基本想定和演习计划实施。

俄国解密档案：
戈尔巴乔夫关于苏共中央机构改革的设想[*]

南　江^{**}译

　　1988 年 9 月 30 日至 1989 年 9 月 20 日苏共中央政治局委员及候补委员标准像。从左至右，第一排：戈尔巴乔夫、沃罗特尼科夫、扎伊科夫、利加乔夫、梅德韦杰夫、尼科诺夫；第二排：雷日科夫、斯柳尼科夫、切布里科夫、谢瓦尔德纳泽、谢尔比茨基、雅科夫列夫；第三排：比留科娃、弗拉索夫、卢基扬诺夫、马斯柳科夫、拉祖莫夫斯基、索洛维约夫、塔雷津、亚佐夫。除切布里科夫、谢尔比茨基、弗拉索夫、索洛维约夫外，其余政治局委员或候补委员均参加了 1988 年 9 月 8 日讨论苏共机构重组、国家部委功能和干部政策的政治局会议。

　　* 本文是余伟民教授主持的 2014 年国家社科基金重大项目 "苏联解体过程的俄国档案文献收集整理与研究"（项目批准号 14ZDB062）的中期研究成果。

　　** 南江，河北经贸大学国际教育学院助理研究员。

【译者按】1986年4月，戈尔巴乔夫提出"党本身要改革""社会中的整个改革应当从党开始""党在改革中应当'以身作则'"这样的理念。①1988年6月28日—7月1日苏共召开第十九次全国代表会议，正式开启政治体制改革进程。苏共中央机构改革正是在这个大背景下开始的，也是苏联政治体制改革的核心环节。本译文基本回答了以下问题：第一，谁提出苏共中央机构改革设想？这份文件明确指出，正是戈尔巴乔夫首先提出中央机构改革蓝图；第二，苏共中央机构改革目标是什么？文件指出，戈尔巴乔夫设想机构改革的目标是：加强党在改革中的作用，让党更好地履行自己的职责；第三，如何进行机构改革？文件明确提出党政职能分开，提出用"职能清单"的办法清晰界定党、政府和苏维埃的权责；第四，设计者怎样预期改革的艰难？戈尔巴乔夫指出，党应当慎重全面地研究改革中出现的问题，改革越深入，出现的问题越多，要有耐心；第五，苏共中央推进政治体制改革的决心坚定，戈尔巴乔夫指出，如果改革止步不前，内外政策僵化，没有与时俱进，我们的事业就会遭遇挫折。这份文件指出，戈尔巴乔夫1988年曾提出"为什么改革进程与设想不一致？"这样的问题，这个问题的确重大，本想加强党的领导地位的政治体制改革设想却招致后来众所周知的大失败，其中的根本原因仍值得仁者智者认真研究。

SD43763

苏共中央政治局会议工作记录：
关于苏共机构重组、国家部委功能、干部政策
（1988年9月8日）

机密

只一份

（工作记录）

会议由戈尔巴乔夫（М. С. Горбачев）同志主持

参加会议的有：沃罗特尼科夫（В. И. Воротников）、葛罗米柯

---

① 张建华：《俄国史》（修订本），北京：人民出版社2014年版，第283页。

（А. А. Громыко）、扎伊科夫（Л. Н. Зайков）、利加乔夫（Е. К. Лигачев）、尼科诺夫（В. П. Никонов）、雷日科夫（Н. И. Рыжков）、斯柳尼科夫（Н. Н. Слюньков）、谢瓦尔德纳泽（Э. А. Шеварднадзе）、雅科夫列夫（А. Н. Яковлев）、多尔吉赫（В. И. Долгих）、马斯柳科夫（Ю. Д. Маслюков）、拉祖莫夫斯基（Г. П. Разумовский）、塔雷津（Н. В. Талызин）、亚佐夫（Д. Т. Язов）、巴克拉诺夫（О. Д. Бакланов）、多勃雷宁（А. Ф. Добрынин）、卢基扬诺夫（А. И. Лукьянов）、梅德韦杰夫（В. А. Медведев）

第一项：1988 年 8 月 24 日戈尔巴乔夫的发言记录："关于苏共机构重组问题"。

戈尔巴乔夫：第一项日程关于苏共机构重组问题，请大家发表意见。

利加乔夫①：我认为，发言记录关于该问题的分析体现了第十九次全党代表会议的精神。现在的确到了必须认真研究我党改善机关作风的时候了，正如提议中所指出的，一方面，应当把苏维埃管理机构和党的管理机构职能分开；另一方面，要提高党领导苏维埃管理国家的作用。

我坚决同意解决这个根本问题。在座的各位都向米哈伊尔·谢尔盖耶奇（Михаил Сергеевич）② 提过建议，我的建议也是这个态度。几十年来我们在这个问题上总是言多行少，曾有一段时期盛传要取消党对苏维埃的监督、改变党政职能不分的状况，但在实践中这种情况反而变本加厉了。各个党委（当时我在州党委工作）都使尽浑身解数让尽量多的下属机构插手经济问题，为什么出现这种情况？一方面，措施不到位；另一方面，苏维埃由党选举产生，因此，总体而言，我完全同意米哈伊尔·谢尔盖耶奇的意见，要继续加强苏共中央和中央各党政部门的作用。

我认为，这些建议如果能落到实处，有利于我们摒弃部门思维。

我只提一点意见。现在我们想在苏共中央甚至地方党委成立新部门，我认为，这个部门应当研究政策和理论问题，同时也应当承担组织工作，指导地方各级党组织开展工作。

---

① 利加乔夫（Егор Кузьмич Лигачев，1920-　），1985 年 4 月至 1990 年 7 月担任苏共中央政治局委员。——译者注

② 米哈伊尔·谢尔盖耶奇（Михаил Сергеевич），即米哈伊尔·谢尔盖耶奇·戈尔巴乔夫（М. С. Горбачев）。下同。——译者注

戈尔巴乔夫：还有思想工作。

利加乔夫：是的。必须加强与地方各级党委和群众的联系，任何机关如果不熟悉基层工作，就很难帮助中央制订政策，进行理论与政策问题分析。因此，这个机构要具有政策研究职能。我希望，该机构不要与政府机关、国家计委和外交部的职能重叠。因为它承担制订政策的任务，因而是个政策研究机构，也就是说，该机构的工作人员应当具备较高的专业水准、坚定的政治素质、良好的道德水平和文化素养，我再加一条，熟悉基层情况。

当然，我们应当帮助那些转岗的人员重新就业（这大概是最复杂、最困难的工作）。我们面临的最大困难是，精简70万—80万机关工作人员，其中州、共和国、市、区级机关人员就有55万人。

戈尔巴乔夫：顺便问一下，这项工作进展如何？

利加乔夫：目前还没出现问题。

戈尔巴乔夫：这项工作仍在进行吗？

利加乔夫：是的，我们正加大工作力度。虽然这项工作目前仍处于起步阶段，但会持续推进，我有信心于1月1日前完成。

我认为，应当加强对苏共二十七大、第十九次全国代表会议、政治局和书记处各项决议执行情况的监督力度。

据我个人观察，最近有些地方纪律涣散，漠视劳动纪律和党纪国法。某些地区为了追求地方利益和部门利益最大化，出现坐地涨价的现象，我经常要处理这类问题。举个例子，刊登反映战争前后苏联外交政策错误立场的文章都要花很多钱，我们在《真理报》上找到一些文章，如果我们的编辑和其他共和国的报纸转载这些文章，都需要层层加价。

我认为，这种坐地涨价的行为在某些地区非常严重，比比皆是。如果工业部门谋求50%—60%的利润而涨价，就会引发连锁反应。虽然我们对涨价行为有所警惕，但对这种现象的研究非常滞后。

新机构应当认真研究这些问题。

米哈伊尔·谢尔盖耶维奇，重组地方党组织的问题需要一并讨论吗？

戈尔巴乔夫：我们重点研究重组中央党政机关的问题。

利加乔夫：我发言完毕。

雷日科夫①：我认为，米哈伊尔·谢尔盖耶维奇的发言记录全面分析了

---

① 雷日科夫（Николай Иванович Рыжков，1929- ），1985年4月至1990年7月担任苏共中央政治局委员，1985年9月至1990年12月担任苏联部长会议主席。——译者注

各种问题，可以说把机构重组问题的来龙去脉进行了梳理。所提的建议都经过细致周密考虑，非常稳健，符合第十九次全国代表会议的决议要求，我同意这些建议。要采取根本性的措施，否则就见不到任何成效。我们党非常强大，积累了丰富的经验，可以完成苏共中央和地方机关的改组工作。

我知道，这项工作面临重重困难。大道理谁都懂，但实际工作很难做。这项工作十年前，更准确地说是50年前，从30年代斯大林时期就开始研究，50年来我们毫无建树。当然，不能期望瞬间就能实现机构重组、职能分开的目标，要有过渡期，这是必经阶段。最重要的是，改革的方针已定，目标明确。不仅是苏共中央机关，部长会议和由上至下的各级执委会都要彻底重组，其他涉及党、苏维埃、行政部门的大量问题以后再研究。

我提三点建议。

第一，我完全同意有关经济社会政策的意见。我认为，如果分别单独制订社会、经济、科技政策并不合适，社会政策和经济、科技政策三者相互联系、不能割裂，三者互为补充，形成统一的整体，无论如何都不能把它们割裂开。

第二，这个部门要有实权。如果这个部门不是按职能，而是按冶金、化工、机械制造这样的行业来设立下属机构，就相当于用微缩版的一个部门来替换原来的部门，新部门将与部长会议下属的各部门重叠，这会更糟糕。因此，我认为，新部门不能按照行业设立部内机构。

第三，发言记录中提到，在过渡阶段国防工业部和农业政策部不纳入新部门，我同意这个建议，这两个部仍由中央管理，为什么呢？

因为事关国防。制订国防政策是我党政治工作的组成部分，党中央、总书记统帅政治工作，过去是这样，将来依然如此。国防与政治密不可分，战争是政治的延续。国防战略具有防御性、进攻性还是第三种，主要取决于国际局势等多种因素。因此，在现阶段，把国防职能从中央剥离出去的做法是错误的，后果将不堪设想。今后如果裁军问题取得较大突破，那时就可以考虑这么做，但现在还不是时候。

应当认真研究国防部门的职能问题，称之为国防工业部还是国防部？应当考虑。

戈尔巴乔夫：国防政策事关重大，称国防部更合适……

雷日科夫：说"政策"不合适，部委不能制订政策，政治局、国防会议才能制订政策，但名称可以是国防部，要先把名称定下来。

如果保留原来国防工业部的名称，也就意味着还有个备胎：军事工业委员会，在本质上，它和国防工业部的职能是重叠的。

应当认真研究国防部的职能，它主要做什么？我认为，国防部应当研究全球问题。现在我们有苏共中央总书记领导的国防会议，它主要研究具有全局性、战略性的问题，即苏联的政治军事局势、军事理念等问题。不久前国防会议确定了苏联武装力量的性质——防御性还是进攻性的问题。国防部也应当研究这类大战略。因此，我认为，国防部的职能与国防会议类似，它不是一个准备日程、上传下达的机构，它要制订出涉及工业领域、国防部、国家安全委员会和所有安全领域的大战略提交国防会议进行研究；应向作为国防会议主席的苏共中央总书记提交苏联武装力量整体或具体问题的分析报告。以空军为例，国防部应当宏观分析空军现状并提交深度分析报告，不要纠缠于飞机购买费用、飞机材料等细节问题，这是其他部门研究的问题。国防部要会同外交部跟踪并报告国际局势。

国防部应监督某些大项目的进展。目前我们有三大项目，国防部要负责监督并报告项目进展情况。

当然，还有干部政策问题。

总之，我同意成立类似的部门，但应当认真研究其职责范围。

戈尔巴乔夫：研究其职能。

雷日科夫：是的，要认真研究其职能。

戈尔巴乔夫：还有它的地位。

雷日科夫：是的，还有地位问题。它的职能应与现有的部门有所区别；人员要少，素质要高，尤其要有战略思维。

关于农业政策部，党始终直接制订中央和地方的农业政策，苏共中央书记处、各州委书记都很关注粮食问题，因此，现在马上取消党委对粮食问题的领导会非常危险。

戈尔巴乔夫：之后就会取消党委对农业工人、农村环境这些重大政策问题的领导。

雷日科夫：是的，因此，现在不能马上取消。那么这个部门的职能是什么呢？它的职能和现有的苏共中央农业和食品工业部以及苏联国家农工委员会有什么不同？我认为，实际上后两个部门的职能本身就是重叠的。

因此，新建一个部门就要准确定位它的职能，在第十九次全国代表会议后召开的七月全会筹备会和七月全会上，我们已经讨论过这个问题，发言记录中也提到了，我不是这方面的专家，但我同意专家的意见。

我们在农业领域尚有许多不足，某些设备短缺，还有些设备过剩，现在正分门别类地研究这些问题。已经查出 8 亿卢布的过剩设备，短缺的设备需要投入数十亿卢布，类似的问题还有很多，必须解决这些问题。

但这还不是主要问题，主要的问题是农业政策，政策指导实际工作。农业政策涉及种子、租赁、农场等一连串问题。如果我们没有深入研究这些问题的政治、经济根源，就无法采取缜密的措施，我们的工作只能治标不治本，就无法持续完成《粮食计划》。

我认为，农业政策部应当制订涉及农业发展方向、农业工作部署这类的政策问题。苏联国家农工委员会的职能是"填馅"，制订定额等工作。

戈尔巴乔夫：转化为政策。

雷日科夫：是的，转化。由经济管理部门落实各地的工作安排、价格、税收、租金等具体工作，但首先要制订政策，目前的状况是朝令夕改，因此，如果有个部门能够认真研究农业政策问题，上述问题可以很快解决。

当然，中央组建农业政策部时，还要考虑它与苏共中央农业和食品工业部、苏联国家农工委员会、苏联最高苏维埃的相互关系问题，这些机构的职能不能重叠，相反，要职能互补。

最后一点希望，今天的政治局会议应当通过这个决议并要尽快落实，我认为，大家都希望如此。

一开始我就说过，我们应当进行系统的重组。现在我们每天都在研究1989 年计划草案，经济改革已经初见成效，很多工作都在顺利推进。与此同时，我们明显感觉到，当前出现了前所未有的一些现象，引发了大量的矛盾，我们通过了一些决议解决这些问题，但可能这些决议本身也有不妥之处，主要问题是决议太具体。举个例子，昨天我和同志们听到一个有关建筑工地的问题，部长们直言不讳地说：您批评我们投资分散，但您自己却接二连三地通过建设新工程的决议，您看光决议就有整整一沓。手里的工程尚未完工，没有开建新项目，您和中央就会像现在这样拿我是问。的确，我们通过的决议非常具体，甚至具体到每个车间。

戈尔巴乔夫：当批评一个企业的管理者时会问：为什么合作社总是有活儿干？他回答道：这很正常，我给您解释，这没什么秘诀。合作社的负责人说：您没有批文，不能签承包合同。他会强制你跟他签合同，但如果你无法完工，他不承担任何责任，他会说，您自己签的合同，出了问题与我无关。

如果我是业主，我也否认我有责任，因为这个项目没有任何批文。尽管我是被迫签订的合同，但业主和我一样都被坑了。

雷日科夫：的确会出现这种情况。制订《企业法》时，我们就说过，如果我们是企业经理的话，我们也会违法，现在应验了，我们做出这些决议的时候就已经违法了。

戈尔巴乔夫：我们应当只有一项权利：国家以优惠条件按需订货，这样就能纠正这种情况。

雷日科夫：我相信，如果在建筑业推行新措施，情况会大有好转。看来，现在制订的1989年计划当中还保留了一些行政手段，以后制订1990年计划时要减少行政手段。

原则上，苏共中央应当确定政治战略方向，部长会议应当最大限度地研究市场，不要纠缠于细节问题，因为管得过细就有悖于《企业法》。米哈伊尔·谢尔盖耶维奇，现在我们就在违反《企业法》，因为必须得通过一些涉及具体细节问题的决议，我们被细节捆住了手脚，却对诸如基建体制改革等重大问题鞭长莫及。这也证明，我们必须非常严肃地、以改革的精神来研究机构改革问题。

葛罗米柯①：今天我们讨论的问题是党和国家的重大问题之一，可以说，现在是改革最关键的时期。米哈伊尔·谢尔盖耶维奇的发言记录一针见血地提出了如何继续深化改革事业的问题。列宁关于改革的基本思想是：党管理原则性问题，城乡国民经济具体的建设问题尽量交给国家行政机关。非常重大的具体问题到了他那里，他都会指示相关政府部门根据党的原则酌情处理，这样的指示很多，米哈伊尔·谢尔盖耶维奇的发言记录中都有例举。我认为，这就是我们今后工作的方向。甚至在内战时期，列宁也非常关注职能划分问题，要求按照有利于提高办事效率、有利于国防、有利于改善城乡人民生活的原则划分党政职能．因此，我同意通过这个决议。我们要趁热打铁，彻底解决党政机构重组问题。

政府部门的职能是：根据党制订的政治原则，采取具体措施并负责执行。

几天前我们研究了咸海的命运问题，结论是，好像没人应该对此负责。

---

① 葛罗米柯（Андрей Андреевич Громыко，1909－1989），1957—1985年担任苏联外长，1985—1988年担任苏联最高苏维埃主席团主席，1973年4月至1988年9月担任苏共中央政治局委员。——译者注

戈尔巴乔夫：这是职能划分不清的典型后果，找不到责任主体！

葛罗米柯：一定要研究清楚职能划分的问题。我认为，现在政治局、中央正在研究的许多问题可以交由部长会议和其他政府机构研究，这些政府机构根据党制订的相关原则路线解决具体问题。

我认为，建立社会经济政策部就较好地体现了这个思想。这个部门的确很重要，但不能认为它能制订重大政策，党和中央的作用是其他任何政治力量都无法代替的，我对此坚信不疑。

我认为，发言记录中的结论是正确的：社会政策不能脱离经济政策，部委可以下设机构，但不能走机构重叠的老路，只让部门名称发生变化，而其职能没有任何改变。必须坚持机构重组的原则路线，不要重蹈覆辙。

有关设立农业政策部的问题，我认为在座的所有人可能都支持这个意见。

实际上，几十年来我国实行的都是不等价交换，农民的劳动明显贬值，使用强迫的方法全盘集体化。等价交换能积累财富吗？绝对不能！因此，需要一定的时间研究这些问题。我们很少提及这些问题，甚至至今农村都无法得到它应得的收入，当我们解释不清这些问题时，就会说：是啊，由来已久。

因此，我同意设立农业政策部，它肩负重任。虽然经济部也可以研究农村经济、农业问题，但我们要找到最佳解决方案。我的意见是农业政策就是农业政策，党务必认真研究，确定政策原则、采取具体措施、做出相应决定。谁也无法打包票说，我们在哪年以前能够解决所有的农业问题，只能尽最大努力尽快解决问题。

谈谈国防工业部的问题。现在我们有研究军事问题的国防会议以及研究军工经济问题的苏共中央国防工业部，在编人员素质高，胜任军事军工领域的工作。我认为，新部门名称为"国防工业部"没什么不妥之处。国防会议还要研究军事问题。

戈尔巴乔夫：研究军事政治问题。

葛罗米柯：研究军事政治战略问题。

由于国际局势并不明朗，目前许多问题还无法做出定论。我们知道，有些任务是必须要完成的，因此，我认为，可以命名为"国防工业部"。它职责多样，可以进行相关的政策研究，名称并不重要。国防会议当然不能研究军工问题，但要与党中央、与政府步调一致。

我认为，中央还应有主管意识形态的工作部门，该部门应研究我国意识形态领域最重要的问题。我们大家都赞成民主化、公开性，但要坚持有利于建设社会主义制度的方针，民主化、公开性要为建设社会主义创造更好的条件，使我们的社会主义稳步前进。因此，意识形态工作极其重要。

意识形态工作不能停顿，我们要做青年的思想工作，一部分人思想误入歧途，不幸的是，这也许不能怪他们，这是我们放松意识形态工作所付出的代价，这样的代价不可避免，现在需要整顿，影视报刊中出现了不该有的现象，对青少年产生了不良的影响。

我再次强调，意识形态部是最重要的部门之一。

我同意讲话记录中设立党建与干部政策部的建议。记录提出的民族政策问题也是正确的，最近发生的事件印证了这一点。

戈尔巴乔夫：一些同志希望把民族关系问题交由意识形态部负责，但我认为，党建与干部政策部肯定要研究民族问题，因为该部要与所有加盟共和国的党员干部保持密切联系，必然要研究具体的民族问题，而不能只研究纯粹的哲学问题。当然，包括意识形态部在内的苏共中央所有部门都要研究涉及民族思想、民族理论等方面的民族问题，但总体上，由组织部主抓民族问题。

葛罗米柯：如果两年前研究民族问题可能只会强调其意识形态属性，但最近发生的情况提醒我们，必须重新认识民族问题、必须以高度的责任感高效地解决民族问题。我同意，中央下设党建部。

我认为，不久前米哈伊尔·谢尔盖耶维奇在政治局和最高苏维埃主席团的讲话对解决纳—卡冲突①发挥了关键作用。

我同意建立政治情报研究所。除了少数几个没钱的小国外，西方国家几乎都有研究社会舆论的研究所，甚至建立了研究网。西方国家的政府允许这些机构发表它们能接受的评估报告和研究结论。当然，这些机构的话语权都

---

① 关于"纳—卡冲突"。纳—卡，指苏联阿塞拜疆西南部的纳戈尔诺—卡拉巴赫自治州（简称纳—卡）。该州人口20%是阿塞拜疆族人，80%为亚美尼亚族人。历史上纳—卡地区的阿、亚两族就纳—卡的归属问题争议不绝，亚美尼亚人一直谋求将纳—卡并入苏联加盟共和国之一的亚美尼亚苏维埃社会主义共和国。1988年2月，主要由亚美尼亚人组成的纳—卡州苏维埃要求把这一地区划归亚美尼亚共和国管辖。同年6月，亚美尼亚苏维埃社会主义共和国最高苏维埃表示同意接管纳—卡州，但苏联加盟共和国阿塞拜疆苏维埃社会主义共和国坚决拒绝变更纳—卡地区领土的任何要求。是时，苏联最高苏维埃也不同意改变纳—卡州的归属。与此同时，纳—卡州境内亚美尼亚人和阿塞拜疆人之间的冲突却愈演愈烈。——译者注

掌握在西方人手中。为什么我们至今还没有这类机构？回顾历史就明白了，因为我们害怕听到不同的意见。现在我们认识到了这个问题，建立这类机构对加强我们党的意识形态工作有益无害。

我同意记录中提出的意见，在机构重组的过程中，千万不要按行业部门划分机构职能，应当坚持这一点。

戈尔巴乔夫：下面请沃罗特尼科夫发言。

还有许多同志想发言，因此，我请大家言简意赅，只说要点。

沃罗特尼科夫[①]：我没什么补充意见，这份记录已经说得非常清楚了，我完全同意其观点。但我之前认为不应匆忙做出决定，在看过几遍并认真思考后，我认为现在有必要马上通过决议，不能再拖了。

党必须进行机构重组工作，这项工作过去是、现在还是国家管理体系中最困难最复杂的工作，阻力巨大、顾虑甚多。我们习惯了把一些可轻可重的问题推给中央各部研究，这实际有损党的威望，因此，我认为，中央和地方党务部门重组工作固然复杂，但最复杂的还是党委如何打破历史形成的条框束缚而与政府机关、与社会组织相互协调的问题，我们必然要经历这个过程。改革要有衔接，如果我们现在就剥离党的一些职能，怎样让新接手的组织机构承担好这些职责？无论是工会、共青团，还是苏维埃、政府都尚未做好准备。此外，还要捋顺法律关系，目前我们尚无任何法律清楚明确地界定党政机关的职能，这个问题非常艰巨，我们应当制订行动计划，把党的所有职能剥离到政府和其他机构，这些计划都由人来实现，因此，加强干部培养工作十分重要。

俄联邦加盟共和国应当研究机构职能问题，虽然我们已经对部委、自治共和国和地方各级党委层面进行了一些改革，但在当前形势下，我们必须重新思考、反复思量如何协调党和政府职能的问题。我担心的是，在党和政府的职能衔接上不要出现问题。老实说，取消党委的职能当然更容易，但并非所有政府领导都愿意担负新的职责。

戈尔巴乔夫：这就说明记录提到机关要引进人才的想法是正确的。

沃罗特尼科夫：我同意。党、苏维埃、政府都要任用新干部，这批干部要采用新的工作方法胜任新职责，这点很重要。

党的组织结构的形成主要取决于我们如何划分国防、意识形态和其他部

---

① 沃罗特尼科夫（Виталий Иванович Воротников，1926-2012），1983 年 12 月至 1990 年 7 月担任苏共中央政治局委员，1988 年 10 月至 1990 年 8 月担任苏联最高苏维埃主席团副主席。——译者注

门的职能。我认为，社会经济政策部与组织工作部同等重要。社会经济政策部职责重大，承担研究经济政策、投资方向问题，并要处理大量事务性工作。直言不讳地说，该部也犯了一些错误，比如：国家生产联合公司多次决定隐形提价，等等。米哈伊尔·谢尔盖耶维奇，合作社出现了不少问题，既有积极的因素，也有消极的影响。合作社要让国家受益，要产生良好的社会影响，但现在它们却给国家带来不少损失。

因此，建议经济部的职能要与社会政策制订相联系，经济问题与社会问题不能割裂。

关键在于落实，顺利度过过渡期。

雅科夫列夫①：首先，米哈伊尔·谢尔盖耶维奇的记录内容翔实、论证充分、措施重大。我认为，党政机关重组只是表面现象，其实质是党的职能将发生根本性、革命性的变化，也是我们解决当前许多问题的重要手段。

众所周知，1985年党提出要结束停滞状态，至今我都坚决支持这个提议，为此不懈奋斗，但仍感受到来自保守势力的巨大压力。过去三年的经验表明，由于改革未触及权力结构，许多旧观念仍根深蒂固。

现在需要做出合理的调整，让广大人民群众获得政治解放。我认为，记录所提建议是适宜的，可以在全社会创造有利于改革的政治思想氛围。

虽然世界社会主义历史短暂，但其经验表明，当执政党落后于现实生活、不与时俱进，国内危机就开始出现。停滞时期宝贵的经验表明，党演变为保守势力是对社会主义的最大威胁。

结论只有一个，正如总书记在记录中提出的，党不仅要与时俱进，更应及时引领时代的发展，因此，我们要建设新的社会结构。历史上社会管理有两种方式，一种是人民自治，权为民有；另一种是威权管理方式，社会主义是其中一种。

记录提出一个问题：民主和自治哪种方式更能够解决社会发展矛盾呢？这是所有问题的本质，这个问题当然非常复杂。近年来，我们感受到政治领域出现了明显的变化，党和社会仍需大力宣传这些变化。

不仅要反思党在社会中的地位和作用，还要用最佳方法把党的理念变为现实。我同意雷日科夫的意见，掌握权力、肩负重任的政府机构不能阻碍社会的发展。现在我们应当更加慎重地研究政治、意识形态、传媒等所有问

---

① 雅科夫列夫（Александр Николаевич Яковлев，1923- ），1987年6月至1990年7月担任苏共中央政治局委员。——译者注

题，这项工作非常艰巨，要花时间认真研究人民权力机关、政府机关、党的各机关之间的相互关系。此外，我们很清楚，无论在理论还是实践方面，我们都没有多少调整三方关系的经验，如果我们还不尝试，今后也不会有这方面的经验。

1917 年布尔什维克也没有什么经验，但他们夺取了政权，结束了沙皇专制。我们应摆脱列宁以后本质上党压制社会的政治体制，这种摆脱不仅要体现在我们今天所讨论的法令中，而且要体现在政府报告和选举中。人民代表大会选举组成国家最高权力机关和各级地方苏维埃，由此形成的上层建筑才能获得充分的授权，党才具备执政权。

米哈伊尔·谢尔盖耶维奇的记录指出，党务机关改革的本质是通过机构改革让党焕然一新，通过社会本身的可持续发展维护和巩固党在社会中的作用。

众所周知，历史印证了马克思学说的正确性，发展是一种社会存在形式，所有的权力机关都要促进某个阶级或阶层的发展，如果阻碍其发展，就会遭到失败，如果自四月全会至今我们还认识不到这一点，我们的事业必将失败。

当然，改革十分艰难，但不能停滞不前，我们没有选择。改革过程中会遇到许多问题，付出许多代价，我们要沉着应对、冷静耐心。虽然政治责任由领导集体共同承担，但我个人深信，我们选择的道路是正确的。

现在认真研究米哈伊尔·谢尔盖耶维奇的记录具有十分重要的意义。我们要全力提高地方权力机构在政治、意识形态领域的地位和作用。在过渡时期，我们要从自己做起，去除利加乔夫所说的惰性，把民主思维、公开性原则推向深入，显著增加政府机构的工作职能。米哈伊尔·谢尔盖耶维奇，各级地方苏维埃应尽可能在最近会集中讨论党、政府、苏维埃的职能划分问题。

其次，我同意同志们的意见，职能划分是一个根本性的问题。如果只是改变机构名称和组织结构，但仍保留其原来的职能，虽然我们完成了组织机构调整工作，但实际上却没有任何变化。这不光指作为过渡时期成立的国防部或农业政策部，更涉及党的所辖各部。也就是说，如果仍按照社会、经济、意识形态、传媒、文化、科学成立与政府职能重叠的各部，就不会有任何改变。我们在座的各位，特别是中央书记们、部长会议成员必须解决机构职能划分问题。

再次，米哈伊尔·谢尔盖耶维奇，也许需要仔细研究地方报社也要改变自身组织结构的问题。现在地方报社分属党、政府、苏维埃三个不同的系统，已经跟不上新形势。我个人认为，新闻媒体应归党管理，它们可以制约政府，同时也是政府的得力助手和监督者。新闻媒体需要一定的时间改革自身。

最后，党的理论创新和意识形态工作比机构改革更加紧迫。党正在进行的改革可以说相当艰难，原因众多，我们姑且不做分析，其中之一便是缺乏引领实践的理论思想，因此，我非常同意记录中的提议，建立政治研究分所、科研中心分所这样精干的机构协调政治研究、直接分析党的内政外交政策。

总之，我完全支持记录中的提议，但必须强调一点，要尽快采取这些措施，动摇、怀疑、猜忌不可避免，但要降到最低。一旦决定实行新体制，就要尽快。

扎伊科夫①：米哈伊尔·谢尔盖耶维奇的记录涉及苏共中央机构改革，符合第十九次全国代表会议的精神。我认真研究了这些问题，莫斯科市委同意此次改革的指导思想，认为必须落实这些改革决议。首先改革苏共中央机构是此次改革的特点，各级党委期待尽快实施改革，正如记录中提出的，不要拖延。现在正在进行的选举，就出现了各种各样的问题。

必须准确界定苏共中央各部、作为执行机构的部长会议、最高苏维埃三者的职能。基层机构职能划分要按照中央的要求开展，我和基层的许多同志交流过，他们都很期待中央划分机构职能的具体决议。

经济和社会政策部肯定要有，由于发展经济离不开科技进步，因此，科技进步问题应由该部主管，这样就完整了。部委职能应当反映执政理念，无论如何也不能按分管行业设置下属机构，这样只是换个机构名称，其职能将不会发生任何变化，这是首要问题。

雷日科夫担心政出多门的问题，这些问题的确存在，但事出有因，需要进行统筹考虑。举个莫斯科的例子，它的问题牵涉到所有共和国，莫斯科能自己制订蔬果产品计划吗？莫斯科要从全国调运250万吨蔬果，这种现状至今很难改变。为什么？是人为造成的吗？换掉一个人，还是没有解决，再能干的人也无法解决这个问题，即使中央部委也无能为力。我和尼科诺夫同志

---

① 扎伊科夫（Лев Николаевич Зайков，1923–2002），1986年3月至1990年7月担任苏共中央政治局委员。——译者注

每晚都开会研究，但也无济于事，为什么？因为党制订的政策不成体系。米哈伊尔·谢尔盖耶维奇经常说，技术落后，一旦采用系统的流水线作业，这个问题就会得到解决，而现状是：负责收购的随便收；负责保管的任其腐烂；负责销售的漫不经心，简直就是一团糟。

莫斯科市和莫斯科州没有任何耕地，不种植任何农作物，果蔬无法自给，所有果蔬都先运往莫斯科市，再分运至莫斯科州，谁愿意这样？是否应当研究这样的政策问题？当然需要研究。

莫斯科还需要特殊的医疗保障措施？莫斯科必须要有专门医疗措施，因为全国各地甚至外国人都来莫斯科。有必要考虑这些因素吗？必须要考虑。

那为什么没有做？因为我们上报到国家计委时必须考虑周全，国家计委是不逼不办事、逼急了才办事，会哭的孩子有奶吃，这样的问题应当研究。

我们已经把一些职能（米哈伊尔·谢尔盖耶维奇，我已向您汇报过此事）下放给了各区，像莫斯科这样的城市，市苏维埃执委不可能包揽一切，而区委却毫无决策权。在各区同意的情况下，市委开始下放职权，他们也很尽职尽责，但干部素养问题仍有待研究。

谈一下经济核算问题。为什么我们信任工厂厂长、信任联合公司？为什么我们建议莫斯科市和莫斯科州不要实行能够节约资金的全面经济核算制？因为他们会说：请您多拨些钱。其出发点就是尽可能套取国有资产（从去年的情况就可见一斑）。各个如此！要统筹考虑各种情况，才能推动这项工作。

关于国防工业部的问题我考虑了很长时间。该部可能还是需要的，至于需要多长时间，是次要的问题。我们确实有研究政治军事问题的国防会议，国防会议做出决策后，党需要花费大量精力监督决策是否落实到位。中央总书记兼任国防会议主席，负责研究国防会议中的政治问题。应当研究国防会议的其他职能，特别是专业性、独立性较强的监督职能的划分问题。

该部门的专家和科学家要研究一种武器与另一种武器的相互区别等这类非常重要的专业问题。

莫斯科、列宁格勒党委也需要设置该部，共需要110名专家。不要忘记这是保密工作，人多必失。我们曾经为节省一点资金而损失一架数十亿卢布的米格-25飞机，得不偿失。必须研究这些问题。谁来研究？党委、执委行吗？我不知道。

农业政策部应当保留。

总之，我同意记录中的意见，要尽快启动落实工作。

谢瓦尔德纳泽①：我认为米哈伊尔·谢尔盖耶维奇记录提出的建议是实现第十九次全国代表会议的重大举措，从重组中央机构开始进行政治体制改革十分正确。政治局、书记处、苏共中央各机构、各加盟共和国党中央经常自揽一些非核心职能，导致机构职能发生异化。

我认为，马上放弃指令方式并不可取，苏维埃、各委员会、司法机关不是普通的代议机构，有其特定的历史背景。

但改革将使党焕发新的生机，党不再制订内政特别是外交政策，可以避免犯非常严重的错误。举例来说，如果民主体制有效运转，就不会发生代价昂贵的阿富汗悲剧，苏联社会就不会发生大的动荡。

戈尔巴乔夫：你刚才说，党不再制订内政外交政策，我觉得不对。回想一下，当初是谁制订的阿富汗政策？我在政治局、书记处工作的经验（比一些人多些，比另一些人少些）表明，政治局在某种程度上是各种内政外交机构所提建议的盖章单位。党在制订政策时更应深入研究问题，现在的确做得不够。政治局"横跨"中央各机构之上，他们决策后，我们盖章。如果部长会议向政治局提交的建议遭到否决，也不允许修改，谁要想修改建议，就会作为不识时务者被长期孤立。

因此，我听到你发言时就想：谢瓦尔德纳泽想说啥？通常，政治局、书记处、甚至中央全会盖章通过的决议都是以国家计委及下属机构为主的各部门拟定好的文件。

谢瓦尔德纳泽：不完全对，除了各部门，还有个人。

戈尔巴乔夫：一些同志会突然提出建议，如果提交到政治局，政治局委员还能发发牢骚；如果提交到书记处，书记没有立刻处理，必须得开会研究，你就会听到：你算老几，你算老几？连讨论都不允许了，好像书记处是为他家开的。

谢瓦尔德纳泽：一些社会现象也令人担忧。由于缺乏科学研究，我们总是搞不明白现在最为突出的民族关系、民族政策问题。

我们必须研究社会舆论，这话已经说了15—20年。谢天谢地！现在终于要彻底解决这个问题了。党中央必须认真研究这类问题、密切关注有关事态的动向。

现在社会舆论对治理酗酒的方式民怨沸腾，需要仔细研究、严格分类，

---

① 谢瓦尔德纳泽（Эдуард Амвросиевич Шеварднадзе，1928-2014），1985年7月至1990年7月担任苏共中央政治局委员，1985—1991年担任苏联外长。——译者注

必须制订标准：好的、坏的；允许的、不允许的。目前还在用行政方法处理酗酒问题，已经难以为继，必须彻底改用其他手段，采取其他措施。

还有一个问题：既然认真研究了政策，为什么还没能避免发生这类社会问题？党代会都曾经讨论过这些问题，但现在必须更加认真、更加诚实地进行研究。

还有个问题困扰我。杜卡基斯①曾发表声明：让我们来研究一下社会主义国家的民众如何实现社会权利的问题；让我们来帮助社会主义国家的工人阶级和普通民众实现社会权利，等等。也就是说，西方把人权问题扩大到社会领域，他们妄图用社会问题攻击我们。

我认为，现在迫切需要确定党中央及下属各机构的职权范围。

米哈伊尔·谢尔盖耶维奇，我总在想，这样做是否会削弱党的地位和作用？这个问题也困扰每个人……

戈尔巴乔夫：这么做会提高党的威望。现在党陷于政府的事务性问题，无法研究重大的政治问题，而这才是党的本职工作。党的威望主要取决于我们如何行动，老体制已经使党的威望有所下降，新体制将有利于提高党的威望，那就这么办。

谢瓦尔德纳泽：记录中提到，党仍保留在干部政策、意识形态政策和其他所有领域广义政策方面的最终决策权，我对此没有意见。

还有一个问题。毫无疑问，没有机关，人们无法生活和工作。但机关工作人员中，有些人实干，有些人庸怠。一些机关单位作风不良、人浮于事，要有所警觉。机关作风是党和社会不良风气的体现。现在我们要创造良好的社会氛围让真正最优秀的人、最优秀的党员、有真才实干、德高望重的人进入中央机关工作。

戈尔巴乔夫：顺便说一下，我在记录中提到的工资是指区委和市委领导的工资，现在我说一下中央机关的工资问题。中央机关的工资主要针对的是选举产生的干部，不是一般的工作人员，而是指书记和其他经选举产生的领导干部的工资。

谢瓦尔德纳泽：我同意。要认真、合理地解决那些仍留在中央机关、从地方调至中央机关、调离中央机关的同志的待遇问题，这项工作十分重要。

中央各部停止行业管理职能后情况如何？我认为，这个问题不用担心，

---

① 杜卡基斯（Dukakis，1933- ），1975—1979年、1983—1991年任美国马萨诸塞州州长，1988年被提名为美国民主党总统候选人。——译者注

政府机构和其他机构的党员会落实党的政策。

戈尔巴乔夫：关于撤销各部行业职能问题，要逐个部门进行谈话。

谢瓦尔德纳泽：是的。

戈尔巴乔夫：要用民主的方法解决这个问题。

谢瓦尔德纳泽：党建与干部政策部的名称很好，这个部门主要负责处理干部问题，十分重要。该部下设民族关系处也很对，但共和国一级是否也设置对应的机构呢？不用设置，还是需要统筹安排？

我同意雷日科夫在国防部问题上的意见。我目前是国防会议成员，感觉它权责有限。我认为，国防部、总参等是主要军事部门，但也有重大缺陷。近十年来我们的军队建设十分滞后，这是问题的根本，我们应当密切跟踪世界科技、工艺、军队建设领域的发展动向。我认为，苏共中央国防部恰恰应是国防会议下属的部门机构，负责总参、外交部或其他部门职责以外的问题，只有这样国防领域才能发生根本性变革。

我同意将现有部门进行整合成立国际政策部，这个提议很好。当前的问题是什么？坦率地说，国际问题分属三个部负责正是当前发生诸多问题的根源。雅科夫列夫说得对：只有以行业划分部门才能明确部门职权，三个部门就会导致职能重叠，还会出现争抢现象，这种现象在基层表现得尤为明显。

比如，中央机关的一些同志承担本属于外交部的职能，进行不必要的重复劳动，必须得纠正。

合并后国际政策部的职能是：制订对外政策指导思想、准备重要的对外政策决议草案提交中央政治局。目前这些工作由扎伊科夫和雅科夫列夫分管，他们分工明确，但仍协调不够。我认为，国际政策部最重要的职能便是协调，当前协调职能明显不足，成立这个大部无疑可以解决这些问题。

我不再一一列举国际部的职能，但要指出，诸如国际共产主义运动、世界进步力量的发展动向等全球性问题当然由国际部负责研究。我们已多次强调，国际部必须认真严谨地研究这些现象。大国际部将会成为中央的得力助手。

还有最后一个问题。中央部门职能划分工作不能拖延，因为关系到要确定中央各部、部长会议、最高苏维埃、最高苏维埃主席一系列机构的职能划分问题，希望尽快确定下来，理顺中央机关的相关工作。

我认为，今天所讨论的问题具有重要的历史意义，我完全同意米哈伊尔·谢尔盖耶维奇记录中的提议。

多尔吉赫①：米哈伊尔·谢尔盖耶维奇，我认为，我们过去多年的工作具有惯性，因此，设立新机构并非易事，可以说，这是一项最复杂的工作，只能通过顶层设计加以解决。您的建议非常重大也非常细致，也是最佳方案，我非常同意。

当然，暂时还未涉及中央委员参与的各委员会具体工作职能问题，这个问题原则上也要解决。有关中央机关职能划分问题，我谈两三点意见。

经济与社会政策部合并比（经济、社会）两个部门分开要好。一开始我是这么想：由于这两个部门任务繁重，可以成立专门的经济部来深入研究经济问题，看过您的提议后，我认为，这是当前唯一可行的方案，部门设立伊始就要有一个明确的指导思想。

戈尔巴乔夫：不要变成超级部。

多尔吉赫：当然。如果只按照行业来划分部门，情况只会恶化，因此设立部门的指导思想十分重要，正如雷日科夫和其他同志所说的，必须尽快确定农业部、国防部和其他中央各部的职能。干部是关键，要引起足够的重视。

我同意雷日科夫的看法，国防部要协助政治局和国防会议制订政策。

坚定改革决心十分重要，也要考虑改革成本。改革正日益深入人心，不能再问：有必要改革吗？第十九次全国代表会议已经做出了结论。我认为，没人想过改革风险这个问题。改革中会出现有损改革的这样或那样的偏差，因此，把握住改革的大方向就十分重要。改革方向如何影响改革进程？必须引领改革方向。就拿生态问题来说，要求解决生态问题的呼声日渐高涨，国家需要投入两倍、三倍、十倍的资金才能解决这个问题，党中央、各级政府都采取了相应的措施，但目前生态事件仍在发酵，可能引发严重的风险。就拿能源问题来说，在建设水电站期间，因希普诺夫（Шипунов）同志没有采取相应的措施，致使淹没了1亿公顷的耕地。

戈尔巴乔夫：该事件是《经济报》报道的？

多尔吉赫：不是，电视曝光的。

戈尔巴乔夫：我已责成委员会主席调查此事。

多尔吉赫：这是后话。

问题是这种事情已经对我们的改革实践产生了影响，而媒体不公布其他

---

① 多尔吉赫（Владимир Иванович Долгих, 1924- ），1982—1988 年担任苏共中央政治局候补委员。——译者注

材料，应当纠正。

戈尔巴乔夫：我和同志们这几天研究了价格问题。他们说，在不同的报社刊登文章价格也不相同，大使要在《真理报》发表文章，竟被拒绝了，这种现象非常奇怪，我们不禁要问这是怎么回事。我问过巴甫洛夫（Павлов），他在哪儿发表自己的文章，总共八到十篇文章几家报社都不给发。

利加乔夫：我昨天给编辑写了信，让他们向中央汇报此事。

戈尔巴乔夫：我正在等巴甫洛夫的消息，他应该给我一份这些报社的名单。

雷日科夫：近两个月来《真理报》三次刊登了水利建设方面的文章，您要求我们调查清楚。各地专家发表了不同的意见，三篇同一观点文章被刊登出来，七篇另外观点的文章没有消息，其中包括"社会主义劳动英雄"称号的获得者和其他著名人士的讲话文章。

戈尔巴乔夫：出发点很明确，就是在做投资计划前要事先考虑生态影响问题。因为中途再研究生态问题为时已晚，已有一百多个城市因此荒无人烟，这些长期积累的问题必须要解决。但解决旧问题并不表明，我们不再研究新问题。不要害怕出现问题，要研究问题，纠正错误，继续进行经济建设。

多尔吉赫：同意。

利加乔夫：最近书记处讨论了《新闻法》草案。许多报社编辑都说，虽然以前他们要求尽快通过该法，但现在他们完全不需要这部法律。一位同志甚至说，只有建成了法治国家，才有必要通过这部法律。

戈尔巴乔夫：新闻报道必须实事求是，否则就诉诸法律。

利加乔夫：他们说，法院受理过新闻报道的案件，一个人说，受理过七件；另一个人说，受理过八件。

戈尔巴乔夫：实事求是最基本的要求，这个要求适用于新闻工作者、党务机关工作人员、政府工作人员、人民代表，适用于生活中的方方面面，这是起码的人品问题。

雅科夫列夫：是全人类通行的道德品行。

多尔吉赫：要客观分析各种意见，实事求是地研究各种困难及其对改革实践的影响。

最后，要尽快落实这些提议。

戈尔巴乔夫：会后我就加上这条建议。

请巴克拉诺夫发言。

巴克拉诺夫①：记录提出了解决问题的具体方案，我同意这些提议，得努力工作落实这些提议。

说两个问题。首先关于国防部，我认为，国防会议应当统筹管理国防工业领域的问题。国防部要避免与军工委员会职能重叠，因为军事技术的升级与政策支持密不可分。

戈尔巴乔夫：军工委员会不仅要负责监督国防会议或政治局所做决议的落实，还有其他职责。

巴克拉诺夫：明白，米哈伊尔·谢尔盖耶维奇。

戈尔巴乔夫：必须转变思想。为什么我们设置两个军工委员会？我写的是"国防工业部"，而不是其他名称。叫"国防政策部"显得过于强势，像是政治局第二或第三。我在记录中也提到了这些部门之间的相互关系问题，好像是这么写的：该部门要与人民委员会步调一致，每个部门都有自己的职能，不能相互干扰。在部门成立前就要首先确定部门职能，其次再建立相应的下属机构，部门职能决定机构设置。我们的任务是选拔专业技术干部进入中央各部工作。

巴克拉诺夫：米哈伊尔·谢尔盖耶维奇，我们正是这样开展工作的。

戈尔巴乔夫：现在谈部门内部的机构设置问题还为时尚早，下一步再说这个问题。我们要先确定大的原则框架，然后再研究具体的问题。

巴克拉诺夫：米哈伊尔·谢尔盖耶维奇，刚才扎伊科夫提出政策如何落实到地方的问题，现在我们有 250 人专门研究这个问题。

戈尔巴乔夫：这个问题以后再说。

巴克拉诺夫：好的。

第一个问题就谈到这里。您说过，要减少编制，精简干部，保留原有的工资水平。如果被精简的干部保留原有工资水平，这项工作的进展会很顺利。

戈尔巴乔夫：我没说原待遇不变，这也太高了，党和人民不会答应。

巴克拉诺夫：如果要选拔优秀的党务干部和专业技术人才……

戈尔巴乔夫：简短些。

---

① 巴克拉诺夫（Олег Дмитриевич Бакланов，1932－　），1986—1991 年担任苏共中央委员。——译者注

巴克拉诺夫：政治局的主要任务是统筹大局，名称问题也可以以后决定。

卢基扬诺夫①：首先我要说的是，记录中的提议完全正确，机构职能重组问题早就该解决，党必须站在政治的高度彻底解决这个问题。要更广义地理解职能重组问题，这个问题涉及社会管理的每个环节。如果党剥离了某些职能，则要明确规定，哪个机构怎样接手这些职能。我同意记录中的说法，这个问题现在就要解决，因为它事关全局。

其次，机构重组不能削弱党的地位，而必须有利于强化党的政策研究职能、组织职能和协调职能。只有党能团结各种社会组织和政府机关，这些职能非党莫属。

再次，我认为，不是中央各部数量越多，中央的影响力就越大。中央各部应当服务于中央各委员会，这是关键。如果中央实行大委员会制，其直属部门的部长就要成为中央委员，要考虑这个问题。

准确划分部门职能非常关键。就拿立法职能来说，一些机关向中央提交的立法草案质量很差，每次都说，只要中央点头同意，立法工作就完成了。正确的程序是，中央部门要研究法律政策、规定法律调整范围、解决立法中出现的问题。前天报社的编辑们在书记处提出的问题不是偶然现象，他们说，他们不需要《新闻法》，《新闻法》将束缚他们，使很多问题陷入无人负责的境地。

戈尔巴乔夫：缺少立法。

卢基扬诺夫：不负责任……

戈尔巴乔夫：不，缺少立法。

卢基扬诺夫：他们是这么说的……

戈尔巴乔夫：换个说法，就是《新闻法》会束缚他们……好吧，请继续，我们已经明白了他们的意思。

卢基扬诺夫：米哈伊尔·谢尔盖耶维奇，法律如何落实是问题的关键。我们把工作重心放在立法环节上，但却完全没有在意法律落实情况。在落实法律的过程中，干部是最重要的因素。我再次强调，干部专业素质和一贯表现已经低到极限，干部的思想和作风必须要有大的转变。在修改《宪法》和《选举法》的过程中我们发现，许多法律专家思维陈旧、不思进取，没有任

---

① 卢基扬诺夫（Анатолий Иванович Лукьянов，1930- ），1987—1988 年担任苏共中央书记、1988—1990 年担任苏共中央政治局候补委员。——译者注

何新想法，应当认真解决这个问题。

戈尔巴乔夫：批评……

雷日科夫：要重新审议司法部提交的法律草案。

戈尔巴乔夫：顺便说一下，总体而言，法律工作者属于苏联工资最低的一类人。

利加乔夫：低于教师。

戈尔巴乔夫：目前他们的工作量无法拿到高工资。

卢基扬诺夫：最后，谈谈军事国防问题，正如多数同志所说，这类问题必须由中央负责。

不同的国家处理这个问题的方式各有不同，我们都一一研究过。有的设立独立国防工业部的中央军委部；有的设立国防部；还有的设立国家法律部，研究国防立法的问题。军事国防应当是中央最核心的职能，我查阅了1918 年 12 月中央决议，其中关于军事部门的职能问题写道，"一些党的观点非常流行，它们认为军事政策似乎是军事部门某些同志个人的观点，并且这种观点还发表在党的机关报上。俄共（布）中央认为，中央必须直接制订军事政策并进行监督"，列宁时期就是这样解决这个问题的。

戈尔巴乔夫：这个观点应当是托洛茨基（Троцкий）提出的，他提出了这个观点但却没能践行。

卢基扬诺夫：因此，关于国防职能我做以下补充（不包括国防工业问题）。

首先，党统领包括革命军事委员会、边防局、内务部在内的所有武装力量，还负责军队和民兵工作；其次，地方党委和苏维埃负责老兵、志愿兵的安置工作，这些工作都应由党负责。最后是干部问题。大家可能知道，中央在册军队干部有 3600 人，除研究军工问题外，他们还要做其他大量工作，这些工作最后都要提交给身为国防会议主席的中央总书记处理。

我认为，必须准确分析该部门的特点，先定位职能，名称可以稍后确定。

我最后再次强调必须统筹考虑职能定位问题，要拿出职能清单，分别列出党中央、最高苏维埃、其他政府机关的具体权责范围，职能清单既可以避免职能重叠，又可以明确权责归属。

斯柳尼科夫①：现在是解决党政机关职能划分问题的最佳时机，长期以来党委包揽了越来越多的经济职能，却忽视了政党建设、组织建设、干部培养工作。

您要求我们大家集思广益，我们绞尽脑汁想办法，提出建议供您参考。我完全同意您在记录中提出的建议，一贯支持采取重要措施进行根本变革。我认为，中央各部委不能按行业原则划分职能。

是否单独设立国防部、农业部、科技政策部要具体情况具体分析。深思熟虑后我觉得，不应单独设立科技政策部，经济部要担负起这项职能，因此，我认为您的建议是正确的。

政治局会议讨论的是根本转变职能的问题，在具体分析国防工业部和农业政策部的情况后，我认为，国防部肯定要保留；由于当前农业问题非常突出，保留农业政策部势在必行。

经过反复考虑后，我认为，应把经济部和社会政策部合并成为一个部门，提请政治局会议最后定度。

由于经济部工作纷繁复杂，要研究取消按行业管理原则对经济工作的影响问题。要以有利于落实党的政策的原则设置中央各部，中央各部不再承担监督政府行业主管部门的职能。建议各部委下设主管部门编制的处（сектор），撤销主管监督政府行业主管部门的处。

戈尔巴乔夫：我们已经说过，要仔细推敲社会政策部的设置问题，也许需要单独设置一个部门来解决重大的社会问题。

斯柳尼科夫：正是由于观点各异才需要讨论。但我确信您的观点是最正确的。

下一个是干部培养问题。我们有许多优秀的干部，绝大部分都胜任改革工作，但仍需培养后备干部，党务机构重组时必须考虑这个因素。当然要尽快确定机构职能，有必要委派谁尽快向政治局提交有关新设机构职能的报告。

我的想法是，我们这些中央书记今天应当向您提交辞职报告，以便您重新安排我们的具体分工，这项工作完成后，再进行中央机构职能划分工作。

---

① 斯柳尼科夫（Николай Никитович Слюньков，1929- ），1987年6月至1990年7月担任苏共中央政治局委员。——译者注

312

尼科诺夫①：在中央部委职能重组问题上出现了各种各样的观点，这些观点都有道理，随着实践的深入，思想会发生变化。米哈伊尔·谢尔盖耶维奇，我同意您在记录中提出的建议，这些建议逻辑清晰、结论明确。

我认为，农业部与组织部一样，向来选拔最能干的专业技术人员入部工作。农业部职责重大，遗憾的是，一方面它承揽了一些非核心的组织职能，承办加盟共和国党中央、州委、边疆区委的干校培训工作，90%的党委书记都出自该部；另一方面却把自身职能范围内的事项推诿到其他部门。不可否认的是，农业部的干部经验丰富、顾全大局、办事周全、服从安排，我们要做的，就是精简部门职能。

戈尔巴乔夫：你说得有些夸张，在农业、建筑业大州曾出现过你说的情况，现在则增加了对干部的要求，要求他们有较强的政策执行能力。

尼科诺夫：米哈伊尔·谢尔盖耶维奇，我只说实际情况。未来与现在息息相关，这是问题的本质。

斯大林在农业专家会议上突破了列宁理论：土地—人—个人利益——都要服从社会利益的单一链条，他把个人利益剥离出来。列宁当时说，党支部要管理包括农业技术、土地种子安排等所有的农业问题，这个观点我们沿用至今，甚至还在不断深化。"我们"是谁？政府、苏维埃还是党？现在很难厘清。

我认为，卢基扬诺夫用发展的观点谈了党务机构设立原则的问题，这个原则同样适用于农业政策部。既然大家都认为农业政策部在现阶段仍必不可少，苏共中央就要下设专门的委员会管理该部门。该委员会编制20—40人，不用太专业，但要经验丰富，他们能够提出问题，发扬民主作风，参与制订农业领域的大政方针。

农业政策部的工作人员要非常专业，有扎实的理论基础，善于发现问题，现在的农业和食品工业部的部分工作人员可以留用。

就讲到这里。

多勃雷宁②：机构重组问题意义重大，同志们对其他问题都提了中肯的建议，我只谈国际部的问题。

---

① 尼科诺夫（Виктор Петрович Никонов, 1929- ），1987年6月至1989年9月担任苏共中央政治局委员。——译者注

② 多勃雷宁（Анатолий Фёдорович Добрынин, 1919-2010），1971—1990年担任苏共中央委员，1986—1988年担任苏共中央书记兼苏共中央国际部部长。——译者注

我基本同意米哈伊尔·谢尔盖耶维奇关于国际部的相关建议。初次看到这些建议时我脑海里浮现出一个问题：新的国际部是否过于庞大？还有许多问题。政治局要从资本主义国家和社会主义国家这两个完全不同的角度研究问题。国际部不仅要研究共产主义运动、工人运动、外交行为，还要专门研究社会运动，又是中央直属的执行机构。

分析近两年来国际部的工作后，我认为，部门合并是非常正确的，原因很简单，国际问题不能相互割裂：一个部门负责社会主义国家、另一个部门负责资本主义国家；一个部门负责政府外交、另一个部门负责民间外交。我赞成由一个部门统筹这些工作，部门内部再行分工。

现在的主要任务是参考最近两年的工作经验，重新调整国际部的部内建制，使国际部的职能更加明确。

关于国际部与梅德韦杰夫主管的苏共中央社会主义国家共产党和工人党联络部的相互关系问题，两个部门工作关系最为密切，协调良好，可以快速解决所有问题，没有出现部门之争，但存在职能重叠问题。哪些问题应由哪个部门负责汇报比较模糊，有时两个部门同时向您提交两份内容相近的材料，当然秘书会处理好，但如果两个部门干同一件事就会浪费时间和精力。

我认为，国际部更应研究宏观问题，当然也应进行微观问题的调研，不积跬步，无以至千里。梅德韦杰夫应就特定事件向政治局、总书记进行汇报。国际部主要跟踪重大的国际事件，例如，欧洲计划于1992年前进行普遍裁军、美国新总统上任后的苏美关系等重大问题。

国际部与外交部就重大问题共同向中央、向总书记进行汇报。

国际部也要联合军事部就事关大局的国际事务进行汇报。国际部不研究理论，这是一个问题，国际部要有理论视野，这样才能会同外交部共同研究解决一些重大问题。

应当说，我们目前已经有一套外交政策制订机制，包括苏共中央、总书记、最高苏维埃主席、中央外事委员会、合并后的国际部、外交部，这些部门构成一整套对外政策体系，必须协调这些部门间的相互关系、使职能分工更加清晰、避免职能重叠。

建议成立一个专门的委员会，大家群策群力、共同研究、优化管理程序，把上述部门打造成为分工明确、运转高效的统一整体。举例来说，需要更清晰地界定国际部与雅科夫列夫主管的宣传部之间的职能分工。

我认为，国际部应向苏共中央总书记或最高苏维埃主席直接汇报国际问题。国际部有精干的顾问团队，他们工作积极、精通专业、目标明确，主要从事调研工作，是国际部的招牌。

最后关于国际共产主义运动，大家都了解国际共运的现状是四分五裂，在我国进行改革的同时，各国共产党都在探索自己的发展道路。各党向我们请教理论问题，促使国际部下大力气研究社会主义制度对人类社会的影响、如何团结国际共运、工运与社会民主运动等问题。国际部要接待大量的国外代表团，今年就已举行了近 2000 场会谈，既有普通会谈，也有秘密会谈，建议更多地召开圆桌会议。

米哈伊尔·谢尔盖耶维奇曾说国际部的工作非常重要，我们的工作还有明显不足。现在国际部最重要的任务是如何为改革服务。

我完全赞成国际部与意识形态部、外交部共同开展对外宣传工作。国际部对外宣工作非常在行，对国际问题感觉敏锐，可以抓住敌方的宣传弱点，有的放矢地开展外宣工作。

最后一个是干部培养的问题。坦率地说，国际部人员年龄偏大，大家都"胡子一大把"，并非所有人都情愿改革，这种情况近期难以改变，所以要认真研究干部培养问题，公平选拔勤恳工作的干部，目前大多数干部工作都很勤勉。

要利用此次机构重组的机会进行新老干部更替工作，提拔一批具有战略思维的干部。

要尽快开展党务机构重组工作，让当前盛传的风言风语早日尘埃落定。

拉祖莫夫斯基[①]：我要强调的是，早在第十九次全国代表会议前夕，总书记就会见了党务工作者、中央委员、第一书记们，那时就决定重组党务机构，因此，这早就不是什么新问题。正如同志们所说，解决该问题的时机已经成熟。

我同意这个看法，不光要改变机构名称，最重要的是改变机构职能，今天我们正是要确定中央直属部门的职能问题，任务艰巨。新设立的中央直属部门要承担新职能，干部思维活跃、专业技能超群、政治立场坚定、经验丰富，现在的一些干部已经明显不符合这些要求。要从地方提拔一批党史研究专家，充分发挥他们的研究专长，回答米哈伊尔·谢尔盖耶维奇在记录中提出的问题：为什么改革进程与设想不一致？不仅要回答改革中出现的问题，

---

① 拉祖莫夫斯基（Георгий Петрович Разумовский，1936- ），1988 年 2 月至 1990 年 7 月担任苏共中央政治局候补委员。——译者注

还要推动改革进程。

我认为，记录中提出的机构重组目标就是既要改变部门名称，又要改变部门职能。我一眼就看到"党建与干部政策部"。应当说，各级党委都从事党的组织工作，但"党建"的含义更加广泛，因此，我们完全赞成更改部门名称，新部门增加了制订干部政策的新职能，我们将与中央其他部门共同研究干部政策问题。

关于民族关系问题，实践表明（前不久我们中组部设立了民族关系处，虽然时间不长），解决民族关系问题的关键是调整国家法律。首先要解决国内民族政治制度的建构问题，包括确定民族疆域、边界、语言，实行区域自治、联邦制等政治制度，总之，民族关系处或者即将成立的苏共中央党建与干部政策委员会可会同意识形态部和中央直属其他部门，特别是司法部、机关管理部采取多种方式共同研究解决我国的民族关系问题。民族关系处成立后我便萌生了这个想法，这是一项系统工程，需要各部门通力合作。

我同意建立统一的意识形态部。改革的方针已定，必须全面解放思想，要把改革思想与日常生活更紧密地结合起来。意识形态工作要常抓不懈，为改革保驾护航。

在日常工作中，各级党委要密切关注各种社会思潮。

摒弃按照行业原则重组中央各部及其下属机构的做法。我同意记录中的提议，设立"经济社会政策部"、农业政策部、国防工业部。

米哈伊尔·谢尔盖耶维奇，我想补充一点：17年来因专项任务进入中央机关工作的干部增加了一倍，只进不出，屡禁不止。

我赞成记录中的提议，必须解决这个问题，并且越快越好。

梅德韦杰夫[①]：米哈伊尔·谢尔盖耶维奇，我赞成您记录中提议开展中央机关机构重组工作，机构重组完全符合第十九次全国代表会议所制订的方针。

我认为，摒弃行业管理原则、增加各部决策职能、改进部门工作方法是政治体制改革的应有之义。正如同志们所说，只有这样才能保障后续开展与之配套的政府机构的职能重组工作。

我认为，开展机构重组工作是向建设法治国家、法治社会迈出的关键一

---

① 梅德韦杰夫（Вадим Андреевич Медведев，1929- ），1986年3月至1990年7月担任苏共中央书记，1988年9月至1990年7月担任苏共中央政治局委员，1986—1988年担任苏共中央社会主义国家共产党和工人党联络部部长。——译者注

步。在法治社会中，党是政治先锋队，政府依法治国。

我认为，可以设立组织部、经济社会部、意识形态部、国际部这四个部。法治社会形成后，再设立广义的国防部。

我认为，组织部、经济社会部、意识形态部这三个部门要在各地设立与中央相统一的对接机构。其他部门应根据地方的特殊情况特殊安排。

我赞成您的提议，建立政治与情报分析研究所分析舆情。我认为，当前社会变革巨大，迫切需要党研究经济社会领域出现的深刻变化，用新观点科学分析诠释各种社会问题。

我认为，建立政治与情报分析研究所有利于解决当前最为突出的社会热点问题，有利于提高党的影响力，这是当务之急。

顺便说一下友国的情况。我曾和民主德国的党务工作者、著名的社会学家进行过广泛的交流。（与他们进行讨论后）我的印象是大多数理论家认为，党的观点要统一，不能自由化，这种思想当然不对。党跟踪分析舆情，应当有利于提高党的威望。媒体刊登一些退休人员不满的来信，信中说她只有70卢布的退休金，不够买肉和其他食品，如果提高物价，还怎么生活？没有进行任何报备就刊登这样的信，这是蛊惑人心，以至于一些原本拥护改革的学者和评论家在负面舆情的影响下也开始改变观点了。

戈尔巴乔夫：什梅廖夫（Шмелев）变化最大。

梅德韦杰夫：的确如此，他的言行与总书记的讲话背道而驰。他们曾经积极拥护经济改革，理应更理解如果不整顿价格秩序就无法形成新的经济运行机制这个道理。

现在他们却说，改革应当慎重，先放一放，这种观点非常错误。

党必须研究具体的社会现象，科学分析舆情，以此提高党的威望。

戈尔巴乔夫：东德怎么认为？难道党的立场没有反映在所通过的决议中吗？

梅德韦杰夫：他们的解释是，报纸上的任何观点都是党的立场，我对他们说，这样不对，不能搞一言堂，真理往往出现在社会舆论的激辩中，党的路线方针要体现在党的文件、领导人讲话等方式中，因此，我赞成设立研究所的提议，我认为，这非常正确。

我认为，不仅要建立中央一级的政治与情报分析研究所，而且各加盟共和国党中央也要设立相应的分所，以后再讨论这个问题。

我曾先后在三个中央部门工作过，比较了解相关情况，因此，我支持您的提议……

戈尔巴乔夫：第三个是哪个部门？

梅德韦杰夫：中央宣传部。

我认为，部门重组的提议非常正确，您建议中央各部对部内机构设置拥有一定的自主权，我也完全赞成。要任用一批政治可靠、精通业务、德高望重的干部领导这些关键部门。国际部职责重大，要同社会主义国家的兄弟党搞好关系，它们各有特色，与资本主义国家的政党有显著的差别。不要把政党关系与国家关系相混淆。由于国际部同其他三个部门一样特殊，因此，有必要保留。

还有一个问题尚未提及，我认为，今后中央书记不要再兼任各部部长，作为领导干部，他们本身的工作量就已经很大了。中央应当储备一批干部，在需要时随时启用。

最后是关于部门名称问题。给中央各部冠以"政策"一词乍看上去十分光鲜，这似乎突出了中央各部具有制订政策的职能，但也有一些人主张命名要三思，部门名称中带有"政策"一词让名称复杂化，只会使让人更加费解。

雷日科夫和其他同志都提到过，中央各部门要有实权。如果中央书记兼任专门研究政策问题的中央各委员会主席，这个问题就迎刃而解，因为只有党中央、政治局才有政策制订权。如果冠以"国际政策部"，这个名称会有意无意地让人以为这是一个制订国际政策的部门，可能仍需考虑，或者就直接叫：组织部、经济社会部、意识形态部、国际部，很多国家都这么命名，避免产生歧义。我同意同志们的意见，机构重组工作不能再拖下去了。

戈尔巴乔夫：我简要谈一下这个问题。看来，大家都同意我的建议，一致认为，要先确定部门职能，部门名称和部内建制可以稍后研究。如果按照我们设想的原则执行下去的话，部门职能将会出现很大的变化。第十九次全国代表会议通过了部门重组的设想，今天的政治局会议更深入地研究了这个问题。我希望同志们把转变部门职能与加强党在改革中的作用联系起来。如果改革止步不前，内外政策僵化，没有与时俱进，我们的事业就会遭遇挫折。改革必须有预见性，放眼长远，措施具体，在实践中加以修正、不断深化。

但党肩负的职责太多，所有问题都要由政治局、书记处、中央各部解决，虽然这种情况遭到媒体的再三诟病，但因由来已久，一时难以解决。

职能重组问题从呼吁到解决需要时间。举例来说，想象我坐在太空船中，飞往另一个星系并返回坐在这里继续开会，想象只需一瞬，但实际上需要好几代人的努力才能实现，因此，一个计划从说出来到考虑成型再到反复论证、得到支持进而能够落实，需要经过一定的时期，需要时间取得民众的普遍理解，民众才会以各种方式参与其中。

有些人对改革没有耐心，一些人甚至情绪失控，言行粗鲁，我希望用文明的方式开展政治对话。如果看到所有报纸都高喊改革，同样值得警惕。任何想法经过深思熟虑成为党代会上通过的正式文件再到落实都需要很长的一段时间，必须得有耐心。

党应当更加慎重地、全面地研究改革中出现的问题，一个具体问题会与其他众多问题盘根错节，改革越深入，出现的问题越多。

眼下我们着手筹备二十八大，现在我们就应当研究二十八大文件的起草问题，为国家未来的发展道路指明方向。在二十七大与二十八大之间这段最重要的历史转折时期需要解决大量的新问题，成败在此一举。党必须研究大量的理论问题，这项工作只有党才能完成。在这段关键时期，如果谁试图攻击党，那他就是在玩火。

我们即将开展的党务机构重组工作旨在让党更好地履行自己的职责，让国家轻装前行，机构重组势在必行。改革方案要系统扎实，要反复权衡党、政府、最高苏维埃的权力分配问题。

今天我们根据十九次代表会议的政治决议和中央七月全会决议讨论党务机构重组问题，这些情况明天就会传达到中央各部委，它们的精神面貌定会有所改变，它们承揽的非核心职能（虽然有不足，它们还是做了一些实际工作，承担了一些具体职责）应当移交给政府和苏维埃。

我和雷日科夫交流过这个问题，部长会议今后会抽查监督已讨论通过的计划、项目的落实情况。

政府应当更多地承担大量的日常工作，最高苏维埃要履行监督职能。

关于中央部委干部选拔问题，坦率地说，目前中央部委的大部分干部都不称职，只有部分骨干可以进入重组后的新部委工作，也就是说，现在就要考虑如何安置绝大多数干部的问题。

顺便问一下，干部的职务名称怎么定？现在的叫法是"监督员""教导员""秘书""顾问"，等等，今后怎么叫呢？叫"部门负责人"还是其他呢？监督、教导、顾问这些都不太合适。

沃罗特尼科夫：叫"单位负责人"呢？

戈尔巴乔夫：要再考虑一下。

应当事先规定好职务级别工资，这关系到干部选拔问题。与阿福宁（Афонин）同志类似，必须要考虑好把哪些人从中央部委调到政府各部、最高苏维埃工作。要提拔一批表现不错的年轻人，俄罗斯加盟共和国部长会议也要考虑这个问题。虽然辞退伊万诺维奇（Виталий Иванович）这样的人很为难，就先拿他开刀吧，提拔一批新干部。

沃罗特尼科夫：应当辞退一批顾问。

戈尔巴乔夫：可以。群众来信反映：顾问就是整天在报纸上给您出各种馊主意的人，明白吗？

雷日科夫：顺便说一下，群众来信也这么批评我。

戈尔巴乔夫：他们似乎是给你提建议，你很重视他们的建议。

你的态度是好的，不要太担心。

同志们，大家都明白，部门重组就要重新调整各部委的领导。怎么调整？我认为，有必要通过一个决议，授权总书记在充分征求大家意见的基础上尽快拿出一个初步的调整方案。

我提议把这份记录连同决议一起发送边疆区委、州委的第一书记，如此重大的事情他们应有知情权，不要搞得很神秘。基本原则已定，他们要做的就是具体问题具体分析。

现在开始表决，其他的问题以后再研究。请大家注意，我的记录中没有提到那些需要今后再研究的问题。

但机构重组的方针已经明确，大家同意吗？

政治局委员：同意。

决议通过。